Vanessa Chakour

Göttin Artemis in jeder Frau

VANESSA CHAKOUR ist eine ehemalige Profiboxerin aus New York und arbeitet heute als Umweltaktivistin und Künstlerin. Sie gibt Workshops und Naturretreats zur Heilung mit der Kraft und der Hilfe von Pflanzen und Tieren. Dabei arbeitet sie in enger Abstimmung mit Wildlife-Organisationen zusammen. Als Sprecherin trat sie u. a. bereits vor der UNO und dem Muhammad Ali Center auf.

Vanessa Chakour

Göttin Artemis in jeder Frau

Entdecke deine
innere Wildheit mit der
Kraft der Natur

Aus dem Amerikanischen
von Thomas Görden

allegria

Besuchen Sie uns im Internet:
www.ullstein.de

Wir verpflichten uns zu Nachhaltigkeit
- Klimaneutrales Produkt
- Papiere aus nachhaltiger Waldwirtschaft und anderen kontrollierten Quellen
- ullstein.de/nachhaltigkeit

Die Originalausgabe erschien 2021 unter dem Titel *Awakening Artemis: Deepening Intimacy with the Living Earth and Reclaiming Our Wild Nature* bei Viking/Penguin Publishing Group/Penguin Random House LLC, NY, USA.

MIX
Papier
FSC FSC® C014496

Allegria ist ein Verlag der Ullstein Buchverlage GmbH
ISBN 978-3-7934-2433-8

Illustrationen im Innenteil: Vanessa Chakour
Satz: LVD GmbH, Berlin
Gesetzt aus der Minion Pro
Druck und Bindearbeiten: GGP Media GmbH, Pößneck

Gewidmet meinen liebenden Müttern, Andrea und Mutter Erde, die mich nähren, unterstützen und leiten. Und meinen wilden grünen Freunden, besonders den sogenannten Unkräutern, die mich zu mir selbst zurückgeführt und mir geholfen haben, Heilung zu erfahren. Mögen die Worte in diesem Buch Missverständnisse auflösen und Ihnen helfen, zur vollen Tiefe und Höhe Ihres Seins zu erwachen.

INHALT

TEIL III

SONNENENERGIE

TEIL IV

IM UNTERGRUND

TEIL V

DAS ZENTRUM

TEIL VI

HERSTELLUNG VON PFLANZENARZNEIEN UND ANDERE PRAKTISCHE HINWEISE

EINFÜHRUNG

> Die Pforten zur Welt des Wilden Selbst sind rar, aber von hohem Wert. Wenn du eine tiefe Narbe zurückbehalten hast, dann ist das eine Tür. Wenn du eine ururalte Geschichte kennst, dann ist das eine Tür. Wenn du den Himmel und den Ozean so sehr liebst, daß es dir das Herz auseinander sprengt, dann ist das eine Tür. Wenn du dich nach einem tieferen Leben, einem vor Fülle berstenden Leben sehnst, ist das eine Tür.
>
> CLARISSA PINKOLA ESTÉS: DIE WOLFSFRAU[1]

Geschichten sind lebendig. Wir hauchen ihnen Leben ein, jedes Mal, wenn wir sie erzählen. Jedes Mal, wenn wir sie hören, gewinnen wir neue Einsichten. Uralte Mythen stehen im Einklang mit unserem Bedürfnis nach Verbundenheit, dem Bedürfnis, andere an unserem Leid teilhaben zu lassen. Sie geben uns Hoffnung und helfen uns, unseren moralischen Kompass auszurichten. Wenn wir sie von Generation zu Generation weitergeben, entwickeln sie sich weiter – in variantenreichen Formen und Neuerzählungen. In verschiedenen Kulturen werden traditionelle Geschichten wieder aufgegriffen. Das spiegelt die

Tatsache wider, dass es Orte gibt – in uns und außerhalb von uns –, die es verdienen, dass wir sie schützen, heiligen und ihrer gedenken.

Artemis ist die griechische Mondgöttin: eine wilde Frau, Ökokriegerin und Aktivistin, die durch die mythische Kraft des Erzählens die Jahrhunderte überdauert. Sie ist eine höchst unabhängige Frau, die mit Pfeil und Bogen und ihren Tiergefährten durch Berge, Wälder und Sümpfe streift. Sie ist Hüterin der Frauen, der Tiere, der wilden Natur und der Jugend und sinnt auf Rache an denjenigen, die das heilige Leben verletzen, das sich in ihrer Obhut befindet. Diejenigen, die an die Göttin glauben, würden es nicht wagen, das unter ihrer Aufsicht stehende Land zu verletzen. Daher standen die wilden Heiligtümer der Artemis im alten Griechenland unter Schutz. Selbst als die Frauen und die Erde zum Schweigen gebracht, unterdrückt und missbraucht wurden, blieb die Geschichte der Artemis bestehen und hat sich sogar noch intensiviert. Sie ist für Frauen eine Beschützerin und ein heiliger Kriegerinnen-Archetyp. Jeder neuen, nach Weisheit strebenden Generation bietet Artemis, die Heldin, neue Facetten, die es verschiedenen Kulturen ermöglicht, Heiligkeit zu feiern und wertzuschätzen.

Zwar hat uns die Wissenschaft Klarheit und Informationen von unschätzbarem Wert gebracht. Jedoch brachte ihre kritische Perspektive auch viele unserer erdgebundenen Kosmologien zum Schweigen. Die Natur wurde klassifiziert, objektiviert und seziert. Wir haben ihre Bestandteile unter dem Mikroskop untersucht und darüber vergessen, einen Schritt zurückzutreten, um die Natur als einheitliches, lebendiges Ganzes zu verstehen, sie zu bewundern und zu versuchen, uns mit ihr zu verbinden. Glücklicherweise entwickelt sich die Wissenschaft weiter und erkennt das unglaubliche Empfindungsvermögen der natürlichen Welt. In dem Maße, wie sich die Methoden und der Fokus der Wissenschaft ändern, stimmen die von uns aufgedeckten Wahrheiten mehr und mehr mit den traditionellen Geschichten und der Weisheit der Ureinwohner und Ahnen überein – einem Schatz an Weisheit, die immer schon wusste, dass die Natur empfindungsfähig und lebendig ist und dass wir mit ihr untrennbar verbunden sind.

Es hat mich schon immer zu wilden Orten draußen in der Natur hingezogen. Indem ich mich auf Artemis' Spuren begab, wurde ich eine Verteidigerin der Natur, der Frauen und unserer Verwandten in der Tierwelt. Mein Lebenswerk ist eine Hommage an missverstandene Arten wie Wölfe und andere Bewahrer unseres Ökosystems sowie an die wichtigen Wildblumen, die wir Unkraut nennen. Geschichten wie die vom großen bösen Wolf, der Irrglaube, der Löwenzahn sei invasiv, und der Mythos von der Überlegenheit des Menschen über die Natur haben sich in unserer kollektiven Vorstellung festgesetzt, als die Menschen sich der Landwirtschaft zuwandten, begannen, das Land zu domestizieren, und ihren nahen Kontakt zur Wildnis verloren. Es ist so viel einfacher, das, was wir zerstören, als »anders« zu betrachten. Heute wissen wir allerdings, dass Geschichten von der Überlegenheit des Menschen gegenüber der freien Natur nur den Irrglauben einer Trennung aufrechterhalten und damit großen Schaden angerichtet haben. Es gilt nun, diese Geschichten abzuschälen und zu schauen, was darunter zum Vorschein kommt.

Unsere Körper sind lebende Ökosysteme, in denen sich die Zyklen der Natur widerspiegeln. Auch wir erleben in uns Ebbe und Flut, gehen rückwärts und vorwärts, schrumpfen und dehnen uns aus und durchlaufen notwendige Phasen von Wachstum, Tod und Wiederherstellung. Im Gegensatz zu dem, was wir vielleicht glauben möchten, ist Heilung kein linearer Prozess, sondern eine fortlaufende Spirale hinein in unterirdische Räume der Dunkelheit, wo wir uns dem Unbekannten stellen müssen. Dort können wir uns ausruhen, regenerieren und uns schließlich zu neuer Blüte entfalten. Wir mögen uns gegen die dunklen Räume in uns wehren, aber die Wahrheit ist, dass der größte Teil unserer Heilung und unseres Wachstums unter der Erde und unter unserer Haut stattfindet. Wir brauchen dunkle, geschützte Räume, damit sich die zartesten Teile von uns ausbilden können. Ruhe und Rückzug sind ebenso notwendig wie durch das Licht entstehende Wärme und Helligkeit.

Durch meine Arbeit mit den Pflanzen und Praktiken, die ich in diesem Buch vorstelle, habe ich meine eigenen Geschichten immer wieder neu geschrieben, blinde Flecken aufgedeckt und mich in mich hineingewunden, um alte Häute abzuwerfen, mich mit Schatten zu konfrontieren und mehr die Person zu werden, die ich schon immer war. Pflanzen traten als Medizin in mein Leben, aber die wirkliche Transformation fand statt, als ich erkannte, dass ich in ihnen großartige Verbündete und Heiler um mich habe. Überall fand ich Kräuter, seltsame und wundersame Pilze und Bäume mit reichen, Familiengenerationen umspannenden Geschichten und wichtigen Rollen in unserer Umwelt. Als ich begann, diese komplexe belebte Welt zu begreifen, verstand ich auf körperlich erfahrbare Weise das riesige Netz des Lebens, dessen Teil ich bin. Ich war voller Ehrfurcht und fühlte den starken Drang, dieses Wunder mit anderen zu teilen. Ich begann, meinen Freunden, meiner Familie und schließlich auch den Schülern, die ich unterrichtete, Pflanzen, Bäume und Pilze wieder nahezubringen. Ich wies sie auf Heilpflanzen wie Beifuß, Löwenzahn, Wiesenklee, Klette, Augentrost und Kiefer hin und forderte meine Verwandten auf, hinzusehen – *wirklich* hinzusehen – und zu hören, wer diese Pflanzen sind. Ich ging bei Kräuterkundigen in die Lehre, lernte ständig dazu, leitete Pflanzenwanderungen und Rewilding Retreats. Ich begann, das uralte Heilwissen früherer Generationen auszugraben, das in meiner Familie vor sich hin schlummerte. Ich grabe immer noch, forsche, lerne und werde immer aufmerksamer für den Reichtum der Natur.

Unsere anthropozentrische Kultur macht uns glauben, wir wären anders als der Rest der Natur und von ihr getrennt. Mit dieser Denkweise sollten die Anhäufung von vermeintlichem Reichtum, die Ungerechtigkeiten der Kolonialisierung, eine hierarchische Machtordnung und patriarchalische religiöse Dogmen gerechtfertigt werden. Aber diese grundlegende Vorstellung von Hierarchie und Unterscheidung entspricht nicht der Wahrheit. Wir sind weder von der Natur getrennt, noch existieren wir außerhalb der natürlichen Welt. In der Tat sind wir untrennbar mit den Pflanzen, Vögeln, Fischen, Füchsen, Wölfen und Pilzen verbunden, mit denen wir Ökosysteme teilen, intellektuelle Ideen austauschen und auf die wir für unser Überleben angewiesen sind. Ich glaube, dass die Menschen als ökologische Hüterinnen und Hüter geboren wurden, aber viele von uns diese tiefere Bestimmung vergessen haben. Man hat uns beigebracht, unsere Instinkte zu ignorieren, wir sind desensibilisiert und domestiziert worden. Wir vergiften das Land, um vermeintliche Unkräuter loszuwerden, die uns helfen könnten, heil und gesund zu werden. Wir versuchen, zu kontrollieren und einzuhegen, was immerfort nach Freiheit streben wird. Wir verschwenden unsere Energie für einen aussichtslosen Kampf, wo wir stattdessen für die Wunder und die Kraft erwachen könnten, die auf uns warten. Wenn wir uns an unsere Verwandtschaft mit den Pflanzen und Tieren erinnern, können wir fürsorgliche Beschützer des Landes werden. Die indigenen Völker auf der ganzen Welt machen das bis heute so, trotz der Gewalt, Zerstörung und Korruption, die sie durch Kolonialisierung erdulden mussten. Wenn wir ihrem Beispiel folgen, nähren wir den Reichtum, der bereits da ist und der nur noch gesehen und geehrt werden muss.

Wahre Fülle ist kein Reichtum, den man erwerben kann, sondern sie ist unendlicher Frieden, Weisheit und Stabilität. Sie erwächst aus dem Wissen, dass die wertvollsten Aspekte des Lebens bereits unter unseren Füßen sprießen, durch das Wasser fließen, über uns durch die Lüfte fliegen und geduldig in unserem Körper darauf warten, sich zu offenbaren. Die Vertrautheit mit der inneren und äußeren Wildnis schenkt uns ein tiefes Gefühl der Zugehörigkeit, das uns nichts und niemand jemals nehmen kann – kein Lebensereignis, kein verlorener Job und keine schlechte Note. Je schneller wir begreifen, dass wir Natur *sind,* und untrennbar mit dem Lebensnetz verbunden, desto besser geht es uns als Individuen und desto besser geht es unserem gemeinsamen Zuhause, unserem Planeten. Das Wissen, das wir brauchen, um diese Welt zu heilen, besteht nicht in noch mehr Statistiken und Untergangsszenarien, sondern in Kenntnissen über unsere gegenseitige Verbundenheit und über Praktiken, die uns entschleunigen und die Symbiose mit der natürlichen Welt stärken. Wenn wir realisieren, wie unglaublich großzügig Mutter Erde und unsere Körper sind, und wenn wir die ehrfurchtgebietenden Geschöpfe, mit denen wir verwandt sind, wirklich wahrnehmen, können wir, so glaube ich, gar nicht anders, als uns zu verlieben. Und wenn wir uns verlieben, werden wir wie Artemis zu Beschützerinnen und Verteidigern.

In diesem Buch zeige ich Ihnen, wie die Pflanzen und bestimmte Übungen im Bereich Bewegung, Meditation und kreative Erkundung mich nach Hause geführt haben – an einen Ort der Zugehörigkeit. In den ersten fünf Kapiteln beschreibe ich meine Initiation auf dem Weg der ganzheitlichen Heilung und vermittle den Kontext für die folgenden Abschnitte, die von meiner Kindheit bis in meine Gegenwart reichen. Diese spiegeln sich in den Jahreszeiten wider sowie in der Art und Weise, wie ein Samenkorn dazu angetrieben wird, aus seiner Schale auszubrechen und durch die Erde bis an die Oberfläche vorzudringen. Die fünf Teile des Buches beschreiben die nach innen gerichtete Spirale der Heilung, Wiederherstellung, Verarbeitung von Traumata und Anerkennung der Geschenke, die uns die Gegenwart gibt. Ich berichte Ihnen von diesen Pflanzen, meinen Entdeckungen und meiner eigenen Geschichte in der Hoffnung, dass Sie vielleicht etwas von sich darin wiedererkennen und dazu inspiriert werden, sich für die heilige Beziehung zu Ihrem weisen, schönen Körper und der unglaublich lebendigen Welt zu öffnen. Wir müssen nicht erst eine Verbindung zur Erde entwickeln, wir müssen lediglich die Verbindung, die bereits besteht, anerkennen und uns an sie erinnern.

Es ist nie zu spät, Ihre wilde Natur wiederzugewinnen.

Das Land kennt uns, selbst wenn wir verloren sind.

ROBIN WALL KIMMERER:
GEFLOCHTENES SÜSSGRAS[2]

TEIL I

DIE GEGENWART

DIE GEGENWART ENTFALTET SICH UNAUFHÖRLICH. SIE wird von Augenblick zu Augenblick überarbeitet, obwohl wir manchmal nicht in der Lage sind, ihre Kraft zu erfahren. Vielleicht leben wir in der Vergangenheit, lecken alte Wunden, projizieren uns in die Zukunft, umkreisen unser Leben oder sind einfach zu beschäftigt. Doch manchmal werden wir wachgerüttelt. Liebe, eine Tragödie, ein atemberaubender Sonnenaufgang oder der Duft einer Blume können uns dazu bringen, innezuhalten, zu atmen, uns in unseren Körper fallen zu lassen und aufmerksam zu sein. In diesen entscheidenden Momenten gibt es eine Lücke, in der wir vom Verkehr auf den gepflasterten Weg abweichen und uns in Richtung des Unbekannten bewegen können, wo Wunder und Heilung auf uns warten.

Beifuß

Artemisia vulgaris

Familie: Asteraceae

Der botanische Name des Beifußes ehrt die griechische Göttin Artemis, die Jägerin, die sich an denen rächte, die Tiere oder Frauen schlecht behandeln, und die die Gesellschaft von Waldtieren und Pflanzen den Menschen vorzog. Für viele Kräuterkundige konzentrieren sich starker Schutz und die göttliche Präsenz der Artemis in den Wurzeln, Blättern und Stängeln dieser fruchtbaren Pflanze.

Beifuß ist ein Bitterstoff, ein Nervenmittel, ein Emmenagogum und starkes *Onregium*. Als Bitterstoff regt Beifuß die Galle in unserem Verdauungssystem an und hilft uns, Nahrung, Emotionen und Erfahrungen zu verarbeiten, um Nährstoffe aufzunehmen und loszulassen, was uns nicht nützt. Als Nervenmittel saniert Beifuß ausgefranste Verschaltungen in unserem Körper, unsere überreizten Nerven. Es hilft uns, auf Stress mit mehr Ruhe und Präsenz zu reagieren. Als Emmenagogum lindert der Beifuß die Schmerzen bei der Geburt und fördert die Menstruation bei ausbleibenden Blutungen. Und als starkes *Onregium* lässt er uns nachts mehr und intensiver träumen. So hilft uns der Beifuß, in unseren Traumwelten unser Unterbewusstsein zum Vorschein kommen zu lassen. Somit können wir erkennen, was es in uns zu heilen gilt. Als eine meiner ersten pflanzlichen Verbündeten auf dem Weg zur Kräuterkundigen hat mir *Artemisia vulgaris* geholfen, Grenzen zu wahren und mit der Freilegung tiefer Wunden bittere Erfahrungen zu verarbeiten.

DIE INNERE WILDNIS

So wie sich eine Schlange häutet, müssen wir unsere Vergangenheit immer wieder abstreifen.

BUDDHA

Ich fahre mit den Fingern über die silbrige Rückseite der Beifußblätter, während die Wölfe heulen. Es ist Ende September, Erntezeit, und das naturbelassene Land im Wolf Conservation Center in South Salem, New York, ist üppig mit hohen Stauden, blühender Goldrute und Teppichen aus verschiedenen Bodendeckern bewachsen. Die Stunden vergehen wie im Flug, während ich Studien über die einzigartigen Formen, Strukturen und Farben der Pflanzen betreibe – unter anderem Vogelmiere, Veilchen, Beifuß, Lobelien, Kletten und verworrene Königskerzenblätter, deren Haare sie wie die Flimmerhärchen in unserem Atmungssystem vor rauen und austrocknenden Winden schützen. Das Studium und die Praxis der Kräuterkunde haben einen Schleier gelüftet, der sich zwischen mir und der natürlichen Welt befand. Was früher für mich wie grüne Flecken in der Landschaft aussah, erlebe ich jetzt als lebendig, beseelt und voller Wunder. Während ich dort zwischen den Pflanzen hocke, nehme ich ein Beifußblatt in den Mund, um die vertraute Bitterkeit der speerartigen Blätter zu kosten. Diese wilde Pflanze gedeiht gut bei den Wölfen. Sie bewacht wie Artemis die Grenze zwischen der freien Natur und der domestizierten Welt. Ich atme im Austausch mit den Pflanzen und bin dankbar für alles, was sie zu meiner Heilung beigetragen haben.

Die ersten zwanzig Jahre meines Lebens war das Atmen für mich ein Kampf. Seit man bei mir im Alter von zwei Jahren schweres Asthma diagnostiziert hatte, lernte ich, dass meine Lunge schwach und unberechenbar sei. Meinen Rettungsanker, den Inhalator, trug ich immer bei mir. Wenn ich ihn nicht finden konnte, geriet ich in Panik. Als würde ich eine illegale Droge nehmen, schlich ich mich in Toiletten oder dunkle Ecken, um meine lebensrettenden Inhalationen zu nehmen, wenn sich bei Freunden meine Bronchien verkrampften. Es war mir peinlich, so kaputt zu sein. Ich bekam eine tägliche Dosis Tabletten, wöchentliche Spritzen, unternahm monatliche Besuche bei einem Spezialisten und bekam häufige Behandlungen zu Hause durch meine Mutter, wenn ich mitten in der Nacht keuchend aufwachte. Sie verwandelte unser Badezimmer in ein Dampfbad, klopfte mir auf den Rücken, um den Schleim zu lösen, und saß mit mir zusammen, bis wir beide erschöpft waren, aber ich wieder atmen konnte. Nacht für Nacht schlief ich ein und lauschte dem beruhigenden Klang ihrer Stimme, die sagte: »Es ist in Ordnung, Schatz, du wirst das durchstehen.«

Da ich wochen- und manchmal monatelang in der Schule fehlte, fing ich an, mich allein wohler zu fühlen als in Gesellschaft. Ich genoss es sogar. Mit einem Stück Papier und einem Stift tauchte ich in imaginäre Welten ein, wo Pilzzwerge und weise alte Bäume meine Schmerzen linderten.

Bis zu meinem zwölften Lebensjahr lebten wir in einem grünen Doppelhaus in Western Massachusetts mit zwei heiß geliebten Hunden – einem Neufundländer und einem Terrier. Das Mill-River-Naturschutzgebiet lag gleich hinter unserem Garten. Wilde

Himbeersträucher säumten den Waldrand, und am anderen Ende führte ein schmaler Pfad durch das dichte Dornengestrüpp in eine Welt voller Waldwege, Bäche und geheimnisvoller Geschöpfe. Möglichst jeden Tag spazierte ich in diesen Wald, lauschte dem Bach und suchte nach Hinweisen auf eine mystische Welt, die zum Greifen nah und doch unerreichbar schien.

In der Abenddämmerung rief ich mit hohen Klick- und Quietschlauten die Fledermäuse, die in der Nähe lebten. Dann segelten sie herab und kreisten über mir. Wer weiß, wie ich auf die Idee kam, Fledermäuse zu rufen, aber in meinem Herzen gab es schon immer einen besonderen Platz für die Grenzbereiche unseres Daseins und missverstandene Lebewesen. Im Sommer drehte ich meine Runden entlang des Waldrandes und pflückte reife Himbeeren, und im Herbst vergrub ich mich in den feurigen Farben der gefallenen Blätter. In dieser frühen Phase meiner Kindheit war ich nie einsam, weil es draußen in der Natur so viel gab, womit ich mich anfreundete.

Damals wusste ich noch nicht, dass in den Wäldern von Western Massachusetts Beifuß wächst. Erst später in New York, in Brooklyn, ergab es sich, dass ich mit dieser wilden bitteren Medizin zu arbeiten begann, fünfzehn Jahre nach einem schrecklichen Autounfall, den ich während meiner Highschool-Zeit erlitt. Als meine Wirbelsäule und mein Genick bei dem Unfall brachen, war es, als ob auch in mir etwas aufbrach. Das Trauma, das ich während meiner Kindheit unbewusst in meinen Körper eingeschlossen hatte, wurde plötzlich freigesetzt. Fünfzehn Jahre später, als ich dann in Brooklyn den Beifuß entdeckte, gab es in mir immer noch viel, das geheilt werden musste.

Ende Oktober, zu Beginn meines dritten Highschool-Jahres, war ich mit Ian, meiner Highschool-Liebe, und meiner besten Freundin Tonya auf dem Weg zu einer Party in den Hinterwäldern von Belchertown. Ian saß am Steuer, und ich saß dicht an ihn angelehnt auf dem Beifahrersitz. Ich drehte mich um, um mit Tonya zu sprechen. Wir fuhren hinter einem Freund her, dessen Rücklichter wir auf der dunklen Landstraße immer wieder aus dem Blick verloren. Es fing an zu regnen. Ian beschleunigte, um immer wieder zu dem Wohnmobil unserer Freunde aufzuschließen, als sich der Regen zu einem sintflutartigen Wolkenbruch entwickelte. In den Wassermassen sah man nicht mehr, wohin wir fuhren, und plötzlich riss Ian das Lenkrad des Autos herum, um nicht in die Böschung zu fahren. Dabei kam der Wagen auf dem nassen Herbstlaub ins Schleudern und überschlug sich. Ich selbst kann mich daran nicht erinnern. Aber Tonya sagte mir, dass sie sich an den Augenblick erinnerte, in dem es geschah: »Ich schaute auf und sah nur einen Baum, der auf uns zuraste.«

Sie wurde durch den Aufprall bewusstlos. Als sie langsam aufwachte, hörte sie, wie Ian erst zaghaft, dann immer eindringlicher rief: »Steigt aus! Das Auto fliegt in die Luft!« Sie versuchte, mich wieder zu Bewusstsein zu bringen, aber es gelang ihr nicht. Ich war neben ihr auf den Rücksitz geschleudert worden. Dort lag ich kopfüber und bewusstlos, in einem Auto, das jetzt wie eine zerquetschte Blechdose aussah. Rauch stieg auf, und sie wusste, dass sie mich herausholen musste. Tonya erzählte mir später, dass sie Angst hatte, bei mir eine Lähmung zu verursachen, als sie mich bewegte.

Als ich wieder zu Bewusstsein kam, war mir erst, als würde ich meinen Körper aus großer Höhe sehen. Ich sah mich an ein Polizeiauto angelehnt. Sie stellten mir Fragen, und obwohl ich sprechen konnte, erinnerte ich mich nicht an meinen Namen, wer ich war, wo ich wohnte, an gar nichts. Ich fühlte, wie mein Bewusstsein mal da und mal weg war, und ich nahm meinen Körper mal von innen und mal von außen wahr. Das ging so, bis ich mich schließlich im Krankenhaus wiederfand, wo ich an Maschinen angeschlossen war, in das grelle Licht von Neonröhren blinzelte und nach oben starrte, während besorgte Gesichter auf mich herabblickten. Diese Szene war mir nach all den Krankenhausaufenthalten wegen meines Asthmas keinesfalls unvertraut. Dieses Mal war es jedoch anders. Es hatte mich aus meinem Körper herausgeschleudert. Als ich in ihn zurückkehrte, war dieser Körper beschädigt. An drei Stellen war meine Wirbelsäule gebrochen. Ian und Tonya verließen in dieser Nacht das Krankenhaus. Sie hatten Glassplitter in der Kopfhaut und eine Reihe von Prellungen, aber ansonsten ging es ihnen gut. Ich hingegen hatte eine längere Reise vor mir.

Die Wochen im Krankenhaus erlebte ich in einem von den Medikamenten verursachten Nebel. Sie schnallten mich im Bett fest, bevor sie mir eine Glasfaser-Rückenstütze verpassten, weil sie befürchteten, dass sich die Brüche verschlimmern würden, wenn ich mich auch nur ein bisschen bewegte. Also lag ich wie erstarrt da. Obwohl ich wusste, dass ich nahezu gelähmt war, fürchtete ich vor allem eines: während meines Krankenhausaufenthalts und meiner Genesung dick zu werden. Laut Tonya versuchten sie, mich mit einer Magensonde zwangszuernähren, weil ich mich weigerte zu essen. Daran kann ich mich gar nicht erinnern. In jener Zeit war ich gut im Vergessen.

* * *

MEINE FLEISCHIGEN WEIBLICHEN RUNDUNGEN ZEIGTEN SICH BEreits im Alter von elf Jahren, und ich hatte den unwillkürlichen Drang, diese so weit wie möglich abzuflachen. Mein neuer Körper war eine Landschaft, die sich meiner Kontrolle zu entziehen schien. Sie bescherte mir die falsche Art von Aufmerksamkeit. Ich reagierte überempfindlich auf die Blicke älterer Männer, die in mir emotionale Unruhe triggerten. Ich hasste diese Männer und wollte um mich schlagen, aber stattdessen lenkte ich meine Wut nach innen. Im Alter von vierzehn Jahren beschloss ich, meinen Körper zu zähmen. Mein stärkster Impuls, den ich selbst kontrollieren konnte, war mein Hunger. Ich richtete meine Tage erfolgreich darauf aus, Essen zu vermeiden, und war besessen von den sorgfältig zusammengestellten »Mahlzeiten«, die ich zu mir nahm. Wenn ich nachts wach lag, erstellte ich Listen und zählte Kalorien: *der Apfel, 100 Kalorien, ein Viertel von einem Kleie-Muffin, 75, die Erdbeermarmelade auf dem Muffin, 30, der Salat mit Essig, etwa 175 …* Hunger zu leugnen, ist sehr ablenkend, und jeden Tag das intensive Verlangen nach Essen zu überwinden, erfüllte mich mit einem verdrehten Gefühl, das ich für Stärke hielt. Irgendwie fühlte ich mich sicherer, wenn ich die feste Struktur meiner Knochen dicht unter meiner Haut spüren konnte.

* * *

IN DEM BUCH *DIE WOLFSFRAU. DIE KRAFT DER WEIBLICHEN URINSTINKTE* der Jung'schen Psychoanalytikerin Clarissa Pinkola Estés gibt es die Geschichte von La Loba,[1] einer alten Frau, die an einem verborgenen Ort lebt, den »alle kennen, der aber nur wenigen Menschen zugänglich ist«. Diese Geschichte trägt sich in den Wüsten und Bergen Nordmexikos zu. La Loba sammelt das, von dem sie glaubt, es enthalte die unzerstörbare Kraft aller Tiere – die Knochen. Tag für Tag streift sie durch die Landschaft, um nach Schädeln, Gliedmaßen, Rippen, Wirbeln und Klauen zu stöbern. In ihrer Höhle sind die Überreste aller möglichen Tiere angehäuft. Am liebsten aber mag sie Wolfsknochen. An bestimmten Tagen, wenn alle nötigen Teile zusammengetragen sind, der Mond voll am Himmel steht und der Wind günstig ist, zieht sich La Loba tief in ihre Höhle zurück und macht sich an die Arbeit. Sie setzt Skelette zusammen. Besonders wichtig ist das Lied, mit dem sie ihr Werk begleitet: ein uraltes, gutturales Heulen, mit dem sie das Fleisch zurück auf die Knochen singt. Während sie singt, bildet sich auf Rippen, Gliedmaßen, Schädel und Wirbelsäule des Tieres neues Fleisch. Der Körper nimmt Gestalt an – es entsteht eine Wölfin mit dichtem Fell. Ihr Schwanz zuckt, die Wölfin beginnt zu atmen. Mit einem Mal erzittert der Boden, und das Tier öffnet die Augen. Die Wölfin lässt die Dunkelheit der Höhle hinter sich und rennt hinaus in die endlose Weite der Wildnis. Sie läuft dem Horizont entgegen und verwandelt sich in eine lachende Frau – ungezähmt und frei, mit vollkommen erwachten animalischen Instinkten.

* * *

ALS ICH IN MEINER RÜCKEN- UND HALSSTÜTZE AUS GLASFASER WIEder nach Hause durfte, bewegte ich mich nur langsam und zaghaft. Wenn ich mich aufsetzen oder aufstehen wollte, war ich auf die Hilfe anderer angewiesen. Ich fühlte mich wie ein schlecht funktionierender Roboter – steif und mit einer Außenhülle aus Plastik. Besorgte Freunde und Verwandte taten sich zusammen und kochten Essen, um mir zu helfen. Zur Befriedigung meiner Grundbedürfnisse war ich von anderen abhängig und damit nun zum Essen gezwungen. Die Nahrungsaufnahme löste in mir unangenehme Gefühle aus. Ich lebte in einem Zustand intensiven unterschwelligen Unwohlseins.

Unfähig mich zu bewegen oder abzulenken, stiegen Erinnerungen an sexuelle Übergriffe in mir hoch, die ich verdrängt hatte, indem ich mich auf die Ablehnung meines Hungers fixierte und mich mit meiner jungen Liebe zu Ian ablenkte. Doch meine Albträume waren brutal. Nacht für Nacht stellten mir Männer nach, von denen ich gedacht hatte, ich könnte ihnen vertrauen. Die Erinnerungen kehrten zurück. Die Macht dieser Erinnerungen war entsetzlich. Ich wandte mich der Kunst zu – sie empfand ich instinktiv als meinen Weg der Befreiung. Und so schrieb und zeichnete ich, um die Flutwellen loszuwerden, die mich durchströmten. Ich konnte die Worte und Bilder gar nicht schnell genug zu Papier bringen. Mein inneres Ökosystem war bis ins Mark erschüttert. Ich ließ jetzt alles heraus und versuchte, mich davon zu lösen – hatte aber keine Ahnung, wohin mit all diesem Schmerz. Der Schmerz meiner gebrochenen Knochen war nichts im Vergleich zu der Wucht der Erinnerungen, in deren Kielwasser Scham und Selbsthass an die Oberfläche stiegen. Dadurch, dass ich die traumatischen Erfahrungen so tief in mir vergraben hatte, waren ihre Wunden noch tückischer geworden. Der Traumatherapeut Dr. Peter Levine schreibt: »Trauma ist nicht das, was uns passiert, sondern das, was wir in der Abwesenheit eines empathischen Zeugen in uns festhalten.«[2] Vielleicht wäre diese Konfrontation mit meinen Erlebnissen nicht mit solcher Wucht über mich hereingebrochen, wenn ich in der Lage gewesen wäre, über den Missbrauch zu sprechen, statt ihn sogar vor mir selbst zu verheimlichen. Ich hatte getan, was mein junger Verstand für sicher und richtig gehalten hatte. Ich hatte geglaubt, das Schreckliche würde verschwinden, wenn ich nicht darüber sprach.

* * *

WOCHENLANG KAM JEDEN ABEND JEMAND VORBEI UND BRACHTE ein köstliches, selbst gekochtes Abendessen, und meine Familie und ich aßen gemeinsam. Das hört sich jetzt fantastisch an, aber damals war es für mich die totale Folter. Also entdeckte ich eine neue Methode der Kontrolle. Sobald ich so weit genesen war, dass ich von meinem Zimmer ins Bad schlurfen konnte, begann ich mich zu erbrechen. Ich dachte mir, wenn ich das meiste von dem, was ich zu mir nahm, wieder auskotzte, würde ich nicht dick werden. Ich wollte mich nicht fleischig fühlen. Ich wollte dahinschwinden. Ich wollte Selbstbeherrschung. Nachdem ich meinen Körper darauf trainiert hatte, zu erbrechen wie eine Wolfsmutter, die ihre Jungen füttert, konnte ich nach einiger Zeit kaum noch etwas bei mir behalten. Mein Verdauungssystem war ein einziges Chaos. Ich hatte keine Ahnung, wonach ich eigentlich hungerte.

Allein mein Freund hielt mich über Wasser. Er kam jeden Tag

gleich nach der Schule zu mir und brachte mir die Schularbeiten mit, die ich nachholen musste. Er blieb so lange wie möglich bei mir, und spätabends, wenn er bei sich zu Hause ins Bett ging, rief er mich an, damit wir zusammen am Telefon einschlafen konnten. Er war mein Rettungsanker. In den ersten Monaten nach dem Unfall wartete ich Tag für Tag auf ihn. Bis er kam, schlief ich viel und betäubte meine Schmerzen mehr schlecht als recht mit dem Codein, das mir verschrieben wurde. Das ging über Monate so, bis ich mit meiner Schiene wieder zur Schule gehen konnte. Ich ging sehr vorsichtig. Einige Lehrer nörgelten, weil ich zu spät zum Unterricht kam, obwohl allein der Weg dorthin für mich schon Schwerstarbeit war. Ich mochte es nie, die Opferkarte auszuspielen, und so saß ich einfach da und kochte innerlich vor Wut. Aufgrund der Schmerzen kam ich mit der Arbeit kaum hinterher. Ich schaffte es nur mit größter Mühe, mich zusammenzureißen. Doch langsam, aber sicher wurde ich wieder gesund, und ich hatte ja meinen Liebsten. Bis das bei einer Teenagerliebe Unvermeidliche eintrat: Er machte Schluss mit mir. Seit dem Autounfall plagten ihn Schuldgefühle, und er lebte nicht sein eigenes Leben. Er sagte, er müsse sich »befreien«. Und es stimmte. Er hatte recht. Aber unsere Verbindung zu verlieren bedeutete für mich den endgültigen Absturz. Es zerriss mich völlig.

Meine bisherigen Ablenkungen – mein Freund, das Hungern oder das Erbrechen – waren entweder nicht mehr da oder funktionierten nicht mehr. Was meine Mätzchen beim Essen betraf, so waren mir alle inzwischen auf die Schliche gekommen. Tonya konfrontierte sowohl mich als auch meine Mutter mit meiner Essstörung, aber ich stritt alles ab. Es dauerte eine Weile, bis meine Mutter einsah, dass Tonya recht hatte. Ich verbrachte viel zu viel Zeit im Badezimmer, das sich leider im Flur befand, wo mich jeder hören konnte. Ich ließ das Wasser laufen, den Lüfter, alles, was ich konnte, um das Geräusch des Erbrechens zu übertönen. Ich tat so seltsame Dinge, wie jedes Mal, wenn ich ins Bad ging, mein Gesicht zu waschen und tropfend wieder herauszukommen. Ich schob das Essen auf meinem Teller hin und her. Mein unglaublicher Widerwille war offensichtlich. Ich trug immer noch die Rückenstütze und musste bei jeder Bewegung extrem vorsichtig sein. Ich fühlte mich gefangen. Nachts tauchten immer wieder Bilder auf, die mir zeigten, was ich nicht sehen wollte. Doch irgendwo in meiner Psyche wusste ich, dass ich meine innere Welt genauer erforschen musste. Wenn ich dann aufwachte, begann ich nun endlich, meine Träume durch Schreiben oder bildnerisches Gestalten zu verarbeiten, um sie so aus meinem System zu vertreiben. Das tat ich Nacht für Nacht, Tag für Tag. Ich schrieb und zeichnete unaufhörlich, und dadurch fand ich ein wenig Frieden und Klarheit. Meine liebe und fürsorgliche Mutter war auch immer da, stärkte mir den Rücken. Ich spielte mit Selbstmordgedanken. Doch wenn ich an meine Mutter dachte, daran, wie sehr wir uns liebten und was wir gemeinsam durchgemacht hatten, verschwanden all diese Gedanken. Mit ihrer und Tonyas Hilfe durchstöberte ich die örtlichen Buchläden und fand Selbsthilfebücher, unter anderem auch über Essstörungen. Endlich war ich bereit zuzugeben, dass ich daran litt.

Eingezwängt in den Kokon meiner Glasfaser-Rückenstütze, hatte ich keine andere Wahl, als zu essen, in meinem Körper zu sein und mich den Schatten zu stellen, die ich verzweifelt zu vermeiden versucht hatte. Ich hatte zugegeben, dass ich in großen Schwierigkeiten steckte. Ich lag mit einer zertrümmerten Wirbelsäule im Bett, fühlte mich überwältigt, ausgeliefert und in Panik. Überleben wurde meine Vollzeitbeschäftigung. Ich brach die Highschool ab und begann, alles infrage zu stellen.

Das war der wirkliche Beginn meiner Heilreise.

* * *

IM PUPPENSTADIUM STÜLPT EINE RAUPE IHR INNERES NACH AUßen und wird flüssig, bevor sie sich in einen Schmetterling verwandelt. Genauso fühlte ich mich während meines Jahres der scheinbaren äußerlichen Ruhe, aber intensiven inneren Transformation: wie Glibber. Jeden Morgen wachte ich auf und schüttete mein Inneres aus, indem ich einfach drauflosschrieb und zeichnete. Ich malte Bilder von mir selbst, wie ich in Käfigen gefangen war, mich in den Ecken dunkler Räume verkroch, während die Wände um mich herum weinten. Ich studierte die Wildtierfotos im *National Geographic* und verbrachte Tage damit, Details von wilden Wölfen, selbstbewussten Löwinnen und nervösen Kaninchen zu zeichnen. Ich versuchte dabei, ihre Körpersprache, die Beschaffenheit des Fells und das Feuer in ihren Augen zu erfassen. Kunst und Schreiben wandelten meinen Schmerz um, befreiten mich und brachten mich auf eine neue Bewusstseinsebene, durch die ich mich regelmäßig entleeren konnte und – in einen Zustand der Zeitlosigkeit eintrat. Damals wusste ich es noch nicht, aber diese kreative Befreiung half mir, die Ursachen für meine geistigen, körperlichen, spirituellen und emotionalen Herausforderungen zu erkennen. Mithilfe einer Gesprächstherapie und fortgesetzter kreativer Erkundung schuf ich Raum in mir selbst und kümmerte mich um diese äußerst unangenehmen verwundeten Stellen. Irgendwo in den Abgründen meines zerbrochenen Körpers war meine innere Weise Frau am Werk und sammelte die verstreuten, aber unzerstörbaren Fragmente meines Geistes auf.

ARTEMISIA

Meine Heilreise ist ein bis heute andauernder spiralförmiger Weg zurück in den Naturzustand – ein *Rewilding.* Ich trage die Schichten meiner sozialen Konditionierung ab, meine einschränkenden persönlichen Erzählungen und tiefen Traumata. So spiralförmig wie Pflanzen wachsen, verläuft auch unser Heilungsprozess – der Erdrotation folgend, dem Licht der Sonne entgegenstrebend, in der Dunkelheit der Nacht ruhend, mit der Anziehungskraft des Mondes schwankend und fließend. Wenn wir uns nach innen wenden, um die Ursachen einer geistigen, körperlichen oder emotionalen Belastung aufzudecken und sie hinter uns zu lassen, schaffen wir in uns Raum und dehnen uns gleichzeitig nach außen aus. Schließlich werden wir stärker und sind bereit, erneut in unser Inneres hinabzutauchen … noch tiefer, und dann können wir uns anschließend umso weiter nach außen ausdehnen. Diese Reise des Eintauchens in die innere Tiefe und der anschließenden Ausdehnung geht weiter und weiter. Auf dem Weg müssen wir uns vielleicht erneut unserem Schmerz stellen, von dem wir dachten, wir hätten ihn längst überwunden. Nur um festzustellen, dass es eine weitere Schicht desselben Traumas gibt, die noch nicht überwunden ist. Wir müssen unsere Wunden pflegen und aufmerksam hinhören, was sie uns zu sagen haben.

Bitter nennen wir schwierige Erfahrungen, aber auch einen Geschmack, den die meisten von uns nicht mögen. Aber bittere Kräuter wie der Beifuß können, wie schwierige Erfahrungen, unsere Widerstandskraft erhöhen und uns stärker machen. Sie können uns vor schädlichen Mikroben schützen und gleichzeitig eine Reaktion des Sympathikus hervorrufen, die den Blutfluss zu unseren Bauchorganen erhöht und unseren Instinkt weckt. Serotonin – ein chemischer Stoff, der sich auf unsere Stimmung, unser Gedächtnis, unseren Schlaf und unsere Widerstandsfähigkeit bei Stress auswirkt – wird zu neunzig Prozent in unserem Verdauungssystem erzeugt. Es ist also offensichtlich, dass psychosoziale Faktoren von der Physiologie des Darms beeinflusst werden.[3] Die einzigartige Bitterkeit des Beifußes entspannt auch die Nerven, beruhigt Entzündungsherde und lindert Ängste, was uns in einen Zustand der

Präsenz und Empfänglichkeit versetzt. Wenn die Anspannung nachlässt und das Blut fließt, treten wir in einen entspannten Zustand ein, und unsere angeborene Weisheit – das, was Jungianer als das Unbewusste bezeichnen – ist leichter zugänglich.

In ihrem Buch *Göttinnen in jeder Frau* nimmt die Jung'sche Analytikerin Jean Shinoda Bolen eine feministische Revision von C. G. Jungs Theorie der Archetypen vor, indem sie diese Archetypen mit Göttinnen aus der griechischen Mythologie verknüpft. Für Jung sind Archetypen universelle Symbole, die dem kollektiven Unbewussten entstammen und nach Verwirklichung streben. Bolen kritisiert Jungs Theorie wegen der stereotypen und polarisierenden Beispiele des Weiblichen, die sich in den Figuren der Jungfrau oder der Mutter widerspiegeln. Stattdessen bietet sie Frauen andere Archetypen in Gestalt ganzheitlicher und komplexer Göttinnen an.[4] Der Artemis-Archetyp ist die ursprüngliche, unzähmbare »Wilde Frau«. Sie ist eine Mondgöttin, eine wilde Beschützerin der Natur und eine *Jungfrau* gemäß der alten Definition dieses Begriffes – eine Frau, die ein selbstständiges und eigenverantwortliches Leben führt, mit oder ohne Partner. Frauen, die sich in missbräuchlichen Situationen befinden, rufen Artemis seit Jahrhunderten als Beschützerin an, und gebärende Frauen können die Göttin bitten, ihre Wehen zu erleichtern.

In der griechischen Mythologie war Leto, die schöne Titanin, Mutter der Artemis. In einigen Versionen des Mythos wurde sie zur Verkörperung der Mutterschaft, weil sie so viel erdulden musste, als sie Artemis und ihren Zwillingsbruder Apollo vor dem Zorn der Hera beschützte. Hera, die Göttin der Geburt und der Ehe, war mit Zeus verheiratet, dem untreuen olympischen Gott und Vater der Artemis. Leto wurde wegen ihrer Beziehung zu Zeus verurteilt, und es gab für sie auf Erden keinen sicheren Ort, wo sie ihre Kinder zur Welt bringen konnte. Also war Leto auf der Flucht. Eines Tages verwandelte sie sich in eine Wölfin und suchte Zuflucht bei einem

Wolfsrudel. Auf diese Weise schaffte sie es bis nach Delos. Auf dieser schwimmenden Insel legte sie ihr Wolfskleid ab und gebar Artemis unter einer Palme. Als neun Tage später ihr Zwillingsbruder, der Sonnengott Apollo, geboren wurde, half Artemis dabei als Hebamme.

Artemis wählte die Wildnis als ihr Reich und machte es sich zur Aufgabe, Schwesternschaft zu kultivieren, bei Geburten aller Art zu helfen, Frauen, jungen Menschen und wilden Tieren Zuflucht zu gewähren und Rache an all jenen zu nehmen, die ihrer Mutter Schaden zufügten.

* * *

WIE DER MOND, DER DIE GEZEITEN BEWEGT, HAT DER BEIFUSS eine Beziehung zum Wasserelement. Er kann, wenn er eingenommen wird, in das Unterbewusstsein eintauchen und verschüttete Erfahrungen, Muster und Geschichten ans Licht bringen, welche wir anschauen müssen, um zu genesen. Als starkes Oneirogen liefert uns der Beifuß diese wichtigen Informationen durch unser Traumerleben. Wenn wir schlafen, regt sich das Unterbewusstsein. Als jemand, der sein ganzes Leben lang lebhafte Träume hatte, war ich anfangs skeptisch gegenüber dieser Medizin. Aber wenn ich mit Beifuß arbeitete, träumte ich von Dingen, von denen ich dachte, ich hätte sie längst verarbeitet. Ich entdeckte damit noch mehr, mit dem ich mich auseinandersetzen musste und das einer Heilung bedurfte.

Als ich in Brooklyn wohnte, schlief ich mit Beifuß neben meinem Bett, nahm Tropfen der Tinktur unter die Zunge und verbrannte getrockneten Beifuß vor dem Schlafengehen, um die Pflanze in meine Träume einzuladen. Jeden Abend fragte ich: »Was muss ich sehen, um heil zu werden?« Einmal träumte ich von mir als sieben- oder achtjährigem Mädchen. Ich stand auf einem hohen Turm, der in der Dunkelheit schwebte, und blickte auf mein Leben hinab. In der Traumwelt war ich sowohl das Kind wie auch das Traum-Ich, welches seinerseits hinunter auf dieses Kind-Ich schaute. Das ähnelte meiner Erfahrung nach dem Autounfall. Als dieses Kind war ich gar nicht so sehr verängstigt, sondern eher verwirrt und allein, was meine Reaktion auf die verwirrenden Erinnerungen war, die mich von mir selbst trennten. Als das träumende Ich fühlte ich tiefen Schmerz über diese langen Jahre der Einsamkeit. Ich wachte auf und trauerte um den wilden und verwirrten jungen Teil in mir, der so lange alleingelassen worden war. Obwohl ich jahrelang daran gearbeitet hatte, die Geheimnisse und die Scham des sexuellen Missbrauchs, den ich in diesem Alter erlebt hatte, zu heilen, wurde mir klar, dass es Teile von mir gab, die ich weder akzeptiert noch vollständig integriert hatte. Es war an der Zeit, die Überreste dieser Erfahrung, die immer noch in meinem Körper steckten, freizulegen und die notwendige Arbeit zu leisten, um mein junges Ich von dem Turm der Isolation herunterzuholen. Das tat ich, indem ich mit geliebten Menschen sprach, Tagebuch führte und den Emotionen erlaubte, sich mithilfe von Beifuß als Traumverbündetem und innerer Medizin durch meinen Körper zu bewegen. Auf diese Weise begannen sich Schmerzen und Spannungen in meinem Fortpflanzungssystem zu verändern, und ebenso auch die Unregelmäßigkeiten meiner Menstruation, von denen ich glaubte, sie nicht kontrollieren zu können, und für die es keine medizinische Erklärung gab.

Ob wir wollen oder nicht, wir müssen jeden Winkel des Dunklen und des Hellen in uns ehrlich anschauen, um heil werden zu können. Ich sehe, dass diese Dichotomie sich in den Blättern des Beifußes ausdrückt: Eine Seite ist silbrig und die andere dunkelgrün. Die silbrige flaumige Rückseite der Beifußblätter symbolisiert den Vollmond – die Menstruation, die Gezeiten hat wie das Meer, und das Aufsteigen unterbewusster Emotionen an die Oberfläche –, während die gegenüberliegende Seite der dunkelgrünen Blätter den

Neumond symbolisiert – eine Zeit, sich seinem Inneren zu widmen, Samen zu pflanzen, Wurzeln zu ernten und zu empfangen. Dieser Kontrast wird mit zunehmendem Alter der Pflanze immer deutlicher. Für mich symbolisiert der Kontrast wesentliche Polaritäten – dunkel und hell, männlich und weiblich, träumend und wachend. Die Blätter verändern mit zunehmendem Alter ihre Form und stehen für die drei Stadien der Weiblichkeit: Jungfrau, Mutter und alte Frau. Aussehen, Gefühl und Geschmack der jungen Blätter zeigen die Unschuld der Jugend. Bitterkeit ist hier nur als schwacher Hauch vorhanden. In der Phase der alten Frau sind die Blätter zackig und wild wie dreizackige Speere. Die Farbe ist dunkler und der bittere Geschmack intensiver. In diesem Stadium, im Herbst, ist Beifuß eine Medizin der Selbstkonfrontation. Sie muss gleich zur Sache kommen, denn die Zeit ist knapp und kostbar.

Tinkturen, Tees, Öle, Dämpfe und andere Extrakte der Pflanze werden verwendet, um Spannungen zu lösen, die sich angesammelt haben, um uns zu schützen. Die Kraft des Beifußes, die Bitterkeit, ist eine bewegende Energie, die folglich für das Leben und die Heilung unerlässlich ist. Wenn die Dinge stagnieren, spalten sie sich schließlich ab. Als Emmenagogum bewegt der Beifuß das Wasser im Körper, um die Schmerzen bei der Geburt zu lindern. Auch der Blutfluss zwischen den Beinen wird wiederhergestellt, wenn die Menstruation unregelmäßig ist oder ausbleibt. Nach dem sexuellen Übergriff, den ich erlebt habe, litt ich jahrelang unter Periodenbeschwerden und starken Menstruationsschmerzen. Die Ärzte versicherten mir, dass alles in Ordnung sei, obwohl ich andere Erfahrungen machte. Beifuß half mir, Spannungen aufzulösen, die mein Körper bei dem Versuch aufgebaut hatte, das in mir festsitzende Trauma zu verarbeiten oder wenigstens unter Kontrolle zu halten. Clarissa Pinkola Estés sagt, dass es eine Tür gibt, wo eine Narbe ist. Ich möchte hinzufügen: Wo ein Ungleichgewicht ist, gibt es auch eine Tür.

DIE INNERE WILDHEIT

Wir können unsere Gefühle bis ins kleinste Detail für andere beschreiben, aber letztlich müssen wir unsere inneren Landschaften allein durchqueren. Sie werden durch unsere einzigartigen Erfahrungen und die Art und Weise, wie wir mit ihnen umgehen, geformt und ebenso durch unsere Fähigkeit, Grenzen zu behaupten, sie in den richtigen Momenten aufzulösen und wieder aufzubauen, sollten sie ohne unsere Erlaubnis überschritten worden sein. Unsere innere Ökologie, unser Blick auf die Welt und wie wir mit allem, was sich darin befindet, umgehen, wird von unseren persönlichen Erzählungen und Geschichten geformt und beeinflusst. Unsere innere Welt wird durch Religion, Medien, Kultur, Erfahrungen, Erziehung und Familie geprägt. Dieser unendliche Raum im Inneren ist der Ort, an dem wir bewusst und unbewusst entscheiden, wie wir uns zu unserem Körper und zu anderen in Beziehung setzen. Tiefes in uns Hineinlauschen kann unser bestes Werkzeug zur Heilung sein. Durch konsequentes Üben können wir lernen, den Lärm an der Oberfläche von unserem unerschütterlichen wahren Kern zu unterscheiden. Während ich heile, nähere ich mich spiralförmig immer mehr meiner Wahrheit an und nehme die Hauptrolle in meiner eigenen Geschichte ein: vom Opfer zur Überlebenden zur Kriegerin.

Einer der ersten Arbeitsaufträge in meinen Kräuterkunde-Ausbildungen besteht darin, täglich in sich zu gehen, um sich mit dem eigenen inneren Terrain besser vertraut zu machen. Ich bitte die Teilnehmenden, sich täglich fünf Minuten Zeit zu nehmen, um sich auf den eigenen Körper einzustimmen und darüber zu berichten, welche Botschaften er übermittelt. Körperliche Symptome deuten darauf hin, dass etwas im Körper, im Geist, in der Seele oder im Gemüt aus dem Gleichgewicht geraten ist. Wenn wir nur die Symptome behandeln, können wir sie vielleicht überdecken, aber wir erreichen ihre Wurzel nicht. Um dieses Muster zu überwinden, empfehle ich immer die Meditation. Hier beginnen wir, unsere Gedanken zu beobachten und eine Praxis zu entwickeln, ihnen mit der Neugier zu begegnen, die wir brauchen, um auf neue Art mit den Symptomen in Beziehung zu treten. Es ist unsere Neugier, die unserem Körper die Chance gibt, akzeptiert und gehört zu werden. Einige meiner Schüler verwenden sensorische Erinnerungshilfen – Nathalie trägt Steine in ihren Taschen, verwendet Post-it-Zettel und schafft Mini-Altäre am Arbeitsplatz und zu Hause, die sie daran erinnern innezuhalten. Anstatt ihren Körper zu ignorieren, bis Symptome und Empfindungen nach Aufmerksamkeit schreien, hat sie mit der Zeit gelernt, sich auf die subtilen Impulse in ihrem Inneren einzustellen und zu reagieren, wenn ihr Körper ihr etwas zuflüstert.

Im Laufe der Jahre habe ich die Türen zu allen Ecken meines Verstandes, meines Geistes und meiner Seele geöffnet. Ich kam zurecht mit dem, was ich dort fand. Selbst entwickelte Praktiken halfen mir schließlich aufzublühen. Disziplinierte Meditation hat mir Gedankenmuster bewusst gemacht und meinen Geist beruhigt. Das Training als Profiboxerin setzte Wut frei und offenbarte mir eine angeborene Stärke, von der ich gar nicht wusste, dass ich sie hatte. Bildende Kunst und Schreiben halfen mir, durch kreativen Ausdruck Schichten abzustreifen. Das Studium und die Praxis der ganzheitlichen Kräuterkunde, in Zusammenarbeit mit der natürlichen Welt, veränderten meine Beziehung zu meinem Körper. Im Laufe der Jahre integrierte ich diese Praktiken. Sie helfen mir, den Weg zu meinen leeren, verlassenen oder beängstigenden inneren Orten zu finden. Von diesen Orten aus zeichne ich und stimme mich auf das ein, was dort lauert. Wenn wir versuchen, den Schmerz loszuwerden und zu verdrängen, gewinnen diese Wunden an Intensität und Sprengkraft. Etwas »loswerden« können wir sowieso nicht. Vielmehr wandelt sich der Schmerz in einen neuen Zustand um, nachdem er den Kreislauf des Kompostierens durchlaufen hat – von Holz über Holzkohle zu fruchtbarem Boden. Die Knochen allerdings – die unzerstörbare Lebenskraft – bleiben erhalten. Manchmal, wenn ich mich nach innen begebe, finde ich leere Räume, deren Türen vor Jahren geschlossen wurden. Der abgestandene Raum muss gelüftet werden. Es kann beängstigend sein, mehr Weite im Inneren zu schaffen, aber auf dem sich ständig vertiefenden und erweiternden spiralförmigen Pfad der Heilung wage ich mich weiter vor – ich dehne mich aus, ziehe mich zusammen, lerne und vergrößere meinen inneren Horizont.

Wenn ich jetzt Beifuß sehe, eine Pflanze, die meinen Körper kennt und mir zu einer tief greifenden Heilung verholfen hat, fühle ich Liebe und ein Gefühl der Zugehörigkeit. Dies ist die Kraft der Wildpflanzen. Jede von ihnen bringt eine einflussreiche Medizin und eine Geschichte mit sich und die Verbindung zu einer jahrhundertelangen Beziehung zwischen Mensch und Pflanze, die viele von uns vergessen haben. Aber wir können uns wieder daran erinnern. Bewusste direkte Begegnungen mit der Natur sind nicht nur heilsam, sondern wir können dadurch unseren Sinn für das Heilige entwickeln und Entscheidungen für eine nachhaltigere Lebensweise treffen. Es fällt uns nicht so leicht, uns um etwas zu kümmern, das wir als von uns getrennt wahrnehmen. Das Erleben von Verbundenheit und Beziehung macht uns zu Öko-Aktivisten und heiligen Kriegerinnen – Rollen, die in dieser Zeit so notwendig sind.

Die Rhizome des Beifußes sind unermüdlich. Ihre kontinuierlich wachsenden unterirdischen Stängel ermöglichen es dieser Staude, sich in dichten, schützenden Heerscharen auszubreiten, was sie eine natürliche Schwelle bilden lässt. Sie gedeihen um Wälder herum und bieten schützende Dickichte für Tiere, zum Beispiel für Kaninchen, die sich an den bitteren Blättern laben. Der Beifuß,

Artemisia vulgaris, gedeiht an der Grenze zwischen wildem und bewirtschaftetem Raum und ist an Meeresufern, an Waldrändern, in Stadtparks und auf landwirtschaftlichen Flächen ebenso verbreitet wie auf unbebauten Grundstücken und sogar in Rissen im Beton.

Wie der Kreislauf der Jahreszeiten und die Mondphasen ist auch das Leben ein Auf und Ab von Freude und Schmerz. »Das, was über dem Boden sichtbar wird«, schreibt C. G. Jung, »hält nur einen Sommer. Dann verwelkt es – eine ephemere Erscheinung.«[5] Unverwüstliche Rhizome unter der Oberfläche sind beharrlich und warten nur darauf emporzudringen. Das ist die Kraft des Beifußes. Ich habe gelernt, dass wahres, ewiges Leben unter der Oberfläche existiert. Es ist unzerstörbar – ähnlich wie die Beharrlichkeit unserer wilden Seele.

Eibe

Taxus spp.

Familie: Taxaceae

Eiben können Jahrtausende alt werden. Dort, wo ihre Äste den Boden berühren, bilden sie Wurzeln, und es entstehen neue Stämme. In vielen erdverbundenen Traditionen steht dieser Baum für Tod, Auferstehung und Unsterblichkeit. Die amerikanischen Ureinwohner der Nordwestküste nutzten die Pazifische Eibe (*Taxus brevifolia*) als Medizin und ernteten Zweige und Stangenholz, das sie für Bögen und Kanupaddel verwendeten. Wann immer möglich, sammelten sie so, dass die Bäume nicht gefällt wurden, sondern weiterlebten. Sie betrachteten die Eibe als heilig. Aus dem Holz fertigten sie Totempfähle, Totenmasken, Schamanenstäbe und andere Zeremoniengegenstände. Einige Stämme nennen die Eibe den »Häuptling des Waldes«.[1]

Die Europäische Eibe, *Taxus baccata*, war den Kelten heilig, und es heißt, dieser Baum habe die Erfahrungen und das Wissen der keltischen Ahnen gespeichert. Im Ogham, dem keltischen Schriftsystem, ist die Eibe *iodhad*, der zwanzigste Buchstabe des Alphabets, und in der gesprochenen gälischen Sprache ist die Eibe der neunte Buchstabe, *iogh*. Beide Sprachen sind aus der natürlichen Welt entlehnt, und bei beiden dienen Bäume als Grundlage für das Alphabet.

ZUGEHÖRIGKEIT

Alte Eibe, du umgreifst Grabes Stein,
Mit dem Namen des Toten, der unter ihm ruht,
Das traumlose Haupt umklammerst du gut,
Deine Wurzel hält das Gebein.

ALFRED, LORD TENNYSON:
IN MEMORIAM A. H. H. OBIIT MDCCCXXXIII: 2

Ich komme in meiner Hütte an, Eagle's Crag. Stille wie in einer gewaltigen Höhle bricht sich an der Weite der Landschaft. Es ist Anfang März, und ich befinde mich zwei Stunden nördlich von Inverness im Alladale Wilderness Reserve. Inmitten von schroffen schneebedeckten Bergen, Flüssen und Seen bin ich der einzige Mensch in der 9300 Hektar großen Wildnis. Aber ich bin nicht allein.

Vereinzelte Waldkiefern stehen in der Ferne. Ein willkommener Anblick inmitten der nackten, von Heidekraut und Stechginster durchsetzten Grasflächen. Die Kiefern sehen aus wie riesige Moyogi-Bonsai-Bäume mit gebogenen Stämmen, die sich in den Himmel strecken. Sie sind die ältesten lebenden Bewohner dieses Landes. Diese Kiefern waren »zu krumm, um sie zu fällen«, erzählt mir Innes MacNeill, gebürtiger Highlander und leitender Ranger in Alladale. Ihre Verwandten, die gerade und schmal aufwuchsen, wie es vorgesehen war, wurden gefällt und unter anderem als Masten für englische Kriegsschiffe verwendet.

Ich gehe von meinem Cottage aus den Kiesweg entlang und einen mit Frost bedeckten Hügel hinunter, um die Waldkiefern zu besuchen – Nachfahren der ersten Kiefern, die etwa 7000 v. Chr. nach Schottland kamen. Einst lebten sie in einer blühenden artenreichen Gemeinschaft, bestehend aus Espen, Wacholder, Eichen, Vogelbeeren, Weißdorn, unzähligen Pilzarten, Flechten und Heilkräutern. Damals kletterten gewiss Bären und Luchse auf ihre Äste, und Wölfe durchstreiften das Land. Kaledonischen Wald nannte der römische Naturforscher und Heerführer Plinius der Ältere diesen dichten gemäßigten Regenwald – jener Plinius, dessen berühmt-berüchtigtes Buch *Naturalis Historia*, das er in den Jahren 77–79 n. Chr. verfasste, Mythen und Folklore, aber auch Informationen über Bäume und Heilpflanzen enthält.[2] Die römische Armee versuchte vergeblich, in diese Wildnis vorzudringen, deren Umland von einem wilden kriegerischen Stamm bevölkert wurde, den die Römer Kaledonier nannten. Der Autor und Historiker James Hunter schreibt in *The Last of The Free: A History of the Highlands and Islands of Scotland*, dass die einheimischen Highlander unter dem Kriegerhäuptling Calgacus dem Römischen Reich Widerstand leisteten. Er bezeichnete sein Volk als »die letzten der Freien« und sagte über die römische Armee: »Sie verwüsten alles und nennen das Frieden.«[3]

Doch die Kaledonier konnten das Land nicht lange verteidigen, und im Laufe der Jahrhunderte drangen die Menschen in das dichte Waldgebiet ein, und die Pflanzengemeinschaft, in der die Kiefern gediehen, wurde vernichtet. Wölfe, Bären und Luchse wurden bis zur Ausrottung gejagt, Bäume wurden zu Bauzwecken gefällt und der Wald gerodet, um Platz für Ackerland zu schaffen. Und die einheimischen Highlander wurden aus ihren Häusern vertrieben, und Weidevieh nahm nun den Platz ein, wo zuvor ihr Zuhause gewesen war. Die Highlander mussten ihre Dörfer verlassen. Ihnen wurde Pachtland mit einzeln stehenden kleinen Bauernhöfen zugewiesen, denn das Land gehörte nun nicht anwesenden Grundbesitzern aus England. Diese kleinen Bauernhöfe waren, was von den traditionellen Dorfgemeinschaften oder Bailtean blieb, in denen es gemeinsames Weideland, Ackerflächen für alle und eine nachhaltige Subsistenzlandwirtschaft gab. Die Menschen wurden von der Isle of Harris vertrieben. Sie mussten das sehr fruchtbare Land dort verlassen und zogen an die Ostseite der Insel, deren Landschaft so karg war, dass man sie mit der Mondoberfläche verglich.

Im Laufe der jahrhundertelangen britischen Besatzung und vor allem während der sogenannten Highland Clearances, der Räumung des Hochlands, wurden die Highlander aus ihrem Land vertrieben. Jenes Land, in dem ihre Geschichten und ihre Volksmedizin gewurzelt hatten und das sie ernährt hatte. Sogar ihre Sprache wurde nach und nach gänzlich zum Schweigen gebracht. Sie wäre beinahe ausgestorben und damit verbunden auch die in ihr enthaltenen philosophischen Grundlagen sowie die tiefe Verehrung für ihre heimatliche Natur. Die Engländer wollten erreichen, dass die Menschen sich schämten, Gälisch zu sprechen – eine Sprache, durch die sie in den Rhythmus der natürlichen Welt eingebettet waren. Die Sprache bestimmte, wie sie sich selbst, ihre Gemeinschaften und ihre Vorstellungen von Besitz wahrnahmen. Es gibt kein gälisches Wort, das einfach mit »Eigentum« gleichgesetzt werden kann.

Die Kolonisierung Schottlands verlief schleichend. Die Gälen sind weiße Westeuropäer und sehen für den zufälligen Beobachter nicht anders aus als die Tieflandschotten oder die Engländer. Die Assimilation erfolgte daher relativ reibungslos – jedenfalls im Vergleich zu anderen Weltgegenden, wo die marginalisierten Gruppen der Gesellschaft an äußeren Merkmalen zu erkennen waren. Bei den Schotten war die gälische Sprache das auffällige Merkmal, das sie unterscheidbar und potenziell rebellisch machte. Die Kolonialisierung beinhaltete die Auslöschung der Muttersprache, die von den Engländern im Zuge der »Zivilisierung« der Menschen systematisch erzwungen wurde. Das Waffenarsenal der Lehrer umfasste Lineale, Gürtel, Seife für den Mund und sogar Totenköpfe, die den Kindern um den Hals gehängt wurden. Auf heimtückische Weise wurde eine »Selbstüberwachung« unter den Kindern erreicht. Das Kind, das als Letztes etwas auf Gälisch gesagt hatte, musste die letzte, den Tag abschließende Tracht Prügel des Lehrers erleiden. Und Mitschülerinnen und Mitschüler waren genötigt, dieses Kind zu denunzieren. Diese Methode gab es auch in Irland, wo sie mit dem sogenannten »Tally Stick«, dem Kerbholz, praktiziert wurde. Der irische Dichter und Philosoph John O'Donohue schrieb dazu: »Wenn man einem Volk die Sprache raubt, lässt man dessen Seele fassungslos zurück.«[4]

* * *

IM GÄLISCHEN IST ES NICHT ÜBLICH, MENSCHEN ZU FRAGEN, »WOher« sie kommen, sondern »von wem« sie kommen: *Có ás a tha sibh?* Von wem kommst du? Hätte man mir diese Frage vor zehn Jahren gestellt, hätte ich nicht gewusst, wie ich antworten sollte. Es gab Zeiten, in denen ich, wie so viele Einwanderer mit verschiedenen ethnischen Hintergründen – aus mangelndem Verständnis –, dachte, es spiele keine Rolle, woher meine Vorfahren stammen. Meine Vorfahren – schottische und russisch-jüdische Einwanderer mit einer Mischung aus irischen, englischen und osteuropäischen Familienangehörigen – hatten den Wunsch, ihre Leiden hinter sich zu lassen und sich einzufügen, als sie den sogenannten amerikanischen Boden betraten. Einige waren Farmer, die das Land bearbeiteten und sich ein vermeintlich besseres Leben wünschten. Andere entkamen der Verfolgung, und wieder andere wurden, wie die Gälen, von ihrem Land vertrieben. Doch während sie sich selbst neu erfanden, verloren sich ihre mitgebrachten kulturellen Traditionen und Erfahrungen in dem homogenen Schmelztiegel der amerikanischen Kultur und gerieten in Vergessenheit.

Meine Eltern beschlossen, mich in der liberalen Universitätsstadt Amherst, Massachusetts, aufzuziehen. Die Stadt war für ihr gutes Schulsystem und die reiche Musikszene der frühen 1970er-Jahre bekannt und entsprach damit der progressiven Einstellung meiner Eltern. Unterstützt durch den Bruder meines Vaters, kauften sie ein großes Haus, das nach der Scheidung meiner Eltern zu einer Hippie-Kommune wurde. Um die Hypothek bezahlen zu können, vermietete meine Mutter Zimmer an Musiker aus der Gegend, aber auch – wenn gerade Zimmer frei waren – an durchreisende Gastmusiker. Wir hatten eine eigene Wohnung im Keller, zwei weitere Zimmer im Obergeschoss, und meine Mutter und ich schliefen im Erdgeschoss. Die Musik brachte Menschen aus allen Gesellschaftsschichten zu uns – Menschen, die den Status quo durch ihre künstlerische Selbstentfaltung aufbrechen wollten. Musik besitzt eine einende Kraft und ließ uns am unmittelbarsten mit Kultur in Berührung kommen. In dieser Szene lernte meine Mutter meinen Stiefvater Mitch Chakour kennen. Er spielte als Opener für James Brown im Rusty Nail und trat mit Künstlern wie Howlin' Wolf, BB King und Joe Cocker auf. Ich wuchs also in einem faszinierenden musikalischen Umfeld auf, das von Stevie Wonder, Donny Hathaway, den Beatles, Minnie Ripperton, Joni Mitchell und Jimi Hendrix geprägt war. Ich durfte oft früher aus der Grundschule nach Hause gehen, weil wir zu einem Konzert fahren mussten. Auf dem kleinen Plattenspieler in meinem Zimmer hörte ich Songs wie »Mercy, Mercy Me: The Ecology« von Marvin Gayes grandiosem Album *What's Going On*. Während er darüber sang, wie wir die Erde missbrauchen, setzte ich mich mit den heftigen Gefühlen auseinander, die das Album in mir auslöste. Die Künstler wie Marvin Gaye sagten die Wahrheit, anders als viele meiner Lehrer und die Schulbücher – Wissen, das ich besser wieder verlernte.

Ich erinnere mich, dass ich Maya Angelous *Ich weiß, warum der gefangene Vogel singt* las, als ich zehn Jahre alt war. Ich fand das Buch in unserem Haus und nahm es überallhin mit, bis ich es zu Ende gelesen hatte. Ich begriff damals durchaus schon einiges von dem, worüber sie berichtete – Rassismus, Vergewaltigung, das Erwachsenwerden einer Frau in einer von Männern dominierten Welt –, doch niemand von den Erwachsenen sprach offen über diese Dinge. Aber selbst als Kind erkannte ich, was es bedeutete, die Wahrheit zu sehen und zu hören, mit ihr in körperliche Resonanz zu gehen, auch wenn ich meine Erkenntnisse damals noch nicht klar artikulieren konnte.

Obwohl ich in einer scheinbar multikulturellen Umgebung aufwuchs (soweit das in einer mehrheitlich weißen liberalen Universitätsstadt möglich war) und mich der Natur zutiefst verbunden fühlte, wusste ich sehr lange nichts über die schwärenden Wunden der Erde – des Landes – und über das Trauma seiner Ureinwohner. Wie viele Kinder, die in den 1970er- und 1980er-Jahren aufwuchsen, lernte ich schädliche Mythen wie »Kolumbus entdeckte Amerika« und »Thanksgiving war ein fröhliches Treffen zwischen Europäern und Ureinwohnern, bei dem sie Truthahn und Kürbiskuchen teilten«. Selbst in einer angeblich so fortschrittlichen Stadt wie Amherst wurde über die amerikanischen Ureinwohner in der Regel in der Vergangenheitsform gesprochen. Ich tauschte mich darüber kürzlich mit meiner Jugendfreundin Tonya aus, um sicherzugehen, dass ich mich richtig erinnere, und sie sagte: »Ja, das stimmt. Ich habe nichts über die Kultur der amerikanischen Ureinwohner gelernt, bis ich aufs College ging.« Wie die meisten Schullehrpläne in den Vereinigten Staaten damals (und wahrscheinlich auch heute noch) wurden unsere Geschichtsbücher von weißen Männern bevölkert, die Dinge entdeckten, die bereits existierten. Die Stimmen von Frauen und People of Color schimmerten kaum durch und waren stark zensiert, wenn sie überhaupt gehört wurden.

Amherst liegt im Tal des Connecticut River in einer Gegend, die als »das glückliche Tal« bekannt ist, und hat den Ruf einer ländlichen, linksgerichteten Utopie, die im Schatten der wunderschönen Seven-Sisters-Bergkette liegt. Amherst ist die Heimat der Dichterin Emily Dickinson, die neben anderen unsterblichen Sätzen unter anderem schrieb: »Entschuldigt meine geistige Gesundheit in einer geisteskranken Welt.« Seit Jahrzehnten wird darüber diskutiert, die Stadt in *Emily* umzutaufen, da Amherst nach Lord Jeffery Amherst benannt ist – einem Soziopathen und Befehlshaber der britischen Armee in Nordamerika. Bei der Belagerung von Fort Pitt befehligte er die biologische Kriegsführung gegen die amerikanischen Ureinwohner, denen mit den Pocken verseuchte Decken geschenkt wurden.

Erst als schon fast volljährige Jugendliche lernte ich schließlich, dass Amherst eigentlich Nonotuck-Land ist, umgeben von den Stammesgebieten der Nipmuc und Wampanoag im Osten, der Mohegan und Pequot im Süden, der Mohikaner im Westen und der Abenaki im Norden. Dank der Flüsse Connecticut und Mill und der üppigen Vegetation in dieser Region hatten diese Ureinwohner hier in den Zeiten, bevor die weißen Siedler kamen, ein gutes Leben. Heute sind sie vielerorts noch immer die Hüter des Landes, das ich so sehr liebe. Da ich als Teenager ständig krank war und deshalb oft in der Schule fehlte, und dann während der langen Zeit der Rekonvaleszenz nach meinem Autounfall, hatte ich mir angewöhnt, meine Bildung zum großen Teil selbst in die Hand zu nehmen. Dabei wurde mir zunehmend klar, dass mit den weißen Menschen etwas nicht stimmen konnte. Ich konnte mich mit dem Weißsein nicht identifizieren. Ich war vielmehr daran interessiert, wen und was ich als meine geistige Familie ansah, und begann, meinen Körper nur als eine vorübergehende Wohnung zu betrachten. Als ich in meinen späten Teenagerjahren war, hatte sich bei mir »weiß« als abwertender Begriff verfestigt.

* * *

CHAKOUR BEDEUTET »DANKBAR«. NACHDEM MEINE MUTTER WIEder geheiratet hatte, begann ich ab meinem achten Lebensjahr, diesen syrischen Nachnamen zu verwenden. Es erschien mir folgerichtig, denselben Namen zu tragen wie mein Bruder, meine Schwester und meine Mutter, zumal ich mich von meinem leiblichen Vater entfremdet fühlte. Ich schrieb meinen Namen mit Bindestrich, sofern nötig, bis ich ihn dann legal ändern ließ, als ich mit Anfang zwanzig nach New York City zog. Mit dem Namen Chakour konnte ich in Resonanz gehen. Er gab mir ein Gefühl von Identität – eine Identität, die ich auch durch die ständige Erforschung des Bewusstseins und meiner »inneren Wildnis« fand: in der Kunst, der Natur, dem Boxen, leidenschaftlichen Beziehungen und dem Erforschen von Spiritualität. Aber mich trieb eine ständige innere Suche, die mir unerklärlich schien.

Ich hoffte, das, was ich suchte, in spirituellen Praktiken und in jener Philosophie zu finden, die, wie ich, die Erde wertschätzt und ehrt. Ich fühlte eine tiefe und oft schmerzhafte emotionale Verbindung zur Naturlandschaft und zu den nicht menschlichen Wesen und sehnte mich nach einem Ort, wo ich gemeinsam mit anderen Menschen in dieser emotionalen Nähe zur Natur leben konnte. Obwohl es sich richtig anfühlte, etwas über die indigenen, naturverbundenen Kulturen des Gebietes zu lernen, wo ich aufgewachsen war, wusste ich doch, dass ich dabei einen respektvollen Abstand wahren musste. Voll Demut tauschte ich Wissen über Heilpflanzen mit Freunden und Lehrern von den First Nations aus, den Ureinwohnern Kanadas, und hielt mit ihnen gemeinsame Zeremonien ab. Aber ich hatte keine eigene Anbindung zu irgendeiner erdverbundenen Kultur, die Teil meines eigenen ethnischen Erbes war. Da ich in dieser Hinsicht also nicht auf Eigenes zurückgreifen konnte, fühlte sich die Grenze zwischen kultureller Wertschätzung einerseits und Aneignung und Vereinnahmung andererseits wie ein schmaler Grat an. Wenn ich auf blinde Flecken stieß, hatten Freunde und Partner kein Problem damit, mich im Zaum zu halten, denn egal, welchen Gruppen ich mich anschloss oder was ich im Inneren oder im Reich des Geistes fühlte, ich war äußerlich stets als Weiße zu erkennen. Ich wusste, dass meine Hautfarbe mir Privilegien einbrachte, die einige meiner Partner, Freunde und Kollegen nicht hatten. Das Unbehagen und die offensichtliche Ungerechtigkeit dieser Realität waren zwar der Auslöser für meine Arbeit als Aktivistin, aber ich fühlte mich dadurch auch heimatvertrieben. Meine Haut fühlte sich oft wie eine Barriere zwischen mir und den Menschen und Orten an, die ich am meisten liebte. Während Seelenverbindungen und meine wachsende innere Landschaft tiefe Beziehungen schufen, sorgte meine Hautfarbe dafür, dass ein Teil in mir sich abgelehnt fühlte. Ich spürte eine tiefe Vertrautheit mit dem Land, auf dem ich aufwuchs, aber ich begriff, dass es, was meine familiäre Herkunft anging, nicht mein eigenes war.

Das Studium der westlichen Kräuterkunde stellte einen Wendepunkt für mich dar. Die Praxis entsprach meiner Sehnsucht, mich selbst zu heilen, indem ich auch meine Beziehung zur Natur heilte. Aber ganz unerwartet lernte ich dabei auch eine Menge über meine eigene Kultur. Meine Lehrer, unter anderem Robin Rose Bennett und Matthew Wood, bestätigten meine Sehnsüchte, denn auch sie erlebten die Erde als empfindungsfähig und beseelt. Ich lernte, dass die Pflanzen, zu denen ich mich in Nordamerika am meisten hingezogen fühlte – Weißdorn, Holunder, Beifuß, Rotklee, Schafgarbe, Brennnessel, Klette, Wildrose, Johanniskraut, Löwenzahn, Linde, Augentrost, Eibe –, in ganz Schottland und den anderen Herkunftsländern meiner Vorfahren fast überall anzutreffen sind. Manche davon waren also in eine fremde Umgebung verpflanzt worden wie ich. Als ich mehr über ihre traditionelle Verwendung erfuhr, schaffte das den Zugang zu meinem eigenen kulturellen Erbe der Pflanzenkunde. Das weckte in mir das Interesse, mehr über die Landschaften zu erfahren, deren Erbe in mir steckt. Und ich beschloss, die indigene, naturverbundene Spiritualität, die meine Vorfahren dort entwickelt hatten, in ihrer ganzen Tiefe zu erkunden. Da ich sowohl mütterlicherseits als auch väterlicherseits schottisches Blut habe, fühlte ich mich zu Schottland und meinen gälischen Wurzeln ganz besonders hingezogen.

Zwar erfuhr ich auch von meinen Lehrern im Nordosten Amerikas etwas über schottische Folklore und traditionelle Medizin, aber Ancel Mitchell war die erste Person, die mich wirklich einweihte. Sie ist eine brillante Kräuterkundlerin und Expertin für schottische Kultur, aufgewachsen in der Nähe Glasgows. Jetzt ist sie eine liebe Freundin. Ancel betreibt eine Permakultur-Farm in Puerto Viejo de Limon an der Karibikküste Costa Ricas, wo wir uns vor acht Jahren kennenlernten. Ich wohnte ganz in der Nähe in einem Ethnobotanik-Zentrum eines Freundes und studierte Pflanzenmedizin, indem ich von unglaublichen Curanderas und afrokaribischen Heilern lernte, von denen viele schon seit Generationen in Puerto Viejo lebten. Eines Tages, als ich etwas über Pflanzen in der afrikanischen Diaspora lernte, zitierte ein Lehrer den jamaikanischen Bürgerrechtsaktivisten und Befürworter der Panafrikanismus-Bewegung Marcus Garvey: »Ein Volk ohne das Wissen um seine Geschichte, Herkunft und Kultur ist wie ein Baum ohne Wurzeln.« Ich hatte dieses Zitat schon einmal gehört, aber erst als ich dort im Dschungel stand und Wurzeln im wahrsten Sinne des Wortes erforschte, aber selbst keine Verbindung zu meinen eigenen Wurzeln hatte, wurde mir wirklich bewusst, was es bedeutete. Es war mir furchtbar peinlich. Ich nehme an, ich sah in diesem Moment ein, dass ich meine äußerlich klar sichtbare körperliche Wahrheit verleugnete. Als Ancel ein paar Tage später auftauchte, um europäische Kräuterkunde zu lehren, empfand ich das als eindeutiges Zeichen, das ich beherzigen musste. Wir verstanden uns auf Anhieb, und obwohl mich die artenreiche Landschaft und die Lehren anderer Kulturen nach Costa Rica gelockt hatten, wusste ich, dass ich meine eigenen Wurzeln erforschen musste, um mich geerdet und integer in traditionsbewussten Kreisen bewegen zu können.

Nachdem wir uns kennengelernt hatten, fuhr ich mit meinem klapprigen Mietfahrrad an den Stränden der Karibikküste entlang zu ihrer Farm und ihrer bezaubernden Hütte, in der sie Schokolade herstellte. Im Laufe dieser Monate sprachen wir über die Geschichte, die Überlieferungen und das reiche kräuterkundliche Erbe Schottlands. Im Dschungel von Costa Rica, der mich bei meinem ersten Besuch im Jahr 2008 so tief in seinen Bann gezogen hatte, begann ich, die Geschichte meiner Vorfahren zu entdecken und sie mit der ganzheitlichen Pflanzengeschichte, die ich kannte, zu verknüpfen. Und obwohl sie von einer üppigen Pflanzenwelt umgeben war, vermisste Ancel Schafgarbe, Holunder und Weißdorn und sehnte sich nach ihrer schottischen Heimat, sodass wir gemeinsam ein Retreat planten, das in Argyll stattfinden sollte – jenem Teil der westlichen Highlands, von wo ein Teil meiner Familie stammt.

Ein paar Jahre lang tauschten wir uns aus, planten und suchten nach einem geeigneten Ort für das Retreat, der im Einklang mit unseren ökologischen Prinzipien war. Wir wollten in der Nähe von Kilmartin Glen bleiben, einer historischen Gegend voller Denkmäler aus der Jungsteinzeit und der Bronzezeit. Es gibt dort den Steinkreis von Temple Wood, die Menhire bei Ballymeanoch und dreihundertfünfzig weitere fünftausend Jahre alte Ritualstätten. Schließlich fanden wir einen wunderschönen abgelegenen Ort für unser Retreat, der dennoch gut mit dem Auto erreichbar war. Als ich dort ankam, fühlte ich mich gleich mit der Energie der Quelle verbunden, und als wir das Land erkundeten, in dem meine Vorfahren über Tausende von Jahren gelebt hatten, fühlte sich mein Körper, zumindest teilweise, wie zu Hause.

Die Entdeckungsreise schritt voran, und zwei Jahre nach dem ersten Retreat in Argyll lernte ich Àdhamh Ó Broin kennen. Er ist ein Gäle mit gemischten schottischen und irischen Vorfahren, der den gälischen Dialekt seiner Vorfahren dieser Gegend im Alleingang wiederbelebt hatte und seine Familie als Muttersprachler großzog, obwohl die Sprache praktisch ausgestorben gewesen war. Àdhamh beschreibt seine Arbeit als »cultural rewilding« – »kulturelle Renaturierung« –, ein Begriff, den wir beide verwenden. Genau wie bei Ancel spürte ich auch mit ihm eine sofortige Verbundenheit. Seit unserer ersten Begegnung entdeckten wir bei unserer gemeinsamen Arbeit fehlende Erzählstränge unserer eigenen Lebenslinien. Mithilfe der gälischen Sprache, dem vorchristlichen kulturellen Erbe Schottlands und der Kräuterkunde fügten wir das alles zusammen. In der gälischen Sprache offenbart sich uns die Schnittstelle zur schottischen Landschaft, und so wächst mein Verständnis für die Weltanschauung unserer Vorfahren, die sich zum Beispiel in den von ihnen gewählten Ortsnamen zeigt. Obwohl Àdhamh in Schottland aufgewachsen ist, verstand er mein Gefühl der Entfremdung und fühlte sich durch die englische Kolonisierung von der gälischen Kultur und dem Land abgetrennt. Die gemeinsame Arbeit, bei der wir Bildungserfahrungen für andere anbieten, ist gleichzeitig auch heilsam für uns selbst.

* * *

IM GÄLISCHEN GIBT ES DAS KONZEPT DER DÙTHCHAS, DER HERkunft als Zugehörigkeit zu einem Ort, und von Dualchas, einer ererbten immatriellen Kultur. Viele, die an meinen Sacred-Warrior-Retreats mit Àdhamh und Ancel teilgenommen haben, wuchsen mit dem Gefühl auf, vertrieben worden zu sein, und suchten, wie ich, nach kultureller Zugehörigkeit. Obwohl Wurzelsysteme unsichtbar sind, hängt es von ihrem Zustand und ihrer guten Vernetzung ab, wie wir unser an der Erdoberfläche stattfindendes Leben erfahren. Ebenso verhält es sich mit traditionellen Liedern und Geschichten, die unsere Kultur in sich tragen und unser Gefühl der gemeinsamen Identität mit anderen, einschließlich unserer Pflanzen- und Tierfamilien, verstärken.

***

ES HAT MICH IMMER ERSTAUNT UND WÜTEND GEMACHT, DASS DIE vorherrschende anthropozentrische Sichtweise einen Teil unserer Erdenfamilie – Bäume, Pilze, Bestäuber und wichtige Raubtiere wie die Wölfe – so darstellt, als wären sie nicht mit uns verbunden. Auch sie haben ihre eigenen Familien und erleben Traumata. Wir sind auf sie angewiesen, um zu überleben. Der Förster Peter weist in seinem Buch *Das geheime Leben der Bäume* darauf hin, dass Bäume ihre Verwandten erkennen, mit ihnen kommunizieren und dadurch künftige Generationen prägen.[5] Darüber hinaus teilen Bäume ihren Nachbarn mit, wenn sie verletzt sind, und beeinflussen so die Genregulation, die Abwehrchemie und die Widerstandsfähigkeit der Waldgemeinschaft. Ein gesunder Wald ist eine generations- und artenübergreifende Familie, die sich gemeinsam um Gesundheit und Wohlbefinden des Ganzen kümmert.

***

DIE RANGER IN ALLADALE HABEN UNTER DER LEITUNG VON INNES MacNeill inzwischen fast eine Million einheimischer Bäume gepflanzt. Dadurch können möglicherweise eines Tages Wölfe erneut ihren angestammten Platz in der Wildnis einnehmen, wie das bei anderen Wiederansiedlungsprojekten in der ganzen Welt auch schon der Fall ist. Ein Rudel Wölfe würde die ökologische Ordnung wiederherstellen und zur Heilung des verwundeten Landes beitragen. Sie würden den Rotwildbestand regulieren, sodass die ansonsten von den Hirschen geschädigten Jungbäume gedeihen können. In Schottland gibt es zwar auch heute Waldgebiete, in denen Chaga und andere Pilze in Symbiose mit Birken, Ebereschen und Kiefern wachsen und die Gesundheit der Bäume unterstützen und erhalten, aber in den Sanierungsgebieten von Alladale ist der Boden zu ausgelaugt, um diese Organismen zu ernähren. Den Wurzelsystemen fehlt es an Mycelnetzwerken, die ihnen helfen, miteinander zu kommunizieren, Nährstoffe auszutauschen und als einheitliches Ökosystem zu funktionieren. Dieses »Wood-Wide-Web«, das »Wald-Internet«, wie Ökologen es nennen, wird von Mycelnetzwerken gebildet. Es schützt die Bäume vor giftigen Schadstoffen und ist besonders wichtig für die vollständige Wiederherstellung jener Flächen, die von Bodendegradation betroffen sind.

Ohne das Wurzelwerk ihrer Ahnen müssen die jungen Bäume in Alladale auf sich allein gestellt überleben lernen. Und auch wenn die Pflanzen zurückkehren – wo sind ihre Geschichten? Niemand in Alladale scheint sich an sie zu erinnern.

* * *

DAS RENATURIERUNGSPROJEKT UND DIE WIEDERANSIEDLUNG VON Wölfen haben mich vor drei Jahren mit allem, was das an Komplexität mit sich bringt, nach Alladale geführt. Diese missverstandenen

Hüter unseres Ökosystems, die Teil unserer natürlichen Großfamilie sind, haben mich schon immer magisch angezogen. Und wie die jungen Bäume habe auch ich begonnen, in meinen eigenen Boden vorzudringen, um die beschädigten Wurzeln und die natürliche Ordnung im Land meiner Vorfahren wiederherzustellen.

ACHTSAMKEIT

»Wirst du dich nicht einsam fühlen?«, fragte mein Vater, als wir zum Frühstück gingen. Es war ein heller Januarmorgen in Cambridge, Massachusetts, nach dem Gedenkgottesdienst für meine Tante. »Nicht in der Wildnis«, antwortete ich. »Ich vermisse die Menschen, die ich liebe, aber ich bin von so viel Leben umgeben. Ich fühle mich nicht einsam.« Es war das zweite Mal, dass ich ihn in zwei Monaten sah, und auch das zweite Mal in zwei Jahren. Die Krankheit und der anschließende Tod meiner Tante hatten uns wieder zusammengebracht. Beim Gehen zogen wir eine Spur durch den frischen Schnee.

Er sagte: »Ich habe mich mein Leben lang einsam gefühlt.«

Meine Eltern ließen sich scheiden, als ich zwei Jahre alt war. Das war die Zeit, in der ich an Asthma erkrankte, was ich von ihm geerbt hatte. »Eines der wenigen Dinge, die er mir geschenkt hat«, war ein plumper Witz, den ich eine Zeit lang erzählte – ein Abwehrmechanismus, da er nur selten da war und wenn, dann verliefen unsere Interaktionen nicht besonders gut.

Während ich nun mit meinem Vater spaziere, zeige ich auf die Eibenreihen auf den Bürgersteigen rund um den Harvard Square. Ich erzähle ihm von meinem Besuch der Fortingall-Eibe in Glen Lyon, Schottland, Anfang des Jahres. Sie ist mit ihrem geschätzten Alter von dreitausend bis fünftausend Jahren das älteste Lebewesen in Europa.

Àdhamh beharrte darauf, ich solle dieses uralte Wesen aufsuchen, das meine Vorfahren gekannt haben könnte, denn meine Familie lebte in der Nähe. Ich konnte es kaum erwarten. Meine Erwartungen an den Baum waren hoch, und ich erhoffte mir eine Art Botschaft. Aber als wir ankamen, fühlte sich etwas falsch an. Der Baum, dieser Älteste, der den vorchristlichen Bewohnern des Landes heilig gewesen war, war nun von den Mauern eines Kirchhofs umgeben. Eine weitere Schutzmauer innerhalb dieser Mauern umschloss den uralten Baum. Er wirkte wie eingesperrt. Er stand nicht länger frei in einem Hain, wo die Menschen sich hätten versammeln können.

Ich setzte mich zu der Fortingall-Eibe und spürte diese Traurigkeit, das Eingesperrtsein. Und doch gedeiht der Baum immer noch und wächst weiter, über die schützenden Barrieren hinaus. Ich sah die Zapfen und die reifen Beeren dieses Großmutter- und Großvaterbaums. Eiben sind in der Regel zweihäusig. Sie sind also männlich oder weiblich. Jedoch wandelt sich dieser Baum, sodass dort, wo sich einst die Zapfen befanden, jetzt köstliche rote Beeren zu sehen waren. Das Gleichgewicht der Gegensätze hat sich über Tausende von Jahren erhalten – zum einen Ruhe und Beständigkeit, zum anderen das intensive kontinuierliche Wachstum und die Lebensenergie. Vor fast jeder Kirche und auf jedem Friedhof in Schottland wächst eine Eibe. Zwar wurden einige gepflanzt, doch die meisten dieser Großmutter- und Großvaterbäume waren zuerst da, vor den Menschen.

Während mein Vater und ich spazieren, stelle ich mir vor, wie diese Eibenhecken aussehen würden, wenn man ihrem riesigen Wurzelwerk Raum zum Wachsen gäbe, ihre Äste nicht länger beschneiden und sich an ihre Weisheit erinnern würde. In ihrem natürlichen Zustand können diese immergrünen Bäume, deren Kraft zu langen rechteckigen Hecken gestutzt wird, Jahrtausende alt werden und dort, wo ihre Äste den Boden berühren, Wurzeln schlagen und neue Stämme bilden. Diese übernatürliche Kraft wurde in Zauberstäben genutzt, und aus dem langsam wachsenden, dicht gemaserten Holz wurden die berüchtigten Langbögen des Mittelalters gefertigt. Auch die amerikanischen Ureinwohner des Nordwestens schätzten die Eibe für das Bogenschießen: *Haida*, ihr Name für Eibe, bedeutet »Bogenbaum«.[6] In beiden Kulturen wurden die Pfeile mit einem aus dem Baum gewonnenen Gift bestückt. Der gesamte Baum ist giftig – Holz, Rinde, Nadeln und Samen. Der einzige essbare Teil ist die rote Beere (aber der Samen in der Mitte darf nicht verzehrt werden), und der giftige Teil der Eibe wird, sorgfältig extrahiert, für die Jagd und als Medizin genutzt.

Meine keltischen Vorfahren hätten das Grab meiner Tante wohlmöglich mit einem Eibenzweig markiert, um ihr den Weg zurück in die Anderswelt zu weisen. Meine Tante starb an Krebs. Es ist wahrscheinlich, dass Taxol, ein Zellwachstum und Zellteilung hemmendes Extrakt aus der Rinde des giftigen Baumes, bei ihrer Chemotherapie verwendet wurde.

* * *

MEIN VATER UND ICH BETRACHTEN DIE EIBEN AM HARVARD Square. Sie sind ordentlich in ihr enges Quartier gezwängt und von Beton umgeben. Wir denken darüber nach, wie viel in Vergessenheit geriet. »Ich hätte die Eiben gar nicht bemerkt«, sagt er. Ich vermute, dass diese Bäume einsam sind, da kaum jemand sie beachtet und sie ihres Potenzials beraubt wurden.

* * *

WENN WIR UNS GAR NICHT BEWUSST SIND, DASS WIR EINE GRÖßere Familie haben, die aus Bäumen, Wölfen, Insekten, Vögeln und Pilzen besteht, wie sollen wir dann bemerken, wenn sie fehlen? Konzerne und Konsum werden niemals die Lücke füllen können, die durch die Zerstörung der Natur entstehen. Jüngste Studien in den USA haben gezeigt, dass kleine Kinder über eintausend Firmenlogos erkennen können, aber nur wenige in der Lage sind, mehr als eine Handvoll lokaler Pflanzen- und Tierarten zu identifizieren.[7] Was für ein isolierender Analphabetismus!

Wenn ich zwischen den Häuserblocks in Brooklyn entlanggehe, sehe ich die mächtigen Eichen an den Straßen. Ich sehe Thujen, auch bekannt als »Lebensbäume«, die den Ureinwohnern des Landes heilig sind. Mystische Weißdorne bewachen den Schulhof, und dann sind da die verträumten, nach Honig duftenden Linden – Heiligtümer, die im Prospect Park von Bienen umschwirrt werden. Die Platanen auf dem Grand Army Plaza mit ihrer gesprenkelten, glatten Rinde sehen aus wie eine Armee Leoparden.

Ich stelle meinen Schülern oft die Aufgabe, die Bäume und Pflanzen um sie herum zu betrachten, als würden sie sie zum ersten Mal sehen, und in sich hineinzuspüren, welcher Baum sie besonders anzieht. Ich sage ihnen, dass sie sich keine Gedanken darüber machen sollen, wie die Baumart heißt, sondern dass sie dem Baum, wenn sie möchten, einen selbst erfundenen Namen geben können, basierend auf dem, was sie fühlen und beobachten. Wenn wir etwas einen Namen geben, nehmen wir es wahr. Wenn wir die unzähligen Bäume um uns herum benennen – Platane, Wacholder, Eibe, Roteiche, Weymouth-Kiefer, Linde, Weißdorn, Holunder, Birke, Buche, Ulme, Ahorn –, erwachen sie für uns zum Leben.

Es reicht jedoch nicht aus, die Namen der Bäume zu kennen und zu wissen, was sie uns geben können, solange wir uns weiterhin das Land unerlaubt aneignen und es ausbeuten. Nachdem man 1962 im Rahmen einer Studie des National Cancer Institute erstmals Taxol aus Eibenrinde isoliert hatte, standen die uralten Pazifischen Eiben nach kurzer Zeit am Rande der Ausrottung.[8] Für die Behandlung eines einzigen Patienten werden etwa sechs dieser Bäume geopfert. Das löste in den 1990er-Jahren einen Aufschrei und eine ethische Debatte aus. Ganz davon abgesehen, dass die westliche Wissenschaft ihre Informationen über die Pazifische Eibe vermutlich von den Ureinwohnern empfangen hatte, die den Baum lange vor der Ankunft der Europäer zur nachhaltigen Behandlung von Krebs und anderen Gesundheitsproblemen einsetzten. Dennoch erntet heute allein die westliche Wissenschaft den finanziellen Gewinn und die Anerkennung für diese Entdeckung. Glücklicherweise wurden inzwischen Methoden entwickelt, das Medikament zu produzieren, ohne die wild lebenden Bestände der Pazifischen Eibe weiter zu gefährden. Aber der Schaden ist bereits angerichtet – für diese alten, langsam wachsenden Bäume, ihre Waldfamilien und auch für die indigenen Völker des amerikanischen Nordwestens. Es wird viel gemeinsame Arbeit erfordern, diese Wunden zu heilen.

FAMILIENÄHNLICHKEIT

An diesem Abend in Cambridge eilen mein Vater und ich nach dem Abendessen vor der übrigen Familie voraus ins Hotel, wo er seinen Inhalator vergessen hat. Es ist eiskalt, und mein Vater hat Asthma. Er geht sehr schnell. Für einen Siebzigjährigen ist er unglaublich gut in Form. Seine nervöse Energie erinnert mich an mein jüngeres Ich, an meine Panik, wenn ich zu keuchen anfing. Er inhaliert zwei Züge und spürt sofortige Erleichterung. »Echt peinlich«, sagt er.

Sobald er sich beruhigt hat und wieder zu Atem gekommen ist, sprechen wir über unsere Beziehung zur Natur. Er erzählt mir von einem Lebensbaum, *Thuja occidentalis*, in den Wäldern von Norfolk, Connecticut: »Der Baum hat mit mir gesprochen, ich kann es nicht erklären, aber ich werde es nie vergessen.« Wir hören einander zu und reparieren tief verwurzelte Muster der Entfremdung zwischen uns. Ich habe viel getan, um meine Wut auf ihn zu lindern, und er hat sein ganzes Leben lang daran gearbeitet, seine Alkoholsucht und die Verletzungen zu heilen, die er dadurch verursacht hat. »Ich habe getrunken, um mein nie endendes nagendes Gefühl der Einsamkeit zu betäuben«, sagt er.

Mein Vater stammt aus einer zerrütteten Familie. Er und seine Geschwister wurden auf verschiedene Internate in Neuengland geschickt, während meine Großeltern weit weg von ihnen in Japan und dann in Italien lebten. Meine Mutter sagte, dass mein Vater sich selbst als das schwarze Schaf der Familie bezeichnete, als den unfreiwilligen Rebellen, der sich seiner elitären Erziehung widersetzte und unter den Elite-Sprösslingen an den teuren Privatschulen unangenehm auffiel, während sein (zumindest in den Augen meines Vaters) perfekter Bruder dem vorgegebenen Weg folgte, und zwar mit Auszeichnung. Seine Schwester hatte gesundheitliche Probleme und war deshalb öfter bei den Eltern, während diese in Europa lebten. Wenn die Familie sich im Sommer traf, war das eine Leistungsschau. Mein Vater wurde gezwungen zu performen, aber sehnte sich verzweifelt nach authentischer Beziehung. Innerlich fühlte er sich wie ein Versager.

Der Name meines Großvaters, Robertson, stammte von seinen Ahnen des Clann Donnachaidh, auch bekannt als Clan Robertson, aus der Region Perthshire im schottischen Hochland. Großvater Robertson war einschüchternd. Er hatte ein fotografisches Gedächtnis und konnte Passagen aus allen Büchern zitieren, die er gelesen hatte (und die für ihn die *einzigen* Bücher von Wert waren, oft obskur, aber »wichtig«). Und er hatte das Talent, jeden, egal wie klug, neben sich wie einen Idioten dastehen zu lassen. Und wenn es ein Thema gab, das man selbst mochte? Das konnte man vergessen. Er wusste auch dabei mehr. Er schien an ein anderweltliches Informationsportal angedockt. Während ich seinen Monologen zuhörte, driftete ich in meine eigenen friedlichen Welten ab, und jedes Mal, wenn ich in meinen Körper zurückkehrte, fühlte ich mich zunehmend leer und dumm. Ich bekam eine Vorstellung davon, wie sich mein Vater in seinen prägenden Jahren gefühlt haben musste.

Robertson war der Erste, der mir die Geschichte von Romulus und Remus erzählte, den sagenumwobenen Gründern Roms, die von einer Wölfin aufgezogen wurden. Ich war zwölf Jahre alt, besuchte meine Großeltern in Italien und langweilte mich zu Tode, während ich seinen kunstgeschichtlichen Monologen zuhören musste. Nachdem ich alle Renaissancemuseen in Rom besucht hatte, konnte ich keine Gemälde von Maria und dem Jesuskind mehr sehen! Als wir dann im Palazzo dei Conservatori vor der Statue einer Wölfin standen, die zwei Menschenjungen säugte, erwachten plötzlich meine Sinne wieder. Ich habe Wölfe schon immer geliebt und erinnere mich, dass ich dieser Geschichte aufmerksam zuhörte und mich fragte: *Wenn eine Wölfin die nährende Mutter Roms war, warum wurden dann ihre wilden Verwandten nicht mit Respekt behandelt?*

Zu Hause lebte ich bei einer alleinerziehenden Mutter, die sich abmühte. Mein Vater zahlte keinen Unterhalt, aber auch er war pleite: Er lebte in Cambridge und dann in New York und versuchte, sich als Schauspieler, Musiker und Kellner über Wasser zu halten. Währenddessen wurde ich von meinen Großeltern ab und an aus diesem Leben nach Italien fortgeweht oder verbrachte einige Wochenenden in ihrem Sommerhaus in den Wäldern Neuenglands. So lebte ich, was Geld anging, in einer gespaltenen Welt. Und zwischendurch besuchte ich dann und wann meinen Vater, der von Wohnung zu Wohnung und von Stadt zu Stadt zog.

Als ich ihn in New York besuchte und meine Mutter einen Tag mit uns verbrachte, stellte er mich auf die Krone der Freiheitsstatue, um die Aussicht zu genießen, und als ich ihn in Cambridge besuchte, stellte er mich hoch oben über das dunkle Haifischbecken des Bostoner Aquariums, damit ich die Raubtiere sehen konnte, die dort unten auf Beutesuche im Kreis schwammen. Ich erinnere mich, dass ich die Haie sah und zutiefst fasziniert war. Sie waren wunderschön.

Aber meine Mutter hielt ihn für leichtsinnig. »Er hat dich in Lebensgefahr gebracht!«, sagte sie zu mir. Dabei hatte ich in dem Moment gar keine Angst gehabt, erst hinterher. So wie damals, als ich in Flip-Flops eine steile Betoneinfahrt hinunterrannte, hinfiel und mir dabei die Knie aufschlug und den Nagel meines großen Zehs abriss. Das lässt mich heute noch erschaudern, aber damals bin ich einfach weitergelaufen, um Hilfe zu holen. Ich weinte erst, als ich an mir herunterschaute und merkte, dass ich ziemlich verletzt und das Nasse, was ich spürte, mein Blut war. Ich bin nie wieder in Flip-Flops einen Abhang hinuntergelaufen – und bald bekam ich auch das Gefühl, dass es besser war, meinen Vater auf Abstand zu halten.

Die Wunde zwischen meinem Vater und mir war tief. Ich bin das einzige Kind aus der Verbindung zwischen meiner Mutter und meinem Vater. Eine Zeit lang wollte sie vergessen, dass es ihn gab, weil er ihr so wehgetan hatte. Geeint in ihrer progressiven Hippie-Weltanschauung, verbrachten sie einige gute Jahre miteinander. In der Version der Geschichte, die meine Mutter erzählte, verwandelte er sich jedoch durch seinen Alkoholismus, seine Unzuverlässigkeit und Rücksichtslosigkeit vom Visionär zum Schurken. In einem der seltenen Momente, in denen wir über ihn sprachen, gestand sie mir: »Ich war so erleichtert, dass du nicht so aussiehst wie er. Und ich war so froh, dass du kein Junge geworden bist.« Meine Mutter, meine Quelle bedingungsloser Liebe, meine beste Freundin, wollte diesen Teil von mir nicht sehen. Also mied auch ich die meiste Zeit meines Lebens die Nähe zu meinem Vater. Ich war wütend auf ihn wegen dem Schmerz, den er ihr zugefügt hatte, wegen seines unvorhersehbaren Verhaltens und seiner Abwesenheit. Ich begriff, dass etwas in mir ignoriert und weggespült werden musste. Doch das war ein unmögliches Unterfangen, da sein Blut durch meine Adern fließt.

Als wir alle älter wurden, verloren seine Eltern den Großteil ihres Vermögens durch Fehlinvestitionen, und so mussten sie einfacher leben. Im Alter wurde mein Großvater milder und fing an, etwas besser zuzuhören. Meine Großmutter und ich kamen uns näher. »Leidenschaft« war die vorherrschende Kraft in ihrem Leben, und sie war stolz darauf, wie ich meinen eigenen Weg ging. Als ich Boxerin wurde, schien sie mich wirklich zu verstehen. Wie mein Großvater war auch sie brillant, aber sie schwang, anders als er, ihr Wissen nicht wie eine Waffe. Doch trotz ihrer ausgeprägten intellektuellen Interessen waren sie beide wilder als andere Mitglieder meiner Familie. Sie zogen es vor, ländlich-rustikal zu wohnen – eine schöne restaurierte alte Scheune inmitten verwilderter Olivenhaine in der Toskana und ein Haus am Doolittle Lake in Norfolk, Connecticut, tief im Wald. Meine Großmutter schämte sich nie für ihren Körper, und wenn ich sie im Sommer besuchte, lief sie nackt und barfuß durch den Wald, um in den See zu springen. Ich prüdes kleines Kind dachte, das wäre skandalös. Aber sie hatte diesbezüglich keine Hemmungen. Sie wollte leidenschaftlich leben. Das war ihr Motto. Und sie tat es auch. Bis zum bitteren Ende saugte sie das Mark des Lebens in sich auf. Noch mit über achtzig las sie unersättlich, belegte Philosophiekurse, spielte Backgammon (sie liebte das Glücksspiel), und als Tara, ihre Nachbarin und Betreuerin, ihr die Autoschlüssel und den Alkohol wegnahm, sah man sie von nun an zu Fuß zum Schnapsladen gehen – mit ihrer Sauerstoffflasche, die neben ihr herklapperte.

Wenn Oma und ich im Laufe der Jahre Zeit füreinander hatten, sprach sie in den höchsten Tönen von meinem Vater. Sie war einer der wenigen Menschen, die das taten. »Auch wenn er ein Chaot zu sein scheint«, sagte sie zu mir, »lebt er mit Leidenschaft, und das ist wirklich bewundernswert. Und wenn du ihm eine Chance gibst, wirst du vielleicht feststellen, dass ihr beide euch sehr ähnlich seid.« Sie war seine Heldin, und sie standen sich nahe. So nahe, wie es angesichts der Distanzen möglich war, die geografisch und emotional zwischen ihnen lagen.

* * *

IM HOTEL IN CAMBRIDGE SPRECHEN MEIN VATER UND ICH DARÜBER, wo wir jetzt stehen. Schuldzuweisungen, Schuldgefühle und Wut liegen hinter uns, und wir haben es satt, alte Wunden aufzureißen. Sie sind verheilt. Es ist an der Zeit, nicht mehr an ihnen herumzupfuschen, sondern mit unserem Leben weiterzumachen. Wir sind mit uns selbst im Reinen. Er ist Therapeut geworden, Suchtberater, und hat sein Leben der Heilung gewidmet. Tägliche Meditation und Bewegung waren für ihn Balsam, ähnlich wie auch für mich. Nach Jahren, in denen wir wie missachtete Eibenhecken im Leben des anderen kaum vorkamen, nehmen wir uns endlich die Zeit, einander wahrzunehmen. Und während er erzählt, erkenne ich mich selbst in seinen Geschichten wieder. Großmutter hatte recht: Wir sind uns ähnlich, nicht nur, wenn wir pfeifend nach Luft schnappen.

»Papa« habe ich ihn nie genannt. Im Laufe der Jahre habe ich ihn immer nur mit »Hallo« begrüßt und vermieden, ihm einen Namen zu geben. Ich weiß immer noch nicht, wie ich ihn nennen soll, Van oder Dad, beides fühlt sich nicht richtig an. Aber ich weiß, dass es an der Zeit ist, ihm einen Namen zu geben, damit er für mich zum Leben erwachen kann.

WIEDERHERSTELLUNG

Innes hatte mir gerade eine Liste mit einheimischen Bäumen geschickt, die sie auf dem Land wieder ansiedeln – Weißdorn, Holzapfel, Wacholder, Waldkiefer, Espe, Eberesche sowie, in den höheren Lagen, Zwergbirke und Zwergweide. Im Rahmen ihrer Kräuterkunde-Ausbildung in Schottland und im Nordosten der USA erforschen einige meiner Schülerinnen und Schüler die ökologischen Beziehungen dieser Bäume und gehen zum Beispiel der Frage nach: Was braucht der Weißdorn, um zu gedeihen? Welche natürlichen Beziehungen sind für Gesundheit und Wohlergehen des Baumes wichtig? Es reicht nicht, einfach einen Baum in den Boden zu pflanzen. So wie wir in unsere familiären Netzwerke eingebunden sind, ist auch der Baum Teil eines größeren Ökosystems. Wir müssen verstehen, wie wir den Boden nähren und möglichst viele der Beziehungen des Baumes wiederbeleben können, damit alle Individuen in dieser Gemeinschaft, einschließlich der Menschen, gedeihen können. Wie es bei uns der Fall ist, so brauchen auch die Bäume Vielfalt. Die Vielfalt der Arten, die Vielfalt der Rassen, die Vielfalt der Ideen, Geschichten, Rollen und Wege – all das nährt das Leben, während Gleichförmigkeit es erstickt. Doch manchmal neigen wir dazu, uns selbst in starre Formen zu zwängen, statt unsere wunderschöne gewundene und verschlungene natürliche Gestalt liebevoll anzunehmen. Aus der Masse herauszustechen, kann für manche gefährlich sein, sodass es eine Frage des Überlebens wird, sich anzupassen. Auf staatlicher Ebene wird heute eine Diskriminierung von Menschen wegen ihres Aussehens oder ihrer ethnischen Zugehörigkeit nicht mehr toleriert. Es ist tragisch, dass so viele von uns die Verbindung zu ihren Wurzeln verlieren, wenn sie dazu gezwungen werden, sich anzupassen.

Immer wieder erlebe ich, wie Studium und Praxis der Kräuterkunde uns zurück zum Land und zu den Geschichten unserer Vorfahren führen. Meine Kräuterkunde-Schülerin Jessica erzählt: »Obwohl ich zurzeit nicht im Land meiner Vorfahren lebe, liebe ich es weiterhin, und darüber, dass ich Freundschaft mit den Pflanzen hier vor meiner Haustür schloss, habe ich begonnen, mich auch für die Praktiken meiner Vorfahren auf den Philippinen in der vorkolonialen Zeit zu interessieren. Die Pflanzen haben mich unterstützt, indem sie mich in Visionen und Träumen zu sich riefen. Die Entkolonialisierung meines Geistes, meiner Bildung und meiner Praxis ist ein schmerzhafter, aber notwendiger Prozess, der mit meiner Beziehung zu den Pflanzen verknüpft ist. Der Aufbau von Beziehungen zum Land ist Entkolonialisierungsarbeit: Wir erinnern uns an die alten Wege und stärken die uralte Beziehung zu unserem Land.«

Als ich im Akwesasne-Reservat zu Besuch war, dessen Territorium teilweise in Upstate New York und teilweise in Kanada liegt, sprachen wir darüber, dass die jungen Leute dort, wie die Gälen, zwangsweise in Internate geschickt worden waren, um sie zu »zivilisieren«. Sie wurden brutal ihrer traditionellen Sprache und Kultur beraubt. Meine Freundin Kim, eine Mohawk, die im Reservat aufgewachsen ist, arbeitet gemeinsam mit anderen daran, ihre Sprache und Kultur, die Traditionen ihrer Vorfahren, wieder zum Leben zu erwecken. Das Trauma der Kolonialisierung hatte verheerende Auswirkungen: Die Zeit der Internatsschulen dauerte bis in die 1970er-Jahre, und viele indigene Menschen, die diesem System ausgesetzt waren, leiden heute an PTBS, Depressionen und Alkoholismus. Und es gibt eklatante Umweltverstöße, da die Regierung der Vereinigten Staaten weiterhin Verträge bricht und das Land der Ureinwohner ausbeutet. Der Sankt-Lorenz-Strom, der das Akwesasne-Reservat umgibt und in dem es einst von Fischen nur so wimmelte, ist heute verseucht, weil er als Mülldeponie missbraucht wird. Angesichts dieser Auswirkungen ist eine oberflächliche Aneignung der indigenen Kultur umso verwerflicher. Während meines Aufenthalts in Akwesasne fuhren wir mit einem Boot zu der Insel, auf der die indigene Pflanzenmedizin von Hütern des traditionellen Wissens gepflegt wird. Wir tauschten uns über Pflanzen wie Goldrute und Holunder aus, die ohne jegliche Diskriminierung allen Menschen Heilung schenken. Robin Wall Kimmerer, Mitglied der Potawatami-Nation und Autorin des Buches *Geflochtenes Süßgras. Die Weisheit der Pflanzen* schreibt, dass das Wort Pflanze in einigen indigenen Kulturen mit »diejenigen, die sich um uns kümmern« übersetzt wird.

***

DORT, WO IN ALLADALE ALTER, TROCKENER, VERDICHTETER BOden umgegraben wurde, kommen Hunderte von Heilpflanzen zum Vorschein – Schafgarbe, Wiesenklee, Augentrost, Braunelle, Johanniskraut und Sonnentau. In dem Gebiet, wo neue Bäume gepflanzt wurden, tauchte das seltene Moosglöckchen wieder auf, das dort seit Jahrhunderten nicht gesichtet worden war. Viele dieser Pflanzen wachsen gerne auf einem solchen »gestörten Boden«. Nicht nur wir, sondern auch die Erde profitiert von gelegentlichen Störungen und Umgrabungen, anstatt alleingelassen zu werden.

Die Rückbesinnung auf unsere Wurzeln kann uns nach Hause führen, an einen Ort der Zugehörigkeit. Das muss nicht bedeuten, dass wir uns äußerlich verändern oder ins Land unserer Vorfahren zurückkehren. Aber ein solches geerdetes Zugehörigkeitsgefühl kann es uns erleichtern, uns selbst und unsere Welt zu verstehen. Selbst wenn wir aus unseren Herkunftsländern oder unseren leiblichen Familien herausgerissen wurden, sind wir immer noch Teil einer größeren Gemeinschaft und können auf das Land hören, auf dem wir uns gegenwärtig befinden. Unser Kommunikationsnetz mit unserer artenreichen Naturfamilie lässt sich wiederherstellen wie ein Mykorrhiza-Geflecht. Ich war viel anfälliger für Einsamkeitsgefühle, bevor ich meine Beziehung zum Land erneuerte. Meine Beziehung zur Erde schenkte mir ein Gefühl der Zugehörigkeit, wie ich es nie zuvor erlebt hatte. Wie die jungen Bäume war ich viele Jahre lang auf der Suche nach etwas – nach einem gegenseitigen Verständnis, einer Verbundenheit, die man nur finden kann, wenn man unter die Oberfläche vordringt.

Und es gibt da noch so viel zutage zu fördern.

Heilung hat viele Ebenen. Und für eine wirklich umfassende Heilung müssen wir die unbequeme, unvollkommene Arbeit leisten, uns, neben unseren eigenen Wunden, auch mit unseren kulturellen und sozialen Wunden zu konfrontieren. In der keltischen Kosmologie wird die Zeit als zyklisch und nicht als linear angesehen, als eine fortlaufende Spirale, die niemals an denselben Ort zurückkehrt. Wenn ich also die Geschichten der Pflanzen, Tiere und Menschen, die mich umgeben, aufspüre, verändert sich auch meine innere Erzählung und meine äußere Erfahrung.

Nachdem wir bei der Gedenkfeier für meine Tante die Risse der Fremdheit zwischen uns geflickt hatten, gingen mein Vater und ich unserer Wege und fühlten uns wieder geerdet. Als wir uns verabschiedeten, begegneten wir noch einmal den Eiben – den stets präsenten Ältesten, deren Leben schon länger dauert als das aller anderen heute lebenden Bäume und auch als ein Großteil der bisherigen Menschheitsgeschichte.

Die Eiben tragen die gesammelten Lehren ihrer alten Wälder in sich, so wie wir die Hoffnungen, Ängste, Träume und das Wissen unserer Vorfahren in uns tragen. Wie unsere menschlichen Verwandten – ob selbst gewählt, biologisch oder geistig – verdienen es auch die Pflanzen und Bäume, die Wölfe und anderen wilden Tiere, dass wir uns an sie erinnern, sie ehren, ihnen zuhören und sie so sehen, wie sie sind. Indem ich mehr über indigene Kulturen lerne und über meine eigenen, in der Welt weitverzweigten kulturellen Wurzeln, stelle ich fest, dass viele dieser Kulturen auf denselben Prinzipien beruhen, in denen sich unsere Verbundenheit mit der Natur offenbart: Wir sind Teil der Natur, und die Natur ist lebendig.

Indem ich die Landschaft meiner Vorfahren wieder in ihren natürlichen Zustand versetze, stärke ich meine eigenen Wurzeln, wachse und schreibe die Geschichte neu.

Apfel

Malus domestica

Familie: Rosacea

In der keltischen Kosmologie existiert die Anderswelt neben der unsrigen. Dass der Zugang in diese Welt sich öffnet, wird durch plötzlichen Nebel, den Wechsel der Jahreszeiten und das Erscheinen ungewöhnlicher Wesen angezeigt. Frauen bewachen die Grenze zu diesem schwer fassbaren Ort der Schönheit, an dem Götter und Ahnen wohnen. Suchende können durch das Darbieten eines Apfels oder eines silbernen Apfelzweigs eine dieser mächtigen Hüterinnen freundlich stimmen und so eine Einladung in die Anderswelt erhalten. In der walisischen Sprache heißt eines dieser mystischen Länder Ynys Afallach, Apfelinsel, auch bekannt als die Insel Avalon.

Die Symbolik des Apfels ist breit gefächert – sie reicht von der heiligen Frau über das Pentagramm, das beim Halbieren des Apfels zum Vorschein kommt, und manche stellen einen Bezug zu den fünf Elementen her, den fünf Wunden Christi und den Gliedmaßen des menschlichen Körpers. Für andere ist der Apfel das Symbol für Hexerei. Der Apfel wird seit Langem als die berüchtigte verbotene Frucht dargestellt, aber Jahrhunderte bevor Eva verhängnisvoll hineinbiss, schenkte Gaia, die Mutter Erde der griechischen Mythologie, Hera an ihrem Hochzeitstag mit Zeus, dem Himmelsgott, einen heiligen Apfelbaum. Die leuchtenden goldenen Äpfel des Baumes wurden von den drei Jungfrauen der Hesperiden oder den »Töchtern des Abends« und einem schlangenartigen Drachen namens Ladon bewacht. Die Schlange, ein antikes Symbol des Erwachens, wickelte sich um den Baum, um die begehrten goldenen Früchte zu bewachen.

STAMMBAUM

Der im Herzen eines Apfels versteckte Samen ist ein unsichtbarer Obstgarten.

WALISISCHES SPRICHWORT

Es ist Februar im Westen von Massachusetts, und während ich schreibe, ruht Mutter Erde unter einer schweren Schneedecke. Mit Ausnahme von immergrünen Bäumen wie Kiefern, Hemlocktannen und Fichten sind die Bäume um mich herum kahl. Weißbirken ragen wie Skelette aus dem Wald heraus. Wildrosendornen halten mich beim Gehen fest und sorgen dafür, dass ich aufpasse, wohin ich trete. Kletten kleben an meinen Hosenbeinen, und wenn ich sie abziehe, verstreue ich neue Samen. Und es gibt Apfelbäume. Wie die Wildrosen gehören auch die Apfelbäume zur Familie der Rosengewächse (Rosaceae). Wenn ich zwischen ihren knorrigen, krummen Ästen spazieren gehe, erinnern sie mich an alte Frauen. Moos und Flechten bedecken ihre schuppige, verwitterte Rinde.

Ich stehe vor einem Baum, der mir wie die Großmutter der Bäume vorkommt. Wie eine Schlange, die sich häutet, windet und dehnt sich ihr Stamm, um Platz für neues Wachstum zu schaffen.

Unter der alten grauen Rinde kommen glatte Schichten zum Vorschein, und aus ihren Gliedern sprießen junge Triebe in den Himmel. Und da ist ein Vogelnest. Ein Zufluchtsort.

Ein paar verwelkte und gefrorene Früchte hängen noch. Bald werden sie mit Samen in ihren Bäuchen herabfallen, bereit, neues Leben zu schaffen. Wenn die Samen keimen, werden diese Bäume ihren Eltern überhaupt nicht ähneln – eine Eigenschaft, die in der Botanik als extreme Heterozygotie bekannt ist. Diese Fähigkeit, sich zu verändern und anzupassen, hat es den Äpfeln ermöglicht, sich von den Bergen Kasachstans – wo *Malus sieversii*, der wilde Vorfahre von *Malus domestica*, noch immer gedeiht – über die ganze Welt zu verbreiten.

Diese kleinen, knorrigen Bäume sehen älter, aus als sie sind – vielleicht ist es das Gewicht ihrer Geschichten.

* * *

IN DER GÄLISCHEN TRADITION REGIERT DIE CAILLEACH BHÉARA über den Winter. Sie ist die »Großmutter der Clans« und die weise Frau der Anderswelt.[1] Sie kontrolliert das Wetter, schichtet Berge auf, bewacht heilige Brunnen und hat Schottlands Flüsse und die berüchtigten tiefen dunklen Seen erschaffen – sie ist eine grimmige Hüterin der Wildnis. Sie regiert auch die unsichtbaren Reiche unserer Träume und beeinflusst unsere innere Wildnis. In Argyll, wo die Familie meiner Großmutter herkommt, hat die Cailleach zwei berühmte Lieblingsplätze: den mächtigen Strudel des Golfs von Corryvreckan und Ben Cruachan, den größten Berg der Gegend. Wenn die Meeresbrandung zu einem gewaltigen Donnern anschwoll, sagten die alten Leute in Argyleshire: »*Tha a' chailleach aig glanamh nam breacan.*« (»Die alte Frau hat Waschtag.«) Der Coire Bhreacain erzeugt eine feine Gischt, die die Bewohner von Knapdale in ständigen Dunst hüllt. Manche bezeichnen die Kraft des intensiven, sich ewig drehenden Strudels als »Atem der Göttin unter den Wellen«.

* * *

AUCH WENN WIR NICHT RELIGIÖS WAREN, HATTE MEINE FAMILIE ihre Rituale. Mein Lieblingsritual fand im Herbst statt. Meine Mutter, ihre Eltern und ich trafen uns bei Atkins Farms in South Amherst, um Mcintosh-, Macoun- und Cortland-Äpfel direkt von den Bäumen in den Obstplantagen zu essen. Wir teilten uns Cider-Donuts und heißen Apfelwein, und als meine Großeltern nicht mehr mitkommen konnten, brachten wir ihnen Säcke mit Äpfeln.

Als sich meine Eltern scheiden ließen, war das vierzig Minuten entfernte Haus meiner Großeltern mütterlicherseits in Springfield, Massachusetts, mein Zufluchtsort. Meine Großeltern sagten oft, ich sei ihr viertes Kind. »Ein Apfel am Tag hält den Arzt fern«, war einer der Lieblingssprüche meines Großvaters. Als Arzt und fürsorglicher Patriarch der Familie war er tatsächlich wie ein Vater für mich. Mit seiner steten, stoischen und beruhigenden Präsenz erinnerte er mich daran, dass »Essen Medizin ist«. Auch wenn er immer darüber lachte, wie viel Salat ich auf einmal essen konnte: »Irgendwie hast du das Verdauungssystem einer Kuh geerbt.« (Ich liebe diese süßen Pflanzenfresser, also habe ich es nicht als Beleidigung aufgefasst.)

Das Zimmer, in dem ich in ihrem Haus schlief, war Lagerplatz für die sehr wichtig aussehende Fachzeitschrift der *American Medical Association*. Sie füllte die Regale und stapelte sich daneben. Ich starrte diese Zeitschriften an und wunderte mich über das *AMA*-Logo, von dem ich heute weiß, dass es der schlangenumwundene Stab des Asklepios ist, des griechischen Gottes der Medizin, der bei Heilungsritualen ungiftige Schlangen verwendete. Asklepios wurde von dem Zentauren Chiron in den Heilkünsten ausgebildet, doch erst die Begegnung mit einer weisen Schlange verlieh Asklepios übernatürliche Heilfähigkeiten. In den folgenden Jahren – um 300 v. Chr. – wurde Asklepios so berühmt, dass Pilger in Scharen zu seinen Heiltempeln pilgerten. Sie übernachteten in den Tempeln auf dem Boden, umgeben von Schlangen, die zwischen ihnen herumkrochen. Am nächsten Morgen mussten die Pilger den Heilern ihre Träume erzählen, die diese dann deuteten und eine passende Therapie verordneten. Ich hatte immer das Gefühl, dass meine Träume wichtige Botschaften für die Heilung enthielten, aber mein Großvater und andere Ärzte um mich herum schienen nicht sehr an deren Deutung interessiert zu sein.

Während mein Großvater ruhig und beständig war, war meine Großmutter, Dorothy Graham, eine feurige Naturgewalt. Sie war penibel sauber, die perfekte Fashionista (selbst an Tagen, an denen sie nur im Haus herumwerkelte), und hatte eine unerschütterliche Meinung darüber, was jeder in der Familie mit seinem Leben anfangen sollte. Sie war sich sicher, dass Mitch, mein Stiefvater, ein unglaublich talentierter Musiker, einen beständigeren und zuverlässigeren Job als Briefträger annehmen sollte. Auch wenn wir darüber lachten, ging sie uns doch allen damit ein bisschen auf die Nerven. Trotzdem – sie war lustig, voller Leben, und ich liebte sie.

Dorothy war die Tochter von regelmäßig in die Kirche gehenden Presbyterianern, und mein Großvater war von Jiddisch sprechenden russisch-jüdischen Einwanderern erzogen worden. Es gab viele Spannungen wegen ihrer religiösen Unterschiede. Sie lernten sich im Mount Sinai Hospital kennen, wo mein Großvater als Assistenzarzt arbeitete und meine Großmutter eine junge, sommersprossige und bezaubernd schöne Krankenschwester war. Kurz darauf ging mein Großvater zur Marine, um im Zweiten Weltkrieg als Arzt zu dienen. Sie schrieben sich in jenen Jahren Briefe hin und her. Wir haben ihre Korrespondenz noch immer, und was sie teilten, war offenkundig wahre Liebe. Sie heirateten im New Yorker Rathaus – am 14. August 1945, am berühmten *Victory over Japan Day*.

Sie kehrten dann in die Heimatstadt meines Großvaters, Springfield, Massachusetts, zurück, wo er eine Privatpraxis eröffnete. Seine Verwandten waren überhaupt nicht begeistert, dass er eine Nichtjüdin geheiratet hatte, und meine Großmutter verweigerte das Tauchbad in Anwesenheit des Rabbiners, das ein essenzielles Ritual war, um zur jüdischen Ehefrau und Mutter zu werden. Mit der Zeit neutralisierten sich ihre unterschiedlichen Glaubenssysteme gewissermaßen gegenseitig, sodass beide ihre Religionen kaum noch praktizierten. Meine Mutter erzählte mir jedoch, dass meine Großmutter sonntags heimlich in der Bibel las, wenn mein Großvater bei der Arbeit war. Wenn er vor dem Abendessen draußen vorfuhr, wurde das Buch abrupt zurück ins Regal gestellt. Ich bezweifle, dass es ihn gestört hätte, auch wenn er es vielleicht für »lächerlich« gehalten hätte (eines seiner Lieblingswörter). Als stets rationaler, wissenschaftlich denkender Mensch vertrat er die Ansicht, dass die Religionen voller falsch interpretierter Geschichten seien, durch die sich die Menschen entzweiten, obwohl es doch eigentlich das Wichtigste sei, gut miteinander auszukommen.

Wenngleich die meisten meiner Familienmitglieder Agnostiker sind, warnten mich mein Stiefvater und sein Vater, ein baptistischer Pfarrer, als ich jung war, dass »Oh, mein Gott«, was ich oft sagte, eine schreckliche Blasphemie sei. Sie sagten mir, dass Gott immer zuhört und dass ER in der Tat jeden meiner Schritte beobachtet und je nach meinem Verhalten »gutes Mädchen« oder »böses Mädchen« ankreuzt. Bestraft oder belohnt werden würde ich erst, wenn ich tot war, also sollte ich besser brav sein. Ich konnte die Vorstellung nicht ertragen, dass ständig dieser strenge Richter über mir schwebte. Warum eine allmächtige, allwissende und angeblich liebevolle Figur ein so empfindliches Ego hatte, leuchtete mir nicht ein.

Die Eltern meines Stiefvaters betrieben bei sich zu Hause eine Baptistengemeinde und eine Sonntagsschule. Sie wohnten in Auburn, eine Autostunde von uns entfernt. In ihrem Wohnzimmer feierten die erwachsenen Gemeindemitglieder Gottesdienst und sangen Kirchenlieder, und ihre Kinder kamen zur Sonntagsschule, die in einem der anderen Zimmer von Grammy geleitet wurde, der unglaublich lieben Mutter meines Stiefvaters. Ich mochte sie sehr, aber die Sonntagsschule war mir ein Graus. Ich hatte ein deutliches Gefühl von Dissonanz aufgrund der gewalttätigen Geschichten, in denen es um Schuld, Sünde und Gehorsam ging. Wo waren die starken Frauen? Warum versuchten die Christen, die doch angeblich Liebe und Akzeptanz lehrten, ständig, alle anderen zu bekehren und ihnen ihren Glauben aufzuzwingen? Und war Jesus denn nicht Jude? Ich war verwirrt. Wir gingen alle paar Monate einmal in ihre Kirche, und ich besuchte im Laufe meines Lebens sporadisch andere Gottesdienste. Dabei entwickelte ich einen immer größeren inneren Widerstand gegen diesen Gott, der als zorniger, verurteilender weißer Mann dargestellt wurde. Zwar spürte ich, dass es eine beseelende Kraft gab, die alles Leben durchströmte, aber dass *Er* diese Kraft war, glaubte ich nicht. Dennoch brauchte ich ziemlich lange, bis es mir gelang, das Gefühl abzuschütteln, dass er mich beobachtete.

* * *

ICH SUCHTE NACH DER QUINTESSENZ DER KELTISCHEN ODER GÄlischen Ursprungsgeschichte, und dem am nächsten kam für mich die schöne Erzählung von Eiocha, der weißen Stute des Meeres. Scott Leonard erzählt den Mythos in seinem Buch *Myth and Knowing* sehr schön nach. Er schreibt: »Es war einmal eine Zeit, in der es keine Zeit gab … Aber da war das Meer, und wo das Meer auf das Land traf, wurde eine Stute geboren, weiß und aus Meeresschaum. Und ihr Name war Eiocha.«[2] Von da an ging die Schöpfung weiter und hörte nie auf. Eine Eiche wuchs dort, wo das Meer das Land berührte. Eiocha aß die weißen Meerschaumsamen (Misteln) und gebar aus diesen Samen Cernunnos, den gehörnten Gott, und gemeinsam schufen sie weitere Götter. Doch mit der Zeit fühlten sich die Götter einsam, und so schufen sie aus dem Holz der Eiche die erste Frau, den ersten Mann und alle anderen Tiere. Die Eiche, der Baum des Lebens, war den Kelten heilig, und viele Rituale fanden in Eichenhainen statt, ihren offenen Tempeln, wo das Göttliche sich frei im Wind und in den Bäumen bewegen konnte.

In ähnlichen Geschichten vermischte Uranus, der Ehemann und Sohn von Mutter Erde, Gaia, Meeresschaum mit dem Blut aus seinen Genitalien, um Aphrodite, die Göttin der Liebe, zu erschaffen. In Peru entstieg Viracocha dem Schaum des Meeres, die große Schöpfergottheit der vorinkaischen und inkaischen Mythologie der Anden. Auf Bildnissen sieht man ihn mit der Sonne als Krone, Blitzen in den Händen und Tränen, die als Regen aus seinen Augen fielen. Und obwohl der Himmel oft mit männlicher Energie assoziiert wird, gibt es in der Tradition der amerikanischen Ureinwohner auch die Himmelsfrau.

Robin Wall Kimmerer erzählt in ihrem atemberaubenden Buch *Geflochtenes Süßgras. Die Weisheit der Pflanzen* die Geschichte von der Himmelsfrau. Die Himmelsfrau sei, von einem fernen Planeten kommend, mit einer Handvoll Samen auf die Erde heruntergefallen »kreiselnd wie ein Ahornsame vom Herbsthimmel«.[3] Während sie durch den Kosmos in Richtung Erde stürzte, versuchten die Tiere auf der Erde gemeinsam, ihren Sturz abzufedern, bevor sie in das tiefblaue Wasser stürzte, das zu dieser Zeit den Planeten vollständig bedeckte. Ein Schwarm von Gänsen fing sie in der Luft auf und bettete sie sanft auf dem Rücken einer Schildkröte. Um sie herum versammelten sich die Tiere. Sie verstanden, dass sie festen Boden brauchte. Und nach vielen erfolglosen Versuchen gab eine mutige Bisamratte ihr Leben, indem sie tief auf den Grund des Wassers tauchte, um der Himmelsfrau eine Handvoll Schlamm zu bringen und so Land zu schaffen. Ihr Geschenk wurde auf dem Rücken der Schildkröte platziert, und langsam, in Zusammenarbeit mit allen Tieren, nahm so allmählich das Festland – die Schildkröteninsel – Gestalt an. Mit ihrer Handvoll Samen brachte die Himmelsfrau die Pflanzen und das empfindungsfähige grüne Leben auf das Land, damit die Tiere und die kommenden Menschen Nahrung hatten.

Der Kern dieser vielen Geschichten unterscheidet sich nicht so sehr von der Geschichte, die uns die Wissenschaft über den Ursprung des Lebens auf der Erde erzählt: Jüngste Studien gehen davon aus, dass sich vor mehreren Milliarden Jahren riesige wassergesättigte Asteroiden zu Planeten entwickelten, als der Sonnennebel um die Sonne wirbelte. Diese Asteroiden, die als Planetenembryos bezeichnet werden, kollidierten und begannen sich rasch auszudehnen, bis eine intensive Kollision so viel Energie einbrachte, dass die Oberfläche des größten Embryos zu einem Ozean aus Magma schmolz.[4] Das Ergebnis dieses Zusammenstoßes ist unser geliebter Planet Erde. Und von dort aus tauchten wir im Laufe der Zeit aus dem Meer auf. Da der Mikrokosmos so oft als ein Spiegelbild des Makrokosmos erscheint, ist es der Ozean des Mutterleibs, aus dem wir hervorkommen. Aus dem Meer an Land, wie Eiocha. Sobald der Schöpfer in Erscheinung tritt, erschafft er in den meisten Geschichten die männliche und weibliche Energie. Diese vereinen sich, um Nachkommen zu manifestieren. Aus dieser Vereinigung von Gegensätzen, um dadurch Leben zu erschaffen, entstand das Konzept der heiligen Dreifaltigkeit: Mutter, Vater und Kind, das sich überall auf der Welt in der vorchristlichen Bildsprache findet. Eine der frühesten Erscheinungen dieser heiligen Dreifaltigkeit sind der ägyptische Vater Osiris, die Mutter Isis und der Sohn Horus.[5] Später jedoch entfernte das Christentum das Weibliche aus seinen Versionen der Schöpfungstrinität. Diese wurde zu Vater,

Sohn und Heiligem Geist, wobei das weibliche Symbol durch eine Taube ersetzt wurde.

* * *

VON SEPTEMBER 2005 BIS OKTOBER 2006 ARBEITETE ICH IM AUFtrag Seiner Heiligkeit, des Dalai-Lama. Ich war Mitbegründerin und Koordinatorin des Projekts HOPE, mit dem auf das Norbulingka-Institut aufmerksam gemacht werden sollte, einem Zufluchtsort für tibetische Flüchtlinge in Dharamsala in Indien. Aufgabe des Instituts, für das HOPE um finanzielle Unterstützung warb, ist die Erhaltung der tibetischen Kunst und Kultur.[6] In den Jahren davor hatte sich meine Welt tagein, tagaus um das Boxen gedreht, und dieser enge Fokus fühlte sich allmählich eher wie ein Fluch als wie ein Segen an. Der tibetische Buddhismus löste in mir eine tiefe Resonanz aus, sodass ich, als ich mein Vollzeittraining als Profiboxerin beendete, nach einer weniger egoistischen Arbeit suchte. Das Boxen war zwar ein wichtiger Aspekt meiner eigenen Heilung, aber ich hatte mir außerdem vorgestellt, dass es eine Plattform sein würde, von der aus ich andere Initiativen starten könnte. So war es leider nicht. Ich hatte das Gefühl, dass ich für die Jahre und die unzähligen Stunden, die ich mit dem Training im Boxstudio verbracht hatte, wenig vorzuweisen hatte, und obwohl ich mich als Aktivistin engagierte – ich setzte mich für den Umweltschutz ein, organisierte Veranstaltungen zugunsten von Mumia Abu Jamal und anderen politischen Gefangenen und ging zu Protesten –, hatte ich das Gefühl, nicht genug zu tun. Die HOPE-Veranstaltung war die Erhörung meiner Gebete. Es war eine Sache, an die ich von ganzem Herzen glaubte, und Freunde und Familie waren von ihrem Status beeindruckt: Donna Karan übernahm die Schirmherrschaft über die Veranstaltung und war die Gesamtkoordinatorin. Prominente wie David Bowie und Susan Sarandon riefen mich an, und ich ging zu coolen, »wichtigen« Meetings. Aber ich hatte mir zu viele Hüte aufgesetzt – Fundraising, Veranstaltungskoordination, Kommunikation und ständige Problemlösung. Zwar bekam ich Gelegenheit, mit den Reichen und Berühmten auf Tuchfühlung zu gehen, doch ich rackerte mich ab, um Geld für die gemeinnützige Organisation aufzutreiben, damit auch genug da wäre, um mich zu bezahlen. Ich war gestresst und mühte mich ab. Abgesehen von der Meditation fand ich kaum Zeit für meine spirituellen Übungen oder die Menschen, die ich liebte. Das Studium und die Praxis des Buddhismus waren eine Sache, aber die Organisation einer Veranstaltung in New York City für und mit Prominenten, die viel Betreuung erforderten, war etwas ganz anderes. Ich redete mir ein, für eine gute Sache ein »Opfer« zu erbringen, aber ich war nervös und hing ständig am Telefon. Das gefiel mir nicht.

Das Event sollte im Jahr 2006 stattfinden, drei Tage vor dem 88. Geburtstag meiner Großmutter. Im Vorfeld der Veranstaltung (und ihres großen Geburtstags) wurde sie krank – wirklich sehr krank –, und ich konnte ihr nicht so viel Zuwendung geben, wie ich es eigentlich wollte.

* * *

DER GEBURTSTAG MEINER GROSSMUTTER IST DER 29. SEPTEMBER, und jedes Jahr bekamen wir zur Feier des Tages eine Torte von der Bäckerei Letterer's in Springfield – ein weiteres Familienritual. Noch immer habe ich vor Augen, wie wir mit unserer wachsenden Familie um den Tisch saßen: Zuerst meine Mutter, meine Tante und ich, dann mein Stiefvater und mein Onkel, und zwölf Jahre später kamen meine Schwester, mein Bruder und meine Cousins dazu und saßen um den Esszimmertisch, als sie ihre Kerzen ausblies. Sie kicherte immer, wenn sie nach ihrem großen Stück mit der rosafarbenen Rose aus Zuckerguss »nur noch ein kleines Stückchen« nahm. Sie liebte ihre Süßigkeiten. Nachdem ich nach New York gezogen war und wann immer mir das Haus meiner Mutter zu chaotisch vorkam, besuchte ich meine Großeltern in ihrem makellosen und durchorganisierten Haus am Pondview Drive, um Ruhe und Stabilität zu finden. Als meine Großmutter im August 2006 im Haus meiner Tante in Cape Cod kurz vor ihrem 88. Geburtstag verstarb, fühlte ich eine Leere, wie ich sie noch nie zuvor empfunden hatte.

In der Nacht, in der sie starb, hielt ich meinen Großvater in dem Doppelbett in den Armen, das er bei meiner Tante neben dem Bett meiner Großmutter bewohnte. Der früher so brillante und fürsorgliche Familienpatriarch war zu krank, um seiner Frau zur Seite zu stehen, und konnte nur noch zusehen, wie sie kämpfte. Es war absolut herzzerreißend. Als meine Großmutter stöhnte und ihre letzten Atemzüge tat, flüsterte ihr einer meiner Cousins ins Ohr: »Nimm Jesus Christus als deinen Erlöser an.« Das war eine unglaubliche Beleidigung für meinen jüdischen Großvater, meine gute und liebevolle Großmutter und für viele von uns in diesem Raum. Aber mein Cousin glaubte wirklich, meine Großmutter müsste sonst den Weg in die Hölle antreten. Was für ein Gott würde eine liebevolle, großzügige und freundliche Frau wie sie in die Hölle schicken?

Am Tag nach ihrem Tod lag ich auf dem Bett meiner Cousine neben meiner Mutter in der Dunkelheit. Alle Jalousien waren zugezogen. Wir waren still. Ich spürte, dass wir denselben unendlichen Abgrund fühlten. Ich war nicht in der Stadt, in der die HOPE-Veranstaltung stattfinden sollte, und in wenigen Tagen hätte ein großer Festtag der Familie stattfinden sollen – der Geburtstag meiner Großmutter. Ich rief meine Kollegin an, um ihr den Trauerfall mitzuteilen und ihr zu sagen, dass ich länger bei meiner Familie bleiben müsse, aber sie ging gar nicht darauf ein: »Lass dich davon nicht herunterziehen. Wir brauchen dich hier. Es gibt eine Menge zu tun.« So viel zum buddhistischen Mitgefühl.

Später an diesem Tag ging ich an den Strand, wo meine Großmutter und ich die Sommer damit verbracht hatten, uns einzubuddeln und unsere eigenen Fabelwesen aus Sand herzustellen. Als ich am Ufer entlangging, stellte ich mir vor, ich könnte die Schatten dieser Wesen um mich herum auf- und absteigen sehen. Dann bemerkte ich, dass mir ein Schmetterling folgte. Er tanzte um mich herum, sogar am windigen Ufer. Nach einer Weile verlor ich ihn aus den Augen, aber als ich mich auf den Rückweg zum Haus machte, war er wieder da.

Ein paar Tage später fuhr ich zurück nach New York. Es war der erste Geburtstag, den ich nicht mit meiner Großmutter feierte. Meine Mutter, meine Schwester, mein Bruder und mein Stiefvater kamen alle zu der HOPE-Veranstaltung, die für mich wie in einem Nebel verging. All die Arbeit für etwas, das äußerlich gut aussah, aber mich nun mit einem Gefühl der Leere zurückließ. Der einzige Trost war der Moment, bevor die Veranstaltung begann, als der Dalai-Lama zu meiner Mutter ging, ihr in die Augen sah und ihre Hand nahm.

Das Bardo-Stadium ist im tibetischen Buddhismus der Zustand der Zwischenexistenz nach dem Tod und vor der nächsten Geburt, wenn das Bewusstsein nicht mit einem physischen Körper verbunden ist. In der Zeit nach dem HOPE-Event und dem Tod meiner Großmutter fühlte ich mich genau so. Ich war leer. Am Geburtstag meiner Großmutter war die ganze Arbeit für HOPE vorbei, und sie war weg. Aber offenbar besuchte sie mich. Wo immer ich war, sah ich einen Schmetterling. Sie landeten auf meiner Fensterbank in Brooklyn, flatterten auf den Großstadtstraßen um meinen Kopf herum, und wenn ich mich auf Parkbänke setzte, landeten sie oft auf mir. Auch meine Tante und meine Mutter sahen Schmetterlinge an den ungewöhnlichsten Orten. Ich kann es mir nicht rational erklären. In Russland und Irland werden Schmetterlinge als die Seelen verstorbener geliebter Menschen angesehen, die darauf warten, das Fegefeuer zu durchschreiten. Also waren die

Schmetterlinge vielleicht ihr Geist zwischen den Geburten. Wenn sie tatsächlich in einer anderen Form reinkarniert ist, wie viele Kulturen glauben, wie kann ich dann jetzt ihren Geist anrufen? Befindet sich dieser Geist nicht in einer anderen Form? Warum sollte der Geist von Dorothy Graham, so wie wir sie kannten, weiterhin hier sein?

* * *

WÄHREND ICH DAS SCHREIBE, BIN ICH IN SCHOTTLAND, DEM LAND der Vorfahren meiner Großmutter. Dem Land unserer Vorfahren. Heute Nachmittag sprach ich mit meiner Freundin Anna. Sie praktiziert und lehrt tibetischen Buddhismus. Es ging um den Tod und die Anziehungskraft, die Familien auf diejenigen ausüben können, die versuchen loszulassen. Vielleicht ist es das, was mit meiner Großmutter passiert ist. Ich wollte nicht, dass sie geht. Keiner von uns wollte das. Sie wurde so plötzlich krank, und sie war auch noch nicht bereit. Und was noch schlimmer war: Niemand fragte sie, wohin sie ihrer Meinung nach gehen würde und wie wir ihr den Übergang friedlicher, ja sogar schöner gestalten könnten. Sie kannte die Geschichte von Eiocha, der weißen Stute, nicht. Hätte sie sie gekannt, wäre sie vielleicht auf dem Rücken von Eiocha in die Anderswelt unserer Vorfahren galoppiert. Aber sie konnte nicht wählen, woran sie glaubte. Und obwohl unsere schottischen Vorfahren mit Pferden arbeiteten und in Harmonie mit dem Land lebten, waren sie mit patriarchalischen christlichen Glaubenssystemen indoktriniert worden. Und so war es auch bei meiner Großmutter.

Mein Großvater starb ein Jahr später. Ich sehe die beiden oft in meinen Träumen und spüre ihre Gegenwart. Jedes Mal, wenn der Herbst vor der Tür steht, und vor allem, wenn ich eine Tüte frisch gepflückter Äpfel sehe, und natürlich Schmetterlinge, denke ich an meine geliebten Großeltern.

DER FREIGEBIGE BAUM

Wenn im Frühling, der Zeit der Wiedergeburt, die Herrschaft der Cailleach, der Wintergreisin, schwindet, beginnt die Herrschaft der keltischen Göttin Brigid. An Imbolc, ihrem Festtag, halten die Menschen Ausschau danach, ob die Schlangen aus ihren Winterhöhlen kommen. Ein schottisch-gälisches Wettergedicht lautet:

Thig an nathair as an toll
Là donn Brìde
Ged robh trì troighean dhen t-sneachd
Air leac an làir.

Es wird die Schlange aus dem Loch,
Am braunen Tag von Brìde,
Sich nach draußen winden doch,
Auch wenn dort noch Schnee liegt.[7]

Als Symbol für die fruchtbare Erde setzt die Schlange den Boden in Bewegung wie ein Regenwurm, entrollt sich und steigt auf zu neuem Wachstum. Ein ähnliches Konzept gibt es in Indien: Die Kundalini-Energie wird durch eine Schlange symbolisiert, die beim noch nicht erwachten Menschen eingerollt an der Basis der Wirbelsäule schlummert. Diese Energie kann, wie die Schlange im Frühling, angerufen werden, sich zu regen, indem wir unseren inneren Boden durch bewusste Bewegung und Meditation als auch – in tantrischen Traditionen – durch heilige Sexualität aufwühlen. Wenn die Energie erwacht, bewegt sich unsere innere Schlange durch jedes Energiezentrum oder Chakra und öffnet schließlich das dritte Auge.

Als ich in meinen Zwanzigern in der Phase engagierter Meditations- und Yogapraxis auf den Begriff der Kundalini-Energie stieß, stellte ich die Theorie auf, dass meine innere Schlange wachgerüttelt worden war, als ich mir bei einem Autounfall die unteren Wirbel brach. Danach müsse sie schnell und unberechenbar meine Wirbelsäule hinaufgestiegen sein, was zu massiven Verschiebungen und überwältigenden, lebensverändernden Einweihungen führte. Ich ging davon aus, dass »höhere« Bewusstseinszustände besser seien als »niedrigere« und dass das Ziel spiritueller Praxis darin bestünde, die beengte, schmerzhafte Wohnung des Körpers zu verlassen. Ich war entschlossen, mein drittes Auge zu erwecken, damit ich wirklich sehen konnte. Ich schrieb Worte wie *transzendieren* immer und immer wieder und malte sie sogar an die Wände meiner Wohnung. Um zu transzendieren, wechselte ich zwischen meiner Kampfkunst, bei der ich die Bewegungen bestimmter Tiere nachahmte, und der Meditation hin und her.

Als ich die Samurai-Tradition studierte (wozu mich der Film *Ghost Dog – Der Weg des Samurai* inspiriert hatte), stieß ich auf eine Meditation, bei der man sich vorstellte, wie der eigene Körper einen grausamen Tod stirbt. Die Samurai taten dies, um im Kampf furchtlos zu sein, und das machte Sinn für mich. Nach einer Weile ließ mich der Gedanke daran nicht mehr los. Ich fing also an, mir vorzustellen, wie ich auf die schrecklichste Art und Weise zu Tode kam. Anfangs fand ich das sehr verstörend. Aber dann, eines Tages, als ich diese Visualisierung vor dem Boxtraining in einem leeren Kellerraum übte, störte mich diese Meditation über meinen Tod nicht mehr. Keine Anhaftung, keine Angst. Je mehr ich meditierte, desto leichter fiel es mir, meinen Körper zu verlassen. Und obwohl das mein Ziel war, bin ich dabei vermutlich ein bisschen zu weit gegangen. Glücklicherweise brachten mich die Pflanzen und die Kräuterkunde wieder auf den Boden der Tatsachen zurück.

* * *

WENN EINE SCHLANGE BEREIT IST, SICH ZU HÄUTEN, WIRD IHRE alte Haut stumpf und ihre Augen trübe, als ob sie in Trance wäre. Aber anders als uns Menschen ist ihnen völlig klar, wann es Zeit ist loszulassen. Sie hören auf zu fressen, ziehen sich an einen sicheren Ort zurück, und nach ein paar Tagen der Häutung werden ihre Augen wieder klar, und sie schlüpfen völlig erneuert aus ihrer alten Haut. Aus diesem Grund wird die Schlange auf der ganzen Welt als Symbol der Wiedergeburt verehrt. Und in einigen Traditionen symbolisiert die Schlange die Nabelschnur zwischen Erde und Himmel, die alle Menschen mit Mutter Erde verbindet.

Im alten Mesopotamien und in den frühen Mysterienschulen war die Schlange der Großen Mutter heilig und symbolisierte Wissen, Heilung und die Erweckung des eigenen Potenzials.[8] Die Große Göttin hatte oft Schlangen als ihre Vertrauten, die sich manchmal um ihre Handgelenke oder ihren heiligen Stab wanden, wie im alten Kreta. Die spiralförmige Schlange war – wie der Mond, der Menstruationszyklus der Frau, die spiralförmige Milchstraße und der Zyklus der Jahreszeiten – ein Symbol für den nie endenden Kreislauf von Leben, Tod und Wiedergeburt. Das erste bekannte Bild des berühmten Caduceus war ein Symbol des sumerischen Gottes Ningischzida um etwa 2100 v. Chr. Er wird mit den Pflanzen und der Unterwelt in Verbindung gebracht. In den Tempeln der antiken Göttinnen wurde Schlangengift verwendet, um in Trance zu fallen und in Vergangenheit, Gegenwart und Zukunft zu schauen. Vergleichbar ist das mit der Nutzung von psilocybinhaltigen Pilzen, Peyote oder anderen Entheogenen, die Schamanen in heutigen Zeiten verwenden können. In Schottland gibt es die Erdschlange von Glen Feochan, Loch Nell, in Argyll.[9] Unter den piktischen Skulpturensteinen von Aberlemno findet sich ein Schlangenstein, auf dem eine Schlange und Symbole eingraviert sind, die mit Heilbecken und Quellen in Verbindung stehen.[10] In Irland gab es eine Schlangengöttin namens Corra.[11]

Aber in der Genesis wird die Schlange (zusammen mit Eva) umgedeutet. Ein Symbol der Göttin und ihr Gegenüber werden grausam umgeschrieben, sodass die Geschichte einem männlichen Gott Dienst erweist. Eva schluckt nach ihrem sündigen Biss das Apfelstück ohne Probleme, aber Adam blieb sein Bissen im Hals stecken. Eva, sündig, wie sie war, konnte die verbotene Frucht verdauen, und uns Frauen wird immer noch ein schlechtes Gewissen wegen unseres Hungers gemacht.

Mit dem Aufkommen des Judentums im 6. Jahrhundert v. Chr., des Christentums im 1. Jahrhundert n. Chr. und des Islams im 7. Jahrhundert n. Chr. begannen viele Kulturen, sich an etwas außerhalb ihrer selbst zu wenden, um der Welt einen Sinn zu geben.[12] Als die Menschen begannen, zum Himmel aufzublicken und einen Geist zu verehren, den sie jenseits unserer eigenen Sphäre vermuteten, wurde das Mysterium der Weiblichkeit der Erde als »heidnisch« und schmutzig angesehen. Die Körper von Männern und Frauen wurden zu etwas, das es zu transzendieren galt. Gebete wurden zu IHM geschickt und führten von der mit der wilden Natur verbundenen Seele und den lebenserhaltenden Ökosystemen weg. Als sich das Christentum durchsetzte oder in vielen Fällen den Menschen aufgezwungen wurde, wurde zwischen den Menschen und dem Geist ein Dolmetscher installiert – der Priester. Diese heiligen Männer sollten zum einen ihr eigenes sexuelles Verlangen ablehnen und zum anderen den Frauen raten, ihren Hunger nach Wissen und Freiheit zu verleugnen.

Als St. Patrick die »Schlangen« aus Irland vertrieb, erkannten einige in dieser Geschichte die gewaltsame Durchsetzung des Christentums gegenüber der alten Religion, den Druiden und dem Mysterium der Schlangengöttinnen, wie zum Beispiel der keltischen Corra.

* * *

NUR WENIGE BÜCHER BERÜHRTEN MICH ALS KIND SO WIE SHEL Silversteins *Der Baum, der froh und glücklich war.* Als ich das Buch jetzt, bevor ich diese Zeilen schrieb, erneut las, kamen mir die Tränen. Silversteins Geschichte berichtet von der bedingungslosen Liebe, die ein Baum für einen Jungen empfindet – einer selbstlosen, aufopfernden Liebe. Obwohl der kurze Stamm und die knorrigen Äste eines Apfelbaums weder das Holz für ein Haus noch die Grundlage für ein Boot oder auch nur einen geraden, soliden Ast, an dem man schaukeln könnte, anzubieten haben, steckt in Silversteins Wahl eine reiche Symbolik. Mit ihren geschwungenen Formen, berauschenden Blüten und süßen Früchten werden Apfelbäume oft mit der Heiligkeit des Weiblichen in Verbindung gebracht. Der großzügige – in der Geschichte weibliche – Baum, also eine *Baumin,* schenkt dem Jungen ihre Äpfel zum Essen, ihre Äste zum Klettern und Schwingen, ihr Laubdach als Schattenspender und ihre Blätter, um Hütten zu bauen. Doch als der Junge älter wird, erfasst ihn Ruhelosigkeit. Er will Geld, ein Haus, ein Boot, mit dem er wegfahren kann. Die Baumin gibt ihm ihre Äpfel zum Verkaufen, ihre Äste zum Bauen und schließlich ihren Körper, um daraus ein Boot zu bauen. Nach vielen Jahren kehrt der Junge zurück. Er ist ein trauriger alter Mann geworden. Die Baumin, liebevoll wie immer, sagt zu ihm: »Ich wünschte, ich könnte dir etwas geben … aber ich habe nichts mehr.« Er ist unglücklich, seine Besitztümer sind verblasst, und seine geliebte Freundin, der er alles genommen hat, ist nur noch ein Stumpf. Er setzt sich auf ihren Stumpf. Mit dem Ende des Buches habe ich große Probleme, denn Silverstein schreibt: »… und der Baum ist glücklich.« Wirklich? Die Gaben der Baumin werden für selbstverständlich gehalten, sie wird geplündert, ausgebeutet, zu einem Stumpf reduziert, und dann ist sie glücklich?

Als ich aufwuchs, hatte ich das Gefühl, dass es in *Der Baum, der froh und glücklich war* um die bedingungslose Liebe von Mutter

Erde geht und die mangelnde Bereitschaft der Menschen, nicht nur zu nehmen, sondern auch zu geben. Und als ich älter wurde, veranschaulichte die Geschichte für mich, ob nun vom Autor beabsichtigt oder nicht, den Missbrauch der Heiligkeit des Weiblichen und feierte die Vorstellung, dass die Rolle einer nährenden, liebenden Mutter darin besteht, sich bis zur völligen Erschöpfung zu verausgaben und aufzuopfern. Andere sahen das auch so. *Der Baum, der froh und glücklich war* wurde aus einer öffentlichen Bibliothek in Colorado verbannt, weil es für sexistisch gehalten wurde. Außerdem geriet er zusammen mit *Der Lorax* in die Kritik, weil er angeblich »die Forstwirtschaft kriminalisierte«.

Wie die Lektionen in *Der Lorax* und *Der Baum, der froh und glücklich war* zeigt uns auch die aktuelle Klimakrise, dass wir schon zu lange viel zu viel nehmen und nichts geben. Wenn die Menschen glauben, dass sie die »Herrschaft« über die Natur haben, wie die christlichen Traditionen viele von uns glauben machten, wie wirkt sich dann unsere vermeintliche Macht auf unsere Beziehung zur Natur aus? Sind wir ein integraler Bestandteil des Ökosystems oder nur Durchreisende auf dem Weg ins Paradies? Diese Überzeugungen und ihre Interpretationen haben der Heiligkeit des Weiblichen in unseren Körpern, den Körpern der Tiere und dem Körper der Erde großen Schaden zugefügt. Wir müssen mehr Geschichten darüber hören und kreieren, die von Ehrfurcht und gegenseitigem Geben und Nehmen zum beiderseitigen Vorteil handeln. Wie Bron Taylor in *Dunkelgrüne Religion: Naturspiritualität und die Zukunft des Planeten* schreibt: »Der Naturschutz kommt nicht voran, weil er mit unserem abrahamitischen Konzept von der Aneignung des Landes unvereinbar ist. Wir missbrauchen das Land, weil wir es als Ware betrachten, die uns gehört. Wenn wir Land als eine Gemeinschaft des Lebens betrachten, zu der wir gehören, können wir beginnen, es mit Liebe und Respekt zu nutzen.«[13]

ALCHEMIE

Ich beiße in einen Apfel, der in einem der Obstgärten hier in Ashfield, Massachusetts, gewachsen ist. In ihm schmecke ich das Land um mich herum. Der Apfel ist süß, sauer und bitter zugleich, wie das Leben – der unvermeidliche Schmerz und die Traurigkeit, die jeden von uns durchströmen, wenn uns bewusst wird, dass wir eines Tages unsere Mutter oder unsere Großmutter zum letzten Mal sehen oder zum letzten Mal durch einen geliebten Wald spazieren werden. Die Akzeptanz dieser Realität kann uns helfen, die Menschen, die wir lieben, wertzuschätzen und jeden süßen Tropfen zu genießen. Durch das Essen dieser Frucht und beim Freilegen der Samen dieser Bäume, die immer weiter wachsen, Früchte tragen, sich verändern und ausdehnen, entdecke ich in mir eine tiefe Resilienz, die mich zu mir selbst nach Hause führt, sodass ich wieder Verbindung zu den Bräuchen meiner Familie und meiner Vorfahren aufnehme.

Ich sinne darüber nach, wie durch das wiederkehrende Ritual unserer Familienausflüge zu den Apfelbäumen auf der Atkins Farm die Saat für meine spirituelle Praxis gesät wurde. Ich war in der Lage, durch die sinnliche Naturerfahrung Weisheit zu erforschen und zu sammeln, auf eine Weise, wie es den Frauen vor mir verboten war. Mutter Erde ist sehr großzügig. Und wenn wir ihre Früchte probieren und in ihrer Süße schwelgen, können wir zu unendlicher Weisheit erwachen. Ein tibetisches Sprichwort lautet: »Wissen muss geschmolzen, gehämmert und geklopft werden wie reines Gold. Dann kann man es als Schmuckstück tragen.« Der tibetisch-buddhistische Lehrer und Gelehrte Chögyam Trungpa interpretiert das so, dass wir, wenn wir eine spirituelle Unterweisung von einem anderen erhalten, diese kritisch betrachten müssen. Wir müssen sie »schmelzen … hämmern … klopfen, bis die helle, würdevolle Farbe des Goldes erscheint«.[14] Dann können wir daraus Schmuckstücke formen, die mit der Wahrheit in Resonanz sind, sodass wir sie gerne tragen.

Obgleich sich menschliche Geschichten, Mythen und Überzeugungen verändern, weiterentwickeln und uns oft voneinander trennen und für Konflikte sorgen, ist die Natur ehrlich und beständig – die Medizin von Birke, Apfel, Wildrose, Klette und allen anderen Pflanzen ist dieselbe wie vor Jahrtausenden. Diese göttlichen Wesen bieten jedem, der ihren Weg kreuzt, Medizin, Nahrung und in manchen Fällen auch Zuflucht. Für alle, die sich lernwillig auf die Suche begeben, hält jede Pflanze Wissen, Überlieferungen bereit – und Geschichten, die erzählt werden wollen.

* * *

HEUTE MORGEN, NACHDEM ICH AUS EINEM LEBHAFTEN TRAUM erwacht bin, schrieb ich auf: »Unsere Seelen sind in der Erde verwurzelt und leben unter der Erde, tief in unseren inneren Brunnen der Gefühle. Sie sind schwer, angereichert mit unseren Erfahrungen, unseren Liebesströmen, festen und zerbrochenen Beziehungen und unseren tiefen Sehnsüchten. Unsere Seelen sprechen mit dem wahren Kern dessen, wer wir sind. Geist ist etwas Zeitloses, Immaterielles, jenseits unseres Körpers. Der Geist lebt über der Erde, nimmt manchmal eine Form an und ist unveränderlich, wenn wir uns zwischen den Dimensionen, zwischen den Lebenszeiten oder zwischen Leben und Tod bewegen. Aber die Seele ist einzig im Jetzt. Sie ist die Ehrfurcht, für die wir unser Leben leben, und das reiche, verkörperte Bewusstsein, das schwer vor lauter Liebe ist, schwer von der bittersüßen Realität der Verbundenheit und Vergänglichkeit, gefüllt von dem, wer wir wirklich sind. Die Seele kann in und durch die Augen aller Spezies gesehen werden, und der Geist ist nur knapp außer ihrer Reichweite. Manchmal sehe ich den Geist aus den Augenwinkeln, aber ich sehe die Seele in ihnen. Seele ist Wasser und Erde – unendlich tief, dunkel und geheimnisvoll. Geist ist Feuer und Luft, der sich überall um uns herum bewegt – ungesehen und manchmal zu gefährlich, um ihn zu berühren.«

Wie eine sich häutende Schlange habe ich Schichten abgetragen und dadurch tiefes Wissen erlangt. Dadurch fand ich in mir selbst eine Heimat. Dort, wo tiefe angeborene Weisheit sitzt und wo mein Instinkt und meine Intuition intakt sind. Natürlich ist das ein unaufhörlich weitergehender Arbeitsprozess. Zu leicht können sich Ablagerungen bilden. Während also gerade die Cailleach Bhéara regiert und Mutter Erde sich ausruht und erneuert, möchte auch ich diese Jahreszeit als meine heilige Zeit der Tiefe, der Selbstbeobachtung und des Winterschlafs annehmen. In vielerlei Hinsicht ist die mystische Anderswelt genau hier. Die Schleier zwischen den Welten sind vielleicht nur gesellschaftliche Konditionierungen. Wenn wir glauben, die wilde Welt um uns herum wäre leblos, sperren wir uns selbst aus ihr aus. Wir sind dann nicht in der Lage, das Subtile zu spüren, und wir werden keinen Zugang zu ihrem Zauber finden. Es ist an der Zeit, dass wir unsere alten, entzweienden Geschichten ablegen und wieder sehen lernen. Für die Gesundheit und das Wohlergehen dieser wilden und wunderbaren Welt ist es dringend notwendig, dass wir aufwachen.

Augentrost

Euphrasia spp.

Familie: Orobanchaceae

Augentrost ist eine wunderbare kleine Blume, die uns hilft, klarer zu sehen. Der botanische Name *Euphrasia* stammt von einer der drei griechischen Chariten, Euphrosyne, und bedeutet »Freude«. Die Legende besagt, dass der Hänfling, ein Vogel, dessen griechischer Name sich von der gleichen Wurzel ableitet, diese Pflanze zuerst benutzte, um die Sehkraft seiner Jungen zu verbessern. Anschließend gab er dieses Wissen an die Menschen weiter. Die Anwendungsart des Augentrost durch die schottischen Hochlandbewohner zeigt deutliche Anklänge zu dieser Erzählung: Sie mischten das Pflanzenextrakt mit Milch und trugen es mit einer Vogelfeder auf die Augen auf.[1] Abends, kurz vor dem Schlafengehen angewendet, soll die Heilsalbe prophetische Träume bescheren. Tagsüber macht sie sichtbar, was normalerweise unsichtbar ist.

WAHRNEHMUNG

Du kannst dich nicht auf deine Augen verlassen, wenn deine Vorstellungskraft unfokussiert ist.

MARK TWAIN

Ein Rabe fliegt kreisend durch die Nebelschwaden über mir. Als er verschwunden ist, ruhen meine Augen auf den Grüntönen, die den Boden bedecken, so weit das Auge reicht. Hier in dieser weiten Wildnis gibt es keine Werbetafeln, niemand versucht, mir etwas zu verkaufen oder mich von etwas zu überzeugen, solange ich nicht nach meinem Handy greife, meiner tragbaren Ablenkung von der Realität. Aber hier habe ich keinen Empfang, also kann mich das Gefühl von Verbundenheit, die mein Telefon verspricht, nicht in Versuchung führen. Nichts wetteifert um meine Aufmerksamkeit – abgesehen vielleicht von den Blumen. Die tieffuchsiafarbenen Fingerhüte hängen von ihrem hohen Stiel herab wie Glocken und sind nicht zu übersehen. Weil die Fingerhutblüten dem Boden zugewandt sind, müssen die Bienen ganz hineinkriechen, um den Nektar zu trinken. Während sie darin hochkrabbeln, werden sie mit Pollen eingestäubt. Diese clevere Blume markiert das Ende des Tunnels – dunkelrosarote, weiß umrandete Flecken. Sie sehen aus wie Blutplättchen, und jede Blüte, die am Stängel hängt, hat ein einzigartiges Muster, das als »Nektarführer« bezeichnet wird.

Ich schaue mich um, ob einer meiner Lieblinge, der Augentrost, schon blüht. Seine kleinen Blüten wachsen gern auf felsigen grauen, teilweise von Gräsern überwucherten Zonen. Die lippenförmigen weißen Blüten des Augentrosts kann man leicht übersehen, aber wenn ich meine Sinne darauf einstelle, sehe ich überall ihre feurig gelbe Mitte, die violetten Adern und die tief gezackten Blätter. Ich begutachte die Unterlippe der Blüte. Sie dient winzigen Insekten als Landeplatz, von wo aus sie dann durch die violetten Adern zum Nektar geleitet werden (ich finde es einfach toll, dass Blumen ihren fleißigen Bestäubern den Weg weisen). Der Augentrost ist ein Halbparasit. Er ernährt sich, indem er den zähen Gräsern Nährstoffe aus den Wurzeln zieht und sie damit in Schach hält, sodass die empfindlicheren Wildblumen gedeihen können. Heute finde ich den Augentrost neben Braunelle, Klee, Ehrenpreis und Fingerkraut. Vielleicht nagt er ja unterirdisch an den umliegenden Gräsern, um Platz für seine Wildblumenfreunde zu schaffen.

Diese kleine Blume hat es in sich, und wie der Name schon sagt, kann Augentrost bei allen möglichen Augenleiden helfen, von Bindehautentzündungen über rote Augen, Gerstenkörner, juckende und stechende Augen bis hin zu Sehschwäche und Linsentrübungen. Die Pflanze vereint beruhigende, adstringierende, reinigende und entzündungshemmende Wirkungen, die Augenschmerzen oder Müdigkeit lindern und den Schleier der Illusion lüften. Eine gute Medizin für ein Zeitalter, in dem wir auf Monitore und Displays starren, wo Fake News kursieren. Wenn meine Augen brennen, weil sie zu viel von beidem hatten, nehme ich ein Augentrost-Augenbad. Ich nutze eine mit kochendem Wasser ausgespülte Augenwaschschale. Diese fülle ich mit einem kühlen Augentrostaufguss und blinzle hinein. Manche Kräuterkundige neigen den

Kopf nach hinten, schütten den Tasseninhalt über ihre Augen, öffnen und schließen sie ein paarmal und schauen in alle Richtungen: nach oben, nach unten und von einer Seite zur anderen.

***

ICH HABE MICH HEUTE AUF DEN WEG GEMACHT, UM SOWOHL DEN Augentrost als auch den Hänfling zu finden – diesen kleinen Vogel aus der Finkenfamilie, der uns der Legende zufolge beigebracht hat, Augentrost als Medizin zu verwenden. Diese schönen Singvögel bauen ihre Nester in dornigen, schützenden Sträuchern wie dem Ginster und ernten Wildblumensamen, unter anderem von Distel, Vogelmiere, krausem Ampfer und Löwenzahn. Ich lausche, ob ich Hänflinge rufen höre, und halte nach den kleinen Blumen Ausschau. Ich finde ein Fleckchen Augentrost, das mich freundlich zu grüßen scheint. Ich setze mich zu ihm – verborgen und geschützt durch den umgebenden Ginster. Still und leise werde ich ein Teil der Landschaft. Endlich ertönt der süße Gesang des Hänflings. Je weniger ich mich bewege, desto mehr beginnt sich alles um mich herum zu bewegen.

Wenn wir die Natur betrachten, glauben wir oft, es wäre eine Einbahnstraße, aber das stimmt nicht: Die Natur beobachtet uns ebenfalls. Pflanzen bemerken Veränderungen im Licht, wenn wir vorbeigehen, und wenn wir rücksichtslos in die Natur eindringen, erzeugen wir ein gestörtes Gebiet, aus dem Wildtiere vertrieben werden. Das Land verstummt. Der Naturforscher Jon Young schreibt in seinem Buch *What the Robin Knows*: »Es sind nie nur die Rotkehlchen, die mit den anderen Rotkehlchen kommunizieren, die Spatzen mit den anderen Spatzen, die Amseln mit den anderen Amseln. Im Garten und in den Bäumen kommunizieren alle mit allen (weil sie einander hören) – im Frühling, Sommer, Herbst und Winter: Wellen in Wellen, ein riesiges Netz mit vielen

Verbindungen und Verwirrungen; konzentrische Ringe, die an konzentrischen Ringen abprallen; subtile Klänge, subtile Düfte, subtile Bewegungen.«

Für viele Menschen ist der Zauber der sichtbaren, belebten Wirklichkeit unsichtbar geworden. Und welchen Sinn macht es, nach Wesen der Anderswelt zu suchen, wenn wir so wenig über die fühlenden Wesen der Welt um uns herum wissen?

PFLANZENBLINDHEIT

Wenn unsere Augen überall hinhuschen, dann auch unser Geist. Als ich mit der Zen-Meditation und später mit der tibetisch-buddhistischen Meditation begann, brachte man mir bei, mit offenen Augen zu praktizieren und einen sanften Blick zu nutzen. Das war zu meiner Überraschung schwierig – schwieriger, als mit geschlossenen Augen zu praktizieren. Wann immer ich ablenkende oder problematische Gedanken hatte, verspürte ich den Drang, wegzuschauen und den Blick abzuwenden, auch wenn sich vor mir nur ein Parkettboden oder eine weiße Wand befand. Es erforderte eine Menge Disziplin, mich zu konzentrieren, präsent zu bleiben, aber nicht zu starren, sondern den Blick weich zu lassen.

Wir denken selten daran, unsere Augen zu trainieren, aber beim Aufwärmen im Shaolin (Kung Fu) Tempel in New York war das eines der ersten Dinge, die wir taten. Während der Dehnübungen dehnten wir auch unsere Augen und bewegten sie bewusst in alle Richtungen. In den Kampfkünsten kann es schwerwiegende Folgen haben, im falschen Moment nach unten oder wegzuschauen. »Dein Blick muss weit sein!«, sagte mein Shifu immer. Als ich zum ersten Mal aufrecht stand und wie ein Rabe in die Ferne blickte, hatte ich ein großes Bild vor Augen, sah in der Peripherie und im Zentrum gleichzeitig und konnte mit laserartigem Fokus nach Belieben heranzoomen, wenn ich zum Angriff bereit war. Beim Boxen wurde mir gesagt, ich solle meine Gegnerinnen nicht anschauen, sondern durch sie hindurchsehen. »Mach die Augen weit auf!«, lautete die tägliche Anweisung meines Boxtrainers. Er wollte nicht, dass ich im Ring die Augen schloss, mit den Schultern zuckte oder auch nur blinzelte. Ich verdiente mir meine Stirnfalten dadurch, dass ich meine Augen so weit wie möglich aufsperrte, als wäre ich ständig überrascht.

Durch disziplinierte Meditation konnte ich einen Großteil meines mentalen Lärms beseitigen, sodass ich viel besser in der Lage war, wahrzunehmen und zuzuhören, ohne zu werten. Und durch mein Training in den asiatischen Kampfkünsten erweckte ich meinen animalischen Instinkt. Im Taoismus bezieht sich der Begriff *Chi* auf Pflanzen, Pilze, Steine, auf jegliches Lebewesen, das Licht ausstrahlt, und das ist es, was ich oft spüre, wenn Pflanzen mich rufen. Es ist, als wäre ein Scheinwerfer auf sie gerichtet. Auf eine neue Art – mit lebendigeren, empfänglicheren und intakteren Sinnen – stimme ich mich auf die äußere Landschaft ein und nehme um mich herum mehr wahr, während ich mich durch die Natur bewege. Im Körper zentrierte Bewusstheit erdet und beruhigt mich und bringt mich näher zu den Heilkräften der Natur.

In seinem Buch *Becoming Animal* schreibt der Ökologe David Abram, dass jene Kulturen, die eine gesunde Beziehung zur natürlichen Welt pflegen, nicht nur *über* die Natur sprechen, sondern *mit* den Pflanzen, den Blumen, dem Land, dem Wasser und den Bäumen. Damit öffnen sie »den Diskurs für die größere Welt, die mehr ist als der Mensch«.[2] Jedes Lebewesen spricht, aber nicht unbedingt in Worten. Ich fand heraus, dass das wahr ist, denn ich nahm mir mehr Zeit zum Zuhören und wurde dadurch offener dafür, mich von der Natur leiten zu lassen, wie der Nektar die Insekten zu den Blüten leitet. Indem ich die einzigartigen Formen und Muster von Wurzeln, Beeren, Rinden, Blumen und Samen beobachte und mit ihnen kommuniziere, vertiefe ich die Vertrautheit mit der Natur und übe mich in Achtsamkeit. Pflanzen und Bäume bewegen sich in einem langsameren Tempo, und die Kräuterkunde wurde für mich zu einer niemals endenden Meditation. Selbst im Verkehrslärm und Chaos der Stadt kann ich bewusst bleiben und aufmerksam die faszinierenden Strukturen der Rinde der Straßenbäume wahrnehmen oder die kraftvolle, aber unscheinbare Vogelmiere, die an den Baumwurzeln wächst.

* * *

MEINE FORMALE AUSBILDUNG IN KRÄUTERKUNDE BEGANN IN DER Großstadt, in New York. Ich war voller Tatendrang, aber sehnte mich nach der Natur. Obwohl Manhattan ein seltsamer Ort zu sein scheint, um in die Wildnis einzutauchen, macht es rückblickend ganz viel Sinn. Es war wie ein Geschenk, dort die Verbindung aufzunehmen, wo es wenig Natur gibt, denn ich widmete dem wenigen, was ich dort entdeckte, besonders große Aufmerksamkeit. Vorher wäre ich gar nicht auf die Idee gekommen, etwas über die Pflanzen zu lernen, die durch die Risse im Bürgersteig wuchsen, aber in meiner verzweifelten Sehnsucht nach Natur wandte ich mich ihnen zu. Wie viele Menschen hatte ich geglaubt, um aufregende Flora und medizinische Superfoods zu entdecken, müsse man in die tropischen Regenwälder am Amazonas oder nach Costa Rica reisen, denn New York City hätte da nichts zu bieten. Aber als ich mir der Schönheit der sogenannten Unkräuter wirklich bewusst wurde und ihre ökologische Rolle und unglaubliche Kultur- und Medizingeschichte kennenlernte, veränderte sich meine enge, kulturell erlernte Perspektive.

Auf verlassenen städtischen Grundstücken kann die Natur einfach ihr Ding machen. Dort gedeihen Pflanzen und ihre Bestäuber. Diese vergessenen Orte gehören zu den schönsten in der ganzen

Stadt: blühender Beifuß an mehr als zwei Meter langen Stängeln mit pfeilförmigen Blättern, Wiesenklee, der sanft, aber kräftig Stickstoff bindet und so den Boden fruchtbarer macht, Knöterich, Ackersenf, Veilchen, Nachtkerze, Königskerze, Sauerklee, Disteln mit ihren violetten Blüten über stachelschweinartigen Blättern sowie der Löwenzahn mit seinen selbstbewussten Blüten.

Diese allgegenwärtigen Heiler sind der Inbegriff der wilden Natur. Für die einen sind sie heilige Medizin, für die anderen Eindringlinge. Sie sind stark, widerstandsfähig und anpassungsfähig. Auf dem Land wie auch in der Stadt leben sie in unserer Nähe. Sie sprießen durch Betonritzen und bringen Schönheit, Farbe und Charakter in einen ansonsten langweiligen Rasen. Mit *wild* wird häufig etwas bezeichnet, von dem die Leute meinen, es wäre außer Kontrolle geraten. Aber wenn die Natur gesund ist und so funktioniert, wie sie soll, ist die unberührte Wildnis rhythmisch und friedvoll. Zwar ist sie auch manchmal notwendigerweise gewalttätig, aber jedes Wesen darin, jedes wilde Tier und jede Pflanze, ist sich über seine Rolle in diesem auf gegenseitiger Abhängigkeit beruhenden Ökosystem im Klaren.

* * *

DER HÄNFLING WAR EINST EIN BELIEBTER KÄFIGVOGEL, DER WEGEN seiner Schönheit und seines melodischen Gesangs gefangen und eingesperrt wurde. Wie man Leid überhaupt schön finden kann, ist mir schleierhaft, aber unsere Spezies hat im Namen der Schönheit viel Schaden angerichtet. Der Hänfling muss in vielen Teilen der Welt heute ums Überleben kämpfen, weil sein Lebensraum zerstört wird, wenn Pestizide zum Einsatz kommen und die »unansehnlichen« Hecken und »Unkräuter«, die er zum Überleben braucht, geschnitten oder beseitigt werden. Durch unsere Vorstellung von »zivilisierter« Schönheit, gezähmter Natur und ästhetischen Grundsätzen werden manikürte Gärten alten Wäldern vorgezogen. Und

– der Fluch meines Daseins als Kräuterkundige – lebenswichtige Tier- und Pflanzenarten mussten weichen, um ökologisch nutzlose, giftbelastete, teppichartige Rasenflächen zu schaffen.

Auch uns selbst tun wir das an. Ich habe mich kürzlich mit einer Frau unterhalten, die mir erzählte, dass in ihrem Land heute jede Frau, die es sich leisten kann, zu einem Schönheitschirurgen geht, weil alle die gleiche Knopfnase haben wollen. Dabei ist das nicht unbedingt die beste Nase zum Atmen. Einförmigkeit wird gefeiert, und doch schwächt Monokultur uns in gesellschaftlicher Hinsicht und auch, was die Natur angeht. Am Körper der Frauen wie auch am Körper der Erde wird herumgeschnitten und Gift eingesetzt, damit sie »schöner« und attraktiver für die patriarchalische, kapitalistische Kultur werden, in der alles käuflich ist – gepflegter Rasen, manikürte Gesichter, größere Brüste, Faltenlosigkeit, flachere Bäuche und größere, leuchtendere Blumen, die über Tausende Kilometer transportiert und mit Formaldehyd behandelt werden, damit sie »frisch« bleiben.

Mehr als zwei Drittel der in den Vereinigten Staaten verkauften Blumen stammen inzwischen aus Südamerika. In der kolumbianischen Blumenindustrie werden über hundert verschiedene Fungizide, Herbizide, Insektizide und chemische Konservierungsmittel verwendet, darunter auch solche, die wahrscheinlich krebserregend sind. Die Beschäftigten in dieser Industrie in Kolumbien und Ecuador – die meisten von ihnen Frauen – berichten, dass sie gezwungen sind, schon kurz nach dem Giftsprühen wieder in die Gewächshäuser zu gehen, um etwa 350 Rosen pro Tag zu ernten.[3] Was für eine dumme und grausame Ausbeutung von Frauen und der Erde, wo wir doch so schöne Wildblumen haben, die uns umgeben – jedenfalls so lange, wie wir die Natur nicht vergiften. Stattdessen setzt unsere Gesellschaft unser Leben für das, was wir als schön erachten, aufs Spiel.

Wenn wir Blumen manipulieren, um Farben zu erhalten, die

uns gefallen, schrauben wir an den spezifischen Schattierungen und Mustern herum, die sich im Laufe der Zeit im Zusammenspiel mit ihren Bestäubern entwickelt haben. Die Farben Rot, Rosa, Blau und Violett stammen hauptsächlich von Pigmenten, die Anthocyane genannt werden. Sie gehören zur chemischen Klasse der Flavonoide. Andere Pigmente sind Carotinoide, die in Früchten wie Tomaten und Paprika für Gelb, Rot und Orange sorgen. Bei Pflanzen, wie Ambrosia, bei denen die Bestäubung durch den Wind erfolgt, sind die Pigmente der Blüte unauffällig.

Vögel wie der Hänfling sehen Farben tetrachromatisch, was bedeutet, dass sie vier grundlegende Wellenlängen des Lichts, manchmal bis in den ultravioletten Bereich, unterscheiden können. Dadurch sind sie in der Lage, mehr Feinheiten und Töne der Farbe wahrzunehmen. Unsere Augen können die Wellenlänge der grünen Farbe besonders gut wahrnehmen, weswegen Wissenschaftler glauben, dass Grün beruhigend auf uns wirkt – weil uns die Wahrnehmung dieser Farbe so leichtfällt, kann sich unser Nervensystem dabei entspannen. Dennoch gibt es im Alltag vieler Menschen immer weniger grüne Natur, und sie verlieren das Gespür für die Pflanzen und ihre einzigartige Anpassung an die Umwelt.

DIE SPRACHE DER NATUR

Ich versuche immer, die Pflanzen und Bäume vor meiner Tür so zu betrachten, als würde ich sie zum ersten Mal sehen. Ich beginne mit achtsamen Naturspaziergängen. An einem Tag nehme ich die Muster der Baumrinde wahr, am nächsten die kleinen Pflanzen, die dicht über dem Boden wachsen. Jeden Tag richte ich mein Bewusstsein auf etwas anderes aus und nutze alle meine Sinne: Sehen, Riechen, Berühren, Hören. Und meine Vorstellungskraft kann die Leerstellen ausfüllen. Die Signaturenlehre ist eine Theorie, die besagt, dass Pflanzen ihre Medizin auf diese Weise durch ihre Formen, Texturen, Farben und jede andere Wahl, die sie in ihrem evolutionären Prozess treffen, mitteilen.

Wir können sicher davon ausgehen, dass die Menschen über dieses Konzept nachdenken, seit sie mit Pflanzen arbeiten. Aber wie so vieles in der Geschichte stammt es offiziell aus der Zeit, als weiße Männer es aufgeschrieben haben. Dioskurides, griechischer Arzt im ersten Jahrhundert und Autor von *De Materia Medica* (»Über Arzneistoffe«), einem frühen pharmakologischen Werk, beschrieb die Arzneipflanzen in Verbindung mit einer göttlichen Absicht und glaubte, dass der Schöpfer Dinge mit Merkmalen versah, die ihren vorgesehenen Verwendungszweck verrieten. Paracelsus, ein Schweizer Arzt des frühen 16. Jahrhunderts, entwickelte das Konzept weiter und schrieb, dass es möglich sei, »nach dem äußeren Ansehen eines jeden Krautes und einer jeden Wurzel Eigenschaft und Tugend zu erkennen«.[4]

Geprägt wurde der Begriff *Signaturenlehre* durch den deutschen Mystiker Jakob Böhme. Er glaubte, dass Pflanzen, die menschlichen Organen, Körpersystemen, Tieren oder anderen Objekten ähnelten, eine nützliche Bedeutung für diese Teile, Tiere oder Objekte haben. Er schrieb: »Ein jedes Ding hat seinen Mund zur Offenbarung. Und das ist die Natur-Sprache, daraus jedes Ding aus seiner Eigenschaft redet, und sich immer selber offenbahret, und darstellet, wozu es gut und nütz sey. Denn ein jedes Ding offenbahret seine Mutter, die die Essenz und den Willen zur Gestaltung also gibt.«[5] Böhmes im Jahr 1621 veröffentlichtes Werk *De Signatura Rerum (Von der Geburt und der Bezeichnung aller Wesen)* gab dieser Lehre seinen Namen. Den Kern von Böhmes Philosophie bildete ein mystisches Christentum. Da seine Überzeugungen weit vom lutherischen Establishment entfernt waren, wurde er zeit seines Lebens verfolgt.

* * *

WIR KÖNNEN DIE THEORIE DER SIGNATURENLEHRE NUTZEN UND uns anschauen, wo und wie Pflanzen wachsen: Bevorzugen sie die Sonne oder den Schatten? Wir könnten daraus schließen, dass eine Pflanze, die direktes Sonnenlicht bevorzugt, von Natur aus eher wärmend oder trocknend ist, wohingegen Pflanzen, die den Schatten bevorzugen, eher kühlend wirken. Wenn die von uns gewählte Medizin ein Baum ist, können wir uns zu jeder Jahreszeit zu ihm setzen und die Veränderungen beobachten. In welche Richtung wachsen die Blätter oder Äste? Richten sie sich nach oben und außen aus oder sind sie eng aneinandergeschmiegt? Wächst die Pflanze mit oder entgegen dem Uhrzeigersinn? Sind die Blätter geschmeidig oder unnachgiebig? Eine Pflanze, die einzeln in Feld oder Wald wächst, könnte eine höhere Konzentration an Energie besitzen als Pflanzen, die in Gruppen wachsen, weswegen ihre Medizin (falls sie für uns heilkräftig ist) besser vorsichtig dosiert werden sollte. Eine Pflanze, die in der Stadt gedeiht, besitzt ein hohes Maß an Resilienz und ist eine auf den Menschen bezogene Pflanze. Wir können außerdem darauf achten, ob eine Pflanze anderen Pflanzen in der Natur Nahrung oder Medizin bietet. Geht sie eine symbiotische Beziehung mit Pilzen, Vögeln oder anderen Säugetieren ein, oder scheint sie überall neben denselben Pflanzen zu wachsen?

Eichen säumen die New Yorker Bürgersteige. Die Eiche ist ein Baum, der mit der männlichen Energie des Feuers in Verbindung steht, was sich in den nach oben gestreckten Ästen zeigt – wie die Arme eines Menschen in Siegerpose. Eichenextrakte haben wie das Feuer trocknende Eigenschaften und stehen im Gegensatz zu den feuchten, wehmütigen (»nah am Wasser gebauten«) und süß duftenden Linden, die befeuchtende Schleimstoffe liefern. Labkraut ähnelt dem Lymphsystem, welches demnach damit behandelt werden kann. Löwenzahn ist eine erstklassige Pflanze für die Verdauung. Er strahlt im Frühling das zuversichtliche Gelb unseres Solarplexus-Chakras aus. Violett in Pflanzen deutet oft auf die Möglichkeit hin, damit stagnierendes Blut zu behandeln. Und das Mycel, das Kommunikationszentrum der Wälder, ähnelt unseren eigenen Nervensystemen und kann dafür verwendet werden, diese zu regenerieren. Chaga ist eine Mycel-Ansammlung, die wie ein Tumor aussieht. Sie wächst auf Birken und wird zur Behandlung von Krebs eingesetzt.

* * *

MEINE REWILDING-SEMINARE IN COSTA RICA FINDEN IN EINEM Ethnobotanik-Zentrum im Dschungel statt, wo Hunderte von Heilpflanzen wachsen, von denen viele zu Studienzwecken angepflanzt wurden und um sie vor dem Aussterben zu bewahren. Aber manche wachsen dort auch wild in der Umgebung. Die meisten Teilnehmer dieser intimen Retreats sind mit den Pflanzen nicht vertraut, was perfekt für unsere Lernerfahrung ist. Am ersten Tag machen wir uns mit dem Land vertraut. Ich nenne das »Kennenlernen der Pflanzenverbündeten«. Jeder kann hier seine eigene spezielle Pflanze unter den Hunderten von Bäumen, Kräutern, Sträuchern und Blumen finden. Nach einer erdenden Meditation machen wir uns gemeinsam auf den Weg. Beim Gehen weise ich auf die Texturen, Formen und Farben hin, und wir fragen uns, was sie uns wohl sagen möchten. Wir spüren mit all unseren Sinnen hinein und achten darauf, welche Pflanzen uns besonders anziehen. Würde ich umhergehen und sagen: »Diese Pflanze ist so und so, und sie macht das und das«, würde ich die Schüler dieser wertvollen Möglichkeit eigener sinnlicher Erkundung berauben, und sie könnten übersehen, zu welchen Pflanzen ihre Intuition und ihr Instinkt sie hinziehen, obwohl sie gerade von diesen besonders viel lernen können. Sie wären dann ganz in ihrem Kopf und wenig in Kontakt mit ihren körperlichen Sinnen, denn sie würden intellektuell etwas »wissen« wollen – über Pflanzen, deren Heilwirkung viele Facetten hat und bei denen es ein Leben lang dauert, sie wirklich kennenzulernen.

Nachdem wir den gemeinsamen Spaziergang beendet haben, lasse ich ihnen Zeit, durch den Garten zu wandern, und es wird garantiert jeder zu einer bestimmten Pflanze gerufen. Ich verwende oft die Analogie, dass man auf eine Party geht, auf der viele Fremde sind. Noch ehe wir mit einem der Gäste gesprochen haben, spüren wir, dass wir uns zu bestimmten Leuten hingezogen fühlen, und so ist es auch mit den Pflanzen. Es gibt Pflanzen, deren einzigartige Struktur und Energie anziehend auf uns wirken, wenn wir ihnen eine Chance geben. Ich habe mich Pflanzen auf die gleiche Weise genähert, wie ich mich Menschen nähere: Ich lerne lieber einige wenige intensiv kennen als viele oberflächlich.

Eine der häufigsten Fragen, die mir und anderen Kräuterkundigen gestellt wird, lautet: »Wofür ist diese Pflanze gut?« Ich verstehe zwar die Frage, und ich versuche, niemandem ein schlechtes Gewissen zu machen, weil er sie stellt, aber die Frage verrät eine sehr eindimensionale Sichtweise auf diese komplexen Lebensformen. Würde ich sie einfach beantworten, würde ich damit die Beziehung des Teilnehmers zu dieser Pflanze beeinflussen, und dabei gibt es so viele Möglichkeiten, mit ihrer Medizin zu arbeiten. Stellen Sie sich vor, wie unhöflich es für mich wäre, auf einer Party herumzulaufen und die Leute auf diese Weise vorzustellen: »Das ist Susan, sie ist gut darin, dich mit ihren Geschichten traurig zu machen, und manchmal wird dir schlecht. Das ist Dan, er ist gut darin, dich mit seinen herablassenden Monologen erst einzuschläfern, dann wütend zu machen und dann wieder einzuschläfern.« Oder etwa: »Das ist Kim, sie ist gut darin, dich mit vielen Komplimenten glücklich und wertvoll erscheinen zu lassen.« Würden Sie sich auf meine Meinung verlassen, egal wie richtig oder wohlmeinend sie auch sein mag, wäre jedes Gespräch, das Sie beginnen, wahrscheinlich davon beeinflusst. Vielleicht würden Sie sich von jemandem wie Dan fernhalten, der zwar möglicherweise tatsächlich mit Gequassel Ihre Zeit verschwendet, aber durchaus auch eine wertvolle Botschaft für Sie haben könnte. Wie mein Freund Matt zu sagen pflegt: »Die Leute, die dich triggern, sind deine Lehrmeister.«

Bei einem Retreat saßen kürzlich Boyuan, Akilah, Jahan, Cara und Natalia und einige andere im Dschungel, meditierten und kommunizierten alle auf ihre Art mit ihrer Pflanze, nachdem sie diese Pflanze gefunden hatten oder, in einigen Fällen, von ihr gefunden worden waren. Alle hatten sie reichlich Zeit, ihre eigenen Informationen zu sammeln und dabei auf sämtliche Sinneseindrücke zu achten. Einige schrieben Geschichten darüber, wer die Pflanze ist und wie sie den Menschen ihre Medizin schenkt, andere sammelten Informationen durch Meditation, erfahrene Kräuterkundige betrachteten die Pflanze durch die Brille der Signaturenlehre, und wieder andere fragten die Pflanze einfach direkt. Boyuan war die größte Skeptikerin von allen. Allerdings sagte sie mir, dass sie das Gefühl hatte, ihre Pflanze würde sie anstarren. Sie steuerte auffällige bunte Bäume und Blumen an, aber irgendetwas zog sie immer wieder zu einem spiralförmigen Farn zurück. Nun, der Farn selbst war es, der sie immer wieder zu sich rief. Sie erzählte mir: »Der schelmische kleine Farn flirtete immer wieder mit meinem Blick. Ich wollte ihn ignorieren, weil er schlicht und unscheinbar war, aber die Pflanze machte sich lustig über mich. Sie war lebhaft und gesprächig, wenn ich meinen Geist beruhigte und mir Zeit zum Zuhören nahm, und ihre Botschaft für mich war: ›Nimm dich nicht zu ernst.‹«

Nach einer Weile setzen wir uns wieder in der Gruppe zusammen und trinken einen erfrischenden Hibiskustee. Einer nach dem anderen führt uns zu seiner Pflanze und erzählt seine Geschichte: warum es sie oder ihn dorthin zog und was Instinkt und Intuition über die Pflanzen offenbarten. Das ist immer mein Lieblingsteil.

Es ist so interessant zu sehen, zu wem sich die Menschen hingezogen fühlen, und ich liebe ihr Erstaunen, wenn sie herausfinden, dass das, was sie beobachtet, gespürt und gefühlt haben, ihre Intuition, oft genau das ist, was ihr Geist, ihr Körper, ihre Seele und ihr Geist brauchen.

Wenn wir dann gemeinsam in der Gruppe auf Entdeckungsreise durch den Dschungelgarten gehen, erzählen Ancel und ich, was wir über die einzelnen Pflanzen wissen und wie sie traditionell als Nahrungsmittel oder Medizin verwendet wurden und werden. Ancel stellt weitere Fragen, zum Beispiel: »Wenn diese Pflanze in einem Café ein Buch lesen würde, welches Buch würde sie lesen? Wenn sie zu einer Party gehen würde, was für ein Kleid würde sie tragen? Wenn sie ein Professor wäre, welches Fach würde sie unterrichten? Was würden sie in einem Restaurant bestellen?« Diese Fragen regen unsere Fantasie und Intuition an und stimmen uns auf die »Persönlichkeit« einer Pflanze ein. Sie helfen uns, Zugang zu den Pflanzen zu finden und sie mit allen Sinnen wirklich aufmerksam wahrzunehmen.

Das Schöne daran: Es ist nur der Anfang. Die Beziehung zwischen Mensch und Pflanze kann während des gesamten einwöchigen Retreats und sogar über Jahre hinweg gepflegt werden. Viele ehemalige Schüler erzählen mir, dass sie noch Jahre später in der Meditation Kontakt zu ihrem Pflanzenverbündeten dort im Dschungel von Costa Rica aufnehmen.

Aber diese Übung können wir überall machen, mit allen Pflanzen, sogar unseren Zimmerpflanzen. Und ich ermutige die Menschen immer, sich wieder mit den sogenannten »Unkräutern« vertraut zu machen. Wir wurden vielleicht darauf konditioniert, sie nicht zu mögen oder sie sogar zu vergiften, aber schauen Sie sich diese Pflanzen doch einmal wirklich an. Sehen Sie ihre Schönheit, Vitalität und Kraft. Suchen Sie sich ein Kraut oder eine Wildblume aus, zu der Sie sich hingezogen fühlen. Beobachten Sie, wie widerstandsfähig diese Pflanze ist, und schreiben Sie auf, was Ihnen an ihr auffällt. Vielleicht stoßen Sie dabei auf wichtige Informationen, denn solche fälschlicherweise als »Störenfriede« betrachteten Pflanzen leisten oft wichtige regenerative Arbeit für die Natur.

* * *

ES WAR MIR SCHON IMMER UNANGENEHM, IM NAMEN DERER ZU sprechen, die besser für sich selbst sprechen können. Ich ziehe es vor, einen Schritt zur Seite zu treten, denn ich möchte, dass die Leute die Wölfe, die Pflanzen und das Land aus erster Hand erleben und ihre eigene Beziehung zu ihnen aufbauen können, ohne dafür eine Dolmetscherin zu brauchen.

Ich hatte eine Lehrerin, die sich als Dolmetscherin für die Natur betätigte und zum Beispiel sagte: »Die Kirschblüte freut sich, dass wir hier sind, und signalisiert uns, dass …« Das mochte ich nicht. Inzwischen kenne ich sie gut und weiß, dass sie wirklich diese Art von Beziehung zu den Pflanzen hatte. Aber damals war ich ihr gegenüber sehr skeptisch, zumal ich dachte, sie würde diese Art der Kommunikation nur vortäuschen. Heute weiß ich, woher mein Unbehagen kam: Sie erzählte uns, was die Pflanze angeblich gesagt hätte. Und ich habe festgestellt, dass Pflanzenkommunikation sehr persönlich ist. Jeder Mensch erlebt sie auf seine Weise, und sie geschieht nur selten in Form von Worten. Ich sah und erlebte Pflanzenkommunikation als Bewusstseinsveränderung, Bildersprache, körperliche Empfindungen und auch in Form von Geschichten, Liedern oder plötzlichen Einsichten. Da ich überwiegend visuell und kinästhetisch lerne, sind Bilder, Symbole und praktische Erfahrungen, seit ich mich erinnern kann, die Art und Weise, wie ich die Welt um mich herum für mich übersetze. Seit ich einen Bleistift in die Hand nehmen konnte, und wahrscheinlich schon davor, ist die visuelle Kunst meine Art der Verarbeitung.

Bei der Entwicklung meiner Arbeit und als Vermittlerin der Sacred-Warrior-Erfahrungen habe ich mehr und mehr erkannt, dass es eigentlich mein Job ist, aus dem Weg zu gehen, damit die Menschen ihre eigenen Beziehungen zur Natur ohne meinen Einfluss oder meine Einmischung entwickeln können. Ich stelle mir vor, dass ich eine Heiratsvermittlerin zwischen Mensch und Natur bin. Wenn wir auf unsere eigene Art und Weise Vertrautheit entwickeln, ist es wahrscheinlicher, dass wir uns verlieben. Und genau das erhoffe ich mir von dieser Arbeit. Denn angesichts all der unglaublichen Fülle, die die Erde uns bietet, liegt klar auf der Hand, dass sie uns liebt. Und im Gegenzug braucht sie unsere Liebe, Großzügigkeit und Fürsorge. Mit einer riesigen Feder, die in Milch und Augentrost-Extrakt getaucht ist, möchte ich die Augen der Menschen behandeln, auf dass alle sehen, wie schön diese Welt wirklich ist – die Heilkräuter und alles andere. Vor Kurzem sagte Boyuan zu mir: »Das Erstaunliche an deiner Lehrtätigkeit ist, dass du unsichtbar wirst, sobald du zu lehren beginnst.« Ein besseres Kompliment kann ich mir nicht vorstellen.

Echter Alant

Inula helenium

Familie: Asteraceae

Die Inhaltsstoffe der wärmenden scharfen Wurzel des Alants dringen tief in die Lunge vor und lösen dort chronisch festsitzenden Schleim. So entsteht Raum für neue Sekrete mit frischen, an neue Erreger angepassten Immunzellen. Die Alantwurzel lässt die Atemluft freier in uns fließen, und ihre Bitterkeit bringt im Verdauungssystem träge Energie in Bewegung. Unsere inneren Flammen bekommen mehr Raum und Gleichgewicht, sodass Nährstoffe besser verarbeitet und aufgenommen werden können. Die pflanzlichen Wirkstoffe der Wurzel, unter anderem das Inulin, unterstützen die nützlichen Bakterien in unserem Körper, die uns helfen, das zu kompostieren und loszulassen, was unser Körper nicht mehr braucht.

Mit ihrem botanischen Namen, *Inula helenium*, wird Helena von Troja Ehre erwiesen. Nach dem Ausbruch des Trojanischen Krieges wurde sie von Paris entführt. Wie die Botschaft dieser antiken Legende hilft uns auch die Blütenessenz des Alant, lang gehegte Ängste oder Gefühle der Trauer zu überwinden, sodass wir mit unserem Leben weitermachen können. Zugleich wird eine schmerzhafte Sehnsucht nach der Heimat gelindert. Während die Wurzeln tief in die Dunkelheit der Erde reichen, sind die hellen, sonnenblumenähnlichen Blüten, die der Alant bis zu zwei Meter hoch der Sonne entgegenreckt, Ausdruck einer feurigen Heilkraft.

WEGE DER HEILUNG

Im Wald … zwei Wege boten sich mir dar,
Ich wählte den, der weniger begangen war –
Und das machte alles anders.

ROBERT FROST: »THE ROAD NOT TAKEN«

Die wertvollsten Gegenstände in meinem Haus sind die Gläser mit meinen selbst hergestellten Kräutertinkturen, Essigen und Ölen. Da gibt es Baldrianwurzel, Alantwurzel, die Blätter der Kleinblütigen Königskerze, Beifuß, Goldrute, Klettenwurzel, Sonnenhutwurzel, Lobelie, Ringelblume, *Monotropa uniflora* (»Ghost Pipe«), Büschelrose, Reishi (Glänzender Lackporling), Chaga (Schiefer Schillerporling), eingelegt in Apfelessig oder vierzig- bis fünfzigprozentigen Wodka. Einige Spirituosen habe ich gekauft, aber die besonderen wurden aus fermentiertem Ingwer und Kakao auf Ancels Farm in Costa Rica produziert oder von Highland Boundary, einem Betrieb in den Scottish Borders, in dem Freunde von mir sie aus regionalem Getreide herstellen. Es gibt kopfüber hängende getrocknete Kräuter: Indischer Basilikum, Zitronenmelisse, Grüne Minze und noch mehr Goldrute. Einige der Pflanzen in meiner Apotheke stammen aus Heilkräuterzuchten, die meisten habe ich aber in der freien Natur selbst geerntet.

Beim Betrachten der Goldrutentinktur erinnere ich mich, wann ich diese Medizin geerntet habe. Mein Partner und ich spazierten im Herbst über einen verlassenen Strand bei Fort Tilden, wo Monarch-Schmetterlinge um die leuchtend gelben Wildblumen flatterten, die entlang der Dünen wuchsen. Ich dachte an meine Großmutter und meine Mutter, die mich oft daran erinnerten, dass *Vanessa* Schmetterling bedeutet: »Metamorphose. Anmut. Vollständige Verwandlung – also ganz wie du.« Ich bat die Pflanzen um Erlaubnis, ihre Medizin zu sammeln, erklärte meine Absicht, lauschte auf eine Antwort und brachte ein Dankopfer dar. Die Goldrute erscheint im Herbst, wenn die Tage kürzer und die Nächte länger werden – eine starke Medizin für schwierige Übergänge. Während ich sie erntete, dachte ich darüber nach, wie ich verändert aus der Dunkelheit zurückgekehrt bin. Dieser Moment und all seine Medizin sind in diesem Glas und in jedem Tropfen der Tinktur enthalten. So hat jedes dieser Gläser seine Geschichte.

Als Kind wäre ich von meiner selbst gemachten Apotheke fasziniert gewesen. In den Wäldern hinter unserem Haus an der Summer Street war ich immer auf der Suche nach irgendetwas. Ich stellte Zaubertränke und Mixturen aus Tannennadeln, glitzernder, mineralhaltiger Erde, frischem Wasser aus dem nahe gelegenen Bach und besonderen Steinen her. Ich wusste, dass die Natur Geheimnisse und Mysterien barg, die in für mich damals unbegreifliche Tiefen reichten. Und obwohl es mich dazu drängte, die natürliche Welt zu erforschen und mich an ihr zu erfreuen, hielt ich meine Zaubertränke für bloße Spielerei. Ich hatte keine Ahnung, dass es unter meinen Füßen und um mich herum echte Medizin gab. Und genauso wenig wusste das meine Familie. Das pharmazeutische Monopol hat dazu geführt, dass viele Menschen die traditionelle Verwendung von Pflanzen aufgegeben haben. Und obwohl die

Kräuterkunde ein Comeback erlebt, wurde sie viele Jahre als »Ammenmärchen« und Volksaberglaube abgetan.

* * *

WIE DIE MEISTEN MENSCHEN IN DER WESTLICHEN WELT WUCHS auch ich mit dem System der allopathischen Medizin auf. Die allopathische Medizin ist auch als Schulmedizin oder als wissenschaftliche Tradition bekannt. Sie beruht auf einem reduktionistischen Prozess, der sich auf die Symptome konzentriert, anstatt den Organismus als Ganzes zu betrachten. Es ist üblich, dass dieses System den Geist vom Körper und das Individuum von seiner Umwelt trennt. Es kann zwar ein lebensrettendes System sein, das in traumatischen Momenten wie meinem Autounfall glänzt, aber im Alltag kann es uns von unserem Körper und unserer wechselseitigen Abhängigkeit mit dem Körper der Erde entfremden.

In meiner Kindheit konnte ich mit einem Anruf Medikamente auf Rezept bekommen, und damals war ich dankbar dafür. Mein Großvater väterlicherseits praktizierte als Arzt und war unser Familienheiler. Ich fühlte mich bei ihm immer gut aufgehoben, und obwohl seine russisch-jüdische Herkunft ihn mit einer starken Tradition der Kräuterkunde verband, gab seine Familie ihr Volkswissen auf, nachdem sie ausgewandert war. Er war in Massachusetts aufgewachsen und hatte seiner Mutter unglaublich nahegestanden. Sie wurde krank, als er zehn Jahre alt war, und niemand wusste, was mit ihr los war. Ein Jahr später starb sie. In tiefer Trauer vergrub er sich in Büchern. Er erzählte mir, dass ihr Tod der Grund gewesen sei, warum er unbedingt Arzt werden wollte. Er wurde schon früh an der UMass Amherst – Massachusetts Agricultural College in jener Zeit – angenommen. Sein Ziel war allerdings die Harvard Medical School. Aus irgendeinem Grund sagten ihm seine Professoren, dass er es nie schaffen würde, und wenn doch, dann würde er nicht mit den anderen mithalten können. Ich schätze, sie hatten nicht viel Vertrauen in ein armes jüdisches Kind, aber er war fest entschlossen. Er studierte, bewarb sich, wurde mit einem Stipendium aufgenommen und schloss als Klassenbester ab. Für ihn war klar, dass die Schulmedizin seine Angehörigen schützen würde. Und das tat sie in vielerlei Hinsicht auch.

Mein Großvater vermittelte mir ein Gefühl von Sicherheit – ebenso ging es mir mit meinen Medikamenten. Mein Inhalator war immer in meiner Tasche, ich nahm meine tägliche Dosis Theophyllin-Tabletten, bekam wöchentlich Allergiespritzen, inhalierte oft Steroide, und natürlich waren Antibiotika da, um die Lage zu retten und Erreger abzutöten, wenn alles andere versagte. Ich bekam Adrenalinspritzen, wenn die Asthmaanfälle außer Kontrolle gerieten, wurde an Beatmungsgeräte angeschlossen, wenn meine Lungen müde wurden, und auch auf der Intensivstation wurde ich über Infusionen an Theophyllin-Tropfe angeschlossen. Ich übte zwar Atemtechniken und musste lernen, mir meiner Atmung bewusst zu sein, aber außer verschreibungspflichtigen Medikamenten hatte ich kaum Möglichkeiten, mein Asthma, meine Allergien und mein geschwächtes Immunsystem in den Griff zu bekommen. Jahrelang war ich absolut abhängig von Medikamenten, die mir beim Atmen und Überleben halfen. Und da ich ständig von außen beeinflusst wurde, suchte ich immer außerhalb meiner selbst nach Heilung.

Als mein Großvater älter wurde, entwickelte er Jahre nach seiner Pensionierung ein Zenker-Divertikel. Diese Funktionsstörung des oberen Speiseröhrenschließmuskels erschwerte es ihm, Nahrung zu verarbeiten. Als er achtzig Jahre alt war, bestanden seine täglichen Mahlzeiten aus Proteingetränken, weil er nur noch Flüssigkeit zu sich nehmen konnte. Während sein Geist so scharf wie eh und je blieb, verkümmerte sein Körper immer mehr, und er wurde abhängig von anderen. Jahre nach seinem Tod begann meine Mutter, die gleichen Symptome zu zeigen, und musste operiert werden.

Ich war nervös. Ich fürchtete mich vor dem Gedanken, ihr könne etwas zustoßen, vor allem nach dem Verlust meiner Großeltern.

In der Nacht vor ihrer Operation besuchte mein Großvater mich im Traum. Wir befanden uns auf einem großen leeren Parkplatz und parkten in identischen Autos an gegenüberliegenden Enden. Ich sah, wie er auf mich zukam – stark, gesund und in seinen besten Jahren. Mein Großvater, der liebevolle, fürsorgliche Patriarch der Familie, lächelte und sagte: »Ich bin froh, dass du den Weg des Heilers eingeschlagen hast.« Damals betrachtete ich mich nicht als Heilerin, und eigentlich würde ich meine Arbeit noch immer nicht so bezeichnen. Aber in meinem Traum sprach mein Großvater zu mir, von Heiler zu Heiler, über meine Mutter und ihren Zustand. Er versicherte mir, dass es ihr gut gehen würde, und bevor er sich zum Gehen abwandte, sagte er: »Du bist jetzt an der Reihe, dich um die Familie zu kümmern.«

Als ich aus dem Traum erwachte, spürte ich, dass mein Großvater bei mir war, und die Erinnerung ist immer noch so lebendig wie bei einem realen Erlebnis im Wachzustand. So, wie es sich angefühlt hatte, hatte er den Staffelstab an mich weitergegeben und mir signalisiert, dass er meinen Weg akzeptierte, der mich hinaus zu den Wildpflanzen führte. Als ich begann, meine eigene Medizin herzustellen, fühlte es sich an wie eine Erinnerung an etwas, das ich längst kannte. Inzwischen höre ich viele meiner Schüler, denen ich in den letzten Jahren beigebracht habe, die Sprache der Natur zu lesen und ihre eigene Medizin herzustellen, das Gleiche sagen: »Es fühlt sich wie eine tiefe Erinnerung an.« Arzneien aus der freien Natur wie Löwenzahn, Klette, Brennnessel und Alant sind sicher, kraftvoll, und es gibt sie in Hülle und Fülle. Und sie kosten nichts. Kräuter können niemals patentiert werden und sich im Besitz von Einzelpersonen oder Unternehmen befinden. Sie sind und bleiben »Volksmedizin«.

* * *

ICH FRAGE MICH OFT, WIE DAS LEBEN DER FRAUEN MEINER FAMILIE im Mittelalter in Europa und Russland war. Wäre ich damals eine unabhängige Frau gewesen, die Kräuterkunde praktizierte, wäre ich mit großer Wahrscheinlichkeit als Hexe verbrannt worden. Im *Malleus Maleficarum* oder *Hexenhammer*, dem Leitfaden für die Hexenverfolgung in ganz Europa, hieß es: »Wenn eine Frau selbstständig denkt, ist sie böse.« Dieses sadistische Buch wurde 1484 von den Geistlichen Kramer und Sprenger verfasst und bewirkte, dass im Laufe von drei Jahrhunderten Tausende von Heilerinnen und Heilern verfolgt und ermordet wurden. Manche behaupten sogar, es seien Millionen gewesen.[1] Zwei Drittel der Getöteten waren Frauen. Die Zahl der männlichen Opfer war in Russland und Island besonders hoch.

Im Mittelalter, einer Zeit des raschen sozialen, wirtschaftlichen und religiösen Wandels, beeinflusste die römisch-katholische Kirche den Umgang mit Krankheiten durch ihre Behauptung, Krankheiten wären eine Strafe Gottes.[2] Das einzige Rezept dagegen sei der rechte Glaube an den HERRN, Beichte vor den Priestern und das Gebet. Lange vor den Hexenjagden war das von Männern dominierte Medizinsystem damit beschäftigt, weibliche Heilerinnen auszugrenzen, indem Frauen der Besuch der Universitäten verboten wurde. Und selbst die an den Universitäten ausgebildeten Ärzte durften nur unter Hinzuziehung eines Priesters praktizieren.[3] Die Menschen waren auf das Geistliche fixiert und missachteten dabei oft ihren Körper. Aufstrebende Ärzte aus der Stadt mussten beweisen, dass ihr Fokus auf den menschlichen Körper keine Gefahr für die strikte Glaubenslehre darstellte und das Seelenheil nicht gefährdete. Und wenn Patienten die Beichte verweigerten, durften sie gar nicht behandelt werden.

Zur Heilbehandlung gehörten – ob von Heilerinnen oder Druiden auf dem Land oder von Priestern oder Ärzten in den Städten praktiziert – neben den Pflanzen und bestimmten medizinischen

Maßnahmen meistens auch Rituale und Zeremonien. Die *Bean Fcasa*, die »Weisen Frauen«, wie sie im Gälischen genannt wurden, dienten ihren Gemeinschaften nicht nur als Kräuterkundige, sondern auch als Vermittlerinnen zwischen Menschen und Geist.[4] Sie lebten oft am Rande der Dörfer, in der Nähe des Waldes, wo sie energetisch wenig gestört wurden. Ich stelle mir vor, dass diese geachteten Heilerinnen hochsensibel waren und schamanisch arbeiteten. Zusätzlich zum Einsatz von Heilkräutern zur Linderung des Ungleichgewichts einer Person konnte die Weise Frau möglicherweise zu dem Schluss kommen, dass das »Un-Wohlsein« einer Person durch die Beleidigung eines Wassergeistes oder eines anderen Wächters des Landes verursacht worden war. Daher konnte eine Opfergabe an das betreffende Geistwesen, um dieses versöhnlich zu stimmen, neben der Kräuterbehandlung Teil der Heilung sein.

In den Städten entwickelte sich eine männliche, die wachsende Oberschicht bedienende Heilkunst, und die weibliche Heilkunst als Teil der bäuerlichen Gemeinschaft und insbesondere des Landlebens galt zunehmend als fragwürdig. Diejenigen, die am Rande der Gemeinschaft lebten – die Landbevölkerung –, wurden in der Regel als Letzte zum Monotheismus bekehrt. Man nannte sie Heiden, was einfach »Landbewohner« oder »diejenigen, die in der Heide leben« bedeutet. Die *Bean Faesa* waren ein leichtes Ziel. Frauen, die sich in Gruppen versammelten – eine übliche Art, um Kräuterwissen zu teilen und weiterzugeben –, wurden bezichtigt, Unzucht mit dem Teufel zu treiben, und waren oft der Verfolgung ausgesetzt. In den späteren Überlieferungen hieß es, Hexen könnten angeblich »fliegen« und sich in ihre »Vertrauten«, die Tiere, verwandeln. Diese Dinge bezogen sich wahrscheinlich auf die Einnahme von Entheogenen, um Visionen herbeizuführen – eine bei den Medizinmännern und -frauen der traditionellen Kulturen auf der ganzen Welt übliche Praxis.

Da man davon ausging, Hexen seien nicht in der Lage, die Heilige Schrift laut auszusprechen, wurden die Angeklagten gezwungen, Auszüge aus der Bibel – in der Regel das Vaterunser – fehlerfrei und ohne Auslassungen zu rezitieren. Auch wenn Fehler dabei auf Angst oder Nervosität zurückzuführen waren oder darauf, dass die Beschuldigten des Lesens und Schreibens gar nicht mächtig waren, wurde jeder solche Fehler als Beweis dafür gewertet, dass die Person mit dem Teufel im Bunde stand. Geständnisse, die die Bösartigkeit der Frauen angeblich »bewiesen«, wurden durch entsetzliche Folterungen erpresst. Oder die Schuld oder Unschuld wurde durch absurde und heute berühmt-berüchtigte Prüfungen ermittelt, beispielsweise ob ein Mensch mit gefesselten Armen und Beinen an der Wasseroberfläche schwamm oder versank. Eine unschuldige Person ging unter, aber eine Hexe blieb an der Oberfläche, weil sie als Dienerin des Teufels die Taufe ablehnte. Deshalb wollte das reine Wasser sie nicht aufnehmen. Natürlich überlebten viele von denen, die gefesselt im Wasser versanken und damit die Wasserprobe »bestanden«, diese grausige Prozedur nicht.

Es gibt viele wissenschaftliche Debatten über die Einzelheiten der Hexenverfolgung und die sozialen und politischen Hintergründe. Aber Ergebnis war letztlich ein Verlust von Solidarität in den bäuerlichen Gemeinschaften, eine Distanzierung vom erdverbundenen Naturwissen und ein zunehmendes Misstrauen gegenüber den traditionellen Heilerinnen und Heilern in den ländlichen Regionen. Die Wissenschaftlerin und Feministin Silvia Federici legt in *Caliban und die Hexe* dar, dass es einen direkten Zusammenhang zwischen der Hexenverfolgung und dem Versuch der wohlhabenden, über militärische Macht verfügenden Klasse gab, die Kontrolle über die allen Menschen zugänglichen natürlichen Ressourcen wie Wasser, Heilkunde und fruchtbaren Boden zu erlangen und die Nutzung des Landes zu privatisieren und kontrollieren.[5]

Als durch die Hexenverfolgung das Vertrauen der Menschen zu den traditionellen Heilkundigen schwand, legte die Kirche das Studium der Heilpflanzen und ihre schriftliche Erfassung stattdessen in die Hände von Mönchen, die in ihren berühmten Arzneigärten viele der Pflanzen wie *Hypericum perforatum* (Johanniskraut) nach ihren Heiligen benannten. In einigen Fällen vermischten sich die Volksmedizin und die christlichen Praktiken. Manche hielten aber beharrlich an den alten Traditionen fest und gaben sie innerhalb ihrer Familien und durch mündliche Überlieferung weiter. Hexenverfolgungen gab es nicht nur in Europa, sondern sie fanden überall auf der Welt statt. Und an zahlreichen Orten und in vielfältiger Gestalt gibt es sie heute noch. Als Begriff für die Angst, die traditionelle Heiler von heute, insbesondere Frauen, davor haben, ihre Arbeit mit der Welt zu teilen, gesehen zu werden und ihre Macht zu behaupten, wird seit einigen Jahren oft von der »Hexenwunde« gesprochen.

ZUHÖREN

Der Wind heulte, und der Regen peitschte letzte Nacht so heftig gegen die Fenster, dass dieses Wetter bis in meine Träume vordrang. Ich träumte, dass die Geister des Landes wütend waren und frustriert darüber, dass wir ihre Sprache nicht mehr verstehen. »Ihr hört dem Flüstern des Waldes nicht mehr zu«, sagten sie mir. Also erschüttern sie die Grundmauern unserer Häuser und schreien mit überwältigender Kraft durch jede Ritze und jeden Spalt in unseren Wänden, um unsere Aufmerksamkeit zu erzwingen. Aber trotzdem verstehen wir sie nicht. Im Traum redete ich mit dem Geist der Luft und versprach ihm, mein Bestes zu tun, um zu lernen und mich zu erinnern.

Als ich aufwachte, ging ich nach draußen und atmete tief durch.

Ich tauschte den Atem mit dem Land aus, hörte auf die Stimmen im Wind und auf die subtilen Hinweise in meinem Körper, die sich zeigen, bevor er durch heftige Symptome nach Hilfe schreit. Ich schaute auf die Berghänge und die feuchten Wiesen hier in den schottischen Highlands und fühlte mich dankbar, dass ich viele meiner grünen Nachbarn kenne. In der Ferne ragt die Waldkiefer empor. Über die Hügel verstreut sah ich die leuchtend gelben Blüten des Stechginsters, deren Essenz dabei hilft, Gefühle der Hoffnungslosigkeit zu überwinden. Ich sah Heidekraut und Schottischen Ginster. Schafgarbe, Johanniskraut, Distel, Sand-Thymian, Wiesenklee, Augentrost, Brennnessel und Braunelle würden auch bald wieder auftauchen. Drinnen auf dem Herd stand ein Topf, in dem ich frischen Rosmarin und Thymian kochte. Beide liefern das volle antimikrobielle Spektrum. Ich atme die aromatischen Dämpfe dieser heilkräftigen ätherischen Öle ein. Sie wärmen und reinigen die Luft. Ich trank einen warmen Aufguss aus Alantwurzel. Alant ist ebenfalls unglaublich hilfreich für meine Atemwege, die zu Verschleimung und Verengung neigen.

Ich kam Anfang März 2020 ins schottische Hochland, nicht lange bevor die Coronavirus-Pandemie zuschlug, das frenetische Tempo der menschlichen Welt ausgebremst wurde und schließlich der Lockdown folgte. Aus Sicht der Traditionellen Chinesischen Medizin manifestiert sich das Coronavirus als ein feuchter, kalter, niedergedrückter Zustand im Körper. Ich habe dies in einem gemeinsamen Dokument für meine Kräuterkunde-Schülerinnen und -Schüler ausführlich erläutert. Während ich einen niedergedrückten Zustand im Körpergewebe meinte, sagte eine meiner Schülerinnen, Sia: »Vielleicht ist es ja eine Manifestation der Traurigkeit und des Kummers, den wir als Spezies durchlebt haben. Vielleicht ist es das, womit wir uns jetzt konfrontieren sollen. Diese Kälte, diese Feuchtigkeit, dieser niedergedrückte Gemütszustand – diese Depression.« Sie schwieg einen Moment, dann fügte sie hinzu: »Für mich selbst ist das definitiv etwas, mit dem ich mich auseinandersetzen muss – die Trauer um Mutter Erde.« Alant, die Pflanze, die tief in unsere Lunge eindringt, um sie von alten, nicht vergossenen Tränen zu reinigen, war die erste Pflanze, die Sia dabei in den Sinn kam.

Es ist Mitte März 2020, und ich habe in den letzten Tagen mehr Anfragen zur Kräuterheilkunde erhalten als je zuvor. Gerade telefonierte ich mit meinem Bruder. Er hat eine Ohrinfektion und bekam keinen Arzttermin, also verordnete ich ihm eine strikte Heilkräutertherapie. Schüler – ehemalige und gegenwärtige – rufen an oder mailen, meine Mutter hat Kräuter bestellt, ebenso Kollegen, mein Vater und seine Frau, Freunde, Bekannte, Leute, die meine Arbeit in den sozialen Medien verfolgen, die Freunde meiner Partner und sogar die Skeptiker, die meine Arbeit für altmodisch, antiquiert und seltsam hielten. Was damals als alternativer Lebensstil galt, scheint heute nicht mehr alternativ zu sein.

Wenn wir einen Bezug zwischen den jüngsten Epidemien wie Borreliose, SARS und sogar Aspekte des Coronavirus COVID-19 und dem ökologischen Ungleichgewicht, der Umweltzerstörung und dem Missbrauch von Wild- und Haustieren herstellen, zeigt sich, dass es vielleicht ganzheitlichere Wege gibt, uns nicht nur von der Gefahr dieses Virus zu befreien, sondern um unsere Spezies insgesamt wieder heiler zu machen, wieder mehr im Einklang mit der Natur zu leben. Epizentrum für die Ausbreitung der Borreliose in den USA war eine Region in Connecticut, die sich durch ein unausgewogenes Verhältnis zwischen Raubtieren und Beutetieren auszeichnet. Ähnlich wie in den schottischen Highlands gibt es dort keine Wölfe, die die Überpopulation von Hirschen in den Griff bekommen könnten, und Ökologen haben diese ökologische Lücke und ihren Dominoeffekt mit der rasanten Ausbreitung der Krankheit in Verbindung gebracht.[6] Tiere, die es normalerweise vorziehen, weit von uns entfernt in intakten Wäldern zu leben, kommen mit uns in Kontakt, weil ihr Lebensraum immer weiter schrumpft.

Der Wissenschaftsautor David Quammen weist in seinem 2012 erschienenen Buch *Spillover: Der tierische Ursprung weltweiter Seuchen* darauf hin, dass durch den Missbrauch von Tieren und natürlichen Ökosystemen durch den Menschen tierische Krankheitserreger in immer größerer Zahl mit menschlichen Populationen in Kontakt kommen. Und durch unser Verhalten verbreiten sich diese Erreger immer weiter und schneller. Pandemien können großartige kollektive Lehrmeister sein. Sie lassen uns erkennen, wie sehr wir alle miteinander verbunden sind.

DIE ELEMENTE IN DER KRÄUTERHEILKUNDE

Sowohl Bäume als auch die menschliche Lunge bestehen aus einem zentralen Stamm oder einer Luftröhre, die sich in immer kleinere Äste aufteilt, um entweder Blätter oder Alveolen zu bilden – ideal für die Atmung. Diese wunderbare Verbindung bleibt oft völlig unbemerkt, aber sie ist die Grundlage aller Existenz. Das Blut, das durch unsere Adern fließt, ähnelt den Wasserläufen der Erde, und unser Verdauungssystem, das umwandelt, kompostiert und umwandelt, ähnelt dem Erdkern und dem inneren Feuer.

Jeder von uns vereint in sich eine einzigartige Zusammenstellung der Elemente Erde, Wasser, Feuer, Luft und Äther, die unsere körperliche, geistige und emotionale Landschaft beeinflussen. Um das Gleichgewicht von Erde, Wasser, Feuer, Luft und Äther in unserem Körper zu verstehen, können wir die Qualitäten der einzelnen Elemente und Ausdrucksformen auf der Erde betrachten. Wir können uns die Elemente als männlich oder weiblich vorstellen. Diese ursprünglichen Kräfte der Natur erschaffen neues Leben und transformieren die materielle und nicht materielle Realität, wenn sie sich vereinen. Auch wenn wir bei den Begriffen »männlich« und »weiblich« zunächst an die beiden Geschlechter denken, tragen wir alle männliche und weibliche Qualitäten in uns, und wir brauchen beides. Aber darum geht es hier nicht, sondern vielmehr um die Qualitäten der Energie. In der ganzheitlichen Kräuterkunde können wir alle Symptome von Körper, Geist und Seele beobachten, um festzustellen, wo ein Überschuss an einem bestimmten Element besteht und wo ein Mangel. Dann können wir Pflanzen und Praktiken auswählen, die das Gleichgewicht wiederherstellen und die Heilung fördern.

Als ich in Costa Rica studierte, verordnete einer meiner Lehrer Heilrezepte, die zum Beispiel bei Menschen mit einem erschöpften Erdelement darin bestanden, dass sie zusätzlich zu den verschriebenen Wurzelarzneien ihre Hände in die Erde stecken und gärtnern sollten. Denjenigen, die unter Wassermangel litten, wurde geraten, mehr zu baden, schwimmen zu gehen, frisches Wasser zu trinken, Wassergeister anzurufen, dem Wasser Opfergaben zu bringen und sich für den Schutz des Wassers zu engagieren. Für mich war das eine Bestätigung. Ich hatte daran gearbeitet, mein Feuer durch Boxen wiederherzustellen und freizusetzen, meine luftige Tendenz zum Überdenken und Überanalysieren durch Meditation auszugleichen und durch kreatives Erforschen Raum für mein fünftes Element, den Äther, zu schaffen.

Elemente-Theorien finden sich in fast allen ganzheitlichen Medizinmodellen – in der Traditionellen Chinesischen Medizin, im Ayurveda, in der europäischen alchemistischen Tradition, in der griechischen und ägyptischen Medizin und so weiter.[7] Maskuline Elemente sind flüchtiger, weniger materiell, streben nach Durchsetzung, bewegen sich nach oben und nach außen. Die Energie der Sonne ist männlich, nach chinesischer Vorstellung *yang*, da sie erleuchtet, durchdringt und manchmal verbrennt. Auch die Luft ist von Natur aus männlich, sie dringt in unsere Poren ein und weht die Samen übers Land. Für sich genommen ist Luft kalt und austrocknend und muss daher durch Feuchtigkeit und Wärme ausgeglichen werden. Luft ist allgegenwärtig und verbindet uns mit dem Pflanzenreich und untereinander.

Die weiblichen Elemente zeigen eine Bewegung, die nach innen und abwärts gerichtet ist. In ihnen finden sich die fruchtbare Dunkelheit, in der wir Samen pflanzen, und die inneren Räume, in denen Heilung und Schöpfung stattfinden. Die weiblichen Elemente werden durch das Zu- und Abnehmen des Mondes, den fruchtbaren Boden von Mutter Erde und den Abwärtssog und die Kaskade des Wassers symbolisiert. Wasser steht in Verbindung mit der Traumwelt, unserem Unterbewusstsein und unseren Gefühlen. Dem Wasserelement sind unser Blut, unser Fortpflanzungssystem, die Filtersysteme unseres Körpers, unser Schweiß und unsere Tränen zugeordnet. Wenn Wasser stagniert, kann es sumpfig, stinkend und unrein werden. Wenn es überläuft, kann es zu einer Flutwelle werden, die über alles uns Vertraute hereinbricht.

Der Äther ist der Raum, der von allen anderen Elementen ausgefüllt wird, und für manche ist er die Lebenskraft. Vitale Kräuterkunde oder Vitalismus ist verwandt mit der Vorstellung von Animismus oder Panpsychismus, einem Glauben daran, dass alles Materielle ein individuelles Bewusstsein hat. Der Vitalismus ist eine Lehre, die besagt, dass alles – Pflanzen, Tiere, Steine, Wasser, Feuer, Luft und Erde – lebendig und von derselben elementaren Intelligenz, Energie, Identität und demselben Instinkt durchdrungen ist. Der Vitalismus geht bis ins alte Ägypten zurück und wurde von der griechischen Philosophie zur medizinischen Lehre weiterentwickelt.[8] Für Hippokrates war diese Vitalkraft die natürliche Selbstheilungskraft seiner Patienten. Er bezeichnete sie als *Physis* – die Wurzel des englischen Wortes für Arzt: *Physician.*

DIE WURZEL DES GANZEN

Ich frage meine Kräuterkunde-Schülerinnen oft, wie sie Heilung definieren. Ist es die Abwesenheit von Unwohlsein? Die Abwesenheit eines Symptoms? Die meisten Schüler kommen überein, dass Heilung viel dynamischer als das ist. Die Abwesenheit von Schmerz und der Prozess der Heilung sind zwei sehr unterschiedliche Dinge. In einem Seminar haben wir für uns festgestellt, dass körperliches oder emotionales Unbehagen als eine Navigationshilfe gesehen werden kann, die uns hilft, den richtigen Kurs einzuschlagen und zu halten. Ob wir uns von unserem Lebensziel entfernen oder einfach nur gestresst sind und nicht schlafen können – Symptome sind Botschaften, die uns zeigen, dass etwas in unserem Leben aus dem Gleichgewicht geraten ist und unsere Aufmerksamkeit braucht. Es ist ganz natürlich, dass wir unseren eigenen Schmerz schnell loswerden und auch Lösungen für andere finden wollen. Ich fühle mich unwohl, wenn andere sich unwohl fühlen, aber ich habe gelernt, dem Raum zu geben, anstatt Tränen unterbinden zu wollen. Auf meinem eigenen Weg habe ich gelernt, dass wir uns unseren Schatten stellen und durch sie hindurchgehen müssen, um zu wachsen.

Ganzheitliche Kräuterkunde ist keine Medizin nach dem Motto »nimm dies, nimm das« (nimm diese Pflanze gegen dieses Symptom), also eine reine Symptombehandlung zur Beseitigung akuter Beschwerden – auch wenn das möglich ist. Für mich stellt die Herstellung einer unmittelbaren Beziehung zum Land, also zur örtlichen Natur, den kraftvollsten Aspekt meiner Arbeit dar, durch den ich mehr und mehr über das unglaubliche Ökosystem meines Körpers lerne. Zwar arbeiten wir mit Pflanzen und entsprechenden Praktiken und wollen vielleicht ein Symptom behandeln, das sich zeigt – Kopfschmerzen, starke Menstruationsbeschwerden, Schlaflosigkeit oder Angstzustände –, jedoch gehen wir gleichzeitig der Wurzel für das Auftreten dieses Symptoms auf den Grund. Dabei kann es sich um so einfache Dinge wie Dehydrierung, Bewegungsmangel oder ungesunde Ernährung handeln, aber auch um kompliziertere Themen wie verdrängte Emotionen und dick geschichtete innere Mauern der Anspannung, die sich im Laufe der Zeit zu unserem Schutz aufgebaut haben. Oft ist es eine Kombination von Faktoren, und wenn wir bereit sind, uns darauf einzulassen, ist Heilung ein Prozess, bei dem wir zu uns selbst zurückfinden, wenn wir uns verirrt haben, aber auch Hilfe, um zu wachsen und notwendige Veränderungen in unserem Leben vorzunehmen. Nach meiner eigenen Erfahrung und als Lehrerin, die Hunderte von Schülerinnen und Schüler unterrichtet hat, lassen sich die Ursachen für Unausgewogenheit in uns selbst finden, solange wir nicht in dem Versuch stecken bleiben, Unbehagen zu vermeiden.

Anstatt den Körper zu bestrafen oder kaputte Teile zu reparieren, kümmert sich die Heiltradition der Weisen Frauen um das ganze Selbst, und zwar in Beziehung zu unserer Umwelt. Sie wird oft als die unsichtbare Tradition bezeichnet, weil sie eine Praxis der konstanten Fürsorge ist.

Heilungsansätze, die im ganzen Körper wirken, können neben der Anwendung heilender Pflanzenrezepturen auch Änderungen des Lebensstils, Praktiken wie Meditation, Tagebuchschreiben und Gesprächstherapie umfassen. Ich trinke jeden Tag Pflanzenaufgüsse (Heiltees), etwa mit Brennnessel, Klette, Löwenzahn oder Weißdorn, und wähle sie nach den Bedürfnissen meiner Psyche und Seele sowie meines Körpers und Geistes aus. Manchmal sind die Veränderungen in meinem Gesundheitszustand sehr subtil, aber wenn ich nach einigen Monaten zurückblicke, stelle ich oft fest, dass es mir besser geht und die Symptome nachgelassen haben. Wenn wir krank sind und Schmerzen haben, bemerken wir eine Linderung unserer Beschwerden durch eine Arznei oder andere

Intervention sofort und radikal. Zwar können schulmedizinische Maßnahmen bei akuten Symptomen oder Verletzungen lebenswichtig sein, aber wenn immer jemand da ist, der uns rettet, beginnen wir möglicherweise, unseren Körper zu ignorieren oder ihn sogar zu fürchten. Wir hören nicht mehr auf ihn und verstehen nicht mehr, wie wunderbar er funktioniert, mit uns kommuniziert und uns um Unterstützung bittet. Wir fühlen uns machtlos und unwissend, wenn wir daran gewöhnt sind, zu »Experten« zu gehen, die mehr über unseren Körper wissen als wir selbst. Wenn wir uns immer darauf verlassen, dass andere uns retten, geben wir unsere Macht und das jahrhundertealte Wissen unserer Vorfahren über Gesundheit und Heilung in Zusammenarbeit mit der Erde auf. Mir geht es nicht darum, die Vergangenheit zu romantisieren oder das Rad zurückdrehen zu wollen. Wir können die Vergangenheit ehren und von ihr lernen und gleichermaßen die moderne Medizin und Wissenschaft und die Praktiken integrieren, die uns in die Gegenwart gebracht haben. Mit Wissen und Bewusstheit können wir unsere eigenen Heilungswege gestalten.

Ich betrachte das *Rewilding*, also die Renaturierung, unseres Selbst als eine kraftvolle Form ganzheitlicher Heilung, die uns motiviert, unsere Glaubenssysteme zu überprüfen, Schichten alter Konditionierungen abzuschälen, Tränen zu vergießen, Traumata loszulassen und Aspekte unseres Verstandes, Körpers, Geistes oder unserer Seele wiederzuentdecken, die wie gefährdete Tierarten vom Aussterben bedroht sind. Wenn wir lernen, die innere und äußere Wildnis zu navigieren, erkennen wir vielleicht, dass vieles von dem, was wir suchen, bereits in uns und direkt unter unseren Füßen liegt. Verlieben wir uns in uns selbst und in das Land, so kehren wir zu unserer wahren Natur zurück und leisten friedlichen Widerstand. Mögen unsere Energie und unser Nervensystem auch erschüttert sein und Kurzschlüsse in unserem Bewusstsein verursachen, nährt Mutter Erde uns doch an ihrem Körper. Mag sie durch uns auch

Unrecht erfahren, ihr fruchtbarer Boden trägt und erhält uns dennoch.

Es dauerte einige Zeit, bis meine Familie Vertrauen in die Kräuterkunde fasste, aber da sie die tief greifenden Veränderungen in meiner eigenen Gesundheit und meinem Wohlbefinden gesehen haben, wenden sich jetzt viele von ihnen an mich. Genau wie mein Großvater es in meinem Traum vorhergesagt hat.

Im Universum gibt es Dinge, die bekannt sind,
und Dinge, die unbekannt sind,
und dazwischen gibt es Türen.

WILLIAM BLAKE:
THE MARRIAGE OF HEAVEN AND HELL

TEIL II

LIMINALE BEREICHE

DAS WORT »LIMINAL« KOMMT VOM LATEINISCHEN WORT *limen*, was so viel wie Schwelle bedeutet. Wenn wir in den liminalen Raum eintreten, beginnen wir, uns selbst und unsere Umwelt anders zu sehen. In den Übergangszeiten der Geburt, des Todes, des Träumens und des Erwachens sind die Schleier zwischen den Welten diese liminalen Räume. Pflanzen wie Wildrosen und Giftsumach sind Grenzwächter, die in diesen Randbereichen leben. Sie sind die Torwächter des Waldes. Den Protagonisten in Märchen und Folklore stellen sie Rätselaufgaben oder erlegen ihnen Prüfungen auf, die sie bestehen müssen, bevor Brücken überquert oder heilige Gebiete betreten werden dürfen. Die Pflanzen, die an dieser Grenzlinie wachsen, prüfen uns auf ähnliche Weise. Die Wildrose tut dies mit ihren Kletterranken und Dornen, während der Giftsumach uns zwingt, aufzupassen, wo wir hingehen – Achtsamkeit zu üben. Diese Pflanzen bilden ein schützendes Dickicht für Wildtiere und ein mystisches Tor zum Waldreich. Sie sind eine wilde Medizin, die uns aufwecken kann, wenn wir bereit sind, aufmerksam hinzusehen.

GARTENKÜRBIS

Cucurbita pepo

Familie: Cucurbitaceae

Samhainn ist ein gälisches Wort, das die zeremonielle Zeit Ende Oktober und Anfang November beschreibt, wenn die letzte Ernte eingebracht wurde und der Schleier zwischen den Welten dünner wird. Wicca-Anhänger und andere Neuheiden bezeichnen dieses Ende, und den Neubeginn, oft als »Hexen-Neujahr«. Einzug in den christlichen Kalender hielt das Fest im neunten Jahrhundert mit dem Feiertag Allerheiligen, der am 1. November stattfindet. In Mexiko wird in dieser liminalen Zeit der Día de los Muertos gefeiert, der Tag der Toten, und zur gleichen Zeit erscheinen dort die Monarchfalter auf ihrem Zug nach Süden. Seit der Zeit der Azteken gehören Kürbisse in Mexiko zu den besonders wichtigen Opfergaben am Tag der Toten. Auch in den keltischen und christlichen Traditionen Europas kennen wir die Bedeutung des Kürbisses.

Der Kürbis ist eine der ältesten bekannten Nahrungspflanzen Amerikas und stammt vermutlich aus Mexiko, wo er schon vor mindestens 10 000 Jahren angebaut wurde.[1] Der Kürbis gehört, wie die Gurken, zur Familie der Kürbisgewächse (Cucurbita). Zusammen mit Mais und Bohnen (die erst viel später domestiziert wurden) bildet er die legendären

»Drei Schwestern« der Landwirtschaft der indigenen Völker Amerikas. Die Irokesen pflanzten die drei Pflanzen zusammen an, da sie sich gegenseitig im Wachstum unterstützen, und glaubten, dass sie »von drei unzertrennlichen Geistern bewacht werden und getrennt nicht gedeihen können«.[2]

GESTALTWANDLUNG

Die Welt ist voller magischer Dinge, die geduldig darauf warten, dass unsere Sinne schärfer werden.

EDEN PHILLPOTTS: A SHADOW PASSES

Meine Mutter und mein Vater lernten sich auf einer Halloween-Party am Trinity College in Hartford, Connecticut, kennen. Als ich meinen Vater vor ein paar Jahren nach ihrer ersten Begegnung fragte, sagte er: »Ich hing die ganze Nacht mit ihr herum und hatte keine Ahnung, wie sie aussah, aber ich wusste, dass ich mich in sie verlieben würde.« Meinem Vater zufolge sagte meine Mutter, die als Löwin verkleidet war, sie hätte noch ein zweites Löwenkostüm. Er zog es an, und mitten in der Nacht fuhren sie zum Haus seiner Eltern in Norfolk, Connecticut, um als zwei Löwen im Wald herumzutollen. Sie waren voneinander verzaubert.

Zwei Jahre später, im November 1972, saß meine einundzwanzigjährige Mutter in ebendiesem Haus in Norfolk schläfrig vor einem prasselnden Kaminfeuer. In diesem liminalen Raum zwischen Wachen und Träumen bemerkte sie in der Ferne eine leuchtende Gestalt. Sie bewegte sich durch den Wald vor dem Fenster.

Als die Gestalt näher kam, erkannte sie, dass es sich um eine Frau handelte – eine schwebende Botticelli-Frau mit langem, wehendem Haar, die sich anmutig zwischen den Bäumen bewegte. Meine Mutter beobachtete gebannt, wie die Feenfrau immer näher kam. Als sie sich dem Fenster näherte und deutlicher erkennbar wurde, sah meine Mutter, dass die Frau ein Baby in den Armen hielt. »Sie wirkte heiter, irgendwie weise«, erzählt meine Mutter. »Sie schwebte in mein Zimmer, teils übernatürlich, teils irdisch, und reichte mir das wunderschöne Baby.« Als meine Mutter aufwachte, konnte sie die Anwesenheit der Frau im Zimmer und das Gewicht des Kindes in ihren Armen spüren. Einige Wochen später nahm sie die Veränderung in ihrem Körper wahr und erfuhr, dass sie mit mir, ihrem geheimnisvollen Waldkind, schwanger war.

Ich wurde am 24. August 1973 während einer abnehmenden Mondsichel im Krebs geboren. Ich war zwei Wochen zu spät dran und wollte den Mutterleib nicht verlassen. Meine Mutter versuchte es mit Schütteln, Tanzen, hysterischem Lachen – alles, um die Wehen einzuleiten. Was meine Mutter als unkomplizierte Hausgeburt geplant hatte, endete mit langen schmerzhaften Wehen und schließlich mit einem Kaiserschnitt im Wesson Women's Hospital in Springfield. Offensichtlich war der Arzt erschöpft, und nach stundenlangen Wehen und mit seinem bevorstehenden Urlaub im Blick holte er mich mit einem Kaiserschnitt. Ich erschien ramponiert, mit einem blauen Auge in dieser Welt. Ich sah aus, als wäre ich in eine Schlägerei verwickelt gewesen. (Vielleicht war das ein Omen für die Dinge, die auf mich zukommen sollten?)

Als die Krankenschwester mich in die Arme meiner Mutter legte, war meine Mutter von Glückseligkeit überwältigt. Sie wandte sich an meinen liebevollen Großvater Sam und sagte: »Ist sie nicht wunderschön?« Er schaute sich mein Gesicht an, das einer Dörrpflaume ähnelte, und sagte: »Gib ihr ein paar Tage Zeit.«

* * *

ALS ECHTES KIND DES WALDES LIEBTE ICH MÄRCHEN – VOR ALLEM Schneewittchen. Im Wald mit Zwergen zu leben und mit Tieren zu sprechen, schien mir ein ideales Leben zu sein, und so beschloss ich im Alter von drei Jahren: Ich *bin* Schneewittchen. Mein Name lautete von nun an Schneewittchen, und ich ließ mir von niemandem etwas anderes sagen. Meine Mutter fand mein Alter Ego niedlich und hielt es für ein Zeichen einer gesunden Fantasie, aber meiner Oma Dorothy waren meine Rollenspiele peinlich. »Das ist nicht ihr richtiger Name«, versicherte sie jedem, der mich fragte. Als ich nicht mehr drei, sondern vier Jahre war, hatte ich es satt, Schneewittchen zu sein, und beschloss, dass mir die Stärke und Selbstbestimmung der bösen Schwiegermutter mehr zusagte. Also wurde ich stattdessen die böse Schwiegermutter. »Ich glaube, du wolltest nur kontrovers sein«, sagte meine Mutter kürzlich zu mir. Vielleicht interessierte ich mich aber auch einfach mehr für starke Frauen, denn als es Zeit wurde, mich zum ersten Mal für Halloween zu kostümieren, verkleidete ich mich als Wonder Woman.

Meine Mutter und ich gingen in den Stoffladen im Mountain-Farms-Einkaufszentrum, um glänzenden goldenen, silbernen, blauen und roten Stoff für meine kugelsicheren Armbänder und Stiefel, das Stirnband und das Trikot zu finden. Wir wühlten uns durch die riesigen Stoffballen, bis wir die perfekten Farben gefunden hatten, und als wir nach Hause kamen, nähten, schnitten und klebten wir ein mit Sternen verziertes Stirnband und bastelten mein Trikot mit allem Drum und Dran und natürlich meine hohen glänzenden roten Stiefel. Ich war wie verwandelt. Ich war so stolz auf mein Kostüm. Ich hatte das Gefühl, den starken weiblichen Archetyp zu verkörpern. Ich konnte Halloween kaum erwarten.

Aufgeregt, aber schwer atmend, verkleidete ich mich an Halloween. Ich war bereit, Süßigkeiten zu verteilen. Die schönste Zeit des Jahres war für meine empfindliche asthmatische Lunge leider oft die, in der besonders viele Asthma-Auslöser durch die Luft schwirrten. Und so war es besser, wenn ich an dem Abend zu Hause blieb und nur die Tür öffnete, wenn Kinder klingelten. »Dass du um diese Zeit immer schlecht Luft bekamst, lag an dem vielen nassen Herbstlaub«, sagt meine Mutter. Ich muss ein selektives Gedächtnis haben, denn ich erinnere mich kaum daran, an Halloween kränker oder kurzatmiger als sonst gewesen zu sein. Ich erinnere mich, dass ich mich verkleidete, aber nicht mit den anderen Kindern und dem Spruch »Süßes oder Saures« durch die Nachbarschaft zog. Stattdessen beschäftigten meine Mutter und ich uns mit Basteleien. Bei all dem Spaß und der Aufregung kam es mir nicht in den Sinn, mich zu schämen, wenn Kinder an unserer Tür klingelten. Noch nicht.

Ich konnte gar nicht anders, als die Kreativität unseres kunterbunten Haushaltes in der Ridgecrest Road aufzusaugen. Musiker gaben sich die Klinke in die Hand und veranstalteten bei uns spontane Jamsessions, überall fand Kunst statt, auch in der Küche. Meine Mutter erlaubte mir, mit Zutaten zu experimentieren, um Zaubertränke und -gebräue zu kreieren, wie zum Beispiel meinen berühmten Schokoladenkuchen, den ich mit der Schokoladenmischung *Quick Hot* zubereitete. Es war das erste Mal, dass ich etwas buk, und ich war so stolz! Ich servierte ihn einer Gruppe von Musikern. Sie aßen davon und beteuerten, wie lecker er war. Meine Mutter hat mir erst kürzlich erzählt, dass er in Wahrheit scheußlich geschmeckt hatte. Aber damals war ich glücklich und ahnungslos. Diese Sinneserkundungen legten den Grundstein für die Art und Weise, wie ich heute koche und kreiere. Unser Zuhause war für mich ein sprudelndes Zentrum der Kreativität.

Zwischen den Erwachsenen in unserem Haus fühlte ich mich selbstbewusst und in meinem Element, aber ich war wie versteinert, als am ersten Kindergartentag der Bus vorfuhr. Ich wollte nicht einsteigen, meine Mutter und unseren künstlerischen Kokon verlassen. Ich weinte in unserer Einfahrt und brauchte lange Zeit, um einzusteigen. Ich wollte nicht von meiner Mutter wegfahren und mich den Blicken fremder Kinder aussetzen. Als der Bus endlich mit mir losfuhr, machten sich die Kinder über mich lustig, weil ich lieber bei meiner Mama bleiben wollte. Ich verkroch mich regelrecht in meinem Sitz. Einige der Erwachsenen in dieser neuen Schulwelt lachten über mich und nannten mich »Astronautenschülerin«, weil ich in der Lage war, mich in meine eigene Welt wegzubeamen. Ich hasste es, Zielscheibe für – wenn auch noch so kleine – Sticheleien zu sein. Dabei war mein Kopf alles andere als hohl. Nein, ich dachte mir Fantasiewesen aus oder grübelte über Dinge wie die Unendlichkeit nach. Die Idee der Unendlichkeit machte mich ganz verrückt. *Wie können Zahlen immer größer und größer werden und nie enden?* Die Fragen, die ich stellen wollte, lauteten zum Beispiel: »Was glaubst du, warum wir auf diesem Planeten in der Mitte des Weltraums treiben? Wie sind wir hierhergekommen?« Aber ich stellte fest, dass die Leute darauf keine Antwort wussten und solche Fragen auch gar nicht hören wollten.

Nach einer Weile konnte sich meine Mutter das Haus in der Ridgecrest Road nicht mehr leisten, und zudem wuchs sie, als wir älter wurden, aus diesem Hippie-Musiker-Drehtürleben heraus. Nach einem kurzen Intermezzo in einer Etagenwohnung zogen wir in das hellgrüne Doppelhaus in der Summer Street, wo der Wald und unser Garten zu meinem Wunderland wurden.

DIE KLEINEN LEUTE

Der Boden in der Summer Street war irrsinnig fruchtbar. Man konnte Samen auf den Boden fallen lassen, und kurze Zeit später sprossen schon die Pflanzen. Wir hatten hinten im Hof einen großen Garten, in dem Brokkoli, Kürbisse, Bohnen und Tomaten gediehen, und auf der anderen Straßenseite lag ein Maisfeld. Das

Haus war umgeben von wilden Himbeersträuchern, deren süße Früchte ich jeden Sommer pflückte. Zusammen mit dem Giftsumach waren diese Dornensträucher aus der Familie der Rosengewächse unsere natürlichen Grenzschützer. Gleich hinter unserem Garten begann das Naturschutzgebiet von Mill River mit seinem Wald, abgelegenen Pfaden und endlosen Abenteuermöglichkeiten. Dort glitzerten hauchzarte Spinnennetze im Licht, und ich entdeckte Felsen, die mit Diamanten besetzt zu sein schienen. Das Rauschen der sich schlängelnden Bäche blendete für mich den Lärm der Außenwelt aus. Ich vergaß die Zeit und kam von Kopf bis Fuß mit Schlamm, Erde und Laub bedeckt nach Hause.

Ich kletterte auf die geduldige und freundliche Weymouth-Kiefer in unserem Garten und war stolz, wenn ich es bis in den Wipfel schaffte. Aber der Abstieg erwies sich immer als schwierig. Als ich von hoch oben vom Kiefernstamm hinunterblickte, kamen mir die Äste plötzlich ganz schön wacklig vor. Nervös krallte ich mich in der rauen Rinde fest, wühlte mich durch die weichen, aromatischen Nadeln und berührte das klebrige, wundheilende Harz. Während dieses langsamen, vorsichtigen Abstiegs lernte ich den sanften Geist dieser Kiefer kennen und lieben. Da ich mich in Garten und Wald frei bewegen durfte, lernte ich schon früh, dass die Natur eine Freundin und eine unerschöpfliche Quelle des Staunens ist – etwas, wofür ich unendlich dankbar bin.

Während sich mein poröses kleines Ich durch die Gefilde des sozialen Lebens bewegte, blieb die Halloween-Saison auch weiterhin eine Zeit, in der ich aufblühte. Ich liebte die Rituale und den Prunk des Herbstes schon immer, die nebligen Kürbisfelder und die orange leuchtenden Kreaturen auf den Türschwellen. Ich nahm an Kürbis-Malwettbewerben teil und an dem jährlichen Schaufenster-Malwettbewerb in Amherst, bei dem alle Geschäfte der Stadt ihre Schaufenster zum Bemalen mit Halloween-Motiven zur Verfügung stellten. Ich war immer gespannt, welchem Geschäft ich zugeteilt werden würde, und verbrachte Wochen im Voraus mit der Arbeit an meinem Entwurf. Ich skizzierte und zeichnete Laternengesichter, übertrug sie auf die von mir ausgewählten Kürbisse und schnitzte mit meiner Mutter los. Manchmal nahmen wir die Kerne heraus und legten sie mit ein wenig Salz in den Ofen, um sie zu rösten. Als meine Mutter fragte, was ich in unserem Garten anpflanzen wollte, wählte ich natürlich Kürbisse.

* * *

ICH ERINNERE MICH, WIE WIR IM HADLEY GARTENCENTER SAMEN aussuchten. Sobald wir nach Hause kamen, pflanzte ich sie in die Erde auf einem Hügel gleich links von unserer Hoftür. Danach ging ich jeden Tag mit Begeisterung hinaus, um ihre Entwicklung zu beobachten. Regen und Sonnenschein bekamen eine ganz neue Bedeutung. Meine Kürbisse und ich waren auf das Wetter angewiesen. Ich verstand, warum unsere alten Vorfahren zur Sonne beteten und tanzten, um den Regen anzulocken.

Nach ein paar Wochen zeigten sich kleine Triebe. Jeden Tag wuchsen sie ein bisschen, bis sich riesige Blätter entfalteten, Knospen erschienen und sich zu sternförmigen goldenen Blüten öffneten. Damit Kürbisblüten Früchte tragen können, müssen sie von Bienen befruchtet werden. Diese transportieren die Pollen von den Nektar und Pollen produzierenden männlichen Blüten der Pflanze zu den weiblichen Blüten, die mehr Nektar, aber keinen Pollen liefern. Hummeln, Honigbienen und Kürbisbienen sind die effizientesten Kürbisbestäuber. Mein kleines Beet war also ein Gemeinschaftswerk.

Eines Tages, als die Arbeit der Erde, der Sonne, des Mondes, des Regens und der Bienen beendet war, kamen wunderschöne orangefarbene Kürbisse zum Vorschein. Ich war erstaunt, dass diese kleinen Samen all die Intelligenz und Informationen enthielten, die nötig waren, um Kürbisse zu gebären. Ich habe schon früh gelernt, dass die Erde sehr großzügig und absolut magisch ist, solange wir unseren Teil dazu beitragen, sie pflegen und ihr Aufmerksamkeit schenken. Indem ich den Samen in die Erde steckte, initiierte ich die unglaubliche Zusammenarbeit zwischen dem Samen und dem Boden, dem Regen, der Sonne und den Bienen, die das Wachstum förderten. Wir haben es gemeinsam getan.

Ob sie mich nun dazu inspirierte, Kürbisse zu ziehen, oder mich dazu bewegte, sie zu malen – Kreativität schien eine belebende Naturkraft in mir zu sein, die ihre eigene Agenda besaß. Beim Schreiben, Malen und Zeichnen öffnete ich Tore zu anderen Welten. Manchmal hatte ich das Gefühl, dass ich Worte oder Bilder einfangen und zu Papier bringen musste, bevor sie verschwanden, und manchmal verspürte ich den Drang, etwas aus meinem Inneren freizusetzen und sichtbar zu machen. Wir denken vielleicht, dass die Fantasie selbst etwas anderes ist als die irdischen Sinne, ein Reich frei fließender Bilder, die in unserem Kopf existieren, aber woher kommen diese Bilder und Ideen? Was war die belebende Energie, die durch den Boden strömte und die Kürbisse zum Wachsen brachte?

Mit einem Teleskop, das neben meinem Kürbisbeet stand, verbrachte ich nachts stundenlang draußen und betrachtete die Planeten und Sternbilder, suchte nach Sternschnuppen und versuchte zu begreifen, dass ich mich mitten im Weltall befand. Ich hatte das Glück, nette Nachbarn mit einer offenen Tür auf der anderen Seite unserer Doppelhaushälfte zu haben: Karen, eine Lehrerin, und Ron, ein Astronom. Karen brachte mir bei, wie man Kuchen mit wilden Himbeeren und kunstvoller Gitterkruste backt, und während unsere Kunstwerke im Ofen waren, betrachtete ich die Fotos von Planeten, die ihre Wände schmückten. Mich faszinierten die Saturnringe, von denen man annimmt, dass sie eine Ansammlung von Eis, Staub, Gestein und Monden sind, die von der starken

Schwerkraft des Saturns angezogen und dann auseinandergerissen wurden.

Zu Hause zeichnete ich die vielen Monde, die den Jupiter umkreisen, und begann, im Wald nach Anzeichen für außerirdisches Leben und Meteoriten zu suchen, nach Bruchstücken aus dem Weltall. Die Vorstellung, dass wir allein im Universum sind, schien mir viel seltsamer, als zu glauben, dass es da draußen noch andere gibt. Wir können die Ringe des Saturn oder die Monde des Jupiter nicht ohne ein Teleskop beobachten oder die zahllosen Mikroben, die unseren Körper bevölkern, nicht ohne ein Mikroskop, aber trotzdem schweben sie über uns und existieren in uns.

Es gibt in der Kindheit, bevor wir in soziale Konditionierungen verstrickt werden, ein Zeitfenster, in dem wir uns leicht auf Mysterien einlassen können: Leben im Weltraum, Pflanzengeister, Feen, Elfen und andere Wesen jenseits des Schleiers. Viele meiner Schülerinnen und Schüler erinnern sich daran, dass sie mit Blumen, Bäumen und Elementarwesen gesprochen haben, bevor ihnen gesagt wurde, das wäre »nur« Einbildung. Als ich etwa sieben Jahre alt war, mussten wir das Plumbley's, ein schickes Restaurant in der Innenstadt von Amherst, verlassen, weil ich von Wesen abgelenkt wurde, die – so beteuerte ich – um mich herumschwebten. Ich war aufgeregt, lächelte sie an, zeigte auf sie und schaute nach oben, und ich versuchte immer wieder, sie meiner Mutter und allen anderen an unserem Tisch zu zeigen. Aber niemand konnte sie sehen. Schließlich verursachte ich so viel Unruhe im Restaurant, dass meine Familie den Plan, auswärts zu essen, aufgab.

Während meine Mutter aufgeschlossen war und meine Fantasie förderte, schienen die meisten Erwachsenen um mich herum sicher zu sein, dass es außer uns Menschen kein Bewusstsein gab. Keine Feen, keine Außerirdischen, keine Pflanzengeister. Und doch wussten wir nicht einmal, was wir hier eigentlich trieben, auf dieser durch den Weltraum schwebenden Kugel! Ihre Gewissheit schien wirklich verrückt. Dabei war die Natur doch ganz offensichtlich beseelt und lebendig! Ich fand es arrogant, dass alle diese Leute davon ausgingen, wir wären die einzigen Wesen mit Bewusstsein und alle anderen Organismen würden lediglich durch wissenschaftlich erklärbare biologische Prozesse gesteuert.

Auf jeden Fall zeugte Halloween davon, dass wir uns ein anderes Reich vorstellten. Wir verkleideten uns alle und bewegten uns unter den Verkleideten, damit die Geister uns nicht erkannten. Wir stellten grimmige Kürbisse zum Schutz vor unsere Haustür und hielten Wache, um sicherzustellen, dass unliebsame Geister fernblieben.

Es ist interessant, dass Kürbisse, die in vielen kulturellen Traditionen zur Abwehr von Geistern und potenziellen spirituellen Parasiten verwendet werden, auch als Anthelminthikum zur Abwehr von körperlichen Schädlingen eingesetzt werden. Die amerikanischen Ureinwohner verwendeten die Samen zur Behandlung von Darmwürmern und Harnwegserkrankungen, eine Methode, die von den weißen Ärzten im frühen neunzehnten Jahrhundert übernommen wurde.[3] Diese Behandlung wird auch in der Traditionellen Chinesischen Medizin zur Behandlung der parasitären Krankheit Bilharziose und zur Austreibung von Bandwürmern eingesetzt. Ich werde nie den Tag vergessen, an dem Mickey, unser Cairn Terrier, nach einer Behandlung durch den Tierarzt einen Wurm in seinen Futternapf erbrach. Der Gedanke an den langen glasigen geisterhaften Wurm, der in Mickeys Napf herumzappelte, lässt mich immer noch erschaudern. Zur Beseitigung dieser Parasiten wird der gesamte Samen zusammen mit der Schale verschrieben. Im Rahmen einiger Behandlungsweisen wird empfohlen, die Samen zu feinem Mehl zu mahlen und mit Wasser zu einer Emulsion zu verarbeiten, während andere sagen, dass der wirksame Teil des Samens die bittere und harzige Hülle ist, die direkt unter der Schale liegt.[4] Jedenfalls wird ein Abführmittel wie Flohsamenschalen (Psyllium) oder Senna nach einer vorsichtig dosierten Gabe von Kürbiskernen eingenommen, um Bandwürmer und andere unerwünschte Lebewesen aus dem Körper zu vertreiben. Die mythische, in Geschichten und Legenden berichtete Bedeutung der Pflanzen ist oft eng verwoben mit der Art und Weise, wie sie von den Menschen jahrhundertelang genutzt wurden.

Der Brauch, an Samhain oder am Vorabend von Allerheiligen Laternen zu basteln, hat seinen Ursprung in Irland und Schottland. Steckrüben oder Rüben wurden zu Laternen ausgehöhlt. Man schmückte sie mit gruseligen Gesichtern, um umherirrende Geister fernzuhalten. Als die Siedler nach Amerika kamen, wurden anstelle der Rüben Kürbisse verwendet. Doch diese Frucht schützt nicht nur und vertreibt Geister, sondern das essbare Fruchtfleisch, die Blüten, Stängel, Blätter und Samen besitzen eine aufbauende Wirkung. In Mexiko werden Kürbiskerne Pepitas genannt. Mit ihrem hohen Gehalt an Eiweiß, Magnesium, Kupfer und Zink sind sie eine wichtige Zutat in Rezepten wie Mole-Soße, werden zu Mehl vermahlen, um herzhaftes und nahrhaftes Brot herzustellen, und werden auf der ganzen Welt als gesunde Nahrung geschätzt. Die Blüten sind eine leuchtende, schöne und schmackhafte Salatbeilage, und auch die jungen zarten Blätter können verwendet werden. Die Maya backten Kürbisse am Stück in Grubenöfen, und aus den Schalen schnitten sie Trinkgefäße, sogenannte Xicallis.[5] Ihre Kosmologie war animistisch. Sie glaubten an eine spirituelle Essenz oder Kraft, die alles, was existiert, durchströmt und die es zu ehren und anzuerkennen galt. Die höchsten spirituellen Mächte waren Götter wie Yum Kaax, der Beschützer der Pflanzen und Tiere. Die spirituelle Essenz des Wassers oder eines Felsens verdiente ebenfalls Respekt, und jede Person der Maya hatte einen spirituellen Führer, einen Wayob, der als Tier oder im Traum erscheinen konnte, um die Person durch das Leben zu führen.

Jede Kultur, die naturverbunden lebt, kennt Geschichten über

Wesen der Zwischenwelt wie Pflanzengeister, Elfen, Trolle und Feen. Sind sie der Genius loci, der Geist und Hüter, den jeder Ort hat? Oder existieren sie einfach nur jenseits der Schleier und Nebel? Feen, wie wir sie kennen, werden oft als winzige Menschen mit Schmetterlingsflügeln dargestellt. In den schottischen Überlieferungen allerdings können Feen ihre Gestalt und Größe ändern, und die weiblichen Vertreter dieser Spezies gelten als besonders bösartig. Im Jahr 1691 schrieb der schottische Geistliche Robert Kirk das berühmt-berüchtigte Buch *The Secret Commonwealth of Elves, Fauns and Fairies*, das ein Jahrhundert später vom Autor William Scott entdeckt und veröffentlicht wurde. Kirk schreibt, die Feen oder *Sleagh Maith*, wie sie im Gälischen genannt werden, seien »intelligente Geister von fließender Beschaffenheit, mit leichten, veränderlichen Körpern (ähnlich denen der sogenannten Astralwesen), die etwas von der Natur einer verdichteten Wolke haben und am besten in der Dämmerung zu sehen sind«.[6]

In den traditionellen Überlieferungen Schottlands gibt es einen animistischen Glauben bezüglich bestimmter Hügel, Inseln, Felsen, Bäume, Höhlen, Quellen und Brunnen. Besonders stark soll die Energie dort zu Schwellenzeiten wie der Morgen- und Abenddämmerung oder an Beltane und Samhain sein.[7] Solche heiligen Orte wurden (und werden in vielen Fällen immer noch) mit Ehrfurcht behandelt. Ich habe Freunde, die immer noch Milch für die Fae in ausgehöhlten Steinen hinterlassen und sich weigern, Pflanzen wie Fingerhut zu pflücken, geschweige denn, sie mit ins Haus zu nehmen. Ich treffe auf Weißdorn- und Holunderbäume, vor allem in der Nähe von Heilquellen, die reich mit Clootie-Bändern geschmückt sind. Bei diesem Brauch wickelt man einen Wunsch in ein Stück Stoff der eigenen Kleidung und bindet ihn an die Äste in der Hoffnung, dass die dort wohnenden Naturgeister ihn erfüllen.

In der vorchristlichen slawischen Überlieferung ist der Leshy der Beschützer der wilden Tiere und Wälder und einer der wichtigsten Naturgeister.[8] Dieses Wesen wird oft als halb Mensch, halb Baum dargestellt, mit langem weißem Bart, zerschlissener Kleidung und Baumrinde. Es kann sich leicht in Frauen, Wölfe, Pflanzen oder Pilze verwandeln. Als Hüter des Waldes bestraft der Leshy Menschen, die ihn ohne Ehrfurcht betreten und dort Schaden anrichten.

Die *Huldufólk*, das kleine Volk, sind Elfen. Diese kleinen menschenähnlichen Wesen der isländischen und färöischen Überlieferungen leben in der Natur und können sich nach Belieben unsichtbar machen. Im Reykjavíker Vorort Hafnarfjörður schmücken Elfenschreine und heilige Elfensteine die Gärten der Häuser, vor allem in der Umgebung des Hellisgerdi-Parks, in dem sich die größte Elfenkolonie der Stadt befinden soll. Der neuheidnische Gelehrte Michael Strmiska beschreibt dieses verborgene Volk als »nicht so sehr übernatürlich, sondern vielmehr ultranatürlich. Sie stehen nicht für eine Überwindung der Natur in der Hoffnung auf ein besseres Jenseits, sondern für eine tiefe Ehrfurcht vor dem Land und den geheimnisvollen Kräften, die Fruchtbarkeit ebenso wie Hungersnöte verursachen können«.[9] In einer Studie der isländischen Universität aus dem Jahr 2007 wurde geschätzt, dass mehr als die Hälfte der isländischen Bevölkerung an die Existenz dieser Wesen glaubt.[10] Dass die Menschen Wesen wie Feen, Huldufólk oder Leshy verehren und fürchten, führt oft dazu, dass sie die von diesen bewohnten Gebiete erhalten und schützen – bis zu dem Zeitpunkt, wenn solche Geschichten als reiner Aberglaube abgetan werden.

In einem Vortrag, den der schottische Schriftsteller und Aktivist Alastair McIntosh kürzlich hielt, sprach er über das Reich der Feen oder kleinen Leute als Analogie für das Reich unserer Fantasie.[11] Wenn Menschen in das Reich der Feen verschwanden, bedeutete das, dass sie aus der alltäglichen Realität verschwunden waren, und wenn sie nicht verrückt wurden, kehrten sie gewöhnlich mit Poesie, Malerei oder Gesang zurück. Er sagt: »Durch die Gaben der Künste können wir die Natur nicht nur in unserem Kopf, sondern auch in unserem Herzen kennen und respektieren lernen. In diesem Sinne ist es vielleicht angebracht, dass wir den Respekt vor dem Feenreich wieder erlernen.«[12]

Es ist kein Zufall, dass viele Kulturen Ende Oktober und Anfang November die Toten ehren. Es ist eine liminale Zeit des Übergangs, die sich gut dafür eignet, Verbindung zu unseren Vorfahren aufzunehmen. Wir tauchen ein in die Tiefen unserer familiären Vergangenheit, um das alte Wissen jener Generationen zu finden, denen die Natur noch als bewusst und beseelt galt. Wenn die Nächte länger werden und wir mehr Zeit in der beruhigenden Dunkelheit verbringen, sind wir empfänglich. Der liminale Raum der Schöpfung in all seinen Formen öffnet die Türen zum Geist – ob wir nun malen, Liebe machen oder Kürbiskerne pflanzen. In diesen Räumen der unendlichen Möglichkeiten, wenn wir uns auf das Auf und Ab, den Wechsel von Fülle und Knappheit in unseren eigenen Jahreszeiten einstellen, wissen wir genau, wann wir Samen in den reichen, fruchtbaren Boden der Fantasie säen müssen.

KÖNIGSKERZE

Verbascum Thapsus

Familie: Scrophulariaceae

Wie die Flimmerhärchen in unserem Atmungssystem schützen die Haare, die die Blätter der Königskerze bedecken, sie vor kalten, rauen und austrocknenden Winden und ermöglichen es ihr, saftig und grün zu bleiben, während viele andere Pflanzen kahl und braun sind. Sie gehört zu den ersten Heilpflanzen, die ich im Frühjahr ernte, und zu den letzten, die ich im Herbst ernte. Die Rosetten dieser zweijährigen Pflanze bleiben im ersten Jahr oft den ganzen Winter über grün. Diese vielseitige und heilsame Pflanze ist in Eurasien beheimatet und hat sich inzwischen in Kanada und Amerika eingebürgert. Sie ist auch unter den Namen Donner- und Blitzkerze, Himmelsbrand, Kunkel, Unholdskerze, Wetterkerze, Winterblom, Wollblume oder Wollkraut bekannt und spendet Linderung und Trost. Obwohl ich heute nur noch selten eine Asthmabehandlung benötige, ist die Königskerze eine der ersten Pflanzen, zu denen ich greife, wenn ich sie brauche.

Königskerzensamen sind unglaublich widerstandsfähig und können ihre Keimkraft bis zu hundert Jahre lang beibehalten. Sie keimen auf kahlen überweideten Böden oder nach einem Waldbrand. Das anschließende Wachstum der Pflanze kann die schlimmsten Bodenprobleme heilen, indem es trockene, verdichtete Böden aufbricht und Mineralien an die Oberfläche bringt. Schlechte Bedingungen in unserem Körper können von dieser Heilpflanze verbessert werden. Tinkturen, Tees und sogar das Räuchern des getrockneten Krauts können helfen, Schleim aus der Lunge zu lösen und abzuhusten. Ich verwende die Königskerze auch, um nicht vergossene Tränen abfließen zu lassen und Kummer zu lindern.

TRÖSTERIN

»Wirklich sein bedeutet nicht einfach, dass du bist, wie du ursprünglich hergestellt wurdest«, sagte das Holzpferd. »Es bedeutet, dass etwas mit dir passiert. Wenn ein Kind dich sehr lange liebt, nicht nur gerne mit dir spielt, sondern dich WIRKLICH liebt, dann wirst du Wirklich.«

»Tut es weh?«, fragte der Kuschelhase.

»Manchmal«, sagte das Holzpferd, denn es war immer ehrlich. »Wenn du Wirklich bist, macht es dir nichts aus, verletzt zu werden … wenn du Wirklich bist, kannst du nicht wieder unwirklich werden. Du bleibst dann für immer so.«

MARGERY WILLIAMS: DER KLEINE KUSCHELHASE

Als ich vor über zehn Jahren im Haus meiner Mutter meinen orangefarbenen Raggedy-Ann-and-Andy-Schlafsack fand, stieg eine überraschende Gefühlswelle in mir auf. Als Kind verbrachte ich Tage, Wochen und Monate damit, mich in diesen kuscheligen Kokon einzumummeln. Also nahm ich ihn mit nach Brooklyn. Ich hatte jahrelang nicht mehr an den Schlafsack gedacht, aber als ich ihn sah, fühlte er sich wie ein Schlüssel zu meinem jüngeren Ich an, der mir half, Lücken meiner Erinnerung auszufüllen.

Raggedy Ann und Andy lagen ein paar Jahre lang zusammengefaltet auf meinem Bett in Brooklyn und spendeten mir Trost. Ob ich durch den Schlafsack Zugang zu tieferen Quellen in der Traumzeit oder zu bedeutenden Erinnerungen hatte, kann ich nicht sagen. Auf jeden Fall wühlte er meine Gefühle auf und eröffnete mir Momentaufnahmen aus der Vergangenheit, so als würde er mich mit meinem jüngeren Ich verschmelzen.

Dann, in einer Zeit intensiver Veränderungen, beschloss ich, New York City auf unbestimmte Zeit zu verlassen und in Costa Rica Pflanzenheilkunde zu studieren. Der orangefarbene Trostspender wurde zusammen mit anderen unwichtigen Dingen, die nicht in meinen Koffer passten, eingelagert. Über ein Jahr lang verschwand er, zusammengequetscht mit meinen anderen Sachen, in einem Lagerhaus – wieder vergessen.

Aber wie es mit New York City nun einmal so ist, zog mich die Stadt wieder magnetisch zurück. Mit neuer Zielstrebigkeit beschloss ich, mein noch junges Unternehmen Sacred Warrior in diesem brodelnden energetischen Zentrum aufzubauen. Zwar war meine Vision klar – die Beziehung der Menschen zur lebendigen Erde durch praktisches Lernen zu vertiefen –, aber dennoch schwankte ich zwischen Selbstbestimmung und Selbstzweifel. Finanziell stand ich nicht auf sicheren Beinen. Und doch zahlte ich immer noch für diesen Stauraum in dem Lagerhaus, für die Aufbewahrung von halb vergessenen Dingen, die dort aus den Augen und aus dem Sinn waren. Die Entrümpelung dieses Raumes war ein überstürztes Unterfangen, das durch einen Streit mit meinem Partner Alex ausgelöst wurde. Ich fürchtete mich davor, alles durchzugehen, und wusste nicht, was ich mit dem ganzen Zeug anfangen sollte. Bevor ich die Sachen eingelagert hatte, hatte ich bereits viel aussortiert und einiges gespendet. Aber dieser Raum verschlang unnötigerweise mein knappes Geld. Also wollte ich ausmisten, nur das Nötigste in unsere Wohnung bringen und den Rest spenden.

Wir teilten die Dinge in Stapel ein: Behalten, Verschenken und: *Was ist denn das?* Und als er auf den Schlafsack stieß, hatte Alex eine klare Meinung: »Was willst du denn damit? Schmeiß das alte Ding weg.« In diesem Moment fing ich an zu weinen, eine emotionale Unterbrechung dieser Lebensrückschau anhand alter Besitztümer. Meine Tränen überraschten uns beide, zumal ich mich eigentlich nicht sehr an materielle Dinge klammere. Er wandte sich mir mitfühlend zu und schlug vor: »Vielleicht sind ja die Tränen ein Zeichen, das Teil loszulassen.« Alex nahm an, dass der Schlafsack mit schmerzhaften Erinnerungen verbunden war. Aber das stimmte nicht. Der Schlafsack war ein Portal zu meinem Kindheits-Ich. Trotzdem dachte ich, dass er vermutlich recht hatte.

Nach zwei Tagen Sortiererei und viel zu viel Zeug, das wir in unsere Wohnung mitnahmen, fing ich wieder an, mich mit meinem Schlafsack zu beschäftigen: Wozu das Ding behalten? Schließlich hatte ich erst wieder an ihn gedacht, als ich ihn zwischen den anderen gelagerten Sachen entdeckte. *Löse dich davon. Soll ihn doch jemand anderes benutzen.* Also steckte ich ihn in den Spendensack zu den alten Kleidern, der Bettwäsche und anderen Dingen, auf die ich verzichten konnte, und gab ihn weg.

Aber heute, sechs Jahre später, wachte ich auf und dachte an ihn. Ich kann mich an keine der anderen Sachen erinnern, die ich in den riesigen Sack gestopft habe, um sie zu spenden. Ich hoffe nur, dass der Schlafsack von jemand anderem geliebt wurde und ihm genauso viel Wärme spendete wie mir. Und vielleicht hilft mir dieser Verlust, mehr Erinnerungen in mir aufzuwecken. Manchmal merken wir erst, wie viel uns etwas bedeutet hat, wenn es nicht mehr da ist.

* * *

ALS ICH KLEIN WAR, WAR SCHLAFEN EINE ECHTE HERAUSFORDErung. Meine Mutter füllte den Luftbefeuchter und schaltete ihn ein, schmierte meine Brust mit Vick VapoRub ein und stützte mich mit mindestens zwei, manchmal drei Kissen ab. Mein Inhalator war immer in Reichweite, und meine Mutter war nur ein Zimmer weiter, wenn ich sie brauchte. Ich schlief in besagtem Schlafsack und mit meinen Kuscheltieren, die sich um mich herum und auf mir stapelten. Nie bemitleidete ich mich selbst. Meine Situation war einfach so, wie sie für mich war. Kinder sind bemerkenswert resilient.

Als ich die Ergebnisse des verfluchten Allergietests erhielt, der besagte, dass ich allergisch war auf Pollen, Katzen, Schimmel, Staub, Milchprodukte und, und, und …, wurde mir noch klarer, dass ich in dieser Welt vorsichtig sein musste. Damals lebten wir in der Ridgecrest Road mit Daphne, einem Neufundländer, Elsa, einem Samojeden (der fünf Welpen hatte), Alexander, einem großen Pyrenäenhund, und fünf Katzen. Meine Lieblingskatze, die ich überallhin mitnahm, sah aus, als wäre sie in eine Schlammpfütze getaucht worden, also nannte ich sie Mudcat, Schlammkatze. Ich liebte Mudcat, aber Katzen standen nun auf »der Liste«, und ich musste mich von ihr verabschieden. Ich war am Boden zerstört. Wegen meiner Allergien und meines Asthmas musste ich mich von manchem trennen, was ich sehr liebte.

Aber wir hatten immer mindestens zwei Hunde als Familienmitglieder, und Daphne, treffend benannt nach der Nymphe in der griechischen Mythologie, die mit Brunnen, Quellen, Bächen und anderen Gewässern in Verbindung gebracht wird, war eine sanfte Seele und die geborene Schwimmerin. Neufundländer sind massige Hunde, die gezüchtet wurden, um Fischer in den eisigen Gewässern der Atlantikküste Neufundlands zu begleiten. Die Hunde sind auf die Rettung aus dem Wasser spezialisiert und haben sogar Schwimmhäute zwischen den Zehen. Was der Bernhardiner für die Alpen ist, ist der Neufundländer für den kalten Atlantik. Und wie der Bernhardiner in *Peter Pan* war Daphne meine Oma.

Die geduldige, sanfte Daphne brachte mir das Laufen bei. Ich hielt mich an ihrem dicken schwarzen Fell fest, stand langsam auf und stolperte, während sie mich herumführte. Als ich sicherer wurde, hielt ich mich an ihrem Schwanz fest. Und als ich endlich allein laufen konnte, watschelte ich in meiner Windel zur Haustür hinaus und auf die Straße. Daphne folgte mir und trieb mich sanft an den Straßenrand. Irgendwann bekam meine Mutter einen Anruf von einem Nachbarn: »Ähm, wussten Sie, dass Ihre Tochter in ihrer Windel die Straße entlangläuft?« Meine Mutter rannte hinaus und brachte mich zusammen mit Daphne in Sicherheit.

* * *

WÄHREND DER GRUNDSCHULZEIT WURDE ICH EINMAL IM MONAT früher von der Schule abgeholt, um zu Dr. Franklin zu fahren, einem Asthmaspezialisten, dessen Praxis zwei Stunden entfernt in Boston lag. Meine Mutter sorgte dafür, dass die Fahrt Spaß machte, und ich freute mich auf die monatlichen Arztbesuche, bei denen ich in ein Pappröhrchen pustete, damit meine Lungenkapazität getestet werden konnte. Im Anschluss an den Termin machten wir immer einen Ausflug zum Boston Aquarium. Ich war fasziniert von den Kraken, den Haien und schillernden Fischen und liebte es, die Seesterne in den flachen Becken aufzusammeln. Ich kann immer noch ihre seltsamen sandpapierartigen Außenseiten und kitzligen Tentakel fühlen. Anschließend gingen wir im berühmten Union Oyster House essen.

Ich liebte Tiere und las Bücher wie *Der kleine Kuschelhase*, *Der Elefant im Vogelnest* und *Wilbur und Charlotte*, und ich empfand eine zunehmende Dissonanz zwischen den Büchern, die ich las, in denen Tiere Freunde waren und eine Stimme hatten, und der Art und Weise, wie sie in der »realen Welt« behandelt wurden. Sie waren das Essen auf meinem Teller, schwammen tot in meinen Suppen, wurden als Pelzmäntel getragen, in Fleischstücke zerlegt in Styroporschalen im Supermarkt verkauft, als Freizeitsport gejagt, verschleppt und in Käfigen gehalten oder als »Gefährten« der Menschen misshandelt.

Ein entscheidendes Erlebnis war ein Besuch bei den Eisbären im Central-Park-Zoo. Damals wusste ich noch nicht viel über Eisbären und konnte es kaum erwarten, einen persönlich zu treffen. Aber als wir im Park um eine Ecke bogen und die Eisbärdame sahen, fühlte ich mich wie vor den Kopf gestoßen. Ich sah die riesige schöne Bärin, die hinter Glas in einer viel zu kleinen künstlichen Umgebung herumstolperte, und ich wusste, dass sie dort nicht hingehörte. Aber die Leute aßen Popcorn, zeigten auf sie, lachten und starrten sie an. Es war eine ekelhafte Demütigung für dieses majestätische Tier, und ich spürte ihre Traurigkeit sehr stark. Dann, in einem Moment, der mir wie eine Ewigkeit vorkam, schaute sie mir in die Augen, und es war, als wären wir die einzigen beiden Lebewesen auf dem Planeten. In diesen Sekunden hatte ich das Gefühl, dass sie mich anflehte, sie zu befreien. Ich wollte sie befreien, mehr als alles andere auf der Welt. Ich wollte *alle* Tiere befreien, das große schändliche Unrecht ihrer Entführung und Gefangenschaft ungeschehen machen. Aber ich konnte nichts tun, außer hilflos und mitschuldig zurückzustarren. Ich nahm ihre Traurigkeit mit, und fortan brodelte in mir eine verwirrende Wut auf die Menschen. Diese Begegnung mit der Eisbärin riss mich aus meiner naiven Unwissenheit. Ich war damals fünf Jahre alt, und dieser Moment prägte sich für immer meinem Gefühlskörper ein.

Als mir der Missbrauch unseres Planeten durch die Menschen immer bewusster wurde, war das ein Gefühl, als würde auf meinem eigenen Inneren herumgetrampelt. Ich werde nie vergessen, wie ich in einer Greenpeace-Anzeige das Bild eines Sattelrobbenbabys sah, das wegen seines Fells gekeult wurde. Diese großen süßen flehenden Augen, und dann diese Brutalität. Von da an schlief ich noch schlechter. Entsetzt lag ich wach und sorgte mich um die Robben, die Eisbärin, den im Aquarium im Kreis schwimmenden Tintenfisch und andere Geschöpfe, denen der Mensch Leid zufügte, während ich daheim gemütlich im Bett lag. Ich versuchte zu schlafen und stapelte meine Stofftiere um mich herum, aber auch sie machten mich traurig. Auch sie schienen gefangen zu sein. Ziegelsteine des Kummers legten sich auf meine ohnehin schon schwere Brust. Ich dachte an den Kuschelhasen und daran, wie er *Wirklich* wurde, als er weinte.

SORGEN WIE MÜHLSTEINE

Ich wünschte, ich hätte damals schon die Heilwirkung der Königskerze gekannt. Die Pflanze hätte nicht nur mein Asthma gelindert und mir geholfen, Kummer zu verarbeiten. Hätte ich nachts ein Königskerzenblatt unter mein Kopfkissen gelegt, hätte das möglicherweise die Grenzen zwischen den Welten weicher und durchlässiger gemacht und mir süße Träume beschert.

Diese altruistische Pflanze ist nur selten in ungestörten Gemeinschaften zu finden. Sonnige, offene Standorte, die durch starke Beweidung, schwere Stürme, Abholzung, Feuer oder andere Verwüstungen entstanden sind, bieten ihr ideale Wachstumsbedingungen. Die Königskerze heilt selbst schlimmste Bodenprobleme und tritt als frühe Pionierpflanze auf den Plan. Sobald der Boden wieder fruchtbar ist, zieht die Königskerze weiter. In ähnlicher Weise kann diese Heilpflanze verwundete Stellen in unserem Körper transformieren, sodass auch wir diese Störungen hinter uns lassen und weiterziehen können.

Die Traditionelle Chinesische Medizin und andere ganzheitliche

Ansätze der Kräuterkunde basieren auf dem Grundsatz, dass geistiges, körperliches und emotionales Wohlbefinden eng miteinander verwoben sind. Unsere Lunge ist der Ort, an dem wir ungeweinte Tränen aufstauen. Trauer und Traurigkeit wirken sich direkt auf die Lunge aus, und wenn wir nicht in der Lage sind, diese Emotionen auszudrücken, oder wenn wir von ihnen überwältigt werden, kann das die Lunge schwächen und unsere Atmung beeinträchtigen.[1] Heilungsansätze können Pflanzen enthalten, die uns unterstützen, eine Bewegungsübung, um festsitzende Sorgen zu vertreiben, ein leeres Blatt zum Aufschreiben und Loslassen, und geliebte Menschen, die uns trösten, wenn wir weinen. Tränen können befeuchten, beruhigen und erweichen. Wenn Wasser frei fließt, kann es Felsen in Sand verwandeln.

Wann immer ich diese Theorie in meinen Kräuterkursen erwähne, trifft sie unweigerlich den Nerv der Zeit. Eine Studentin erzählte: »Nach dem Tod meines Vaters bekam ich einen schrecklichen Husten.« Sie erzählte mir, dass es dafür keine schulmedizinische Erklärung gab, aber sie fuhr fort: »Ich war nicht in der Lage, um ihn zu trauern, und ich weiß nicht, warum. Ich habe das Gefühl, dass mir die Tränen in der Brust feststeckten.«

Wenn wir auf unsere Gefühle hören und sie anerkennen, weisen sie uns oft auf unsere tiefsten Wahrheiten hin. Manchmal sind Emotionen Navigationsinstrumente, die uns den Weg zu dem weisen, was uns am wichtigsten ist. Manchmal helfen sie uns einfach, die unvermeidliche Traurigkeit und Ungerechtigkeit in unserem Leben und im Leben anderer zu verarbeiten. Es ist nichts einzuwenden gegen jede Art von Emotion. Unangenehme Emotionen sind dazu da, gefühlt und nicht verleugnet zu werden.

Ich weiß, dass das Zulassen von tiefem Kummer meine inneren Quellen befreite, Spannungen löste, wo ich Gefühle zurückgehalten hatte, und mich empfänglicher für Freude machte.

Die Königskerze ist leicht zu erkennen. Im ersten Jahr wächst die Pflanze in Form einer Rosette. Die Blätter sind dicht behaart, um die Kraft der Oberflächenwinde abzuschwächen und Wasserverluste durch Verdunstung zu verhindern. Während des ersten Wachstumsjahres speichern die großen Blätter Energie, und im zweiten Jahr entwickelt sich ein langer beblätterter Blütenstiel mit einer Ähre aus gelben fünfblättrigen Blüten an der Spitze. Der Stängel, der bis zu drei Meter hoch werden kann, steht aufrecht und in perfekter Haltung und verströmt überall das gleiche sanfte Vertrauen – an städtischen Straßen ebenso wie an den Rändern von Berghängen, Weiden, Feldern und Wäldern. Dieser hochgewachsene, zweijährige Stängel ähnelt einem aufrechten Rückgrat und erinnerte mich daran, gerade zu stehen und tief durchzuatmen. Es ist schwierig, tief durchzuatmen, wenn wir uns zusammenkauern oder die Brust einziehen. In seltenen Fällen, wenn die einjährige Pflanze nicht die Energie aufbringen kann, um ihren Wachstumszyklus im zweiten Jahr abzuschließen, wird die Königskerze sogar drei Jahre alt. Das sind einige der mystischsten Pflanzen, die ich je gesehen habe: Sie drehen, wenden und winden sich spiralförmig.

Die gelben fünfblättrigen Blüten, die im zweiten oder dritten Jahr erscheinen, helfen hervorragend bei Ohrentzündungen. Sie sind dicht an einem ährenartigen, endständigen Blütenstand angeordnet und nur einen Tag lang zur Bestäubung geöffnet, von kurz vor Sonnenaufgang bis zum Nachmittag. Sie locken eine Vielzahl von Bestäubern an, darunter Bienen und Schmetterlinge – doch wenn eine offene Blüte am Ende des Tages noch nicht von einem Bestäuber besucht worden ist, bestäubt sie sich selbst.

TRAUER IN AKTION

Eine meiner Lieblingsnachrichten aus jüngster Zeit handelt von Inky, dem Oktopus, der aus seinem Becken in Neuseelands National Aquarium flüchtete.[2] Er entwischte durch eine kleine Öffnung, rutschte in der Nacht über den Boden und zwängte seinen Körper durch ein enges Rohr, das ihn ins offene Wasser und in die Freiheit führte. Die Mitarbeiter konnten sein Verschwinden aufklären, indem sie der nassen Spur folgten, die er hinterließ. Inky wusste, dass er in den Ozean gehörte und nicht in ein seltsames Glasbecken, in dem er mit anderen Gefangenen eingesperrt war. Inky ist ein Held. Alle Wildtiere verdienen es, frei zu sein.

In der fünften Klasse wurde uns die Aufgabe gestellt, einen Brief an ein Unternehmen zu schreiben, um die Beseitigung eines Unrechts zu fordern. Das Beispiel, das mein Lehrer anführte, war ein Brief an eine Müslifirma, in dem stand, dass die Packung nicht das versprochene Spielzeug enthalten hatte. Diese Idee brannte in mir, und ich wusste genau, welches Unrecht ich beseitigt sehen wollte. Als ich mich hinsetzte, um den Brief zu schreiben, wurden die Gefühle, die in mir geschlummert hatten, endlich zu Worten. Als ich sie zu Papier brachte, wurde ich zu einer schützenden Bärenmama, die aus ihrem Schlaf erwacht. Traurigkeit, Wut und Frustration über Tiermissbrauch und Grausamkeit flossen ebenso aufs Papier wie meine innerliche Zermürbung über die Gier und die Ignoranz der Menschen. Endlich konnte ich etwas sagen. Vielleicht konnte ich etwas gegen die Ausbeutung der Tiere tun, und ich wollte damit bis ganz nach oben vordringen. Ich schrieb einen Brief an den Präsidenten. Ich dachte, er sei der richtige Ansprechpartner für diese schweren Ungerechtigkeiten. Ich schrieb an Präsident Ronald Reagan über die Tötung von Robben zur Pelzgewinnung, die Grausamkeit der Käfighaltung von Wildtieren und die Ungerechtigkeit, sie aus ihrer Heimat zu stehlen. Es waren mehrere Seiten (ich wünschte, ich hätte eine Kopie des Briefes!), und es fühlte sich sehr befreiend an, mir das alles von der Seele zu schreiben.

Als wir unsere Briefe meinem Lehrer übergaben, der uns bei der

Adressensuche half und den Versand übernahm, fand er es süß, dass ich »Das Weiße Haus« auf meinen Umschlag geschrieben hatte. Er lobte mich zwar dafür, dass ich mich geäußert hatte, machte mir aber klar, dass ich keine Antwort erwarten konnte. Das war enttäuschend, aber ich fühlte mich trotzdem besser, nachdem ich endlich alles aufgeschrieben hatte.

Ein paar Wochen später rief mich mein Lehrer aufgeregt zu sich und gab mir einen großen Umschlag. Ich las die Worte *Environmental Protection Agency* (Umweltschutzbehörde) auf dem Umschlag! Er verkündete die Antwort auf meinen Brief vor der Klasse, was mir sehr unangenehm war. Ich hasste es, Aufmerksamkeit zu erregen, aber hier ging es offenbar um eine große Sache. In dem Umschlag befanden sich ein Schreiben und ein Sparbrief der Umweltschutzbehörde. Jemand im Weißen Haus hatte meinen Brief gelesen und ihn an die richtige Behörde weitergeleitet. Ich war erhört worden! Und man hatte mich nicht nur gehört, sondern ermutigte mich sogar ausdrücklich. In dem Schreiben stand, dass die Erde Menschen wie mich braucht, die für sie sprechen. Damals beschloss ich, dass ich von nun an immer eine Stimme für die Stimmlosen sein würde. Wie der Lorax in Dr. Seuss' berühmtem Kinderbuch beschloss ich, so oft wie möglich »für die Bäume zu sprechen«. Sie haben zwar eine Stimme, aber die meisten Menschen scheinen sie nicht zu hören.

UNWIRKLICH

Eine meiner besonders schönen Kindheitserinnerungen ist der Moment, als wir Ebony mit nach Hause brachten. Sie war die Kleinste in einem Wurf, und ich verliebte mich auf Anhieb in sie. Heute stehe ich der Hundezucht mit gemischten Gefühlen gegenüber und würde immer einem herrenlosen Hund ein Zuhause geben, statt einen Welpen aus einer Zucht zu kaufen. Aber damals, als ich sieben Jahre alt war, wollte ich unbedingt einen weiteren Neufundländer wie Daphne. Als Daphne starb, vermisste ich sie schrecklich, und obwohl das, was uns verbunden hatte, niemals ersetzt werden konnte, wurde Ebony meine geliebte Begleiterin für den nächsten Lebensabschnitt. Wir gingen überall gemeinsam hin und unternahmen alles zusammen. Wenn wir im Sommer an den Strand gingen, wollte sie mich nicht schwimmen lassen. Jedes Mal, wenn ich ins Wasser ging, folgte sie mir und umkreiste mich, bis ich mich an ihrem Schwanz festhielt und sie mich fürsorglich zurück ans Ufer brachte. Während es für mich ein Spiel war, machte sich Ebony – gezüchtet als Rettungshund – wirklich Sorgen um meine Sicherheit. Wir gingen bei jedem Wetter spazieren, und sie schlief die meisten Nächte in meinem Zimmer. Manchmal war mein Asthma allerdings zu schlimm, um sie hineinzulassen. Normalerweise versuchte ich es auszuhalten, um sie bei mir zu haben. Sie war nicht nur meine Retterin, sondern auch meine Trösterin.

* * *

ICH WAR DREIZEHN UND KAUFTE GERADE MIT MEINER GROSSMUTter bei Marshalls ein, als wie aus dem Nichts ein schwerer Asthmaanfall über mich hereinbrach. Sie brachte mich eilig zu ihrem Haus. Dort saß ich im Zimmer zwischen den *AMA*-Zeitschriften auf dem Ledersessel meines Großvaters und machte meine Atemübungen. Ich hatte bereits so viele Züge von meinem Inhalator genommen, wie mir erlaubt waren, und mein Herz raste. Meine Mutter kam. Mein Großvater gab mir Adrenalinspritzen, um die Atemwege in meiner Lunge zu öffnen, und mein Herz raste noch mehr. Aber ich konnte immer noch nicht atmen. Es ist eine schreckliche Mischung von Gefühlen, nicht atmen zu können und gleichzeitig in Panik zu sein. Adrenalin, auch Epinephrin genannt, ist ein wichtiger Bestandteil der körpereigenen Kampf-oder-Flucht-Reaktion, der Stressreaktion, die eine Erweiterung der Atemwege bewirkt und die Muskeln mit dem Sauerstoff versorgt, den sie benötigen, um entweder eine Gefahr zu bekämpfen oder zu fliehen. Die Fähigkeit des Körpers, Schmerzen zu empfinden, nimmt durch Adrenalin ebenfalls ab, weshalb wir selbst bei Verletzungen weiter vor Gefahren weglaufen oder kämpfen können. Ich komme nicht umhin, mich zu fragen, ob diese häufigen Asthmabehandlungen und die ständige Verwendung meines Inhalators, als ich älter wurde, der Grund für meine ungewöhnlich ruhige Reaktion auf Gefahren (die zu verzögerten Traumareaktionen führte) war. Als das Adrenalin nicht wirkte, sagte mein Großvater: »Wir müssen sie sofort ins Krankenhaus bringen.«

Wir eilten in die Notaufnahme. Zwischen mühsamen Atemzügen sagte ich zu meiner Mutter: »Ich glaube, ich werde sterben.« Ich lag für etwa zwei Wochen auf der Intensivstation. Zwei Wochen, an die ich mich praktisch nicht erinnern kann, abgesehen davon, dass ich gelegentlich in einem dunklen desinfizierten Raum aufwachte, der in Plastik gehüllt war, während die Maschinen für mich ein- und ausatmeten.

Als ich in ein anderes Zimmer verlegt wurde und Besuch empfangen konnte, vergaß der Arzt, mich von der verordneten Infusion abzuklemmen, und dadurch stieg mein Theophyllinspiegel gefährlich an. Meine Mutter war bei mir, als ich plötzlich zu lallen anfing, meine Augen verdrehte und ohnmächtig wurde. Sie rief ihren Vater an, der zu uns ins Krankenhaus eilte. Als er begriff, was geschehen war, schimpfte er mit dem Personal. Jetzt hatte ich nicht nur Asthma, sondern musste auch noch mit einer Medikamenten-Überdosis fertigwerden. Mein sonst so sanftmütiger Großvater beschimpfte sie als »inkompetente Idioten« und alles Mögliche, was ihm so gar nicht zu Gesicht stand. Obwohl ich völlig neben der Spur war, fand ich es toll, wie er sich für mich einsetzte.

Mein Körper war erschöpft, und ich musste nach diesen Wochen im Krankenhaus und angesichts meines schwachen Zustands in Quarantäne, weswegen ich für einige Monate nicht in die Schule durfte. Es war mein zweites Jahr auf der Junior High. Ich bekam einen Hauslehrer und verließ kaum noch mein Zimmer.

Als jemand, die sich ständig wegen allem Möglichen Sorgen machte, war ich damals überzeugt, im Krankenhaus gelandet zu sein, weil ich Gras geraucht hatte. Ich hatte angefangen, mit den coolen Kids in der Junior High abzuhängen, und das gehörte eben zu dem, was solche Kids morgens taten. Ach, zur Hölle, ich hatte es einfach mal probieren wollen! Ich erinnere mich nicht, high gewesen zu sein, sondern nur daran, wie cool es sich anfühlte, etwas Subversives zu tun, und genau das war der Rausch, der Kitzel, der mir gefiel. Die Eltern meines Vaters hatten mich an diesem Silvester eine erste Erfahrung mit Alkohol machen lassen – eine Offenbarung. Diese Erfahrungen befreiten mich von meiner unglaublichen Schüchternheit.

Unzählige Male wollte ich mich zu Wort melden, aber schaffte es einfach nicht, den Mund aufzumachen. Ich hob im Unterricht nur selten die Hand. Ich setzte mich selbst unter Druck, das Perfekte sagen zu müssen, also sagte ich kaum etwas und bewegte mich ninjamäßig. Aber das setzte mir innerlich schwer zu.

In diesem zarten Alter hatte ich meinen Freunden ein Loblied auf den Alkohol gesungen, und vielleicht haben die »bösen« Kids und ich uns so gefunden. Wir waren alle auf die eine oder andere Weise Außenseiter. Und obwohl ich im Laufe der Jahre unglaubliche enge Freundschaften geschlossen habe, begann ich mich von mir selbst zu entfernen, als ich versuchte, mich in der seltsamen sozialen Welt der Junior High zurechtzufinden und mich mit meinem sich entwickelnden weiblichen Körper auseinanderzusetzen. Ich war in der Lage, mich anzupassen, aber ich hatte nie das Gefühl, dass ich es tat. Ich wünschte, ich hätte damals verstanden, dass, wie

Krishnamurti sagte, »es kein Maß für Gesundheit ist, sich einer zutiefst kranken Gesellschaft anzupassen«.[3]

Als ich im Krankenhaus lag, war ich überzeugt, dass die Ärzte Marihuana in meinem Blut finden würden und mir deshalb große Schwierigkeiten drohten. Für meine Familie war ich immer »brav«, und ich wollte nicht, dass mein Ruf ruiniert wurde.

* * *

WIR FRAUEN MÜSSEN UNS BEIM ERWACHSENWERDEN MIT UNSEREM heranreifenden Körper auseinandersetzen und eine Identität entwickeln, die mit den kulturellen Vorstellungen von Weiblichkeit übereinstimmt. Da wird dann oft in die polarisierenden Kategorien »braves Mädchen« und »böses Mädchen« unterteilt. Rauchen gilt dabei als klischeebehaftetes Laster »böser« Mädchen. Doch die Geschichte des Rauchens, die bis ins Jahr 5000 v. Chr. zurückreicht, zeigt, dass es anfangs als Mittel eingesetzt wurde, Kontakt mit der Geisterwelt aufzunehmen – Schamanen gelangten so in Trance, oder eine Stammesgemeinschaft hielt entsprechende gemeinsame Zeremonien ab. Bei Reinigungsritualen auf der ganzen Welt wird Rauch verwendet.[4] Und obwohl wir mit dem Rauchen negative Assoziationen verbinden, kann man Königskerze rauchen, um feuchte kalte Stauungen in der Lunge zu behandeln.

Um sich vom Tabak zu entwöhnen, kann es hilfreich sein, einer Tabakmischung Lobelien beizufügen, um die süchtig machenden Aspekte des Nikotins zu bekämpfen und die Lunge von Giftstoffen zu befreien. Tabak galt bei den amerikanischen Ureinwohnern als heilige Pflanze, die in den meisten Stämmen nur für Zeremonien und sehr sparsam verwendet wurde – bis die Europäer kamen. Cannabis, bekanntlich seit mindestens 5000 v. Chr. verwendet, war in Eurasien vor der Ankunft des Tabaks verbreiteter als heute.[5]

In Stammeskulturen auf der ganzen Welt gab es Zeremonien,

um den Übergang von der Kindheit ins Erwachsensein zu feiern und die notwendige Abnabelung von den Eltern und die Eingliederung in die Gemeinschaft der Erwachsenen bewusst zu vollziehen. Bis vor Kurzem dachte man, dass es bei den Angstgefühlen der Teenager nur um die rasenden Hormone ging. In dem Maße, in dem wir uns jedoch zu einer umfassenderen und inklusiveren Definition von Geschichte hinbewegen, haben Wissenschaftler und Psychologen erkannt, dass unser Gehirn in diesem Alter eine weitere Phase schneller Reifung durchläuft, und viele Forscher glauben, dass »asoziales« oder rebellisches Verhalten der Jugendlichen auf das Fehlen dieser alten Übergangsriten zurückzuführen ist. Ohne feierliche Zeremonien, die wichtige Lebensübergänge markieren, versuchen wir uns in diesem Zustand der Verwirrung an den Botschaften der Medien, der Familie und der Kultur zu orientieren, und verlassen uns stark auf das Feedback von Gruppen Gleichaltriger. Daher sind viele von uns ängstlich und passen sich an, um »dazuzugehören«. Dann kann es schwierig sein, unsere eigene einzigartige Identität zu finden oder überhaupt zu wissen, wie diese aussehen könnte.

In dieser verwirrenden Phase voller Gefühlsschwankungen verleugnete ich die Intensität meiner sensiblen Natur, weil ich nicht lernte, angemessen mit ihr umzugehen. Ich begann, mich zu betäuben und eine brüchige Mauer um mich herum aufzubauen. Als ich mich von mir selbst entfernte, stieß ich auch Ebony von mir weg. Irgendwo in meinem Inneren spürte ich wohl, dass sie meine dünne Schale aufweichen würde, und zu diesem Zeitpunkt wollte ich auf keinen Fall gesehen werden. Als sie versuchte, in mein Zimmer zu kommen, schloss ich die Tür. Wenn sie auf mich zukam, um Zuneigung zu bekommen oder mich zu trösten, wies ich sie ab. Es macht mich sehr traurig, wenn ich heute daran denke. Ich wandte mich von meiner Kindheitsgefährtin, meiner lieben Freundin, und auch von mir selbst ab.

Als Ebony starb, war ich siebzehn und verbrachte gerade als Frühbewerberin ein Semester auf dem Simon's Rock College. Damals taute ich emotional allmählich auf, und als ich schließlich ihren Verlust spürte, schienen meine Tränen gar nicht versiegen zu wollen. Aber als ich im Laufe der folgenden Jahre diese inneren Dämme immer abbaute und meine Tränen frei fließen ließ, reinigten sie mich und führten mich zu meiner ursprünglichen Natur zurück, wenn auch in weiterentwickelter Form. Ebony ist nun schon lange tot, aber ich sage ihrem Geist immer noch, dass es mir leidtut. Ganz sicher hat es auch viel mit ihr und Daphne zu tun, dass ich mich für ihre wilden Vorfahren, die Wölfe, einsetze.

* * *

IM ZEITALTER DER »VERNUNFT« HIESS ES, TIERE HÄTTEN KEINE Seelen und würden keinen Schmerz empfinden.[6] Mit dem Aufkommen des Patriarchats und der organisierten Religion wurde die Welt jenseits des weißen Mannes entweder für mangelhaft, seelenlos oder tot erklärt. Bis Papst Franziskus erklärte, dass »das Paradies allen Geschöpfen Gottes offensteht«,[7] hieß es in der römisch-katholischen Theologie, Tiere könnten nicht in den Himmel kommen, weil sie keine Seelen hätten. Aber für jeden, der Zeit in der Natur verbracht hat, ist es offensichtlich, dass auch andere Tiere Gefühle haben, Beziehungen aufbauen, Traumata erleben und Schmerz empfinden. Die Wissenschaft »beweist« heute, dass Tiere fühlen, aber um das zu erleben und zu wissen, brauchen wir keine wissenschaftlichen Beweise.[8] Die Geschichte der Tiere ist voll von herzzerreißenden Beispielen für das Einfühlungsvermögen und die emotionale Reichweite des gesamten Tierreichs: Wenn ein Mitglied einer Wolfsfamilie in einer brutalen Schlinge festsitzt, die es bewegungsunfähig macht und dazu führt, dass es langsam verblutet, kommt das ganze Rudel zu ihm – sogar in ein gefährliches Gebiet –, steht ihm bei und füttert und betreut es, bis es stirbt.

Doch trotz der offensichtlichen Tatsache, dass Tiere Emotionen ebenso wie angeborene und ethische Rechte haben, wird im Namen des Profits ständig Krieg gegen sie geführt. Erst letztes Jahr hat die Tory-Regierung in Großbritannien entschieden, dass alle Tiere (außer dem Menschen natürlich) keine Emotionen oder Gefühle haben und nicht fähig sind, Schmerz zu empfinden.[9] Alle Tiere, die keine »Haustiere« oder Begleittiere sind, sind von dieser Gesetzesänderung bedroht. Es ermutigt all diejenigen, die von der Grausamkeit gegen Tiere profitieren, in einer alternativen Realität zu leben – auf bequeme Weise gefühllos.

Nachdem ich mich jahrelang für Tiere eingesetzt habe, wurde mir klar, dass es zwar wichtig ist, den Menschen das Leben von Wölfen, Fledermäusen und anderen Geschöpfen näherzubringen, um sie für deren Schutz zu gewinnen, aber dass es für viele Menschen ein wichtiger Aspekt ist, dass der Schutz der wild lebenden Tiere und Pflanzen auch der Menschheit dient. Die Prinzipien und wissenschaftlichen Erkenntnisse der Ökologie können helfen, diese Vorteile zu veranschaulichen, ebenso wie die Kräuterkunde. Wenn wir lernen, dass eine Wildpflanze wie die Königskerze uns bei der Heilung helfen kann, werden wir das Land vielleicht anders sehen und behandeln. Ich glaube, wenn wir uns in die Erde verlieben, können wir uns besser um sie kümmern. Dieser Gedanke, dass die Menschen wieder eine emotionale Verbindung zur Natur brauchen, um sich für sie einzusetzen, hat mich dazu inspiriert, die praktischen intensiven Erfahrungen zu ermöglichen, die ich nun seit Jahren im Rahmen des Sacred-Warrior-Programms anbiete. Ich war mir nicht sicher, ob achtsames, erfahrungsorientiertes Lernen in der Natur die Menschen so berühren würde, wie es für mich der Fall war, oder ob es irgendetwas verändern würde. Aber als ich in mich hineinspürte, wo es mich emotional und instinktiv hinzog, waren die Mission und das Ziel klar – Heilung zu fördern, indem ich die Menschen wieder mit der Natur vertraut machte.

WIRKLICH FÜR ALLE

Der Junge in der Geschichte vom Kuschelhasen erkrankt an Scharlach und muss sich von den Dingen trennen, die ihm am nächsten stehen, weil sie Keime beherbergen könnten. Der Hase, der jede Nacht bei ihm geschlafen hat, ist besonders verseucht und wird zusammen mit anderen Gegenständen in eine Mülltonne gesteckt, um verbrannt zu werden. Der ausrangierte Stoffhase empfindet so viel Kummer, dass er eine echte Träne vergießt.

Seine Tränen berühren den Boden und an ihrer Stelle wächst eine Blume. Und aus dieser Blume entsteigt eine Zauberfee. Sie sagt ihm, dass sie ihn *wirklich* machen wird. »War ich nicht schon vorher wirklich?«, fragt er. »Für den Jungen warst du wirklich«, sagt die Fee, »weil er dich liebte. Von nun an sollst du für alle *wirklich* sein.«

Als der Kuschelhase sich dann in der Gesellschaft echter Hasen wiederfindet, ist er zunächst verlegen und schämt sich für seine schwachen Stoffbeinchen, aber als er an sich herunterschaut, stellt er fest, dass er sich verwandelt hat: Er hat braunes Fell, weich und glänzend, seine Ohren zucken von sich aus und nicht nur, wenn der Junge ihn bewegte. Und seine Schnurrhaare sind so lang, dass sie das Gras streifen. Er ist so aufgeregt und von seinem neuen Körper begeistert, dass er schließlich stehen bleibt und sich überall umschaut, um sich bei der Fee zu bedanken, aber sie ist verschwunden.[10]

* * *

ALS HERBSTKIND, GEBOREN, ALS DER SOMMER DEM ENDE ZUGING, neige ich zur Traurigkeit. Die Zartheit, die ich empfinde, ist ein Navigationsinstrument, das mich zu meinem Aktivismus antreibt und mir zeigt, was am wichtigsten ist. Bei der Erforschung von Heilmethoden und der Arbeit in den wassergetränkten Landschaften, in die mich meine Traurigkeit führt, schwanke ich zwischen Anspannung und Zärtlichkeit. Durch eine Kombination von Praktiken aus den therapeutischen Bewegungslehren, der Meditation, dem kreativen Erkunden und der Kräuterkunde habe ich die innere Stärke kultiviert, mit der ich so hoch und aufrecht stehen kann wie der Stängel der Königskerze. Und ich kann weich und verletzlich werden, ohne mich zum Schutz wappnen zu müssen. Im Laufe der Jahre, vor allem als Athletin und Kampfsportlerin, habe ich gelernt, meine Sensibilität ebenso wie meine Stärke zu kennen. Als ich noch weich war, verließ ich mich auf den Schlafsack von Raggedy Ann und Andy, bevor ich mir eine eigene Rüstung zulegen konnte. Ich habe erkannt, dass es Mut erfordert, sensibel zu sein, und dass ich nicht länger ein weiches Objekt brauche, um meine Reaktionen auf unsere manchmal raue Welt einzuhüllen.

Irgendwie hilft es zu wissen, dass die Samen der Königskerze in der Erde unter unseren Füßen darauf warten, wieder aufgehen zu können. Um die harten starren Räume in unserem Leben zu erweichen, braucht es oft unsere Tränen.

BÜSCHELROSE

Rosa multiflora

Familie: Rosaceae

Die Rose ist ein Symbol für Schönheit, Liebe, Freude und Stille und wird seit Langem mit dem Mysterium des Rosenkranzes in Verbindung gebracht. Es gibt auf der Nordhalbkugel über hundert Wildrosenarten in Asien, Nordamerika, Europa und Afrika. Jede hat zarte fünfblättrige Blüten, und die meisten blühen nur kurz im Sommer.

Rosa multiflora wurde ursprünglich als natürlicher Viehzaun aus Japan in den Vereinigten Staaten eingeführt, um Schafe, Kühe und andere Nutztiere ein- und Raubtiere auszusperren. Doch der lebende Zaun erwies sich selbst als unbezähmbar. Diese Naturgewalt breitete sich immer weiter aus – in Städten, Dörfern und Wäldern im ganzen Land – und gilt heute als eine höchst invasive Spezies. Die Zuchtrose mag als zahme, zarte Blume der Liebe wahrgenommen werden, aber die wilde Büschelrose ist zäh und frei.

GRENZEN

Der scharfe Dorn bringt oft zarte Rosen hervor.

OVID

Ich tue mein Bestes, um die durchlässigen, verletzlichen Bereiche meines emotionalen, spirituellen und physischen Körpers zu pflegen und zu schützen. Aber obwohl ich mich inzwischen damit wohlfühle, wie ich meine Anteile in mir erforsche und bestärke, weiß ich manchmal immer noch nicht, wo meine Grenzen liegen. Es gab Zeiten, in denen ich mich so verhärtete, dass in mir schmerzhafte Spannungen auftraten. Ich errichtete Mauern, die mir die Sicht versperrten, oder versteckte innere Wunden, obwohl sie bei Licht und an der frischen Luft viel schneller geheilt wären. Es gab auch Zeiten, in denen ich zu offen war und meine zarten Anteile den Wünschen, Bedürfnissen und Sehnsüchten anderer Leute auslieferte. Aber mit zunehmender Weisheit und Erfahrung lerne ich, wann und wo ich einerseits Verletzlichkeit zulassen kann, während ich mir andererseits voll im Klaren darüber bin, welche Bereiche meines Lebens und meines Körpers Schutz brauchen. Zum Beispiel müssen junge Bäume im Alladale Wilderness Reserve eingezäunt werden, um sie vor dem Appetit der Rehe zu schützen. Ohne die physische Begrenzung durch den Zaun oder die schützende Anwesenheit von Wölfen, die in dem Gebiet wieder angesiedelt werden, hätten die kleinen Kiefern, Eschen, Ebereschen, Espen und Birken keine Chance. Sobald die Bäume jedoch groß und breit genug sind, um sich durchzusetzen, kann die Barriere entfernt werden, und die Rehe stellen keine Bedrohung mehr dar. Im Idealfall funktionieren auch unsere eigenen Grenzen so: Sie arbeiten mit uns zusammen, schützen empfindliche Bereiche nach Bedarf und verändern ihre Form entsprechend unserem Wachstum.

Meine Grenzen kennenzulernen war für mein geistiges, körperliches und seelisches Wohlbefinden von entscheidender Bedeutung. Ich weiß jetzt, was mich stört, was mir wehtut und was verheerende Folgen für mein Nervensystem hat, aber selbst mit diesem Wissen erfordert es Übung, klar und selbstbewusst Nein zu sagen: *Nein. Es reicht. Bis hierhin und nicht weiter.* Obwohl das zunächst widersprüchlich erscheinen mag, erlaubt meine Bereitschaft, Grenzen zu ziehen, es mir, mehr Raum einzunehmen. Wenn ich zu oft Ja sage, dränge ich mich selbst in eine Ecke, in der ich mich schließlich von allem abschotten muss, um mich zu regenerieren.

Unklare Grenzziehung ist ein Thema, das in meinen Kräuterkursen und Retreats immer wieder auftaucht, insbesondere bei Frauen. Einige Kursteilnehmerinnen berichten, dass sie sich bis zur Erschöpfung abmühen und Ja sagen, um Konflikte zu vermeiden, obwohl sie eigentlich die Tür schließen und Nein sagen wollen. Wann beginnen ständige Kompromisse, unsere Schutzzäune zu zerstören, und wie können wir sie wieder aufbauen, ohne anderen Menschen gegenüber abweisend und verschlossen zu werden? Das erforschen wir in den Retreats und Workshops gemeinsam. Dabei ziehen wir Pflanzenverbündete wie die durchsetzungsfähige Büschelrose heran und führen uns vor Augen, dass wir alle auch unsere Dornen brauchen. Die physische Medizin der Rose wirkt zusammenziehend. Diese adstringierende Wirkung strafft schlaffes Gewebe und stärkt so unsere Gebärmutter, unsere Venen und Arterien. Die Rose hilft überall dort zusammenzuziehen und zu heilen, wo die Haut gerissen ist und Blut hervorquillt.

***

ICH BRAUCHTE FÜNF JAHRE UND VIELE THERAPIEN, BEVOR ICH das, was mir passiert war, als Vergewaltigung bezeichnen konnte. Ich hatte zugestimmt, mich in dieser Nacht mit ihm zu treffen, und war freiwillig mit ihm in den Wald gegangen. Also nahm ich an, dass der Übergriff zumindest teilweise meine Schuld war. Ich war vierzehn. Ich war jung und naiv, habe mich nicht besonders gewehrt. Ich verließ meinen Körper während der Tat. Erzählt habe ich es niemandem.

In den darauffolgenden Tagen machte ich mir Vorwürfe, weil ich mich nicht gewehrt hatte. Aber als ich Jahre später mit meiner Therapeutin über den Vorfall sprach, fragte sie: »Was hätten Sie gewonnen, wenn Sie sich gewehrt hätten? War das zu diesem Zeitpunkt in Ihrem Leben überhaupt möglich? Haben Sie sich sicher genug gefühlt, um es anderen zu erzählen?« Wenn ich mich gewehrt hätte, hätte ich mich vielleicht befreit oder das traumatische Erlebnis noch verschlimmert. Doch ich wusste gar nicht, wie ich mich hätte wehren sollen, und ich wusste kaum, wie mir geschah, bis es zu spät war. Im Nachhinein wünschte ich, ich hätte es meiner Mutter und meiner besten Freundin Tonya erzählt. Aber ich tat es nicht. Der Impuls, das Erlebnis zu verheimlichen und zu hoffen, dass ich es vergessen würde oder es sich in Luft auflösen würde, war zu stark. Ich hatte Angst, dass ich mich ausgeliefert fühlen würde, wenn ich von den Ereignissen dieser Nacht erzählte, dass ich mich nackt fühlen und die Scham noch größer werden würde. Ich wollte, dass sie schrumpfte.

Mein einziges romantisches Erlebnis bis zu diesem Zeitpunkt hatte sich im achten Schuljahr ereignet und war wirklich unschuldig gewesen: Ich hielt mit einem Klassenkameraden Händchen. Wir hatten monatelang auf unsere Weise geflirtet, aber nachdem wir Händchen gehalten hatten, war es uns so peinlich, dass wir kaum noch miteinander sprachen. Als dann ein gut aussehender älterer Schüler einer Privatschule Interesse an mir zeigte, war ich begeistert. Wir trafen uns zum ersten Mal, als ich an Halloween mit Freunden unterwegs war, und wir verabredeten uns für den nächsten Abend.

Es dämmerte bereits, als wir uns außerhalb des College-Campus trafen und gemeinsam einen vertrauten Weg entlanggingen, neben dem wilde Rosenstöcke einen kleinen Wald schützten. Wir blieben unter den Eichen stehen, und plötzlich küsste er mich. Ich war noch nie zuvor geküsst worden. Es war seltsam. Niemand hatte mir vorher gesagt, wie es sein sollte, und als er seine kalte, nach Pfefferminz schmeckende Zunge in meinen Mund steckte, rüttelte es mich durch. Ich wusste nicht, ob es mir gefiel, aber ich war froh, dass er Interesse an mir zeigte. Wir gingen weiter den Weg entlang. Wir unterhielten uns und gingen in den Wald hinein, über die Dornengrenze hinaus und unter ein Blätterdach aus Eichen und Kiefern, wo ich mich immer zu Hause gefühlt hatte. Ich begann, die frische Luft des Waldes zu atmen, die Bäume auf mich wirken zu lassen, und plötzlich veränderte sich seine Energie. Wir waren allein im Wald, und das Nächste, was ich weiß, ist, dass ich auf dem Boden lag.

Ich dissoziierte. Wie ich es bei dem Autounfall ein paar Jahre später auch erlebte: Ich verließ meinen Körper. Ich trennte mich irgendwie von mir selbst und schwebte in den Wald davon. Ich erinnere mich, dass ich, als ich hinterher wieder zu mir kam, stoisch meine Sachen packte und in eine öffentliche Toilette ging, wo ich saß und das Blut zwischen meinen Schenkeln anstarrte. Im Nachhinein wird mir klar, dass ich unter Schock stand. Ich säuberte mich, so gut es ging, und wartete, bis meine Mutter mich abholte und nach Hause brachte.

Ein starker Aufguss aus Rosenblüten und -blättern hätte die Bereiche des gewaltsamen Eindringens heilen können, aber statt mich der Verletzung zuzuwenden, sperrte ich die Emotionen weg und ertrug den körperlichen Schmerz schweigend, bis mein Körper schließlich von selbst heilte. Die lateinische Wendung *sub rosa* bedeutet wörtlich »unter der Rose«, womit gemeint war, dass eine Angelegenheit vertraulich behandelt werden musste. Seit der Antike wird die Rose als Symbol des Schweigens verwendet. Diese Konnotation der Geheimhaltung geht auf die griechische Mythologie zurück, als Aphrodite ihrem Sohn Eros, dem Gott der Liebe, eine Rose schenkte. Der wiederum gab sie an Harpokrates, den Gott des Schweigens, weiter, um sicherzustellen, dass die Fehltritte seiner Mutter geheim blieben.[1] Seitdem schweben verzierte Rosenschnitzereien über Versammlungsräumen wie Ratssälen und Beichtstühlen, um die Gäste daran zu erinnern, dass das, was dort gesagt wird, auch dortbleibt. Anstatt also die heilenden Kräfte der Rose zu nutzen, konzentrierte ich mich auf den Aspekt der Verschwiegenheit. In meinem Streben, das, was geschehen war, zu verbergen, fing ich an, Lügen zu erzählen.

Zunächst versuchte ich, meine Verwirrung zu verarbeiten, indem ich Briefe an ihn schrieb, die ich nie abschickte. Den wenigen Freundinnen, die von unserem Treffen wussten, tischte ich eine romantische Geschichte auf – wobei ich natürlich die Tatsache verheimlichte, dass ich gewaltsam entjungfert worden war. Aber wenn ich mit mir allein war, drängte die Wahrheit aus den Quellen meines Unterbewusstseins nach oben. Ich gab meinem Körper, meiner Dummheit und meiner vermeintlichen Schwäche die Schuld an den Schmerzen, die ich ertragen musste, und schon bald tauchten Erinnerungen an früheren Missbrauch in Form von Albträumen auf. Als alles an die Oberfläche kam, löste ich mich noch weiter von meinem Fleisch und hielt mich lieber im Reich des Geistes auf. Mein Geist und meine Seele wurden stark, während mein Körper verkümmerte.

* * *

EINE DER SCHMERZLICHSTEN REALITÄTEN, DENEN WIR ALLE INS Auge schauen müssen, ist, dass wir die Menschen, die wir lieben, nicht immer schützen können. Meine Mutter hat mich am Leben erhalten, als ich bei einem schweren Asthmaanfall durch etwas zu atmen versuchte, das mir wie ein zerdrückter Strohhalm vorkam, und ich dachte, ich würde sterben. Ihre Liebe ließ mich durchhalten und gab mir Lebenswillen, als ich nach dem Autounfall nicht mehr ein noch aus wusste und das Gefühl hatte, alles verloren zu haben. Aber trotz all unserer gemeinsamen Siege wird es sie immer verfolgen, dass sie nichts von dem Missbrauch wusste, den ich erlitt. Ich weiß, wenn sie es gewusst hätte, hätte sie die Tür zu meinem Schlafzimmer von Wildrosen umranken lassen, und feuerspeiende Drachen hätten mich bewacht. Und doch, so nah wir uns auch waren und sind, meine erste Missbrauchserfahrung geschah direkt vor ihrer Nase.

Als sich meine Erinnerungen in meine Albträume flüchteten, begann das Erlebte im täglichen Leben wieder aufzutauchen und in den Fokus zu rücken: Der Auftakt zu der Nacht, in der es geschah, ist seltsam lebendig. Ich muss etwa sieben Jahre alt gewesen sein, und ich erinnere mich daran, dass ich mit meiner Mutter bei Stiegers gewesen war und mir dort einen speziellen Osterpyjama aussuchen durfte. Ich freute mich darauf, etwas Besonderes auszusuchen und darin zu Ehren des Osterfestes zu schlafen und aufzuwachen. Der Jumpsuit hatte kurze Ärmel, einen hohen Kragen und war in Pastellfarben gestreift. Er hatte schöne Knöpfe auf der Vorderseite, und elastische Bündchen umschlossen meine Waden.

Ich liebte ihn. Ich würde in dem Schlafanzug aufwachen und nach den Schätzen suchen, die der Osterhase in der Nacht für mich versteckt hatte. Stattdessen wachte ich in dieser Nacht in einem dunklen Zimmer auf und sah, wie sich eine Gestalt neben meinem Bett herumtrieb, deren Hände mich an Stellen berührten, an denen kein Kind berührt werden sollte. Ich konnte die Person nicht genau erkennen und erstarrte vor Angst. Ich verstand nicht, was geschehen war, aber als ich am nächsten Morgen aufwachte, fühlte ich mich anders. Mein Körper fühlte sich schmutzig an, und ich ging ins Bad, um den Schlafanzug auszuziehen. Irgendwie war ich der Meinung, dass er der Schuldige war. Und ich dachte, ich könnte mich der Erfahrung dadurch entledigen, dass ich diesen Anzug nie wieder anzog. Ich stopfte ihn in eine Papiertüte, schob sie in die hinterste Ecke meiner Kommodenschublade und rührte sie nicht mehr an. Aber wenn *Er* zu Besuch kam, passierte es wieder. Bis zu einem Abend, als ich nach dem Essen das Silberbesteck im Geschirrspüler betrachtete und überlegte, ob ich ein Messer mit nach oben auf mein Zimmer nehmen sollte. Ich weiß nicht mehr, ob ich tatsächlich eins mitgenommen habe, aber mit dieser Nacht veränderte sich etwas. Er fasste mich nie wieder an. Die Erinnerungen vergrub ich so wie die Papiertüte mit dem Schlafanzug, die ich außer Sichtweite in meiner Kommode verstaut hatte.

Es gibt einen Überlebensinstinkt bei wilden Tieren: Sie verstecken sich, wenn sie verletzt oder geschwächt sind, da sie wissen, dass körperliche Schwäche sie zu leichter Beute macht. Vielleicht war es also mein junger tierischer Instinkt, der mich mein Trauma vor anderen Menschen verbergen ließ. Ich war in der Lage zu vergessen – ein Survivaltrick, der mir eine glückliche Kindheit ermöglichte. Aber in der Pubertät begann mein Körper sich zu entwickeln, und ich verspürte den Drang, seine Veränderungen zu unterdrücken. Durch mein Schweigen wurde mein innerer Konflikt noch heimtückischer. Versuchen wir unsere Wunden zu verstecken, ohne sie zu behandeln, entzünden sie sich. Als ich jung war, sprach niemand offen über sexuellen Missbrauch, und so hatte ich keinen Kontext für das, was mir widerfahren war. Wenn ich es meiner Mutter und anderen Menschen, die mir nahestanden, erzählt hätte, hätte ich vielleicht den üblen Geruch meiner Wunden auslüften können. Aber ich tat es nicht, weil ich befürchtete, dass mein Schmerz sich nur in eine neue Form verwandeln und auch zu ihrem Schmerz werden würde. Sobald ein Missbrauch ans Licht kommt, quält er nicht nur die Person, die missbraucht wurde, sondern zusätzlich auch alle ihr nahestehenden Menschen, die sie liebt und von denen sie geliebt wird.

ZUSTIMMUNG

Letzten Sommer, nachdem ich auf der Sawmill Herb Farm ein Seminar geleitet hatte, ernteten meine Mutter und ich Büschelrosen an einem Ort, den ich sehr schön finde. Es war Ende Juni, und sie sprossen dort überall. Ich wusste, wenn wir die Rosen nicht bald ernteten, würden wir ihre kurze Blütezeit verpassen. Als wir zwischen dem Dornengestrüpp hindurchgingen, fielen Blütenblätter direkt in unsere Papiertüten. Wir kamen sozusagen in letzter Minute. Dennoch baten wir die Pflanzen und das Land um Erlaubnis, bevor wir die Medizin ernteten.

Ich bitte das Land immer um Erlaubnis, bevor ich ernte. Es kann dauern, bis ich das intuitive Ja oder Nein höre oder fühle. Aber dann kommt die Antwort. Sie kann in Form einer körperlichen Empfindung übermittelt werden, als ein inneres Bild oder ein Gefühl. Manchmal ist die Antwort einfach ein Moment, in dem ich die Umgebung betrachte und feststelle, dass die Wildtiere und das umliegende Land die Blumen, Beeren, Wurzeln und Samen mehr brauchen als ich selbst. Wenn die Antwort Ja lautet, liegt eine Offenheit in der Luft, als würde ich durch eine Tür gehen, und ich bin unendlich dankbar. Wenn ich jedoch ein Nein spüre, fühlt es sich gewissermaßen wie eine unsichtbare Barriere zwischen mir, der Pflanze und dem Land an. Ich respektiere dieses Gefühl und verstehe, dass ich diese Grenze nicht überschreiten soll. Selbst die Skeptischsten unter meinen Schülern haben gelernt, mit der Natur zu kommunizieren. Dabei lernen wir, nur etwas zu nehmen, wenn wir die Erlaubnis dazu haben, und wir lernen, auch ein Nein deutlich wahrzunehmen und zu akzeptieren.

Einst wuchsen an einem kleinen Teich in der Nähe des Hauses meiner Mutter in Echo Hill prächtige Dickichte der *Rosa multiflora*, in denen es von Bestäubern nur so wimmelte. Jedes Mal, wenn sie blühte, ging ich dorthin, um Zeit inmitten der Rosen und der dortigen Vielfalt von Pflanzen und Tieren zu verbringen. Ich weiß, dass der Pollen eine wertvolle Nahrungsquelle für lebenswichtige Insekten ist, einschließlich unserer geliebten Bienen, und dass die Hagebutten ein nahrhaftes Winterfutter für Vögel und für Säugetiere, zum Beispiel Kaninchen und Kojoten, sind. Doch als ich eines Tages an diesen Ort kam, war das wilde, üppige Rosendickicht regelrecht ausradiert, mit Stumpf und Stiel. Das machte mich sehr wütend und traurig. Man brauchte nur einen Blick auf das Land zu werfen, um zu sehen, dass die sogenannte invasive Art andere Pflanzen nicht verdrängte, sondern vielmehr die Bodenerosion verhinderte. Obwohl die Büschelrose ein vielseitiges Heilmittel und von hohem ökologischem Wert ist, gilt sie heute beim Landwirtschaftsministerium der Vereinigten Staaten als »Superschurke«, als eine besonders invasive Art, eines der »schädlichsten Unkräuter«, und wird oft ausgerissen oder gar mit Pestiziden bekämpft, trotz der Schäden, die das in der Umwelt insgesamt anrichtet.

Nachdem die Büschelrosen und andere sogenannte invasive Arten dort entfernt worden waren, erodierte der Boden, und das

Wasser in dem kleinen Teich verflüchtigte sich allmählich. Die schützende Grenze, die das Rosendickicht gebildet hatte, verschwand. Mit dem Austrocknen des Teiches gingen die Arten verloren, die auf dieses Wasser angewiesen waren, und ich nehme an, auch jene, die das reiche Nahrungsangebot der wilden Rosenbüsche geschätzt hatten. Wir müssen uns fragen, ob einige sogenannte invasive Arten nicht in Wirklichkeit Vorboten künftiger Ökosysteme sind, die eine Schutzfunktion an den Orten übernehmen, wo einheimische Arten um ihr Überleben kämpfen. Widerstandsfähige Pflanzen wie die Büschelrose sind vielleicht besser geeignet, um in diesen Zeiten des Klimawandels und der massiven Umweltveränderungen zu gedeihen.

Pflanzen aus der Erde zu reißen ist für die betroffenen Pflanzen- und Tiergemeinschaften schon schlimm und traumatisch genug, sie aber mit Pestiziden zu vergiften, macht die natürlichen Ökosysteme insgesamt krank. Die Verantwortlichen nehmen sich nicht die Zeit, eine Beziehung zu dem Land aufzubauen, um erkennen zu können, welche Lebewesen durch die Anwesenheit sogenannter invasiver Arten profitieren. Missbräuchliches, gewaltvolles Verhalten ist etwas, dem Frauen und nicht menschliche Natur gleichermaßen ausgesetzt sind. Beide litten und leiden unter Missbrauch, Penetration und Besitzergreifung im Rahmen kapitalistischer und patriarchalischer Ausbeutungssysteme.

* * *

ALS MEINE MUTTER UND ICH ZWISCHEN DEN BEZAUBERNDEN ROSENSTRÄUCHERN hervorkamen, bemerkte ich einen Mann, der auf uns zukam. Irgendetwas an ihm kam mir komisch vor, und intuitiv ging ich in Alarmbereitschaft. Als er näher kam, scannte ich ihn mit meinem Blick und überlegte, wie ich ihn zu Fall bringen und meine Mutter verteidigen könnte falls nötig. Als er vorbeigegangen war, fragte ich meine Mutter: »Wenn du hier allein spazieren gehen würdest und dieser Kerl würde versuchen, dich anzugreifen, was würdest du tun?« Sie sah mich an und sagte: »Ihm an die Gurgel gehen? Ich weiß es echt nicht.«

Selbst wenn wir noch nicht die Erfahrung gemacht haben, angegriffen oder vergewaltigt zu werden, kann die Angst, Opfer sexueller Gewalt zu werden, für Frauen sehr einschränkend und belastend sein. Wenn wir allein unterwegs sind, müssen wir extrem wachsam sein, und obwohl es in der Menschheitsgeschichte immer wieder Berichte über kriegerische Frauen gab, erscheint es vielen Menschen immer noch seltsam, wenn Frauen sich dafür entscheiden, Kriegerinnen zu werden und Selbstverteidigung zu erlernen. Uns wird beigebracht, »Fraulichkeit« bedeute, zurückhaltend, zart und sanft zu sein. Aber wenn es Männer gibt, die uns als Beute betrachten, ist es dann nicht sinnvoll, dass wir lernen, uns zu verteidigen? Auch wenn Yoga und Übungen, die unseren Körper fit halten, ihren Platz haben, glaube ich, dass Selbstverteidigung für alle Frauen eine wichtige Fähigkeit ist. Wir müssen diesem archaischen, ursprünglicheren, mit der Wildnis verbundenen Teil unseres weiblichen Wesens mehr Raum geben, und zwar ohne auf der Hut sein zu müssen und ohne männlichen Beschützer.

Kürzlich wurde ich davor gewarnt, in den Wald des Prospect Parks zu gehen, einem meiner Lieblingsorte in Brooklyn: »Dort sind in letzter Zeit mehrere Frauen vergewaltigt worden. Geh nur hin, wenn du in einer großen Gruppe oder mit einem Mann unterwegs bist.« Aber ich liebe es, allein im Wald spazieren zu gehen, und nun wurde ich dazu gedrängt, auf etwas zu verzichten, was mir Freude bereitet. Denn ich wusste nur zu gut, dass man mir die Schuld dafür geben würde, wenn etwas passierte und ich mich allein an einem Ort aufgehalten hatte, vor dem ich gewarnt worden war. Als ich im vorigen Jahr Costa Rica besuchte, wurde mir gesagt, ich sollte nicht allein an meinen stillen, wenig besuchten Lieblingsstrand gehen und auf keinen Fall dort längere einsame Strandspaziergänge machen. »Es hat in letzter Zeit eine Reihe von Vergewaltigungen an dem Strand gegeben«, sagten mir Freunde. »Wenn du allein unterwegs bist, fahr lieber in die Stadt oder nach Cocles, wo die Strände gut besucht sind.« Aber ich wollte allein draußen in der Natur sein. Wenn ich mich trotzdem entschied, dorthin zu gehen, wäre das nicht sehr entspannend geworden, weil ich ständig wachsam meine Umgebung beobachtet hätte. Und man würde mir Vorwürfe machen, weil ich alle Warnungen in den Wind geschlagen hatte. Als ich mich schließlich entschloss, doch lieber zu einem gut besuchten Strandabschnitt zu gehen, setzte sich ein Mann ungebeten neben mich, und als ich ihm sagte, ich wolle allein sein, reagierte er beleidigt. Ich fügte dies der langen Liste von Erlebnissen hinzu, wo Männer mich als »Schlampe« bezeichnet hatten, weil ich unwillkommene Annäherungsversuche nicht akzeptierte. Als ich als Teenager am Strand lag und die Sonne genoss, öffnete ich die Augen und sah, wie mich ein Mann anstarrte. Er kam zu mir und forderte mich auf, meine Beine weiter zu spreizen, damit er mehr zu sehen hätte. Ich verließ den Strand und kehrte für den Rest unseres Familienurlaubs nicht mehr zurück. Wenn die Familie oder Freunde bei mir waren, bedeutete das zwar »Sicherheit« für meinen physischen Körper, aber meine Psyche und mein Geist waren immer noch verletzt.

Die Angst vor Vergewaltigung kann uns die Freude am Alleinsein und an unserem Menschenrecht rauben, frei in der Natur umherzustreifen. Es wird uns geraten, zu Hause zu bleiben, statt abends auszugehen, wenn wir nicht in Begleitung sind. Wir werden dazu angehalten, vorsichtig zu sein, unseren Körper zu bedecken, den Kopf gesenkt zu halten und darauf zu achten, dass wir nicht zur falschen Zeit am falschen Ort sind. Ähnliche Argumente höre ich auch über Tiere im Zoo: *Sie leben doch in ihren Käfigen sicherer als in der freien Natur.* Aber welchen Preis zahlen ihre Seelen dafür – und ihr natürlicher Lebensraum, der davon abhängt, dass sie präsent sind und ihre ökologische Rolle ausfüllen? In den Jahren zwischen zwanzig und dreißig machte ich mir Gedanken darüber, ob ich das Risiko eingehe, von der U-Bahn-Station zu Fuß nach Hause zu laufen, oder meine letzten zwanzig Dollar für ein Taxi ausgebe. Aber auch im Taxi war ich unruhig und in Alarmbereitschaft, wenn ein männlicher Fahrer in eine falsche Straße einbog.

Es kommen immer mehr Frauen zusammen, die Nein sagen. *Es reicht. Hier ziehen wir die Grenze.* Selbst wenn uns die Gesellschaft das Gefühl gibt, unsicher zu sein, oder versucht, mächtige wilde Räume zu zähmen und zu säubern, können wir zumindest aus unseren selbst auferlegten Gefängnissen ausbrechen und Grenzen schaffen, die uns nicht auferlegt werden, sondern durch die wir uns befreien. Die Büschelrose kann uns dabei helfen, uns selbst mehr zu lieben und uns darüber klar zu werden, wo unsere Grenzen liegen. Und wenn es zu einem gewaltsamen Eindringen kommt, kann sie helfen, Räume in unserem Körper, unserem Geist oder unserer Seele zu heilen, in die ohne unsere Einwilligung eingedrungen wurde.

RÜCKEROBERUNG

Ich musste zwar anerkennen, was mir widerfahren war, aber ich wollte mich nicht in die Opferrolle fügen. James Baldwin schrieb: »Das Opfer, das in der Lage ist, die Situation des Opfers zu artikulieren, hat aufgehört, ein Opfer zu sein: Es ist zu einer Bedrohung geworden.« Ich glaube, das stimmt. Für mich war es so. Als ich endlich über den Missbrauch sprach, den ich erlitten hatte, ließ ich ihn los und begann, meinen Körper vollständig zurückzuerobern.

Gerechter Zorn begann, in meinem inneren Kessel zu kochen und zu brodeln.

Die beiden Männer, die mich missbraucht hatten, wurden von mir und den mir nahestehenden Personen zur Rede gestellt. Ich hatte eine Riesenangst, aber ich wusste, dass ich es tun musste, um zu verhindern, dass sie anderen Frauen Schaden zufügen und sie missbrauchen. Bevor ich sie konfrontierte und meine Grenzen durchsetzte, hatte ich mich schwach und unglaublich verletzlich gefühlt. Trotzdem sagte mir Tonya kürzlich: »Du hattest eine Wildheit, die dich durchströmte, selbst als es dir Schwierigkeiten bereitete.« Mit jeder Konfrontation veränderte sich etwas in mir, und seitdem beschütze ich meinen heiligen Raum und konfrontiere Eindringlinge.

* * *

DIE RÜCKEROBERUNG MEINES KÖRPERS WÄRE NICHT VOLLSTÄNDIG, wenn ich nicht gelernt hätte, mich für die Macht der Lust zu öffnen. Während meiner Zwanziger entfachten in mir, wie bei vielen von uns, Sex und Leidenschaft eine kreative Energie und standen im Mittelpunkt meiner Beziehungen. Ich konnte mir eine Partnerschaft ohne brennendes Verlangen nicht vorstellen. Ich tat die notwendige Arbeit, um Selbstvorwürfe abzubauen und meine eigenen Mauern zu überwinden, damit ich weicher und empfänglicher werden konnte. Es dauerte Jahre der bewussten Selbstfürsorge und der Traumabewältigung, bis mein Körper verstand, dass er beschützt war und mir vertrauen konnte. Zu Beginn hatte ich gelegentlich Flashbacks, aber zu meinem Glück wählte ich Männer, die mir halfen, mein Trauma zu überwinden. Meine langjährigen Partner hörten mir zu und verstanden, dass unser einvernehmlicher Sex etwas völlig anderes war als der, bei dem ich nicht um Erlaubnis gefragt worden war. Es gab allerdings Liebhaber, die mich behandelten, als könnte ich zerbrechen, nachdem ich mich ihnen anvertraut hatte. Das machte mir bewusst, warum sie nicht loslassen konnten, und es fiel mir schwerer, mich mit ihnen dem Rausch der Leidenschaft hinzugeben. Das Vergnügen, das ich mit den Männern meiner Wahl erlebte, hatte absolut nichts mit der Gewalt der Männer zu tun, von denen ich missbraucht worden war. Loszulassen und meine Sexualität zu erforschen, war ein wesentlicher Teil meiner Heilung.

***

VOR ACHT JAHREN UNTERNAHMEN EIN GELIEBTER PARTNER UND ich einen Ausflug nach Amherst und fuhren an dem Ort vorbei, an dem ich vergewaltigt worden war. Mein Körper verkrampfte sich. Da wusste ich, dass es noch eine weitere Ebene der Heilung zu bewältigen gab. Ich musste meine Beziehung zu diesem kleinen Stück Wald heilen und die Bruchstücke meines Geistes zurückgewinnen, die mit vierzehn Jahren geflüchtet waren. Ich beschloss, dass ich bei meinem nächsten Besuch allein in diesen Wald zurückkehren würde.

***

ICH GEHE AN DER WILDROSE ENTLANG, DIE ZWISCHEN DEM GEpflasterten Weg und dem Wald wächst. Ich betrete den Wald. Dort drinnen scheint es vor Wissen regelrecht zu summen. Eine schöne alte Eiche hält hoch aufragend Wache. Ich frage mich, ob der Baum sich an mich erinnert. Ich sehe Pilze, die an der Basis des Stammes wachsen, und erinnere mich, dass mein Körper hier auf diesem Boden lag. Erinnert sich das Pilzmycel? Ich sitze, meditiere, schreibe mir selbst einen Brief und lade den Seelenanteil meines vierzehnjährigen Selbsts wieder zu mir ein. Ich habe dem jungen Mädchen verziehen, das nur versucht hat, zurechtzukommen, zu vergessen und zu überleben. Ich habe sie jetzt wieder als Teil von mir akzeptiert, und sie braucht keine Angst mehr zu haben. Ich meditiere, verbrenne reinigende Kräuter und warte, bis der Boden, der mir Angst gemacht hat, sich heilig anfühlt.

Als ich aus dem Wald herauskomme, bemerke ich ein neues Schild: Es informiert darüber, dass das College die vielen toten Bäume fällen und diese Flächen neu aufforsten wird. Die hier natürlich nicht vorkommenden Rotkiefern des Waldes sind durch Schädlingsbefall abgestorben. Nach ihrer Rodung soll die Landschaft renaturiert und in ein gesundes Biotop verwandelt werden.

> Später in diesem Frühjahr, wenn die Kiefern gefällt sind, wird ein Mischbestand aus heimischen Laub- und Nadelbäumen gepflanzt, die dann den langen Prozess des Heranwachsens durchlaufen werden. Auf diese Weise wird ein für diese Region natürlicher Wald entstehen, der nicht wie eine Plantage aus nicht heimischen Bäumen aussieht, die dem Untergang geweiht sind. Leider werden diese Flächen einige Jahre lang kahl aussehen, bis die Bäume über das Schösslingsstadium hinausgewachsen sind.

So ist das mit dem Wandel, nicht wahr? Der Evolutionsprozess kann eine Zeit lang trostlos und unfruchtbar aussehen, während unter der Oberfläche harte Arbeit geleistet wird.

Ich brauchte zwar Jahrzehnte, um verschiedene Schichten meines Wesens zu heilen. Doch mit jeder dieser Heilungen wachse ich ein Stück. Und sobald ich eine andere wunde Stelle in mir finde, kann ich die Büschelrose nutzen, um das zarte Gewebe zu heilen. Und nachdem ich jahrelang Briefe an diejenigen geschrieben habe, die mir Gewalt antaten und die geliebte Erde missbrauchten, schrieb ich nun einen einfachen Brief an mich selbst:

Liebe Vanessa,

Dein Körper wird immer Dir gehören. Deine Unschuld ist unversehrt, und Dein Recht auf Vergnügen wurde Dir nicht genommen. Du musst Dich für nichts schämen. Es waren die Krankheiten dieser Männer, die Krankheiten der patriarchalischen Gesellschaft und die Krankheiten frauenfeindlicher religiöser Doktrinen, die diese Scham aufrechterhielten. Es tut mir leid, dass Du im Käfig Deines Schweigens gefangen warst. Du wolltest nicht, dass man Dich als Sexobjekt sieht, Deinen Körper auf eine sexuelle Weise betrachtet. Das wusstest Du damals schon. Ich verstehe das. Ich habe diese Angst noch immer. Du wolltest die Geschichte und das Reden darüber nicht zu groß werden lassen, ehe Du nicht verstanden hattest, was es bedeutet. Und weißt Du was? Du warst mutig. Und schau uns jetzt an. Wir machen unsere Sache gut.

MARIENDISTEL

Silybum marianum

Familie: Asteraceae

Vanessa cardui, der »Distelfalter«, ist ein Schmetterling, dem es dank der Zähigkeit seiner Wirtspflanzen – Beifuß, Wiesenklee, Goldrute und Distel – fast überall gut geht. Diese widerstandsfähigen Pflanzen gedeihen auf Brachflächen in der Stadt, auf sonnigen Wiesen, in Gärten, in Bürgersteigritzen, an Waldrändern oder auf windgepeitschten Dünen. Die Distel ist ein hervorragendes Leber- und Gallenblasentonikum und wie der Schmetterling ein Symbol für Transformation. In der Traditionellen Chinesischen Medizin werden Leber und Gallenblase mit dem Holzelement in Verbindung gebracht, einem der fünf Hauptelemente, die zum Verständnis der Ursache von Symptomen herangezogen werden. Holz ist ein Element, das verrotten kann, wenn es zu feucht wird. Es kann in Flammen aufgehen, wenn es trocken ist, oder ausgewogen in alle Richtungen sprießen und wachsen, wie es bei Bäumen der Fall ist, die sich im Gleichgewicht befinden. Erhöhter Blutdruck, häufige Hautausschläge, nervöse Gereiztheit, Angstzustände, Entzündungen, Sodbrennen oder Panikattacken können auf Störungen im Holzelement hinweisen. Die Mariendistel kann diese lebenswichtigen Organe unterstützen und unsere innere

Flamme zur Verarbeitung von Nahrung, Emotionen und Erfahrungen stabilisieren, während wir lernen, zu wachsen und uns weiterzuentwickeln.

Vanessa cardui ist schwarz umrandet. Auf den orangefarbenen inneren Flügeln dieses Schmetterlings zeigen sich braune, weiße und manchmal blaue Farbtupfer. Wenn er mit zugeklappten Flügeln sitzt, kann man seine vier kreisförmigen Augen sehen. Die Raupe ist schwieriger zu identifizieren. Sie ändert ihr Aussehen von einer grauen wurmartigen hin zu einer langen stacheligen Kreatur, die sich dann während des Puppenstadiums verflüssigt. Vierundzwanzig Stunden nachdem sie sich an die Pflanze ihrer Wahl geheftet hat – vermutlich eine stachelige schützende Distel –, verwandelt sie sich in eine schöne bronzene Hülle, während das Raupen-Ich dahinschmilzt.

METAMORPHOSE

Um sich zu verändern, müssen sich die Menschen ihrer Empfindungen und der Art und Weise bewusst werden, wie ihr Körper mit der Welt um sie herum interagiert. Körperliche Selbsterkenntnis ist der erste Schritt, um sich von der Tyrannei der Vergangenheit zu befreien.

BESSEL A. VAN DER KOLK:
DER KÖRPER VERGISST NICHT

Sechs Monate nach dem Autounfall, bei dem drei meiner Wirbel zertrümmert worden waren, durfte ich aus meiner Fiberglas-Rückenstütze herausschlüpfen. Der cremefarbene Kokon, der mich vom Rücken bis zum Schlüsselbein umhüllte und sich in meine Achselhöhlen bohrte, lag nun vor mir auf dem Boden. Er sah aus wie der abgetrennte Torso einer wenig vollbusigen Barbiepuppe. Ich fühlte mich unglaublich verletzlich ohne meine inzwischen vertraute Rüstung. Aber ich war frei.

Auch wenn unbarmherzige Asthmaanfälle mich dazu zwangen, auf meine Atmung zu achten, und der Autounfall mich gelehrt hatte, mit starken Schmerzen und Unbehagen umzugehen, fühlte ich mich weiterhin von meinem physischen Körper entfremdet und versank in den Gefilden meiner Fantasie. Beim Zeichnen fokussierte ich mich stundenlang meditativ auf ein bestimmtes Motiv – in der Regel Löwinnen, Wölfe, Panther und Huftiere –, so intensiv, als existierten nur sie und ich. Obgleich ich innerlich kämpfte, war meine Kunst eine ganz eigene Welt und übte eine enorme Anziehungskraft auf mich aus, sodass ich mich tagelang in sie versenken konnte. Oft kam es mir vor, als würden in meiner Kunst Klänge freigesetzt und zum Ausdruck gebracht. Der Umgang mit Stift und Papier wurde für mich wie ein Gebet.

In seinem Buch *Trauma-Heilung: Das Erwachen des Tigers* betrachtet der somatische Therapeut Dr. Peter Levine die Art und Weise, wie wilde Tiere Traumata überwinden, und wendet das auf seine Arbeit mit Menschen an. Er beschreibt ein Trauma als eine intensive, aber unvollständige biologische Reaktion auf eine Bedrohung, die unseren Körper in einer Art permanente Erstarrung versetzt, weil sie noch nicht angemessen verarbeitet wurde. Wenn unser Adrenalin uns auf Kampf oder Flucht vorbereitet, spannen sich im ganzen Körper die Muskeln an. Wenn wir der Situation aber ausgeliefert sind und weder kämpfen noch fliehen können, bleibt die von unserem Überlebensinstinkt erzeugte Energie in unserem Körper stecken. Dr. Levine sagt, dass die traumatisierte Person »in einem Zustand akuter und dann chronischer Erregung und Dysfunktion des zentralen Nervensystems verharrt«.[1] Ich war in einem solchen Erregungszustand stecken geblieben, und obwohl es mir gelungen war, damit einigermaßen klarzukommen, wollte ich meine aufgestaute Energie nun endlich loslassen. Ich wollte die Enge hinter mir lassen und hinaus in die Freiheit rennen.

In einem lange von mir gehegten Narrativ spielte ich die Hauptrolle des schwachen asthmakranken Mädchens, das unbeachtet am Rand saß und unfähig war, am Sportunterricht teilzunehmen. Als

Heranwachsende hatte ich das Gefühl, Scheinwerfer wären auf mich gerichtet, sodass alle meine Unfähigkeit sehen könnten. Als meine Grundschulsportlehrerin darauf bestand, ich sollte wie alle anderen Kinder für den jährlichen Fitnesstest die Runde um das Gelände unserer Schule laufen, bekam ich einen so schlimmen Asthmaanfall, dass ich im Krankenhaus landete. Das war furchtbar demütigend und eine der vielen Erfahrungen, die dieses Narrativ zu belegen schienen. Die Notwendigkeit, meinen Inhalator überallhin mitnehmen zu müssen, und die Angst, mich zu sehr anzustrengen und damit einen Anfall auszulösen, überschatteten jeden meiner Schritte. Ich spürte eine große Kluft zwischen der Lebenswirklichkeit, die mein Asthma mir aufzwang, und der Art, wie ich von anderen Menschen wahrgenommen werden wollte.

Als ich älter wurde, benutzte ich mein Asthma als Ausrede, um mich vor Situationen zu drücken, in denen meine Schüchternheit und Unsicherheit mir zu schaffen machten. Ich saß bei den vorübergehend kranken Kindern und den Kindern, die von den Lehrern wegen Ungehorsam bestraft wurden, aber ich war die Einzige, die ständig im Sportunterricht fehlte. Wenn es sich allerdings um leichte sportliche Aktivitäten handelte, zwang man mich zum Mitmachen, und das war noch schlimmer. Ich war unglaublich verunsichert und hatte das Gefühl, dass alles, was ich tat, aufgrund meiner sonstigen Abwesenheit besondere Aufmerksamkeit erregte. Meine Abwehr- und Bewältigungsmechanismen bestanden darin, so zu tun, als wäre mir das egal. Aber die Wahrheit ist, dass ich *verzweifelt* Sportlerin werden wollte!

Bald nachdem das Korsett weg war und ich wieder mobiler wurde, begann ich, zweimal wöchentlich eine Therapie bei einer wunderbaren Frau namens Joan zu machen, die auf Magersucht und Bulimie spezialisiert war. Nachdem ich »aufflog« und der geheime Bewältigungsmechanismus meiner Essstörung nach dem Autounfall ans Licht kam, konnte ich nicht mehr die starke Ablenkung des Hungerns, des Vermeidens von Mahlzeiten oder des Erbrechens nutzen, um schmerzhaften Wahrheiten auszuweichen. Meine Familie und enge Freunde hatten mich durchschaut, aber mehr noch, ich hatte es satt. Ich wollte mit diesem selbstzerstörerischen Verhalten nicht länger weitermachen. Ich war mir dessen zu sehr bewusst. Zu viel Wahrheit war ans Licht gekommen, und ich war nun bereit, mich meiner Heilung zu widmen. Mit Joan sprach ich über den sexuellen Missbrauch, den ich als Kind erlebt hatte, die Vergewaltigung mit vierzehn Jahren, an die ich mich erinnern konnte, und andere Traumata, bei denen mir vor der Therapie bei Joan noch gar nicht bewusst gewesen war, dass ich sie in mir trug.

Mit siebzehn Jahren, als ich mit meiner Mutter von der Therapie nach Hause fuhr, ganz gefangen in meiner Muskeldysmorphie, zeigte ich auf Frauen, die ich auf der Straße sah, und fragte: »Sehe ich wie sie aus? Oder vielleicht wie sie?« Ich war wirklich ratlos. Beim Versuch, meinen Körper und meinen Geist wieder in Einklang zu bringen, brach etwas in mir auf, geradezu explosionsartig.

Ohne die zwanghafte Starre des Hungerns überfielen mich nun rasende Panikattacken. Diese Panik kam wie aus dem Nichts. Bereits durch die kleinste Unentschlossenheit wurde sie ausgelöst, nahm schnell an Geschwindigkeit zu und ließ mein Herz gegen meine Brust schlagen. Mein Körper war eine Quelle unvorhersehbarer Stürme, und ich konnte mich nicht mehr auf dieselbe Art retten wie früher.

Es dauerte ein Jahr der Rehabilitation, bis ich mich so bewegen konnte, wie es mein Körper wollte. Die Physiotherapie war der erste Schritt auf dem Weg dahin. In den ersten Tagen nach dem Abnehmen der Rückenstütze konnte ich nicht viel mehr tun, als, auf dem Bauch liegend, einen Arm vom Boden heben, dann den anderen. Schließlich fügte ich diesem Übungsprogramm noch das abwechselnde Heben der Beine hinzu, um die verkümmerten Muskeln entlang meiner Wirbelsäule zu stärken. Diese und andere quälend langweilige Übungen dauerten über eine Stunde. Aber sosehr ich sie auch hasste, ich lernte durch diese subtilen Bewegungen meinen Körper besser kennen als je zuvor.

Doch mein größtes Problem hatte nichts mit dem Körper zu tun, den ich nun durch die mühseligen Übungen wieder aufbaute. Die dicksten, am gründlichsten bewachten Tore befanden sich in meinem Kopf. Ich war fest überzeugt, körperlich unzulänglich zu sein.

* * *

ALS ICH NACH DEM AUTOUNFALL DIE HIGHSCHOOL ABBRACH, wurde die Selbstheilung zu meiner Vollzeitbeschäftigung, und ich hatte das Glück, gleich in meiner Nähe einen Trainingsort zu haben. Der Hampshire Fitness Club, ein Fitnessstudio mit Aquafitness-Geräten, Herz-Kreislauf-Geräten, Pool und Sauna, lag nur wenige Gehminuten von unserem Haus in Echo Hill entfernt. Sobald mein Körper dazu in der Lage war, ging ich jeden Tag den Hügel hinunter zum Club und setzte die eiserne Selbstdisziplin, die ich mir durch das Hungern angeeignet hatte, in Krafttrainingsprogramme um. Ich begann, mich mit Herz-Kreislauf-Training zu pushen, erlernte Hanteltraining, Gymnastik und Intervalltraining. Es erwies sich als echte Katharsis, meine innere Anspannung auszuschwitzen – eine Offenbarung. Endlich begann ich, das Feuer freizusetzen, das ich in mir unterdrückt hatte.

Langsam entwickelte ich ein gesünderes Verhältnis zum Essen und zu meinem Körper. Jeden Tag, wenn das Wetter es zuließ, schnappte ich mir eine große Decke und ging zu einer großen Wiese in der Nähe unseres Hauses, wo ich in mein Tagebuch schrieb, auf die Felder mit weißem und rotem Wiesenklee blickte und unter den Ahornbäumen Schatten fand. Mit zunächst noch unsicheren Schritten befreite ich mich nach und nach von dem psychologischen Sicherheitsnetz meiner Muskeldysmorphie und sah, dass außerhalb meiner verzerrten Wahrnehmung eine ganz andere Welt auf mich wartete. Während ich meine alten Glaubenssätze mit ihren Höhen und Tiefen hinter mir ließ, schrieb ich: *Es ist unmöglich, dass ich mich heute dick fühle, wenn ich gestern genau richtig war, es ist unmöglich, dass ich mich heute hilflos fühle, wenn ich mich gestern unbesiegbar fühlte, es ist unmöglich, dass ich heute so hungrig bin, wenn ich gestern satt war.* Ich las unersättlich – Bücher über Naturheilkunde, gesunde Ernährung, Heilung von sexuellem Missbrauch, Selbstfürsorge und Selbstentfaltung. Das Essen entwickelte sich nun zur Medizin und Kraftquelle. Später, als ich lernte, mich für hohe körperliche Leistungsfähigkeit optimal zu ernähren, wurde das Essen zu meinem Verbündeten. Ich begann, mich zu nähren, mich zu erden und mehr in meinem Körper zu verorten. So wundervoll es auch war, mich in meiner menschlichen Gestalt sicher und stark zu fühlen, löste die Freude darüber, dass ich über meine Komfortzone hinauswachsen konnte, bald eine neue Sucht aus. Im Nervenkitzel der potenziellen Transformation stellte ich mir leider selbst ein Bein, indem ich mich einseitig darauf konzentrierte, meinen Körper zu Höchstleistungen anzutreiben.

***

ZWEI JAHRE SPÄTER, ALS ICH AN DER UMASS AMHERST KURSE BElegte, wurde ich eingeladen, mich für das Ruderteam zu bewerben. Zu diesem Zeitpunkt hatte ich meinen Körper bereits zwei Jahre lang täglich stundenlang trainiert. Mein Verhältnis zum Essen hatte sich verändert, und körperlich war ich nun stark. *Ja*, dachte ich, *das ist der nächste Schritt. Das ist die Herausforderung, die ich brauche*. Ich wollte wissen, wozu mein Körper fähig war.

***

DAS PROBETRAINING IST BRUTAL. NACH EINER ANSTRENGENDEN Runde liege ich mit fünfzig anderen Frauen auf dem Rasen vor der UMass-Sporthalle, und meine mögliche zukünftige Trainerin fordert mich auf, dreißig Liegestütze zu machen. Sie weiß nichts von meinem Asthma, meinem Autounfall oder den hartnäckigen Unsicherheiten, die immer noch in meinem Körper stecken. Ich bin nur eine weitere Frau, die sich für das UMass Crew Team bewirbt. Sie wartet. Ich habe noch nie im Leben Liegestütze gemacht. Ich sage: »Ich werde es versuchen, aber ich kann sie nicht alle machen.« »Doch, das kannst du«, sagt sie entschlossen. »Wenn du es ins Team schaffen willst, musst du dreißig Liegestütze machen.« Also liege ich mit dem Gesicht im Gras, die Muskeln sind erschöpft und schmerzen. Irgendwie zwinge ich mich aber, die Liegestütze zu machen. Sie sind unglaublich dürftig, aber dennoch: Dieser Sieg ist ein Höhepunkt. Ich werde tatsächlich in die Mannschaft aufgenommen und bin begeistert. »Du bist tapfer«, sagt die Trainerin lobend zu mir.

* * *

AN SECHS TAGEN IN DER WOCHE KLINGELTE NUN MORGENS UM Viertel vor fünf mein Wecker, weil ich auf dem Connecticut River trainieren musste. Während die Sonne aufging, trugen wir unser schweres hölzernes Langboot den Hügel hinunter zur Anlegestelle. Das schmale Boot sauste über den Fluss, mit den kreisrunden Spuren unserer eintauchenden Ruder im Kielwasser. Ich saß an Steuerbord in einem Achter, was bedeutete, dass ich das Tempo für die vier Frauen hinter mir vorgab. Ich hatte immer noch Probleme mit der Atmung und hinkte beim Laufen hinterher, aber diese Defizite machte ich durch meine Rudertechnik wett. Ich war eine Perfektionistin (oft zu meinem paralysierenden Nachteil) und hatte eine sehr gute Rudertechnik. Als Team arbeiteten wir synchron und glitten über das Wasser. Es war ein reines Glücksgefühl, meinen Körper in diesen frühen Morgenstunden so anzustrengen.

Zwar stellte mein Atmungssystem immer noch eine tägliche Herausforderung dar, aber ich lernte, sie zu meistern. Anfangs litt ich zwar noch unter pfeifendem Atem, aber wenn ich meinen Inhalator benutzte oder mich sogar nur einen Moment auf meine Atmung konzentrierte, sobald sich die Symptome zeigten, ließen sie nach. Und wenn sie einmal überwunden waren, konnte ich eine unglaubliche Ausdauer an den Tag legen. Mein Asthma war auf dem Wasser nie ein Problem. Ich begann mich zu fragen, ob die Krankheit, die meine Kindheit geprägt hatte, einfach nur eine mentale Blockade gewesen war.

Das Buch *Persönliche Bestform durch Mental-Training für Sport, Beruf und Ausbildung* machte mich mit Meditation und Visualisierungstechniken vertraut. Wenn ich das Gefühl bekam, während des Rudertrainings gegen eine Wand anzurennen und keine Fortschritte zu machen, übte ich die Meditationen aus diesem Buch. Dabei stellte ich mir ein goldenes Licht vor, das meinen Körper erleuchtete und belebte. Das schenkte mir neue Energie. Ich übte die Visualisierung, wenn ich nicht trainieren konnte. Ich schrieb Affirmationen auf, hängte sie in meinem Zimmer an die Wände und sagte sie mir möglichst oft innerlich vor. Ich malte mir aus, wie ich den gefürchteten Ergometertest am Rudergerät meisterte, wie ich Sprints absolvierte und Rennen gewann, und zwar mit so vielen sinnlichen Einzelheiten wie möglich. Und natürlich war ich besessen davon, meine Liegestütze zu schaffen. Nach einiger Zeit schaffte ich problemlos fünfzig, und ich begann, die Erweiterung meines Bewusstseins mit der Steigerung meiner körperlichen Leistung zu verbinden. Ich lud mein jüngeres Ich, das am Spielfeldrand saß, dazu ein, endlich diese demütigende Außenseiterposition zu verlassen. Ich wurde zur Athletin, und das veränderte mein Leben.

STECHEN WIE EINE BIENE

Auf Gälisch heißt *Vanessa cardui*, der Distelfalter, *a' bhaintighe-arna-dhreachmhor* – die edle gemalte Dame. Ihre Lieblingspflanze, die stachelige violette Distel, wächst überall in der schottischen Landschaft, und als das Pflanzenemblem Schottlands ist sie sogar noch öfter anzutreffen, denn es ziert so ziemlich alles, von Ladenschildern über Kilt-Sporrans bis zu bestickten Geschirrtüchern. Es gibt verschiedene Geschichten darüber, warum ausgerechnet die Distel, ein sogenanntes Unkraut, zum Nationalsymbol des Landes wurde, doch die bekannteste ist die Geschichte über die Schlacht von Largs im Jahr 1263.[2] Die Angreifer, eine Streitmacht aus Norwegen, schlichen sich im Schutz der Dunkelheit barfuß ins Heerlager der Schotten. Doch plötzlich trat einer der Wikinger auf eine Distel. Die Dornen ließen ihn vor Schmerz aufschreien. Das weckte die Schotten. Dank dieser Warnung durch die schützende Pflanze besiegten die Schotten die Wikinger, und seitdem wird die Distel als schottische Nationalblume verehrt.

Wenn man die Distelblätter von vorne nach hinten streicht, sind die jungen, noch unentwickelten Dornen weich. Aber wenn man sich ihnen von oben nähert, *autsch!*, dann warnen sie einen gehörig, dass man Abstand halten soll. Ich kann gut verstehen, warum der Distelfalter für die verletzliche Zeit seiner Metamorphose eine so stachlige Schutzpflanze wählt. Seit ich mit Pflanzenheilkunde arbeite, sind stachelige, dornige Pflanzen auch meine Verbündeten. Ich empfand meine Sensibilität und mein Einfühlungsvermögen zeitweise als Belastung. Ich fühlte einfach zu viel. Ich fühlte den Schmerz der Erde, der Tier- und Pflanzenarten, die nicht für sich selbst sprechen konnten, den Schmerz von geliebten Menschen, die enorme soziale Ungerechtigkeit und so weiter und so fort. Es war nicht leicht, mit so feinfühligen Antennen aufzuwachsen.

Und obwohl es leichtfällt, den sexuellen Missbrauch als Grund für meine Essstörung zu betonen, habe ich im Nachhinein das Gefühl, dass eine Kombination verschiedener Faktoren zu meinem intensiven Wunsch nach Kontrolle beitrugen. Zwar beruhigte es mich, eine Ursache zu finden, aber in Wahrheit fraßen mich unbemerkt darunterliegende Gefühle auf, wie die Scham, die Verwirrung und die Lügen, denen ich mich ausgesetzt sah. Die Essstörung war eine starke Ablenkung von meiner Sensibilität, meiner Traurigkeit, während ich versuchte, mir einen Reim auf eine Welt zu machen, die so viel Grausamkeit enthielt. Ich lenkte mich in Wirklichkeit davon ab, dass mir das Herz gebrochen wurde. Ich lenkte mich davon ab, dass ich als Schlampe bezeichnet wurde, während ich gerade zu verarbeiten versuchte, dass ich vergewaltigt worden war. Es war Ablenkung von der Realität, dass ich in einer Kultur aufwuchs, in welcher der weibliche Körper Verurteilungen ausgesetzt war, mit Schamgefühlen belastet und zum Objekt gemacht wurde. Als ich mir erlaubte, Schmerz und Wut über all diese Dinge in mir hochkochen zu lassen, war das wie ein Schlag in die Magengrube. Es war, als ob mir meine Kraft genommen wurde. Meinen Hunger nicht als Gefühl gelten zu lassen und mich gleichfalls von meinem Instinkt, meinem animalischen natürlichen Wissen abzuspalten, schienen damals der Ausweg aus diesen schmerzhaften Gefühlen zu sein. Im Versuch, mich in einer Welt zurechtzufinden, in der es so viel intensives Leid gab, fühlte ich mich immer überwältigter, überforderter, je mehr meine Bewusstheit zunahm. Es gab so viel, was ich seelisch verdauen musste, und deshalb versuchte ich, meine körperliche Nahrungsaufnahme einzuschränken.

* * *

ALS ICH DURCH DAS RUDERN UND SPÄTER DURCH DEN BOXSPORT körperlich stärker wurde, lernte ich, meinen Willen durchzusetzen,

Raum einzunehmen und Grenzen zu ziehen. Auf manche Menschen wirkte ich nach außen hin hart und stachelig, doch damit gab ich meinem schutzbedürftigen, sensiblen Inneren endlich die dringend benötigte Kraft und Unterstützung. Dornige Pflanzen verstehen es, ihre Grenzen zu schützen. Das ist eine Fähigkeit, an der ich fortwährend arbeiten muss.

Die Distel, ein hervorragendes Leber- und Gallenblasentonikum, kann helfen, ein inneres Gleichgewicht herzustellen und eine Transformation einzuleiten. Die Gallenblase ist ein gefühlsbetontes Organ und kann leicht durch Ereignisse oder die Umgebung beeinflusst werden. Schreckhaftigkeit und ein allgemeines Gefühl der Angst, vor allem Angst vor Entscheidungen und deren möglichen Konsequenzen, sind Emotionen, die mit einer Gallenblaseninsuffizienz in Verbindung gebracht werden. Die Gabe, nach einem körperlichen oder emotionalen Schock schnell wieder in die Normalität zurückzufinden, ist ein Zeichen für eine starke Gallenblase.

Disteln zu sammeln erfordert bedächtige, achtsame Bewegungen, ganz ähnlich jener im Kampfsport. Wenn jemand oder etwas auf einen zustürmt, blind vor Wut oder bereit zum Angriff, dann ist ein schneller Schritt zur Seite wichtig, um den Überblick zu gewinnen, und dann erst macht man selbst den ersten Move.

Sport, auch wenn er sehr problematische Aspekte haben kann, kann unserem Leben ein Ziel und Sinn geben, solange wir ihn mit Bedacht betreiben. Er kann uns helfen, uns selbst viel tiefer kennenzulernen und unsere Fähigkeiten zu entwickeln. Diese Einstellung zum Sport ist allerdings nur schwer mit lauten Fitnessstudios zu vereinbaren, in denen Trainingsmaschinen und Fernseher laufen, denn dabei wird nicht nur Strom verschwendet, sondern wir werden auch von echtem Körperempfinden abgelenkt. Menschen werden dort zu Hamstern im Laufrad gemacht – wir essen, und dann rennen wir, um die Kalorien loszuwerden.

* * *

WIR SIND EIN PRODUKT UNSERER INNEREN UND ÄUSSEREN UMwelt, und dabei üben die Glaubenssysteme unserer Vorfahren, die Glaubenssysteme unserer Kultur und unserer Freunde sowie die Umgebung, in der wir leben, großen Einfluss aus. Wie können wir also Zugang zu unserer Intuition und unserem inneren Wissen finden, wenn eine Kakofonie all dieser von außen kommenden Stimmen um unsere Aufmerksamkeit wetteifert? Hier kann unser Körper der Schlüssel sein. Obwohl wir unendliche Weisheit in uns tragen, sind die meisten von uns aus verschiedenen Gründen konditioniert worden, ihrem Körper zu misstrauen. Das kann von spirituellen Traditionen herrühren, die uns glauben machen wollen, dass unser Körper uns in die Irre führt, oder von Krankheiten, deren Ursachen wir nicht verstehen. Oder wir werden von Machtstrukturen manipuliert, die uns davon überzeugen wollen, wir wären nur liebenswert, wenn wir bestimmten äußerlichen Normen gehorchen – wodurch wir dann den Kontakt zu unserer angeborenen, ursprünglichen Kraft verlieren.

* * *

WER SICH DAFÜR FEIERT ZU HUNGERN – IN WELCHER FORM AUCH immer –, feiert damit eigentlich einen Mangel an Lebenshunger. Und es gibt viele, die glauben, es sei nicht damenhaft, hungrig zu sein. Aber Naomi Wolf hat es in ihrem Buch *Der Mythos Schönheit* perfekt auf den Punkt gebracht: »Eine auf weibliche Schlankheit fixierte Kultur ist nicht von weiblicher Schönheit verzaubert, sondern von weiblichem Gehorsam besessen.«[3] Die Fixierung auf Äußerlichkeiten entfernt uns weit von unseren ungenutzten, unerschöpflichen Quellen innerer Stärke. Mein rigoroses Sporttraining, meine kreative Entfaltung und später die Arbeit mit den Wildkräutern brachten – unter all meiner unterdrückten Wut und Frustration – zum Vorschein, wonach ich wirklich hungerte.

Meine Freundin Encar, Primatologin und Gründerin des Jaguar Rescue Center in Costa Rica, sagt, dass wilde Tiere, die zu lange eingesperrt oder angebunden sind, ihren Instinkt verlieren und vom Menschen abhängig werden. Das stellt für alle eine Belastung dar. Als ich das Rescue Center besuchte, rührte mich die Geschichte eines traumatisierten Falkenweibchens, das zurück in die Natur entlassen wurde. Seine Flügel waren nach einer Schussverletzung geschwächt, aber mithilfe von ausgelegten Futterstationen, die immer weiter von dem offenen Käfig platziert wurden, wurde das Falkenweibchen allmählich stärker und wagte sich weiter aus dem Käfig heraus. Aber immer noch ängstlich, flog sie zurück in die hintere Käfigecke, wenn sie sich ihr Futter geholt hatte und das Training beendet war. Allmählich wurde ihr Flügel stärker, und eines Tages war sie bereit. Sie nahm allen Mut zusammen und flog in die unberechenbare Freiheit der Wildnis. Manche fühlen sich niemals stark genug, um in die Wildnis zurückzukehren. Andere dagegen haben ihr Trauma abgeschüttelt und sich ihre Freiheit zurückerobert.

Jahrelang betrachtete ich meinen Körper als Käfig, aus dem ich fliehen musste, aber wie dieses Falkenweibchen lernte ich nach und nach, meinen animalischen Körper zu kräftigen, während ich mithilfe von Schreiben, Kunst und Bewegung meine Erfahrungen verarbeitete. Als ich meinen Verstand, meinen Körper und meinen Geist integrierte, kam ich wieder auf dem Boden der Tatsachen an und begann, meinen physischen Körper wirklich anzunehmen. Und während ich stärker und heiler wurde, sammelte ich die Kraft, frei zu fliegen.

Giftsumach

(Poison Ivy)

Toxicodendron spp.

Familie: Anacardiaceae

Poison Ivy (»Gift-Efeu«), im Deutschen als Giftsumach bezeichnet, ist eine wandlungsfähige Medizin, die Aufmerksamkeit weckt. Ihre »drei Blätter« und ihre gut getarnten, leicht zu übersehenden Ranken fordern uns auf, genau aufzupassen, wo wir langlaufen. Sie lehren uns Achtsamkeit. Der Giftsumach gehört zur Pflanzenfamilie der *Anacardiaceae*, zusammen mit Mango, Pistazie und Cashew. Er blüht im Juni, und nach der Blüte bilden sich Büschel kleiner, kugeliger, beerenartiger Früchte. Die Wurzel der Pflanze ist rötlich und verzweigt sich in die Erde, während unscheinbare Ranken sich an Baumstämmen hochwinden und ihre unscheinbaren Zweige und Blätter ausstrecken.

Da heute immer mehr Wälder und Flächen für die Landwirtschaft, die Zersiedelung durch sich ausbreitende Vorstädte und den allgemeinen Konsum zerstört werden, nimmt die Potenz und Präsenz des Giftsumachs zu. Nach Untersuchungen von Dr. Jacqueline Mohan und Kollegen von der Duke University wird sich diese Pflanze in Zukunft noch weiter ausbreiten und aggressiver werden.[1] Mit dem Anstieg des atmosphärischen Kohlenstoffs nimmt nicht nur der Gehalt des giftigen Urushiols in der Pflanze zu, sondern auch das chemische Gleichgewicht des Giftsumachs verändert sich, was dazu führt, dass sich seine Giftigkeit seit 1960 verdoppelt hat und mit wachsendem Kohlenstoffgehalt in der Atmosphäre noch weiter zunehmen wird. Wenn das keine Abwehrmaßnahme der Erde selbst ist, weiß ich nicht, was es sonst ist. Je mehr der Mensch die Umwelt zerstört, desto mehr wird der Giftsumach zum Krieger.

BETRETEN VERBOTEN!

Wir wollen beide, dass die Übeltäter bestraft werden. Aber während du deine Galerie von Schurken hast, habe ich meinen Hain.

POISON IVY, ÖKO-VERTEIDIGERIN
VON GOTHAM CITY

Nach einem Rudertraining auf dem Wasser am späten Vormittag eilte ich vom Studierendenwohnheim zu einer Vorlesung in Sportphysiologie. Mein Körper war so erschöpft, dass sich meine Muskeln wie Gummi anfühlten, aber ich zwang mich irgendwie, mich zu bewegen. Als ich eine steile Treppe hinunterging, verdrehte ich mir den Knöchel und stürzte. Als ich versuchte aufzustehen, stellte ich fest, dass ich ihn mir schwer verstaucht hatte, und es dauerte nicht lange, bis er und der obere Teil meines Fußes zu einem beunruhigenden runden Klumpen anschwollen, der alle Schattierungen von Lila und Blau aufwies. Ich hatte ein intensives Training überstanden, und nun verletzte ich mich beim Gehen zu einer Vorlesung! Ich war verzweifelt. Wieder einmal lag ich flach und war umso frustrierter, weil ich es gerade in das Ruderteam des A-Bootes geschafft hatte. Und nun konnte ich nicht an einem Rennen teilnehmen, für das ich unglaublich hart trainiert hatte. Es machte mich schier wahnsinnig, mich nicht bewegen zu können. In diesem Moment wies ich alle Symptome auf, für die *Rhus Tox* passte, das aus Giftsumach hergestellte homöopathische Mittel: Ich war unruhig und aufgeregt, und ich fühlte mich besser, wenn ich mich bewegte. Das Mittel wird in der Regel in Form einer Tinktur aus den Sumachblättern verabreicht, die viele Male homöopathisch verdünnt wurde, oder in Form sogenannter Globuli, Kügelchen, die man unter der Zunge zergehen lässt. Es dient zur Behandlung von Steifheit, Zerrungen und hilft Menschen, die es sich nicht bequem machen können und häufig die Position wechseln müssen. So fühlte ich mich definitiv in mehr als einer Hinsicht, aber alles, was ich zu diesem Zeitpunkt über den Giftsumach wusste, war, dass ich dieser Pflanze auf keinen Fall nahe kommen durfte.

Als ich mich wieder erholt hatte, konnte mein perfektionistisches Ego nicht verkraften, wie weit ich hinter meine Ruderkameradinnen zurückgefallen war. *Die Saison ist sowieso fast vorbei*, dachte ich mir. Ich war ungeduldig, weil ich in Amherst studierte, der Stadt, in der ich aufgewachsen war. Ich studierte Sport- und Umweltwissenschaften an der UMass, der University von Massachusetts, aber ich wollte nicht mehr nur in Büchern stöbern, sondern draußen in der Natur sein und mein gelerntes Wissen erproben. Ich wollte meinen Körper kennenlernen, indem ich ihn weiter forderte, die Wildnis aus erster Hand erleben und Neues ausprobieren. Beim Rudertraining liefen wir oft auf den Mount Skinner, den höchsten Gipfel der Gegend, und als mein Knöchel verheilt war, wanderte ich den Berg hinauf und erkundete über die Stelle hinaus, an der unser Training aufgehört hatte, die riesige Bergkette der Seven Sisters. Beim Wandern kletterte ich am liebsten auf Felsen und Geröll herum, und so war es nur natürlich, dass ich mich zum Klettern hingezogen fühlte.

Die Wildnisschule *Outward Bound* war für meinen Vater und seinen Bruder ein Initiationsritus gewesen. Als ich meinen Großeltern erzählte, dass ich dorthin gehen wollte, halfen sie mir, das Geld für das Training aufzubringen, da sie der Meinung waren, dass es auch für mich eine charakterbildende Erfahrung sein würde. Ich war überglücklich. Ich schaute mir den Katalog der Erlebnisse an: Klettern im Joshua-Tree-Nationalpark, Kanufahren in den Everglades, Zelten, Alleinwanderungen durch die Wildnis. Ich wollte mich für das Klettererlebnis im Nationalpark anmelden, aber es war ausgebucht, und ich hatte nicht die Geduld, meine Pläne zu verschieben. Die einzige noch verfügbare Reise war die Segel- und Wanderreise zu den San Juan Islands vor der Küste des Bundesstaates Washington. Segeln interessierte mich nicht besonders, aber die Vorstellung, wieder auf dem Wasser zu sein, gefiel mir. Nachdem ich mich entschieden hatte, konnte ich es kaum erwarten, dorthin zu fahren. Ein paar Wochen später, in den ersten Wochen des Sommers, in dem ich zwanzig wurde, fuhr ich nach Seattle.

Ich verbrachte eine Nacht in einem Hotel, und als ich abgeholt wurde, schloss ich mich den jungen Männern und Frauen an, die mich in den nächsten drei Wochen in der Wildnis begleiten würden. Ich hatte diesen Aspekt nicht wirklich bedacht – dass ich Teil einer Gruppe sein würde – und war überrascht, dass ich zu den wenigen Teilnehmern gehörte, die freiwillig dabei waren. Die meisten waren von ihren Familien gezwungen worden, ihr Leben in den Griff zu bekommen und sich abzuhärten. In unserer zehnköpfigen Gruppe wurden wir drei Sonderlinge, die freiwillig dabei waren, schnell Freunde. Der Kleinbus setzte uns auf einer Wiese am Hafen ab, und nachdem wir uns vorgestellt hatten, kippten wir den Inhalt unserer Rucksäcke auf die Wiese, um sicherzugehen, dass wir das Nötigste dabeihatten – Zelt, Kompass, Schweizer Armeemesser, Halstuch und so weiter. Und auch, damit unsere Ausbilder sich vergewissern konnten, dass wir nicht schummelten, indem wir irgendetwas mitnahmen, das als »überflüssig« galt. Diese Prüfung, bei der wir lernten, was wirklich wichtig ist, und auf unsere Bequemlichkeiten verzichteten, war Teil der Erfahrung, für die wir bezahlt hatten. Unser Ausbilder kam vorbei und nahm uns alle belanglosen Gegenstände ab, die wir mitnehmen wollten, einschließlich des Spiegels und Schminkkoffers der jungen Frau, die neben mir saß. Sie flippte aus. *Was für ein Weichei*, dachte ich. Ich verurteilte sie, aber tief im Inneren verstand ich sie natürlich. Wir Frauen sind so sehr darauf konditioniert, uns über unser Aussehen zu definieren.

Schon bald beluden wir das kleine Segelboot und fuhren los. Wir segelten und ruderten entlang dieser wunderschönen Inselgruppe im pazifischen Nordwesten zwischen Washington und Vancouver Island, und die meiste Zeit der Reise waren wir die einzigen Menschen, die wir zu Gesicht bekamen. Da ich durch meinen Ruder-Trainingszeitplan darauf programmiert war, vor dem Morgengrauen aufzuwachen, war ich immer als Erste wach und beobachtete die bezaubernden Otter, die in Ufernähe im Meer spielten und sich auf dem Rücken treiben ließen. Zusammen mit den anderen Studenten lernte ich, Seemeilen zu messen. Orcas schwammen neben unserem kleinen Segelboot, frei, so wie sie sein sollten, anstatt als Gefangene in Delfin-Shows zu dummen, erniedrigenden Tricks gezwungen zu werden. Wir rationierten das Essen, zelteten im Freien und schliefen abwechselnd auf dem Segelboot unter den Sternen. Es gab keine Straßen, keine klaren Grenzen, und doch lernten wir, unseren Weg zu finden. Wir lernten, den Wind zu lesen, beobachteten die Bewegungen der Vögel und der Meeresbewohner und wurden mit jedem Plätschern und jeder Welle vertraut. Als ich meinen Solo-Tag mit Camping und Selbstreflexion verbrachte, dachte ich: *So ein Leben gefällt mir.* Ohne äußere Grenzen und ohne die Sorge, Lob von außen zu ernten, fiel es mir leichter, nach innen zu gehen und meine eigenen

Grenzen selbst festzulegen. Meine Erfahrungen und Herausforderungen fügten sich zusammen, und ich konnte mich in der Wildnis neu ausrichten. Auch das Mädchen, das wegen des weggenommenen Spiegels ausgeflippt war, gelangte zu einer neuen Perspektive und machte sich dort draußen keine Gedanken mehr über ihr Aussehen.

Wir hielten uns zwar an das Prinzip »Hinterlasse keine Spuren«, doch wurde uns nicht beigebracht, wie man Pflanzen und Bäume identifiziert. Die einzige Pflanze, bei der unsere Führer sicherstellten, dass wir sie erkannten, war der Giftsumach. Die meisten Menschen werden irgendwann in ihrem Leben vor den drei glänzenden rötlichen Blättern dieser Pflanze gewarnt, auch wenn sie keine Ahnung haben, wie man andere Pflanzen bestimmt. Springkraut, ein Naturheilmittel, das die schmerzhafte Wirkung des Giftsumachs lindert, wächst oft gleich daneben, bereit, denjenigen zu helfen, die sich dessen bewusst sind. Aber oft achten die Menschen kaum darauf, wohin sie gehen oder was im Ökosystem geschieht, und sehen daher weder den Giftsumach noch das Springkraut. Der Giftsumach toleriert eine solche Blindheit nicht und lässt uns mit einem sehr unangenehmen Hautausschlag und manchmal sogar mit schweren Hautverätzungen dafür bezahlen. Die Botschaft der Pflanze richtet sich speziell an den Menschen – Vögel und andere Tiere fressen die Beeren, und Ziegen, Kühe und Rehe können das Laub ohne Probleme berühren.

* * *

WIR PLANTEN GEMEINSAM DIE MAHLZEITEN UND RATIONIERTEN unsere Essensvorräte für drei Wochen Segeln, Wandern und Camping. Draußen zu sein und zu essen, wenn ich sehr hungrig war, ließ alles wunderbar schmecken. Aber am Ende der Reise hatten wir, obwohl wir einmal nachgekauft hatten, nur noch Trockenfutter und Dosen. Ich schnitt mir beim Öffnen einer Dose mit meinem Schweizer Taschenmesser in die Hand und hatte keine Ahnung, dass ich Schafgarbe oder Wegerich hätte verwenden können, um die Blutung zu stoppen und eine Infektion zu verhindern (das hätte man uns in der Wildnisschule doch wirklich beibringen können). Wir hätten auf Nahrungssuche gehen können, aber uns wurde nicht beigebracht, dass es um uns herum eine Fülle von wild wachsenden Nahrungsmitteln gab.

Mit vierzehn Jahren fing ich an, mich wie Ziegen, Kühe und Rehe vegetarisch zu ernähren, und dann wurde ich zur (etwas flexiblen) Veganerin. Die Umstellung fiel mir nicht schwer, denn ich hatte eine Laktoseintoleranz, und abgesehen von gelegentlichen Pizzastücken oder Eisbechern hatte ich schon als Kind Milchprodukte gemieden. Das Essen war einer der ersten Lebensbereiche, in denen ich mich in Selbstkontrolle übte, und als ich mich von meiner Essstörung erholt hatte, war das Essen erneut ein Lebensbereich, in dem ich meine Grenzen auslotete. Im Alter von neunzehn Jahren ging es bei meiner Essensbesessenheit weniger um Einschränkung als vielmehr um optimale Gesundheit, sportliche Leistung und vor allem um Ethik. Ich wollte nicht zum Leid der Tiere beitragen, nicht daran denken müssen, was mein Essen durchgemacht hatte, bevor es auf meinem Teller landete. Ich hatte das Gefühl, dass ich durch unbewusstes Essen nicht nur Praktiken fortsetzte, die nicht mit meinen tief verwurzelten Überzeugungen übereinstimmten, sondern dass ich auch die Energie der Angst, des Schreckens und der Versklavung durch die Massentierhaltung in mich aufnahm.

Seit meinem achtzehnten Lebensjahr arbeitete ich in der Raw Carrot Juice Bar in Amherst und lernte, wie man leckere, nahrhafte vegane Gerichte zubereitet. Ich hatte gute Argumente gegen den Einwand der Leute, die zu mir sagten, dass ich ohne Fleisch nicht genug Nährstoffe oder Proteine bekäme. Wie alle guten

Veganerinnen und Veganer wusste ich Bescheid darüber, wie das Fleisch aus der Massentierhaltung sich auf den Klimawandel auswirkte, und ich wusste, dass die Tiere mit Hormonen und Antibiotika vollgepumpt werden mussten, um sie unter diesen unmenschlichen Bedingungen am Leben zu erhalten. Die industrialisierte westliche Kultur, in der ich aufgewachsen war, hatte die Gaben der Natur in »Ressourcen« verwandelt, und die Art und Weise, wie wir Fleisch konsumieren, hat sich weit von den indigenen Kulturen entfernt, die das ganze Tier nutzen, nichts davon vergeuden. Ich versuchte mein Bestes, um mein Glaubenssystem mit meinen Handlungen in Einklang zu bringen, aber eine Überfülle von Leid und Ausbeutung schien in das Gewebe der Existenz eingeflochten zu sein.

Amherst und seine Umgebung sind nicht nur durch die UMass geprägt, sondern auch durch die Landwirtschaft. Landwirtschaft bedeutet »die Wissenschaft, Kunst und Praxis der Bodenkultivierung«, aber die meisten landwirtschaftlichen Praktiken haben sich von dieser eleganten Definition entfernt.[2] Ich habe einen Sommer lang auf einem Biobetrieb gearbeitet und die meisten meiner Vormittage dort damit verbracht, Käfer von Salat abzusammeln, der in unnatürlich geraden Linien gepflanzt wurde. Die meisten anderen Farmen in der Gegend waren Monokulturbetriebe, die ebenfalls reihenweise die gleichen Pflanzen anbauten und dabei ausgelaugte Böden hinterließen, die so trocken waren, dass sie unter den Fußsohlen knirschten. Die industrialisierte Agrarmonokultur hat Mutter Erde erschöpft, und indem wir die Erde krank machen, machen wir auch uns selbst krank.

Ich kannte damals niemanden, der sich um den Boden kümmerte, und wo in der Natur sieht man schon vollkommen gerade Linien mit nur einer Pflanze? Die Natur will ihren Boden nicht den Elementen aussetzen und versucht immer, sich mit Pflanzen zu schützen. Unkraut leistet ihr gute Dienste, indem es verwundete Landschaften bedeckt. Aufgrund ihrer Widerstandsfähigkeit und schnellen Ausbreitung halten die Menschen »Un«-Kräuter für böse Eindringlinge, während in Wirklichkeit jede Pflanze eine besondere Begabung und Funktion hat und viele von ihnen aktiv dabei helfen, verwundetes Land zu sanieren und zu heilen.

George Washington Carver war der erste schwarze Amerikaner, der 1894 einen Bachelor of Science erlangte, und ein Pionier der regenerativen Landwirtschaft. Er bekam auch einen Master in Landwirtschaft und erkannte durch seine Forschungen über Bodenchemie, dass die Fruchtfolge für die Gesunderhaltung des Bodens unerlässlich ist. Carver, der ein Jahr vor der Abschaffung der Sklaverei in diese hineingeboren wurde, kannte nur zu gut das über Generationen andauernde Trauma des Missbrauchs an den Menschen und dem Land. Anstatt immer nur von der Erde zu nehmen, gab er dem Land etwas zurück: mit stickstoffbindenden Pflanzen wie Klee, Erdnüssen, Sojabohnen und Süßkartoffeln. Als er ein paar Jahre später Baumwolle anpflanzte, war das Land wiederbelebt.[3]

Masanobu Fukuoka, ökologischer Landwirt und Philosoph, schrieb 1975 in seinem Buch *Der Große Weg hat kein Tor*: »Wenn die Natur sich selbst überlassen wird, nimmt die Fruchtbarkeit zu. Organische Reste von Pflanzen und Tieren sammeln sich an und werden an der Oberfläche von Bakterien und Pilzen zersetzt. Mit dem versickernden Regenwasser werden die Nährstoffe tief in den Boden getragen, wo sie zu Nahrung für Mikroorganismen, Regenwürmer und andere kleine Tiere werden. Pflanzenwurzeln dringen in diese tieferen Bodenschichten vor und ziehen die Nährstoffe wieder an die Oberfläche.«[4]

Der anerkannte Vater des ökologischen Landbaus ist Sir Albert Howard. Während seiner Arbeit mit einheimischen Bauern in Indien im frühen 20. Jahrhundert erkannte er, dass deren traditionelle Anbaumethoden notwendig waren, um die Gesundheit der Pflanzen und der Menschen zu erhalten. Er vertrat die Ansicht, dass die Landwirtschaft nicht der Versuchung erliegen dürfe, die Humusreserven auf Kosten späterer Generationen kurzfristig auszubeuten. Er sah die Vielfalt des Lebens über und unter der Erde als Ausdruck der »aufeinanderfolgenden, sich wiederholenden Prozesse von Geburt, Wachstum, Reife, Tod und Zerfall«[5], die das Leben nähren und erhalten. Er lehrte, dass Krankheiten und Insekten keine Geißeln sind, die mit Giften ausgerottet werden müssen, sondern Lehrer und Freunde, die uns zeigen können, wo die Prozesse von Wachstum und Zerfall aus dem Gleichgewicht geraten sind. Ich bewundere ihn dafür, dass er diese uralten Ideen in die heutige Zeit übertrug, aber seine Berühmtheit ist auch ein weiteres Beispiel dafür, dass einem Weißen eine Weisheit zugeschrieben wurde, die lange vor ihm existierte. Landwirtschaft könnte einfach sein, aber wir haben sie kompliziert gemacht.

Im Vergleich zur Monokultur gibt es in der regenerativen ökologischen Landwirtschaft viele unterschiedliche Methoden – Biodynamik, Permakultur, traditionelles ökologisches Wissen (TEK). Sie alle beruhen auf den gleichen ganzheitlichen Grundsätzen zur Erzeugung und Erhaltung fruchtbarer Böden. Erosion wird verringert, sodass sich langfristig stabile Erträge erzielen lassen. Diese Anbaumethoden schützen den Mutterboden mit Deckfrüchten und erfordern nur minimales Pflügen, wechseln die in einem Gebiet angebauten Pflanzenarten ab, und alle tierischen und pflanzlichen Abfälle werden dem Boden wieder zugeführt.[6] Unsere eigenen Vorfahren und die indigenen Völker auf der ganzen Welt entwickelten diese Methoden durch die Beobachtung der Natur und sorgfältiges Studieren der Beziehungen zwischen Pflanzen, Pilzen und Tieren. Eine viel größere Pflanzenvielfalt macht diese Methoden anpassungsfähiger an extreme Wetterbedingungen, ermöglicht eine ausgewogene Ernährung und fördert die natürliche Widerstandsfähigkeit gegen sogenannte Schädlinge und Krankheiten. Wir können uns symbiotische Beziehungen zunutze machen und Grünkohl neben einer Pflanze wie beispielsweise Dill anbauen, die Insekten weglockt, die sonst den Grünkohl fressen würden. So werden »Schädlinge« einfach zur Nahrung für nützliche Insekten. Das Netz des Lebens ist bereits perfekt gestaltet, und wir können uns dafür entscheiden, es zu nähren, anstatt es technologisch zu manipulieren.

Die Marienkäfer – sie verdanken ihren Namen jenen Zeiten, als die Bauern in Europa zur Jungfrau Maria beteten, weil Schädlinge ihre Ernten dezimierten – gehören zu meinen Lieblingsnutzinsekten.[7] Als diese kleinen gepunkteten Retter kamen und die schädlichen Insekten bekämpften, nannten die Bauern sie »Marienkäfer«, weil sie glaubten, dass die Mutter Gottes ihre Gebete erhört hatte. Und das ist es, was die ökologische Landwirtschaft am besten kann. Sie betrachtet all die unglaublichen Geschöpfe, mit denen wir diesen Planeten teilen, und fragt: »Wer seid ihr? Was braucht ihr, um zu gedeihen? Wie können wir zusammenarbeiten?« Je mehr wir regenerativ, nachhaltig wirtschaften, desto mehr Nährstoffe und nützliche Bakterien ernten wir. Eine aktuelle, von Agrarwissenschaftlern und Mikrobiologen der Washington State University durchgeführte Studie bestätigt, dass Böden, in denen es von Bakterien, Pilzen und Nematoden wimmelt, nährstoffreichere Lebensmittel hervorbringen.[8] Ein ausgewogenes und vielfältiges Bodenmikrobiom begünstigt ein gesundes und vielfältiges menschliches Mikrobiom. Das macht durchaus Sinn, denn die Zusammenarbeit zwischen all diesen Lebewesen ist für den Transfer von Kohlenstoff und Nährstoffen aus dem Boden zu den Wurzeln der Pflanzen verantwortlich, die schließlich in unseren Körper gelangen. Mikrobiologen haben auch festgestellt, dass Bodenbakterien, die Antibiotika und anderen Chemikalien ausgesetzt sind, antibiotikaresistente Gene entwickeln. Diese können auf das Mikrobiom in unserem Körper übertragen werden, in dem siebzig Prozent unseres Immunsystems beheimatet sind, und damit besteht die Gefahr, dass sie in unserem inneren Ökosystem eine Menge Unheil anrichten.[9]

***

ICH WEISS JETZT, DASS EINE VEGANE ERNÄHRUNG KEINE GARANtie für die Abwesenheit von Ausbeutung ist, und da sich die Bedürfnisse meines Körpers und meines Bewusstseins verändern, habe ich mich angepasst. Früher aß ich handvollweise die Samen der Vettern des Giftsumachs, der Cashewbäume, die ursprünglich in Mittel- und Südamerika beheimatet sind. Obwohl die Kerne der Steinfrüchte dieses Baumes als gesunder Snack für die vegane und Paleo-Ernährung und als »tierquälfreie« Alternative zu Milch und Käse angepriesen werden, erfolgt der Plantagenanbau der Cashews heute zum großen Teil in Asien. Dort werden die Arbeiterinnen und Arbeiter, die die Cashewkerne ernten und verarbeiten, ausgebeutet, um den Supermärkten im Westen möglichst niedrige Exportpreise zu sichern. Die Menschenrechtsorganisation Human Rights Watch prägte 2011 den Begriff »Blut-Cashews« wegen der grausamen Produktionsbedingungen.[10] In den beiden Schichten der harten Cashew-Schale ist derselbe Reizstoff, Urushiol, enthalten, der bei Kontakt mit Giftsumach schwere Reizungen mit Blasenbildung bis hin zu großflächigen verbrennungsartigen Hautschäden verursacht. Da das Schälen der Cashews kompliziert ist, wird der größte Teil dieser Arbeit von Hand erledigt. Allein in Indien schälen mehr als eine Million Arbeiterinnen und Arbeiter hauptberuflich Cashewkerne. Oft arbeiten dort ganze Familien mit ihren Kindern. Diese Menschen erleiden durch den täglichen stundenlangen Kontakt mit den Cashew-Schalen unerträgliche chronische Schmerzen in Händen und Oberkörper – und das für umgerechnet weniger als drei Dollar pro Tag.

GOTHAM CITY

Als ich nach meinem Wildnis-Abenteuer mit *Outward Bound* nach Hause kam, war das ein Kulturschock. Nach dieser Zeit am Meer, wo wir im Freien übernachtet und frische salzige Luft geatmet hatten, vor einem Horizont, der weit und breit keine Anzeichen menschlicher Zivilisation zeigte, erschien mir sogar das ländliche Amherst laut und überfüllt. Ich erinnere mich, dass ich wandern ging und auf das Land hinunterblickte, auf den »Schandfleck« der Universitätsgebäude, und das Gefühl hatte, das Land sei überentwickelt. Ich wollte, dass die Natur wieder die Oberhand gewinnt, und ich wollte so schnell wie möglich zurück in die Wildnis. Ich wollte Lehrerin bei *Outward Bound* werden oder vielleicht Meeresbiologin wie meine Heldin Rachel Carson oder Primatologin wie Jane Goodall. Ich interessierte mich auch für Fotografie und dachte, dass ich vielleicht meinen Wunsch, Kunst zu schaffen, mit Aktivismus verbinden und als Fotografin für *National Geographic* arbeiten könnte.

Nicht lange nachdem ich diese Gedanken hatte, traf ich im Haus meiner Großeltern in Norfolk einen bekannten Dokumentarfotografen. Ich zeigte ihm meine Mappe, und er sagte, wenn ich nach New York käme, könnte ich ihm assistieren. Ich hatte New York City nie als Wohnort in Betracht gezogen, aber der Gedanke ließ mich nicht mehr los. Als mein Freund Dawud nach Brooklyn zog und mir anbot, bei ihm zu wohnen, packte ich die Gelegenheit beim Schopf. Ich hatte das Gefühl, dass ich die Großstadt erleben musste, solange ich jung war, und mir gefiel NYC besser, als ich erwartet hatte.

Obwohl sie von New York inspiriert wurde, ist Gotham City der fiktive Ort im DC-Universum, den die Anti-Heldin Poison Ivy ständig zu verwildern versucht und wo der Konzernheld Batman herrscht. Poison Ivy begann ihre Laufbahn als Dr. Pamela Lillian Isley, eine Botanikerin, Biochemikerin und Umweltschützerin aus Seattle. Während ihres Studiums der botanischen Biochemie an der Universität wurde sie von ihrem Professor verführt und bekam im Rahmen eines Experiments Pflanzengifte injiziert. Sie stirbt fast an den Folgen des traumatischen Erlebnisses, macht aber eine radikale Wandlung durch. Als sie aus dem Koma erwacht, ist sie wie neu geboren und körperlich verändert. Da Pflanzenextrakte durch ihre Adern fließen, ist sie immun gegen alle Krankheiten und eins mit der Natur. Isley bricht die Schule ab, verlässt Seattle und lässt sich schließlich in Gotham City nieder, wo sie auf Rache sinnt. Für ihre »kriminellen« Aktivitäten, die in der Regel dem Schutz bedrohter Arten und der Mutter Erde dienen, verwendet sie Pflanzengifte und bewusstseinsverändernde Pheromone. Sie ist rücksichtslos gegenüber den meisten Menschen, hat aber Mitleid mit Frauen und Kindern, die zu Opfern gemacht wurden. Im DC-Universum wurde sie als Öko-Terroristin bekannt, die ihre Kräfte einsetzt, um diejenigen zu stoppen, die der Natur mit allen Mitteln schaden, und zwar mit ihrem berüchtigten giftigen Kuss, der töten kann.

Batmans Alter Ego ist Bruce Wayne, ein Erbe von Wayne Industries, einem Unternehmenskonglomerat, das heutigen multinationalen Konzernen nachempfunden ist. Es mag zwar Fiktion sein, aber die ständigen Botschaften in Blockbuster-Filmen und Comics gehen uns unter die Haut, und einige Superhelden im Marvel- und DC-Universum sind moderne Götter und Göttinnen. Die Positionierung von Poison Ivy als Öko-Terroristin und Batman als wohlhabendem »Helden« mit einer Garage voller schicker Autos und allgemeiner Extravaganz hält die Idee aufrecht, dass Reichtum und Konsum gut sind. Für mich ist Poison Ivy eine Kombination aus Artemis, der Beschützerin der Wildnis, und Hekate, der griechischen Göttin, die für die Grenzen zwischen den Welten steht. Als Besitzerin der Schlüssel für die Tore zwischen den Welten kann Hekate die Tore des Todes öffnen. Sie ist die Göttin der Giftpflanzen und der Grenzbereiche. Im 1. Jahrhundert n. Chr. beschrieb der römische Dichter Vergil den Eingang zur Hölle als »Hekates Hain«.

Poison Ivy hat eine mystische Verbindung zur Natur, einen *The Green* (»Das Grün«) genannten veränderten Bewusstseinszustand, der es ihr ermöglicht, eins mit der Natur zu werden und alles zu spüren, was die Pflanzenwelt erlebt. Dank dieser tief greifenden Verbindung kann sie mit der Pflanzenwelt kommunizieren und ist dadurch in der Lage, sich mit Kletterpflanzen, scharfen Dornen, fleischfressenden Pflanzen und Nesseln zu verbünden. Sie hat Zugang zu einer elementaren Kraft, die alles pflanzliche Leben miteinander verbindet und Beschützer auserwählt hat, die Bedrohungen von der Erde abwehren sollen.

Die Wissenschaft hat »bewiesen«, was viele indigene Völker immer schon wussten: Pflanzen besitzen Bewusstsein. Natürlich ist das so! Wie könnten sie sonst überleben? In seinem Buch *Plant Intelligence and the Imaginal Realm* erklärt der Kräuterexperte Stephen Harrod Buhner: »Wenn man sich das zusammenhängende Netzwerk von Pflanzenwurzeln und Mykorrhiza-Mycelien in bestimmten Ökosystemen anschaut, hat man es mit einem neuronalen Netzwerk zu tun, das viel größer ist als das, was ein einzelner Mensch je besessen hat.«[11]

* * *

IN BATMAN-COMIC NR. 751, *A WALK IN THE PARK* (BISHER NICHT auf Deutsch erschienen), wird Gotham City durch ein Erdbeben zerstört, zum Niemandsland erklärt, und Poison Ivy übernimmt die Herrschaft über den Robinson Park, den sie in ein tropisches Paradies verwandelt.[12] Sechzehn Kinder, die während des Erdbebens zu Waisen geworden sind, kommen zu Ivy und leben bei ihr. Sie kümmert sich um sie, als wären sie ihre Söhne und Töchter, und eine Zeit lang leben sie glücklich. Doch in jenem Winter stattet der Bösewicht Clayface Ivy einen Besuch ab in der Hoffnung, ein Geschäft abzuschließen: Er will Obst und Gemüse anbauen, es von den Waisenkindern ernten lassen und die Erzeugnisse an den Meistbietenden verkaufen. Sie will mit dem Plan nichts zu tun haben und versucht, ihn mit einem Kuss zu töten. Doch Clayface überwältigt sie und hält Ivy und die Waisenkinder sechs Monate lang in einer Kammer unter dem See des Parks gefangen. Schließlich werden sie von Batman gerettet, und sie arbeiten zusammen, um Clayface zu besiegen. Batman, der die Waisenkinder ursprünglich von Ivy wegbringen wollte, erkennt, dass es das Beste für sie ist, wenn sie in Ivys Obhut bleiben, bis die Schäden in der Stadt beseitigt sind.

Aber als Gotham City wieder für die Öffentlichkeit zugänglich gemacht wird, will der Stadtrat sie aus dem Park vertreiben, da er sich mit einer »psychotischen Öko-Terroristin, die eine Fläche groß wie dreißig Häuserblocks kontrolliert«, nicht wohlfühlt. Deshalb droht die Polizei von Gotham City damit, den Park mit einem Herbizid zu besprühen, das alle lebenden Pflanzen im Park, und damit auch Poison Ivy, tötet und höchstwahrscheinlich auch den Kindern Schaden zufügt. Ivy weigert sich, den Park der Stadt zu überlassen und zu dulden, dass das von ihr geschaffene Paradies zerstört wird, aber Rose, eines der Waisenkinder, wird versehentlich von Ivy vergiftet. Voller Trauer übergibt sie sich den Behörden, um das Leben des Mädchens zu retten.

* * *

LÖWENZAHN, BRENNNESSEL, KNOBLAUCHRAUKE, WIESEN-SAUERampfer, Veilchen und Japanischer Staudenknöterich gehören zu den zahlreichen Wildpflanzen, die sich dafür entschieden haben, dort zu sein, wo sie sind. Diese Pflanzen zu verzehren, gibt mir ein

Gefühl von Vitalität, die ich nicht spüre, wenn ich landwirtschaftlich erzeugte Lebensmittel kaufe, auch nicht auf dem Bauernmarkt. Wenn ich, nachdem ich die Erlaubnis des Landes eingeholt habe, Wildpflanzen ernte, spüre ich ein echtes Gefühl von Gegenseitigkeit. Ich vergewissere mich immer, dass die Population gut gedeiht, bevor ich etwas ernte. Auf meine eigene Art und Weise klinke ich mich, wenn ich um Erlaubnis bitte, in *The Green* ein, Poison Ivys grüne Bewusstseinsenergie. Die Pflanzen waren schon lange vor uns hier, sie sind unsere Ältesten und können unsere Lehrer sein, wenn wir unser Herz und unseren Geist öffnen und das zulassen. Wir würden von Menschen, von denen wir lernen wollen, nichts nehmen, ohne sie zu fragen, und so sollten wir es auch mit den Pflanzen halten.

Doch anstatt uns in *The Green* einzuklinken und die Stadtparks als mehrjährige Nahrungswälder und Gebiete für eine reichhaltige wilde Nahrungssuche zu verwenden, werden die meisten sogenannten »Unkräuter« gewohnheitsmäßig vernichtet, und dadurch wird wertvolles Land in giftbelastete Spielplätze verwandelt. Die Stadt New York versprüht regelmäßig Herbizide, wie viele andere Städte auch.[13] Hunderte Male im Jahr wird Glyphosat auf öffentlichen Grünflächen versprüht, um angebliches Unkraut zu bekämpfen, das kostenlose Nahrung und Medizin für uns Menschen sein könnte. Dabei würde dieses Unkraut nützliche Insekten anlocken, Mineralien aus dem Untergrund verfügbar machen und Fruchtbarkeit hervorbringen. Wie George Washington Carver sagte: »Amerika braucht keine Angst vor Hunger zu haben, solange die Natur Kräuter und Wildgemüse hervorbringt.«[14] Würden wir doch nur hinhören! Die Natur ist großzügig und reichhaltig, wenn wir damit aufhören, sie krank zu machen.

Die Chemieunternehmen behaupten in ihren Werbekampagnen in Fernsehen und Internet, ihre Unkrautvernichtungsmittel seien sicher. Dabei kann jeder mit einer schnellen Recherche selbst herausfinden, dass das eine Lüge ist. Mehr als 11 000 Krebsopfer haben Monsanto (2018 vom BAYER-Konzern gekauft) verklagt, weil sie den Kontakt mit Roundup und anderen Glyphosatprodukten dafür verantwortlich machen, am Non-Hodgkin-Lymphom erkrankt zu sein.[15] Die Kläger werfen dem Unternehmen darüber hinaus vor, die ganze Zeit über von den Krebsrisiken gewusst zu haben. Es habe diese Informationen zurückgehalten, zum Teil durch Manipulation jener wissenschaftlichen Daten, auf die sich die Regulierungsbehörden bei den Zulassungsverfahren stützten.[16] Die ersten beiden Gerichtsverfahren endeten mit einstimmigen Urteilen der Geschworenen zugunsten der Kläger. Und die Prozesse häufen sich. In einem Fall, der von einem Ehepaar angestrengt wurde, das aufgrund von Roundup an einem Non-Hodgkin-Lymphom erkrankte, wurden Beweise dafür vorgelegt, wie leicht das Unkrautvernichtungsmittel in die menschliche Haut eindringt. Unsere Haut ist das größte Organ unseres Körpers, und wir vergessen oft, dass sie durchlässig ist und dass wichtig ist, mit welchen Substanzen wir in Berührung kommen.

Der Rückgang des Bestandes der Monarchfalter in Nordamerika seit Mitte der 1990er-Jahre wird auch mit dem Einsatz von glyphosathaltigen Herbiziden in Verbindung gebracht, die in großem Umfang auf gentechnisch veränderte Mais- und Sojapflanzen gesprüht werden. Die Monarchfalterraupen sind auf Seidenpflanzen als Hauptnahrungsquelle angewiesen, und Monsanto weist in seinem Leitfaden für Landwirte ausdrücklich darauf hin, dass sein glyphosathaltiges Herbizid Roundup WeatherMAX »zur Unterdrückung und/oder Kontrolle von … Seidenpflanzen, Quecke und so weiter dient«. Diese Gifte gelangen ins Wasser, dringen in unsere Haut ein und sind direkt für Krebs und das Artensterben verantwortlich. Und immer noch wird dafür geworben, unseren Rasen mit Chemikalien zu behandeln, um Pflanzen wie Löwenzahn loszuwerden, die eigentlich wertvolle Nahrung und Medizin sind. Diese Praxis ist das Ergebnis einer massiven sozialen Konditionierung und Konzernpropaganda, die sofort geändert werden muss. Und wir können sie ändern. Jede Entscheidung, die wir treffen, hat eine Wirkung.

Wir alle müssen essen. Ernährungsgerechtigkeit ist eines der vielen belastenden Themen, die uns alle betreffen. Unsere alltäglichen, scheinbar banalen Entscheidungen sind wichtig. Genauso wie wir die Symptome in unserem Körper an der Wurzel packen müssen, müssen wir auch die Ursachen für jene Übel und Ungerechtigkeiten aufdecken, die lediglich Symptome noch größerer Sünden sind. Unsere Herzen mögen immer wieder wegen Ungerechtigkeit brechen, aber solange wir uns nicht betäuben und die Augen verschließen, können sie sich jedes Mal mit größerem Mitgefühl öffnen. Meine Lehrerin Robin Rose Bennett hat immer gesagt: »Das einzige Herz, das nicht gebrochen werden kann, ist das geöffnete.« Und wenn wir unsere ethischen Grenzen ehren, müssen wir auch unsere persönlichen Grenzen ehren. Die Erde hat den Giftsumach, um Gebiete vor Überbeanspruchung zu schützen, und so etwas brauchen wir auch für uns.

DAS GRÜN

Als ich begann, die Kräuterkunde in mein Leben zu integrieren, wurde ich eingeladen, mich dem *Nettle Patch* anzuschließen, einer Vereinigung von Lernenden und Profis der Kräuterkunde im Raum New York. Brennnesseln sind ein weiterer wirkungsvoller Grenzwächter, sie bilden ausgedehnte dichte Bestände, und wenn wir sie berühren, brennt es ziemlich heftig auf der Haut. Dieses Brennen wird durch Ameisensäure ausgelöst. Brennnesseln verwenden also den gleichen Stoff, den auch Ameisen zur Abwehr verspritzen, wenn wir uns ihren Ameisenstraßen und ihrer wichtigen Arbeit in den Weg stellen. Auf die gleiche Weise haben mir die Brennnesseln geholfen, mir die vom Leib zu halten, die meinen Weg behindern wollen. Ich liebe inzwischen das Gefühl ihres Brennens, das uns körperlich aufweckt, wenn wir unachtsam und unbewusst sind. Und genau das ist es, was wir brauchen, wenn wir Veränderungen bewirken wollen: Bewusstheit.

Mein damaliger Partner scherzte, dass der *Nettle Patch* meine Gang sei, und obwohl wir darüber lachten, ist die Kräuterkunde auf ihre Art durchaus subversiv. Kräuterkundige, die sich mit Wildpflanzen auskennen, verfügen über Möglichkeiten der Selbstversorgung und ein Umweltbewusstsein, das den meisten Menschen leider verloren gegangen ist. Das Studium der Pflanzenheilkunde hat mir eine neue Art von Selbstbewusstsein verliehen. Wie durch den Kampfsport erlange ich durch sie Souveränität über meinen Körper. Sie verbindet mich wieder mit meinen Naturinstinkten und versetzt mich in die Lage, mich in der Wildnis sicher und zu Hause zu fühlen. Wir können die Medizin nutzen, die uns von den Pflanzen geschenkt wird, und ihnen dabei gleichzeitig helfen, gut zu gedeihen.

Der Glaube, wir wären machtlos, ist ein Mythos, der bewirkt, dass die falschen Leute sich an der Macht halten können. Seine Heiligkeit, der Dalai-Lama, sagt: »Wenn du denkst, du bist zu klein, um etwas zu bewirken, dann verbringe eine Nacht mit einer Mücke in deinem Schlafzimmer.« Wir alle können auf unsere eigene Art und Weise Teil der grünen Welt und eine Stimme für die Pflanzen und das Land sein, von denen wir abhängen, weil wir sie brauchen, um zu atmen, zu essen, gesund zu werden und zu gedeihen. Und darüber hinaus können wir selbst positive, fördernde Kräfte in der Welt sein. Graswurzelbewegungen beginnen ganz unten, an der Basis, und von den Kräutern können wir viel über Widerstand lernen. Sie schließen sich zusammen, wachsen überall, passen sich dem Wandel an und geben niemals auf. In diesem Sinne möchte ich Sie einladen, das nächste Mal, wenn Sie sich zum Essen hinsetzen, dieses kleine Lied der Dankbarkeit zu singen, das ich bei meinen Freunden vom *Nettle Patch* gelernt habe: »Wir segnen die Blüten, wir segnen die Früchte, wir segnen die Blätter und Stängel, wir segnen die Wurzeln.«

Die Erde würde sterben,
Wenn die Sonne sie nicht mehr küsst.

HAFIS

TEIL III

SONNENENERGIE

DIE SONNE LIEFERT DIE ANFANGSENERGIE, DIE DEN ZYklus der Fotosynthese in Gang setzt, also die Methode, mit der Pflanzen Licht in Nahrung umwandeln. Ohne die Sonne könnten Pflanzen nicht leben, und ohne Pflanzen hätten wir keinen Sauerstoff zum Atmen.

Weißdorn

Crataegus spp.

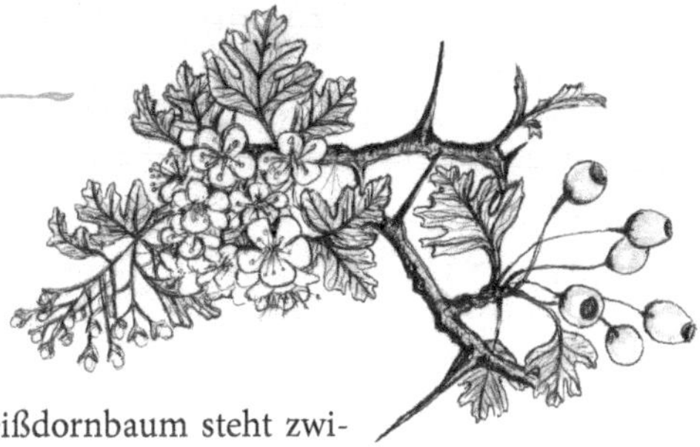

Familie: Rosaceae

Der schöne, knorrige Weißdornbaum steht zwischen Erde und Himmel und symbolisiert in vielen Kulturen und Traditionen eine Grenze zwischen den Welten. Ein gebräuchlicher Name für den Weißdorn ist Maibaum, da die Blüten um den ersten Mai herum blühen und das keltische Fest Beltane einläuten, wenn die schwangeren Frühlingsknospen hervorbrechen. Zu den Feierlichkeiten gehören eine die Göttin repräsentierende Maikönigin und ein Grüner Mann, der den Gott und Geist der neuen Vegetation darstellt. Überall strotzt die Natur vor Leben, und an Beltane wird diese Fruchtbarkeit gefeiert.

Es gibt über 280 Weißdornarten. Diese dichten sommergrünen Bäume gedeihen in gemäßigten Klimazonen. Der lateinische Name der Gattung, *Crataegus*, leitet sich vom griechischen *kratos* für Kraft und *akis* für scharf ab, in Anspielung auf die spitzen Dornen des Baumes. Die gezackten Blätter, die weißen Blüten und blutroten Früchte werden in Tinkturen und Tees verwendet, um das körperliche, emotionale und spirituelle Herz zu stärken. Diese kraftvolle Medizin kann sowohl hohen als auch niedrigen Blutdruck regulieren, den Kreislauf stärken, Mut machen, Freude steigern und Leidenschaft entfachen. Der Weißdorn ist ein mystischer Baum und den Feen besonders heilig. Manche sagen, Weißdorne seien Tore zur Feenwelt. Wie der Liebeszauber wird auch dieser Baum manchmal missverstanden und wegen seiner furchteinflößenden Dornen und Magie mit Vorsicht betrachtet.

LIEBHABER UND KÄMPFER

Oh, seht ihr nicht die schmale Straße,
So zugewachsen mit Dornen und Gestrüpp?
Das ist der Weg der Rechtschaffenheit,
Nur wenige erkunden ihn.

»THOMAS THE RHYMER«
SCHOTTISCHE BALLADE

Die Liebe kann unerwartet auftauchen und uns verführen, aus unserer Komfortzone heraus in Bereiche vorzudringen, in denen wir uns dann entweder gefangen nehmen lassen oder darum kämpfen auszubrechen. In einem Tanz aus Hingabe und Selbstbeherrschung kann die Intimität mit einer Partnerin oder einem Partner ein Raum von befreiender Tiefe oder klaustrophobischer Enge sein. Als ich 1995 nach New York zog, dachte ich nicht, dass ich lange bleiben würde. Doch die Liebe nahm mich gefangen, bevor ich der Stadt entkommen und in die Wildnis zurückkehren konnte.

Ein einziger Moment mit Ernesto – einem durch und durch erdigen Stier – war wie ein Monat mit einem Sud aus Klettenwurzel als täglichem Getränk, und im Laufe unserer Beziehung ließ ich mich in meinen Körper fallen wie niemals zuvor in meinem Leben. Ich gab mich einem Gefühl hin, das über bloße Anziehung weit hinausging. Es war die Begegnung zweier zueinanderpassender Seelen. Wir lebten auf der gleichen Frequenz, und es fiel uns leicht, uns ineinander zu verlieren. An diesem Punkt meines Lebens hatte ich erkannt, dass ich nicht wirklich zu mir selbst finden würde, wenn ich nicht bereit war, das Risiko einzugehen, abzustürzen und mich zu verlieren.

Wir lernten uns bei XL kennen, dem einstigen Modegeschäft der Beastie Boys an der Avenue A, wo wir – beide Künstler, die sich durchs Leben schlagen mussten – in Teilzeit jobbten. Es war Anfang 1996. Damals arbeitete ich unter anderem als Fotografie-Assistentin, ging zu Shootings und malte ab und zu Wandbilder, während ich auf meinen vermeintlichen großen Durchbruch wartete. Ich saß oft vor dem XL oder im Tompkins Square Park, zeichnete in mein Skizzenbuch und fand Arbeit, wenn neugierige Leute mir über die Schulter schauten. Ernesto, ein talentierter DJ, Graffitikünstler und aufstrebender Hip-Hop-Produzent, hatte gerade sein Kunststudium in Chicago abgeschlossen. Wir barsten beide vor kreativem Feuer, und damals liebte ich das Großstadtleben. Alles schien voller Möglichkeiten. Jeden Tag konnte man spannende Begegnungen haben, Kunst anschauen, kreativ sein und Straßen erkunden.

Nach der Arbeit schlenderten Ernesto und ich durchs East Village und West Village. Wir gingen auf Entdeckungsreise, hinauf zum Galerienviertel in Chelsea und hinunter über die Brooklyn Bridge und die Williamsburg Bridge. Wir sprachen über alles – unsere Familien und frühere Beziehungen, unsere Träume, Hoffnungen und Ängste. Als Gründungsmitglied der Graffiti-Crews Hash Crew, OT und TME taggte Ernesto Telefonmasten, Wände und Schilder, während wir spazieren gingen. Ab und zu sehe ich heute noch seine Signatur auf jenen Straßen, wo wir uns damals ineinander verliebten.

Unsere Liebe war ein langsames und stetiges Feuer. Wir wollten uns wiedersehen, und dann wieder, und dann wieder. Wir hatten beide gerade eine Beziehung hinter uns und waren daher zögerlich, aber unsere Freundschaft schwelte, und schnell entflammten wir füreinander. Da wir beide ums finanzielle Überleben und darum kämpften, unseren eigenen Weg zu finden, übernachteten wir auf den Sofas von Freunden, bis ich eine Wohnung im East Village fand, und er, ohne dass wir viele Worte darüber verloren, bei mir einzog. Wir schliefen in einem Hochbett, unser Freund Omar schlief unter uns auf dem Boden, und ein ständiger Strom von Freunden kam zu Besuch. Es machte Spaß, aber es war eng. Wir malten gelegentlich Wandbilder, und abends ging ich elf Blocks weiter zum Spoon, wo Ernesto als DJ arbeitete und ich bei seinen Plattenspielern saß, in der Ecke neben der Bar. Wir küssten uns, während die Platten liefen, und wenn er Feierabend hatte, schlenderten wir am Wasser entlang, bis die Sonne aufging.

Ernesto verstand es, alles in mir an die Oberfläche zu bringen, wenn wir miteinander schliefen – Ängste, Unsicherheit, Freude, Vergnügen und Einsamkeit. Wenn unsere Körper zu einer Einheit verschmolzen, betrat ich Räume der Transzendenz. Die Tore zu meiner schöpferischen Energie öffneten sich, und ich hatte das Gefühl, frei und gleichzeitig schmerzhaft gebunden zu sein. Seine heilenden Hände berührten mich an den richtigen Stellen. Zum ersten Mal sagte ich: »Ich liebe dich«, und ich meinte es so, wie ich es noch nie zuvor gemeint hatte. Ich konnte die Worte nicht zurückhalten. Sie kamen aus meinem Körper und flogen aus meinem Mund, bevor ich sie stoppen konnte, und Ernesto reagierte, indem er körperlich in sich zusammensackte, weil er sich davor fürchtete, dieses Gefühl zu erwidern. Wochenlang sagte er die drei Worte nicht, was mir wiederum große Angst machte. Aber als er sie dann endlich aussprach und sich für meine Liebe öffnete, war das Gefühl grenzenlos und hypnotisierend.

Mit einem Plattenspieler und einem Mischpult unter unserem Bett, gleich neben Omars Matratze, wohnten wir in einem Soundtrack von Roy Ayers, den Ohio Players, den Jones Girls und Stevie Wonder und lauschten aufmerksam auf Klänge und Rhythmen, die uns bewegten, während wir Platten sampelten und Beats ausprobierten. Wir tauschten Zeichnungen aus und erschufen sonderbare imaginäre Welten. Vorsichtig begannen wir, uns eine gemeinsame Zukunft vorzustellen und sie zu gestalten. Anfangs störte es ihn, dass ich weiß war. Er hatte sich nie vorstellen können, mit einer weißen Frau zusammen zu sein, aber als wir uns immer mehr ineinander verliebten und er sah, dass seine Familie mich akzeptierte, schien seine Sorge zu schwinden. Alles schien sich auf wunderschöne Weise zu fügen.

Als Ernesto und ich mit der Enge im East Village nicht mehr klarkamen, zogen wir in die Bronx, wo seine Familie uns half, eine günstige Wohnung für uns beide zu finden. Mein Leben spielte sich immer noch in Manhattan ab, und ich verbrachte einen großen Teil meiner Zeit damit, in der Bleecker Street für *Satya* zu arbeiten, eine Zeitschrift für Naturschutz und Tierrechte. Außerdem engagierte ich mich ehrenamtlich für Friends of Animals und hatte ein festes Einkommen als Personal Trainerin bei Crunch, einem Fitnessstudio. Wir hinterließen uns gegenseitig Liebesbriefe, wenn wir in unsere Wohnung kamen und gingen, und eines Tages sagte er mir, dass er sein ganzes Leben mit mir verbringen wollte. Ich war überglücklich. Ich hatte meinen Prinzen gefunden.

VERIRRT

In der schottischen und irisch-gälischen Folklore markieren Weißdornbäume den Eingang zur Anderswelt und werden mit der Legende vom Wechselbalg in Verbindung gebracht, einem Feenkind, das die Feen den Eltern, wenn sie ein Menschenkind in ihr Land entführen, an seiner statt in die Wiege legen.[1] Auch begabte Musiker können entführt werden, um das unstillbare Verlangen der Feen nach Musik und Tanz zu befriedigen. Den entführten Musikern kommt es so vor, als hätten sie nur eine einzige Nacht lang den Feen zum Tanz aufgespielt, doch wenn sie durch das Portal über der Wurzel des Weißdorns zurückkehren, stellen sie fest, dass in der Menschenwelt inzwischen Jahre vergangen sind. Männer, Frauen und Kinder wurden davor gewarnt, in der Zeit um Beltane während der Abend- oder Morgendämmerung, wenn die Schleier dünn sind, unter dem Weißdorn zu schlafen, um nicht Gefahr zu laufen, in das verführerische unterirdische Feenreich entführt oder gelockt zu werden, wo Menschen die Zeit entgleitet. Wenn sie (überhaupt je) zurückkehrten, waren sie für immer verändert.

In der aus dem 13. Jahrhundert stammenden schottischen Ballade *Thomas the Rhymer* sitzt Thomas Earlston unter einem Weißdornbaum in den Eildon Hills und spielt großartige Musik. Seine Weisen locken die schöne Königin des Landes der Elfen an. Sie reitet auf ihrem weißen Pferd heran, und Thomas ist sofort von ihrer Schönheit in Bann geschlagen. In dieser Ballade gerät Thomas bei ihrem Anblick in solche Verzückung, dass er glaubt, sie müsse die Jungfrau Maria sein:

»Sei gegrüßt, du mächtige Himmelskönigin!

Denn deinesgleichen auf Erden habe ich nie gesehen.«

»Oh nein, oh nein, Thomas«, sagte sie.

»Dieser Name ist mir fremd.

Ich bin nur die Königin des schönen Elfenlandes,

Ich bin hierhergekommen, um dich zu besuchen.«[2]

Die Feenkönigin spürt, dass Thomas sie begehrt, und so lockt sie ihn, indem sie ihn auffordert, sie zu küssen. Sie weiß, dass er, wenn er das tut, in ihren Bann gerät und ihr von da an in der Anderswelt dienen muss. Von Ehrfurcht überwältigt, willigt er ein, und die Feenkönigin führt Thomas in die Dunkelheit des Hügels und hinunter zu den Wurzeln des Weißdornbaums. Auf dem Weg durch diese Unterwelt reiten sie auf dem Rücken ihres Pferdes, das »schneller als der Wind« ist. Die Königin erklärt ihm, dass der schmale, mit Dornen und Stacheln übersäte Weg der Pfad der Gerechtigkeit sei. Der breite glatte Weg führe in die Hölle. Aber der dritte, der »glückselige Weg« führe ins »schöne Elfenland«, ihrem Ziel in der Anderswelt. Thomas verweilt scheinbar einige Tage bei ihr, doch als er wieder in die äußere Welt zurückkehrt, stellt er fest, dass dort sieben Jahre vergangen sind. Ein Stein, umgeben von knorrigen alten Weißdornen, markiert von nun an die Eintrittspforte am Eildon-Baum. Viele glauben bis heute, dass die Hügel hohl sind und darunter das Land der Feen liegt.

Von zahlreichen Hügeln und Anhöhen in Schottland heißt es, dass dort Eingänge in dieses unsichtbare Land existieren. Wenn dort, wo Weißdorn wächst, feine, leise Musik zu vernehmen ist, sei, so wird in manchen Geschichten behauptet, ein solches Gebiet mit Sicherheit von Magie durchdrungen. Wie seine Schwester, die Wildrose, ist auch der Weißdorn ein robuster Grenzwächter, dessen zentimeterlange Dornen leicht zu umgehen sind, wenn man sich ihnen mit Vorsicht nähert, aber keine unbedachte Bewegung verzeihen. Dieser Baum kann bis zu 700 Jahre alt werden. Seine Zweige blühen an Beltane, zur Zeit der Geburt, während zur Zeit des Todes, Samhain, an ihnen rote Beeren reifen. Hethel Old Thorn, behütet vom Norfolk Wildlife Trust, ist das kleinste Naturschutzreservat in England. Es besteht aus einem heiligen siebenhundertjährigen Weißdornbaum, der immer noch blüht und gedeiht.

Ich stelle mir die Generationen von Vögeln und anderen Wildtieren vor, die mit dem Hethel Old Thorn zusammengelebt haben. Die nektarreichen Blüten locken Bienen und andere Bestäuber an; Rehe und Kaninchen knabbern an den Blättern und Zweigen, und die reichen Beeren, die den ganzen Winter über an den Zweigen hängen, sind eine wichtige Nahrung für unzählige Vögel. Zwar sind die meisten Weißdornblätter gezackt und tief gelappt, ihre Formen können aber sehr unterschiedlich sein, sogar innerhalb einer Art. Ich habe viele kleine Vogelnester inmitten der üppigen dunkelgrünen Blätter und dem Gewirr der bedrohlich dornigen Zweige gesehen – ein perfekter Zufluchtsort vor Falken und anderen potenziellen Räubern. In Schottland und Irland wurden Weißdornbäume gepflanzt, um heilige Brunnen zu markieren und zu schützen. Dort schmückt man sie auch heute noch gern mit Opfergaben, um die alten Traditionen zu ehren.

Die regelmäßige Einnahme des süßen und leicht adstringierenden Aufgusses oder der Tinktur aus den Blüten, Beeren und Blättern kann die Pumpleistung des Herzens stärken. In der Kräuterkunde ist Weißdorn als Trophorestorativum für Herz und Kreislauf bekannt, das heißt als ein Kraut, das bei langfristiger Einnahme positiv auf ein bestimmtes Organsystem im Körper einwirkt. Als jemand, der im Winter zu kalten Händen und Füßen neigt, habe ich gelernt, schon im Oktober Weißdorntee zu trinken, um meinen Kreislauf zu stärken. Manchmal lasse ich die Blätter, Blüten und Beeren in einem Sud ziehen, mit wärmendem zerstoßenem Zimt, erdenden Klettenwurzeln und einem meiner Hauptnahrungsmittel, den Brennnesseln. Ich füge meinen Tinkturen immer einen Dorn vom Weißdorn hinzu – ein wesentlicher Aspekt des Wesens dieser Pflanze. Natürlich nehme ich einen solchen Dorn nur, wenn das Baum- und Feenvolk mir die Erlaubnis gibt. Wenn ich ihn weglasse, wird die Medizin unvollständig und weniger wirksam.

Es ist verlockend, eine Pflanze in ihre Bestandteile zu zerlegen – hohe Gehalte an Flavonoiden, oligomeren Proanthocyanidinen in der Beere, Vitaminen, Mineralien. Auf diese Weise lassen sich die »Wirkstoffe« bestimmen, aber wenn wir eine Pflanze in ihre »nützlichen« Bestandteile zerlegen, erhalten wir eine fragmentierte Medizin, ganz zu schweigen davon, dass wir das Leben des Lebewesens missachten. Bei den meisten Kräutern ist es die Kombination der Bestandteile, die Synergie, die sich durch all ihre Anpassungen an ihre natürlichen Lebensräume entwickelt hat, welche die Pflanzen zu potenziellen Heilern macht. Wie der Kräuterexperte David Winston schreibt, ist »der Wirkstoff im Weißdorn der Weißdorn«.[3] Es ist die einzigartige Kombination seiner Elemente als Ganzes, die den Weißdorn so, wie er ist, wirkungsvoll macht.

Ich liebe den Duft von Weißdornblüten. Für mich riechen sie süß. Aber für andere riechen sie nach fauligem Fleisch. Wieder andere sagen, der Geruch der Blüten habe etwas Sexuelles. Der Weißdorn war und ist während der keltischen Beltane-Feiern ein Symbol sexueller Freiheit und ein Fruchtbarkeitssymbol. Und dass der Weißdorn die Durchblutung fördert und so das körperliche Empfinden steigert, machte ihn zu einem bekannten Aphrodisiakum. Später jedoch, als in Rom, Griechenland und Britannien das Christentum die Herrschaft übernahm, wurde der Weißdorn zu einem Symbol für erzwungene Keuschheit. Was zuvor Symbol des Lebens und der sexuellen Potenz war und des Festes, an dem man diese Eigenschaften feierte, wurde stattdessen zu einem Symbol für moralische Reinheit. Die Maikönigin verwandelte sich in eine weiße, reine und unberührbare Jungfrau. Der Wonnemonat des Weißdorns, der Mai, wurde von einer Zeit ausgelassener, wilder Fruchtbarkeitsfeiern zu einer sterilen Phase der Beschränkungen und Verbote. Im puritanischen und christlichen Denken galt es als unglaubliches Pech, im Weißdornmonat zu heiraten – eine Vorstellung, die so gar nicht mit der Medizin und den Gaben dieser üppigen und Schutz spendenden Pflanze übereinstimmt.

Zum Glück ist die Art und Weise, wie wir über diesen heilenden Baum denken, den Grenzen der puritanischen Religion entwachsen, aber unsere körperlichen Freuden sind bis heute mit Schuldgefühlen und amorphen Vorstellungen von Sünde belastet. Zu viele Jahre lang beeinträchtigten übertriebene Wachsamkeit und Regeln mein Lustempfinden: Kombiniere dieses und jenes Essen nicht, übe dich in Selbstbeherrschung, hüte dich vor deinen animalischen Leidenschaften. Selbst wenn wir auf unsere innere Stimme hören und uns Zeit für Selbstfürsorge nehmen, haben wir vielleicht ein schlechtes Gewissen, wenn wir uns ein luxuriöses Bad gönnen, uns auf unsere tiefsten Sehnsüchte einstimmen und uns wirklich in uns selbst verlieben.

WECHSELBÄLGER

Ich hatte Angst, meine Freiheit aufgeben zu müssen, wenn ich mich einem Partner und der Liebe ganz und gar hingab. Ich wollte in emotionaler Glückseligkeit ertrinken – ich war schließlich diejenige, die meine Liebe als Erste verkündet hatte! Und doch wollte ich auch frei sein. Ich bewegte mich in unruhiger See zwischen der stetig brennenden Liebe zu Ernesto in meinem Herzen, dem instinktiven Bedürfnis nach Zeiten des Alleinseins und dem Hunger nach grenzenlosem Wachstum. Die Liebe, die ich mit Ernesto teilte, öffnete Türen und riss Barrieren in mir nieder. Sie entlarvte die Illusion, dass eine bewusste Anstrengung in einem Teilgebiet meines Lebens mich unbeabsichtigt in eine Sackgasse führen könnte – keine Anstrengung ist jemals vergeudet. Doch die Welt, zu der ich über unsere Beziehung hinaus Zugang zu haben glaubte, begann sich klein anzufühlen. Ich hatte mich für eine Beziehung entschieden, die bedeutete, in der Bronx Wurzeln zu schlagen, berechenbare Arbeitszeiten einzuhalten und Ernesto gegenüber verlässlich zu sein. Ich schrieb: *Ich bin süchtig danach, mit ihm zu-*

sammen zu sein, das wird zu einem Hilfsmittel gegen die Traurigkeit, aber daran stimmt etwas nicht. Ich wollte weiter mit ihm zusammen durch die Welt ziehen, aber er war nun bereit dafür, ein Zuhause zu schaffen. Während ich unruhiger wurde, wurde Ernesto verwurzelter. Darüber, dass ich so tief in unseren gemeinsamen Zauber eingetaucht war, hatte ich vergessen, was für ein Leben ich wirklich führen wollte. Was auch immer es war, ich wollte, dass es ihn einschloss.

* * *

ERNESTOS MUTTER KÄMPFTE LANGE ZEIT MIT LUNGENKREBS, DER sich schließlich in ihrem ganzen Körper ausbreitete. Sie starb zwei Jahre nach Beginn unserer Beziehung, und ich fühlte mich hilflos. Ernestos Trauer löste in ihm den Wunsch nach noch mehr Stabilität aus, und obwohl ich mich innerlich unruhig fühlte, wollte ich sein Fels in der Brandung sein. Ich wollte meine Haut öffnen, als hätte sie einen Reißverschluss, und ihn hineinkriechen lassen. Ich wollte seinen Schmerz lindern, aber ich kam ihm nie nahe genug, um seine zarten Wunden berühren oder heilen zu können. Ich vermisste ihn sogar dann, wenn wir uns aneinanderpressten.

Ernesto stürzte sich völlig in die Verwirklichung seines Traumes, Hip-Hop-Produzent zu werden, und eröffnete ein Aufnahmestudio, für das er zwei der vier Zimmer unserer Wohnung nutzte. Das war zwar immer der Plan gewesen, aber die Wohnung war jetzt seine ganze Welt, sodass ich mich immer mehr gefangen und eingeengt fühlte. Als wäre unser Zuhause ein Feenhügel, lockte die Anziehungskraft der Musik die Menschen zu uns, und schon bald gingen Musiker in unserer Wohnung ein und aus, so wie es damals gewesen war, als ich heranwuchs. Das Vibrieren der Bässe und der Schlagzeug-Beat, der die Wände meines Schlafzimmers erschütterte, waren mir vertraut, aber ich fand es schwierig, keine Privatsphäre zu haben. Ernesto war zufrieden und schmiegte sich an den von ihm gewählten Weg, während ich noch nach dem meinen tastete. In unserer verwunschenen Höhle wollte ich für immer mit ihm zusammen sein. Aber wenn ich nicht bei ihm war, sondern draußen in der Welt unterwegs, wollte ich frei sein.

* * *

ES DAUERTE ETWA EINE STUNDE, UM VON UNSERER WOHNUNG AM Bedford Park Boulevard zum Crunch-Studio im West Village zu gelangen. Meine Schicht begann morgens um sechs, also musste ich um vier aufstehen und spätestens um 4.30 Uhr in der Bahn sitzen. Zu diesem Zeitpunkt hatte ich noch kein formales Kampftraining absolviert, aber auf diesen frühmorgendlichen und nächtlichen U-Bahn-Fahrten suchte ich den Bahnsteig und den U-Bahn-Wagen ab, und wenn ich spürte, dass jemand in mir Unbehagen auslöste, überlegte ich mir, wie ich solche Personen auf die Bretter schicken würde. Unauffällig suchte ich potenzielle gefährliche Typen nach Schwachstellen ab, und wenn keine erkennbar waren, stellte ich mir vor, wie ich es auf ihre Augen absehen oder meine Glasflasche zerbrechen würde, um sie als Waffe zu benutzen. Ich spürte einen brutalen Zug in mir und wusste, dass ich, um mich selbst zu verteidigen, vor nichts zurückschrecken würde. Diese Wildheit gehörte offenbar zu mir, war mir aber unvertraut. Ich musste sie erst noch erforschen.

Wenn die Sonne aufging, kam ich aus dem Bahnhof an der West Fourth Street und sah die Leute von den Partys nach Hause stolpern. Mein Alltag verlief sonderbar gegenläufig dazu: Ich ging an Menschenmassen vorbei, deren Gewohnheiten für mich wie ein Blick in meine eigene jüngste Vergangenheit waren. Da ich weit weg wohnte und unsere Kunden zu eher ungewöhnlichen Zeiten trainierten, blieb ich meist den ganzen Tag in der City. Ich lief am Wasser entlang zum Battery Park und wieder zurück, schrieb und zeichnete in mein Skizzenbuch und hing mit Angela ab, einer Trainerin aus Griechenland, die meine beste Freundin wurde. Und Ernesto, immer ganz der Romantiker, holte mich ab und führte mich zum Essen aus, wann immer er konnte.

Am Valentinstag machten wir uns normalerweise schick und trafen uns zu einem besonderen Date in der City. Wir sorgten auch dafür, dass an diesem Abend niemand in unserer Wohnung war, damit wir nach Hause gehen und uns ungestört lieben konnten. Es war ein Tag, auf den ich mich immer freute. Aber dann kam ein Valentinstag, wo ich, wie in den Jahren davor, mein Abend-Outfit mit zur Arbeit genommen und voller Vorfreude mein Geschenk für ihn gekauft hatte – doch als ich ihn anrief, um zu hören, wo wir uns treffen würden, sagte er zu meiner Überraschung, dass er nicht kommen konnte. Es war etwas dazwischengekommen, und ich sollte ihn zu Hause treffen. Er versicherte mir, dass wir trotzdem etwas unternehmen würden. Ich war so enttäuscht – ich hatte keine Lust mehr, mit ihm immer nur zu Hause zusammen zu sein.

Als ich an der Wohnungstür ankam, hörte ich, dass noch leise Musik spielte. Er ließ mich warten. Als er endlich herauskam, verband er mir die Augen, führte mich hinein und legte mich auf etwas, das sich wie Seide anfühlte. Als er mir die Augenbinde abnahm, sah ich, dass er die ganze Wohnung mit Rosenblättern bedeckt hatte. Die *ganze* Wohnung. Er hatte den ganzen Tag damit verbracht, unsere Wohnung in eine andere Welt zu verwandeln.

* * *

DAS WAR DER SOMMER, IN DEM CRUNCH EINE WOCHENENDAUSbildung zum Boxtrainer anbot. Die Idee, man könnte sich an einem Wochenende zum Boxlehrer ausbilden lassen oder überhaupt nur boxen lernen, ist totaler Quatsch, aber die Aussicht, selbst zu boxen, begeisterte mich. Als wir Schüler durch die Übungen geführt wurden und lernten, wie man einen richtigen Schlag ausführt, verspürte mein Körper ein seltsames und tiefes Gefühl der Erleichterung. Ich hatte mir immer vorgestellt, mit den Fäusten zu kämpfen, aber noch nie im Leben einen wirklichen körperlichen Kampf bestritten. Die Trainer, zwei Profiboxer, sagten mir, ich solle mich bei meinem Partner zurückhalten, und ich fand das frustrierend. Ich merkte, dass ich nur an der Oberfläche meiner Kraft kratzte, und plötzlich wurde mir klar, dass ich mehr darüber herausfinden musste. Ich war auf der Suche nach einer Sportart, die ähnlich intensiv wie Rudern war, und jetzt hatte ich sie gefunden. Als der Wochenendkurs zu Ende war, überredete ich einen der Kämpfer, mich zu trainieren, und am nächsten Tag begann ich eine ernsthafte Boxausbildung. Ich kehrte sofort zu dem disziplinierten Training zurück, das ich beim Rudern gelernt hatte, und widmete mich mit gleicher Hingabe dem Boxen.

Nach einem Trainingstag war ich in den bittersüßen Schweiß von Wut und Angst getränkt. Ich hatte überhaupt nicht gewusst, wie sehr mir diese Gefühle im Körper steckten. Es war, als wäre ich voll bekleidet im Meer geschwommen, und jedes Mal, wenn ich mir nach dem Training die durchgeschwitzten Sportsachen auszog und mit meiner schweren Tasche in der U-Bahn nach Hause fuhr, fühlte ich mich ein wenig freier. Anfangs unterstützte Ernesto mein Training, aber dann fing er an, einen Groll gegen meine Box-Leidenschaft zu entwickeln. Etwas wurde beim Boxen aus mir herausgewrungen und kam zum Vorschein, und ich konnte nicht aufhören.

Nachdem ich etwa sechs Monate lang trainiert hatte, kamen ein Boxer und sein Trainer zum Sparring – in dem Laden, in dem ich trainierte, ein seltenes Ereignis. Wir hatten zwar einen Ring, aber der wurde eigentlich nur zum Fitness-Boxen genutzt, nicht für Kämpfe. Der Sparringspartner des Kämpfers erschien nicht, und da ich zufällig gerade anwesend war und auf die Boxsäcke einschlug, fragten sie mich, ob ich in den Ring steigen und ihm Schläge verpassen wolle. Sie versicherten mir, dass es ein einseitiger Kampf sein würde. Er müsse nur an seiner Verteidigung arbeiten. Ich war nervös, willigte aber ein. Als ich den Ring betrat, verwandelte ich mich. Ich griff an, setzte ihn unter Druck, drosch auf ihn ein. Sonderlich gut saßen meine Schläge nicht, aber ich glaube, meine Intensität kam für uns alle überraschend. Es war offenkundig, dass ich dringend einen Weg finden musste, meine Aggression auszuleben. Als der Gasttrainer und der Boxer mir sagten, ich sollte ernsthaft in Betracht ziehen, für Boxkämpfe zu trainieren, wusste ich, dass sie recht hatten.

Aber Ernesto gefiel die Idee überhaupt nicht. Er machte sich Sorgen, dass ich verletzt werden könnte, und sagte, es wäre anders gewesen, wenn er mich von Anfang an als Boxerin kennengelernt hätte, aber als wir uns kennenlernten, erlebte er mich als Künstlerin, aufstrebende Fotografin und als Umweltschützerin. Er verstand diesen Schwenk nicht. Das entsprach nicht seinem Bild von mir. Wie alle anderen nahm er mich als ruhig, friedfertig und süß wahr. »Du schaust dir noch nicht einmal gerne Boxkämpfe an!«, behauptete er. Das stimmte, aber selbst zu boxen fühlte sich anders an, als zuzuschauen.

Es gab Tage, da wachte er morgens auf, schaute mich lächelnd an und sagte: »Lass uns heute heiraten! Lass uns einfach zum Rathaus gehen und es tun!« Anfangs liebte ich seine großherzige, impulsive Art, aber der Gedanke an eine Ehe machte mir Angst. Ich wusste, dass er eine Familie wollte, und obwohl ich mir vorstellte, mit Ernesto Kinder zu haben, und mich die emotionale Anziehungskraft manchmal überkam, spürte ich in mir nicht wirklich das biologische Verlangen, das von Frauen erwartet wird. Es störte ihn, dass ich im Umgang mit kleinen Kindern unbeholfen war und mich nicht sonderlich für sie interessierte. Aber es war mehr als das. Ich sah es so, dass es auf der Erde schon genug Menschen gab. Seine Vorstellung von der Zukunft dagegen beinhaltete, eine Familie zu gründen, auch wenn er noch nicht so weit war. Deshalb hätte er gern gesehen, dass ich die kleinen Kinder in unserem Umfeld süß fand und von ihnen schwärmte, was ich aber nicht tat.

***

JE MEHR ICH TRAINIERTE, DESTO RUHELOSER WURDE ICH, UND ich erkannte, dass es Teile in mir gab, die Ernesto nicht wirklich an sich heranlassen konnten, so innig unsere Beziehung auch war. Ich musste Mauern niederreißen, und ich spürte, dass Boxen mir dabei helfen würde. Ich wusste auch, dass ich dabei vielleicht Teile meines Wesens freilegen würde, die Ernesto nicht mochte oder nicht sehen wollte. Mich zog es in Richtung Profiboxen, etwas, das absolut keinen Sinn zu machen schien, und er wollte ein Haus bauen. Ich wusste, dass ich, um richtig zufrieden mit ihm leben zu können, einen Weg finden musste, mit mir selbst zufrieden zu sein, doch so weit war ich noch nicht. Ich war nicht so gut geerdet und verwurzelt wie er, und ich fühlte mich nicht ganz wohl in meiner Haut. Zwar liebte ich ihn und konnte den Gedanken nicht ertragen, ihn zu verlieren, aber noch mehr fürchtete ich, meine innere Stimme zu ignorieren und in einer Situation gefangen zu sein, in der ich nicht wachsen konnte. Ich wusste, dass es für mich nicht richtig war, in diesem Zustand zu verharren, und sah zu diesem Zeitpunkt keine andere Möglichkeit, als Ernesto zu verlassen.

Ich werde niemals den Tag vergessen, an dem wir von unserer Wohnung am Bedford Park Boulevard in den nahe gelegenen Wald wanderten, ich mit dem festen Vorsatz, ihm zu sagen, dass ich gehen würde – auch wenn Ernesto es nicht kommen sah. Wir hatten meinen Ghettoblaster dabei, und im Hintergrund lief eines meiner Lieblingsalben von Stevie Wonder: *Fulfillingness' First Finale*. Danach konnte ich mir das Album jahrelang nicht mehr anhören. Der Text von »It Ain't No Use« zerriss mir damals das Herz, und so ist es bis heute: »Wir sind nicht alles füreinander.«

Während wir sprachen, hatte ich das Gefühl, mich von der Lebenskraft abzuschneiden, die mein Herz schlagen ließ. Wir weinten aus Räumen, die so tief waren, dass wir an unseren Tränen zu ersticken drohten. Ich fühlte mich wie pulverisiert. Aber die Rastlosigkeit in mir war eine Bestie, die stärker und mächtiger war als meine Bindung an Ernesto. Ich musste den beruhigenden Schutz seiner Arme verlassen, um gegen meine inneren Dämonen zu kämpfen. Ich fürchtete, wenn ich das nicht tat, würde ich mich in der Trance der Liebe und der Sehnsucht verlieren oder eines Tages aufwachen, verheiratet sein und Kinder haben, und das machte mir Angst. Obwohl ich meinen Prinzen gefunden hatte, wusste ich nie, was nach dem »Und sie lebten glücklich bis ans Ende ihrer Tage« im Märchen geschah. Ich hatte Angst, dass meine Geschichte genau dort enden könnte, wie bei Dornröschen. Also verabschiedete ich mich von unserer gemeinsamen Zukunft. Es war eine Entscheidung, mit der ich noch jahrelang zu kämpfen haben würde.

Als wir aus dem Wald zurückkamen und der Bann gebrochen war, blickte ich auf eine Welt, die plötzlich *mir* gehörte und nicht *uns*. Völlig verwandelt durch unsere Liebe, spürte ich, dass Ernestos Schatten und der überwältigende Schmerz unserer Trennung mich für den Rest meines Lebens verfolgen würden.

* * *

JAHRE SPÄTER LERNTE ICH, DASS ICH DIE SCHÜTZENDE ENERGIE des Weißdorns nutzen konnte, wenn ich mich nackt fühlte. Sein dorniges Zentrum bietet Schutz. Die starke Medizin des Weißdorns kann uns helfen, in der Liebe mutig zu sein, für uns selbst einzustehen und uns den Raum zu verschaffen, den wir brauchen, um uns auch selbst lieben lernen zu können. Ob körperlich, emotional oder spirituell, die Medizin des Weißdorns stärkt unser Herz, sodass die Energie aus unserem Zentrum herausfließt und unsere Fähigkeit erhöht, aus unserer Mitte heraus zu lieben. Wenn wir auf die wahren Sehnsüchte unseres Herzens hören und uns von ihnen durch unser Schattenland, über Großstadtstraßen oder auf engen Pfaden voller Dornen führen lassen, werden wir uns nicht verirren.

Löwenzahn

Taraxicum Officionale

Familie: Asteraceae

Der Löwenzahn ist ein Kämpfer, dessen feurige Medizin Straßenasphalt durchbricht und trotz Spritzmitteln immer wieder hartnäckig auf teppichartig gepflegte Rasenflächen zurückkehrt. Die Pfahlwurzeln der Pflanze arbeiten unermüdlich. Sie bringen Mineralien aus dem Untergrund zu den Gräsern und anderen Pflanzen, die nicht in die Tiefe vordringen können. In unserem Körper regen die Wurzeln und Blüten des Löwenzahns die Verdauung an und aktivieren die Energie in unserem Sonnengeflecht, während seine gezackten bitteren Blätter – die »Löwenzähne« – unsere Nieren spülen und reinigen, die Organe also, in denen wir Lebensenergie speichern. Neben der Bitterkeit der Blätter schmeckt man auch die salzigen, mineralstoffreichen Qualitäten, die für die Reinigung und Klärung unserer inneren Wasserwege sorgen. Als Leberreiniger hilft die Löwenzahnwurzel, Wut und Frustration aus dem Körper zu befördern, während nützliche Bakterien von ihr genährt und unterstützt werden. Und für diejenigen, die sich bei dem Versuch verausgaben, es anderen recht zu machen, ist der Löwenzahn ein ausgezeichneter Verbündeter.

BAUCHGEFÜHL

Es gehört nicht zu einer echten Kultur, Tiger zu zähmen, genauso wenig wie es zu einer echten Kultur gehört, Schafe wild zu machen.

HENRY DAVID THOREAU: WALKING

Nachdem Ernesto und ich uns getrennt hatten, musste ich meine Familie von der Idee überzeugen, dass ich weiter boxen würde. Sie dachten, ich hätte den Verstand verloren.

Mein Großvater, der Arzt, erzählte mir von den Hirnschäden, die Boxer unweigerlich davontragen würden, und schlug mir vor, eine grausige Ausstellung in der medizinischen Fakultät von Harvard, seiner Alma Mater, zu besuchen, wo man sich Fotos von zerschlagenen Gehirnen anschauen konnte. Meine Mutter war ganz die Heilige, die sie immer ist. Sie wollte immer, dass ich tue, was mich glücklich macht. Und obwohl das Boxen sie zu Tode erschreckte, sah sie, wie ich durch das Training aufblühte und heiler wurde und über die vermeintlichen Grenzen meines Körpers hinausging. Sie unterstützte mich und kam sogar zu den Kämpfen – auch wenn sie beim Zuschauen mehr zusammenzuckte als ich im

Ring. Sie hielt mir sogar den Rücken frei, als ich entschied, Profiboxerin zu werden.

Nach ein paar kurzfristigen Unterkünften fand ich eine ideale Bleibe, die ich mir leisten konnte. Eine Freundin bewohnte eine Einzimmerwohnung mit Mietpreisbindung im 6. Stock eines baufälligen, aufzuglosen Hauses im East Village, und ich bat sie, mir unbedingt, unbedingt Bescheid zu sagen, falls sie jemals auszog. Und tatsächlich, etwa ein Jahr nachdem ich sie angefleht hatte, zog sie zu ihrem Freund, und ich bekam die Wohnung. Manchmal, nach einem harten Trainingstag, schaffte ich die Treppe nur mit Mühe. Aber das Boxen war wie eine Sucht, und mein ganzes Leben drehte sich nur noch darum. Ich war in den Boxsport verliebt und gab mich ihm völlig hin.

* * *

WIE EINES TAGES DIE KRÄUTERKUNDE, SO FÜHLTE SICH DAMALS auch das Boxen wie eine tiefe Erinnerung an – etwas, das ich bereits kannte und das nur wieder in mir geweckt werden musste. Ursprünglich waren die Kampfkünste, wie auch Yoga, eine ganzheitliche Praxis der Selbstentwicklung. Und obwohl diese Künste im Allgemeinen als Männerdomäne betrachtet werden, sind Frauen natürliche Kriegerinnen, und zwar schon seit Urzeiten. Scáthach, die um 500 v. Chr. auf der schottischen Insel Skye lebte, war eine legendäre Kampfkunstlehrerin. Ihr gälischer Name bedeutet »schattenhaft«, und auf ihrer Festung Dún Scáith (Burg der Schatten) bildete Scáthach nur solche Krieger aus, denen es vorher gelungen war, die schrecklichen Wehranlagen ihrer Festung zu überwinden.[1] Einer ihrer Schüler war der Held Cú Chulainn, der früheste gälische Held, dessen Taten schriftlich überliefert wurden. Scáthach war auch eine beeindruckende Magierin mit der Gabe der Weissagung, und in einigen Erzählungen wurde sie zur keltischen Totengöttin, die über die Reise der in der Schlacht gefallenen

Krieger nach Tír na nÓg wachte, dem Land der ewigen Jugend in der keltischen Mythologie.

Frauen waren nicht nur Einzelkämpferinnen, sondern prägten auch Kampfstile wie das Wing Chun, ein System, das von der buddhistischen Nonne Ng Mui, einer Meisterin des Shaolin Kung Fu, entwickelt wurde.[2] Die Dahomey-Amazonen oder Mino, was »unsere Mütter« bedeutet, waren ein rein weibliches Militärregiment des Königreichs Dahomey in der heutigen Republik Benin, das bis zum Ende des 19. Jahrhunderts existierte.[3] Bei den Chihenne-Chiricahua-Apachen gab es die berühmte Kriegerin und Prophetin Lozen. Einer Legende nach stand sie bei den Göttern in hoher Gunst und war mit ihren spirituellen Kräften in der Lage weiszusagen, wo die Feinde sich gerade aufhielten und welche Schritte sie planten. In der Endphase der Apachenkriege kämpfte Lozen an der Seite Geronimos.[4]

Und schließlich eine weitere Namensvetterin, Nessa. Nessa war eine Prinzessin in der irischen Mythologie, die von zwölf Ziehvätern aufgezogen wurde.[5] Ursprünglich hieß sie Assa, was »sanft« bedeutet, bis Cathbad, ein Druide und Anführer einer Schar landloser Krieger, das Haus ihrer Ziehväter angriff und sie alle tötete. Die sanfte Assa wollte sich rächen und gründete ihre eigene Kriegergruppe, um ihn zu jagen. Assas Kampfgeschick und ihre legendäre Kriegerschar brachten ihr den Namen Ní-assa (»nicht sanft«) ein.

Aber damals hatte ich noch nie von einer dieser Frauen gehört, also lernte ich von Männern, indem ich zu Boxkämpfen ging, beim Sparring zuschaute und legendäre Kämpfe auf dicken VHS-Kassetten studierte. Ich analysierte die Techniken von Muhammad Ali, Pee Wee Rucker, Félix Trinidad, James Toney und anderen Profiboxern wie Shaun George. Muhammad Ali wurde mein Idol. Er war nicht nur Boxer, sondern auch Aktivist, der öffentlich für seine Überzeugungen eintrat. Ich las jedes Buch über ihn, das ich finden konnte. Und obwohl ich damals keine Boxerinnen hatte, zu denen ich aufschauen konnte, las ich über Frauen, die, jede auf ihre eigene Art, Kämpferinnen waren – Frauen wie Assata Shakur, Elaine Brown, Jane Goodall, Angela Davis und Gloria Steinem. Ihre Erfahrungen und Kämpfe gaben mir Kraft, wenn ich im Boxring das Gefühl hatte, am Ende zu sein.

Nach intensiven und manchmal entmutigenden Besuchen in diversen New Yorker Boxzentren und Begegnungen mit potenziellen Trainern, bei deren Tests meiner Fähigkeiten und meiner Tapferkeit ich blaue Augen, Nasenbluten und Rippenprellungen davontrug, wurde schließlich Gleason's Gym mein zweites Zuhause. Ich erinnere mich an den ersten Tag, an dem ich die Treppe hinaufging und das berühmte schmuddelige Brooklyner Boxstudio betrat. Es gab keine Musik, man hörte nur die Boxhandschuhe, die auf schwere Säcke eindroschen, und die über den Boden flitschenden Springseile. Dazu hallten die Kommandos der Trainer an ihre Schüler durch das Studio, dessen Luft durchtränkt war von intensivem überwältigendem Schweißgeruch. An diesem Tag war ich die einzige Frau, die dort unter ehrgeizigen Profiboxern trainierte, und das fühlte sich einschüchternd an. Ich hatte jahrelang in Fitnessstudios trainiert, meist unter Männern, das war ich also gewohnt, aber hier herrschte eine andere Atmosphäre. Das hier war Gleason's. Und ich kam, weil ich bereit für ernsthafte Kämpfe war und nicht mehr nur zum Spaß boxen wollte.

Damals steckte das Frauenboxen noch in den Kinderschuhen. Es gab nur wenige Profiboxerinnen, und die meisten hatten keine große Karriere vor sich, aber das war mir egal. Mein innerer Antrieb hatte andere Gründe. Mein Körper und ich waren immer noch dabei, die verlorene Zeit aufzuholen, und ich wollte den Teil von mir kennenlernen, der Raubtier und nicht Beute war. Nachdem ich jahrelang immer sehr zurückhaltend gewesen war, genoss ich es nun, die »nicht sanfte« Vanessa zu erforschen.

In seinem Buch *Trauma-Heilung. Das Erwachen des Tigers* spricht der Traumatherapeut Dr. Peter Levine über Bewegung als ein wesentliches Mittel, um im Körper gespeicherte Traumata zu lösen.[6] Indem wir uns bewegen, folgen wir unserem Impuls, das Trauma buchstäblich aus unserem System herauszuholen. Alle Tiere greifen, wenn sie bedroht oder verletzt werden, auf instinktive Reaktionen zurück, um sich zu schützen und zu verteidigen: Sie erstarren, versteifen sich, klammern sich fest, fliehen, ducken sich auf den Boden oder kämpfen. Wenn diese Reaktionen jedoch unterbrochen oder durch einen Angriff neutralisiert werden, erleiden wir ein Trauma. Wenn ich darüber nachdenke, wie ich in meiner Jugend mit der Missbrauchserfahrung umging – ich erstarrte, zog mich aus meinem Körper zurück und stellte mich tot –, dann macht es Sinn, dass ich mich, als ich mich diesem Trauma endlich stellte, auf so intensive und extreme Weise bewegen musste, um mich davon zu befreien. Das Boxen gab mir, wie nichts anderes zu jener Zeit in meinem Leben, ein Gefühl von Zielstrebigkeit. Ich hatte das Gefühl, dass mich angesichts von allem, was ich durchgemacht hatte, niemand fertigmachen konnte.

* * *

ICH ERINNERE MICH AUCH, DASS ICH AN MEINEM ERSTEN TRAININGSTAG bei Gleason's die Treppe zum Ring hochstieg und zwischen den Seilen hindurchkletterte, als wären alle Augen auf mich gerichtet. Nach dem Aufwärmen mit dem Springseil hatte mein damaliger Trainer, ein Freund und Profiboxer, mich aufgefordert, in den Ring zu steigen und zu schattenboxen. Nun stand ich auf der Bühne und kam mir wie eine Idiotin vor. Das asthmatische Mädchen, das noch nie in seinem Leben gekämpft hatte und dessen Abwehrmechanismus bei Angriffen darin bestand zu erstarren, kämpfte in einem der berühmtesten Boxstudios der Welt gegen einen unsichtbaren Gegner. Die ersten paar Runden waren erschöpfend. Ich verausgabte mich viel zu sehr. Aber nach einer Weile verloren die Leute das Interesse an mir, und ich vergaß, dass ich einen Auftritt hatte. Ich verbrannte meine nervöse Energie und tauchte in meine eigene Welt ein – in das, was Sportler »die Zone« nennen. Ich war in einem Rausch, im Einklang mit meinem Körper, obwohl ich dachte, ich hätte vielleicht den Verstand verloren, weil ich überhaupt boxen wollte. Aber beim Sparring oder in einem Kampf hat man keine Zeit, seine Entscheidung zu hinterfragen oder sich überhaupt gedanklich mit ihr zu beschäftigen. Das war eine großartige Lektion für mich, die ich viel zu viel nachdenke und analysiere. Beim Boxen lernte ich, meinem Instinkt zu vertrauen und danach zu handeln. Zuvor hatte es zahllose Momente gegeben, in denen mein Instinkt mir sagte, zu handeln, meine Meinung zu sagen, doch ich hatte es nicht getan oder einfach nicht tun können. In solchen Momenten pochte mein Herz schnell, und mein Körper wurde heiß. Die Worte wollten heraus. Das war klar. Aber ich schluckte sie herunter, zwang mich zur Ruhe, und sie verbrannten mich innerlich.

Während ich trainierte, sprudelten Poesie und Kunst aus mir heraus wie damals nach dem Autounfall. Meine Untergangsstimmung nach der Trennung von Ernesto und das intensive Boxtraining bewirkten, dass all die unterdrückten Tränen, Worte und Bilder endlich aus mir hervorbrachen. Ich nahm mein Skizzenbuch überallhin mit, denn ich musste sie schnell zu Papier bringen, damit sie aus meinem Inneren freigesetzt werden konnten. Wenn ich vom Training nach Hause kam, bemalte ich meine Schränke und Möbel und alle Wände in meiner Wohnung mit Augen, die aus roten, orangefarbenen und gelben Flammen hervorschauten. Meine Wohnung stand in Flammen. Es war klar, dass ich mein inneres Feuer wieder entfachen wollte. Eine offensichtliche Symbolik, die mir damals nicht in den Sinn kam. Von meinen roten

Schranktüren starrten Augen-Collagen ins Zimmer. Einer meiner Freunde, ein Profiboxer, der sich, wenn ich nicht da war, um meinen süßen Hund kümmerte – einen Husky-Dobermann-Rettungshund namens Kobe –, rief mich an: »Deinem Hund geht es gut, aber, ehrlich gesagt, wenn ich all diese Augen in deiner Wohnung sehe, läuft es mir kalt den Rücken hinunter.« Die Wohnung war in mehr als einer Hinsicht meine Leinwand, das Malen an den Wänden fühlte sich wie Freiheit an.

Nach einer mit dieser Form der kreativen Entfaltung verbrachten Nacht ging ich von meiner Wohnung an der Ecke 7th St. und Avenue B zum F-Zug auf der First Avenue, bereit für einen weiteren Trainingstag bei Gleason's in DUMBO (diese Abkürzung steht für Down Under the Manhattan Bridge Overpass, heute ein gehobenes, gentrifiziertes Viertel, damals ziemlich heruntergekommen, mit einer einzigen Bodega, aber bezahlbaren Atelierräumen). Ich ging zur U-Bahn und stellte mir das Training in lebhaften Details vor – wie ich einen perfekten Haken landete, wie ich präzise Körpertreffer setzte und mich im Sparring behauptete. Wenn mich Männer auf der Straße dumm anquatschten, stellte ich mir vor, wie ich ihnen die Nase brach. Wenn die Erinnerungen an sexuellen Missbrauch, Vergewaltigung oder Frustration mich überkamen, drosch ich auf die schweren Säcke ein. »Stehvermögen«, sagte mein Trainer immer, »darauf kommt es an. Daraus holst du deine Kraft.«

Bei der Pflanze, die mit der Lebensenergie der Erde den Asphalt des Bürgersteigs durchbricht, sind es ihre Wurzeln, aus denen die Kraft kommt, sich zu befreien. Als ich mich geerdet und Stehvermögen entwickelt hatte, indem ich die Energie der Erde anzapfte, die auch die Pflanzen nutzen, hörte ich auf, in Stöckelschuhen herumzulaufen. Warum ich meine Füße so lächerlich und schmerzhaft eingezwängt hatte, um Männern zu gefallen (von denen mich viele oft wütend machten), ist mir ein Rätsel. Das Tragen von Stöckelschuhen kann Schmerzen im Bewegungsapparat verursachen, vor allem in den Muskeln entlang der Wirbelsäule, und es kann uns daran hindern, wirklich aufrecht zu stehen.[7] Aber die soziale Konditionierung ist stark, und stark war während eines Großteils meines Lebens auch meine Verunsicherung angesichts dieses sozialen Drucks. Ich wollte nach den Normen der Gesellschaft gut aussehen, und doch wurde mir klar, dass ich diesen mich unterdrückenden Normen einen kräftigen Faustschlag in ihren empfindlichen Bauch verpassen wollte. »Erledige den Körper, und der Kopf wird fallen«, heißt es unter Boxern. Und als der Funke, den das Boxen in mir entzündete, zu einer hellen Flamme heranwuchs, wollte ich das System des Patriarchats und die unaufhörlichen Botschaften, die den Frauen vorschrieben, wie sie auszusehen und sich zu verhalten hatten, zu Fall bringen. Aber zunächst musste ich mich der Tatsache stellen, dass ich selbst ein Produkt dieser kulturellen Kräfte war, und einen Weg finden, diese Prägung abzuschütteln. Meine Freundinnen und ich schimpften an einem Tag über Männer, die uns auf der Straße anmachten, und am nächsten Tag fühlten wir uns hässlich, wenn wir keine Aufmerksamkeit auf uns zogen.

Die Macht der Frau liegt in ihrer Schönheit, wird uns gesagt, und wir alle wissen, dass wir, um eine attraktive Frau zu sein, unsere Körper durch Diäten, Korsetts, Spanx und alle möglichen bizarren Vorrichtungen – sogar Operationen – in Barbiepuppenform bringen müssen. Aber seien Sie nicht zu sexy: Wenn Sie mit einem zu kurzen Rock einen Mann verführen, sind Sie quasi selbst schuld an dem, was er Ihnen antut. Doch wenn Sie einen Mann an sich binden wollen, müssen Sie einen Weg finden, verführerisch zu sein, ohne sich in gefährliches Terrain zu begeben. Die Anpassung an diese Verkleidungen und Posen ging mit der Angst einher, dass eine Hand, die unter Ihren Rock fasst, bemerken könnte, dass Sie den Bauch einziehen, oder dass, wenn Sie ohne Make-up erwischt werden, auf Ihrem »nackten« Gesicht eine beschämende Überraschung zu sehen sein könnte. Als ich mit dem Boxen anfing, wusste ich, dass jeder Tag der Tag sein konnte, an dem mein Gesicht umgestaltet wurde. Ich wollte zwar nicht, dass es passiert, aber ich war bereit, das Risiko einzugehen. Von den Männern, die mit mir im Boxstudio trainierten, beharrten viele darauf, dass ich viel zu hübsch zum Boxen sei, aber ihre vage Definition dieses oberflächlichen Zustands war nicht gleichbedeutend mit dem Gefühl, stark zu sein oder mich gut zu fühlen. Und oft empfand ich solche äußerlichen Komplimente als schmerzhaft. Ich hatte begonnen, eine andere Art von Schönheit zu kultivieren. Das Boxen bot einen Raum unverfälschter Authentizität in einer oberflächlichen Welt.

DIE LÖWIN ZEIGT DIE ZÄHNE

»Du bist zu intensiv«, bekam ich oft zu hören. Wenn ich etwas für mich entdecke, das ich unbedingt kennenlernen und erkunden muss, dann gebe ich alles. Wenn diese Art von Wissen in mir aufsteigt, ist das wie ein Summen, auf das ein Funkenschlag folgt. Wenn ich aufmerksam bin, dieser Erkenntnis Raum gebe und sie mit meinen Gedanken nähre, wird das Wissen zu einer lodernden Flamme. Wenn ich dieses Wissen oder diesen Instinkt unterdrücke, um jenen oft ganz willkürlichen Regeln zu folgen, die uns von außen Ausgewogenheit oder Mäßigung auferlegen, verrate ich mich selbst und opfere den inneren Raum, der mit Wildblumen gefüllt sein sollte, für etwas Zahmes und Gepflegtes. Wenn ich auf meinen Hunger höre, können die Wildblumen meiner Leidenschaft und Konzentration den Straßenbelag durchbrechen und mich ins Licht führen.

In Heiltraditionen wie Ayurveda ist unsere Mitte – unser Verdauungssystem und inneres Feuer – der Sitz unseres Selbstvertrauens und unserer Zuversicht.[8] Dieses Zentrum, unser Solarplexus, wird als gelb wahrgenommen, leuchtend wie die Sonne und die schönen Blüten des Löwenzahns. Stark und unnachgiebig blüht der Löwenzahn jedes Jahr wieder auf, um Rasenflächen, Gehwege und Straßen zu erhellen, unbeeindruckt von seiner Unbeliebtheit oder der heutzutage üblichen Einstufung als Unkraut. Dieses sogenannte Unkraut erscheint auf den Rasenflächen, egal wie viel Gift die Menschen dort versprühen. Tatsächlich ist es offenbar so, dass der Löwenzahn die Giftstoffe, mit denen die Menschen ihn eigentlich beseitigen wollen, aus dem Boden holt und neutralisiert.

Als ich in meinen Zwanzigern war, entdeckte ich ein Buch mit dem Titel *Healthy Healing* (»Gesundes Heilen«)[9], das ich immer wieder zur Hand nahm, wenn ich mich aus dem Gleichgewicht fühlte. Angeregt durch dieses Buch über Heilmittel aus der Natur, machte ich Tee aus gerösteter Löwenzahnwurzel zum Teil meines Morgenrituals. Damals kaufte ich meine Löwenzahnwurzeln in einem teuren Bioladen, was mir heute absurd vorkommt, wenn man bedenkt, dass diese wilde Heilpflanze praktisch überall wächst. Diese Pflanzen stehen uns kostenlos zur Verfügung, und das aus gutem Grund. Obwohl ich mich für eine Aktivistin hielt, hatte ich das noch nicht bemerkt.

* * *

LEO TRAINIERTE BEI GLEASON'S EINIGE DER FÄHIGSTEN PROFIBOXER. Ich liebte es, dem von ihm trainierten Shaun George beim Sparring zuzusehen. Shaun hatte einen wundervollen Stil und eine scheinbar mühelose Anmut, während er gleichzeitig im Ring absolut dominant war. So wollte ich auch werden. Ich wollte, dass Leo mein Trainer wurde. Zu dieser Zeit kämpfte ich noch als Amateurin und begann, meinen derzeitigen Trainer infrage zu stellen, der überlastet war und es immer eilig hatte zu gehen. Eines Tages, als ich beim Sparring mit einem Boxkollegen in der »Zone« war, machte ich etwas, das ich mir bei Shaun abgeschaut hatte. Ich hatte es in meinem Kopf geprobt, und obwohl es dann in der praktischen

Umsetzung bei mir noch nicht ganz so anmutig aussah, bemerkte ich, dass Leo mich beobachtete und lächelte. Mein eigener Trainer war darüber verärgert. Ich hatte mich nicht an seine Anweisungen gehalten. *Aber ich war besser geworden!* Ich war verunsichert. Als mein Trainer ging, rief Leo mich zu sich, um mir zu sagen, dass er beeindruckt war, und er gab mir den Rat, immer »den Weg des geringsten Widerstands« zu gehen.

Er empfahl mir das Buch *Die Kunst des Krieges* von Sun Tsu: »Studiere es und wende die Prinzipien auf das Boxen an.« Das tat ich, und jeden Tag nach dem Training sprachen wir darüber. Als ich *Die Kunst des Krieges* durchgearbeitet hatte, gab er mir weitere Bücher zu lesen. Dann begann er, mir kleine Tipps zu geben, während ich mit meinem Coach trainierte. Diese klugen Hinweise veränderten meine Herangehensweise und bewirkten, dass meine Kampfkraft sich vervielfachte. Er wandte die Physik auf das Boxen an und lehrte mich, wie ich Kraft erzeugen konnte, indem ich diese Prinzipien anwandte. Mein Trainer hatte mir die ersten Schritte gezeigt, aber nun galt es für mich, meine Fähigkeiten auf ein höheres Niveau zu bringen.

Als ich Leo fragte, ob er bereit sei, mich zu trainieren, sagte er anfangs, er wäre nicht interessiert. Er sagte: »Frauenboxen hat keine Zukunft. Ich würde meinen Ruf aufs Spiel setzen, wenn ich dich trainiere. Da habe ich selbst nichts davon.« Erfolgreiche Trainer wie Leo nahmen neue Schüler nur an, wenn zu erwarten war, dass sie durch ihre Erfolge den Ruf des Trainers mehren und ihm viel Geld einbringen würden. Das konnte man von mir nicht gerade behaupten. Ich war niedergeschlagen. Ich hatte sein Interesse an meinen Fortschritten so gedeutet, dass er bereit war, mich zu trainieren. Doch so war es nicht, wie ich nun wusste. Trotzdem ging ich weiter diszipliniert ins Studio und trainierte noch härter, um mich selbst und meinen Wert zu beweisen.

Leo beobachtete mich weiter, sichtlich beeindruckt von meiner

Hingabe. Schließlich erklärte er sich doch bereit, probeweise mit mir zu trainieren. Er sah die Chance, das Image des Frauenboxens zu verändern – mit einer Frau, die über eine ausgezeichnete Technik verfügte. Dafür erwartete er, dass ich bereit war, meinen Stil zu dekonstruieren und zu überarbeiten, und zwar so, wie es meiner Natur entsprach, nicht so, wie es mir bis dahin beigebracht worden war. Er beobachtete mich genau. Was war mein natürliches angeborenes Verhalten in einem Kampf? Mein früherer Trainer boxte wie Muhammad Ali. Er hüpfte und bewegte sich und war oft frustriert, wenn es mir nicht gelang, diesen Stil perfekt umzusetzen. Aber für mich war das nicht natürlich. Als Frau habe ich einen niedrigen Schwerpunkt, und ich bezweifle, dass jemand behaupten würde, ich könnte besonders gut tänzeln und springen. Ich bin eher wie eine Löwin, die sich leise an ihre Beute heranpirscht, sie in die Ecke treibt und dann schnell angreift. Leo drückte es so aus: »Du bist eine Puncherin.« Weshalb ich eher für Profikämpfe als für den Amateursport geeignet war. Wir alle haben eine angeborene natürliche Art zu kämpfen. Leo beobachtete mich also, wenn ich schattenboxte und auf den Sack einschlug. Dabei achtete er genau darauf, wann ich Momente authentischer Bewegung zeigte. Ich war nicht gut im Weglaufen und Ausweichen, aber ich blieb nah am Gegner, setzte meinen Willen durch und kämpfte hartnäckig. Meine Beinarbeit war nicht besonders flink, aber ich war reaktionsschnell. Ich lernte, meinen niedrigen Schwerpunkt auszunutzen und von unten her Kraft zu entwickeln. Leo machte mich zu einer guten Konterschlägerin. Ich kann nicht behaupten, dass ich diese Fähigkeit jemals wirklich meisterte, doch mein Körper verstand seine Anweisungen, und es gelang mir, meinen natürlichen Instinkt mit den Techniken zu verbinden, die Leo mir vermittelte.

Nach einer sechsmonatigen sehr, sehr harten, aber aufregenden Probezeit war es dann offiziell: Ich unterschrieb einen Vertrag mit

Phoenix Sports Management und trainierte fünf Tage die Woche mit Leo bei Gleason's, immer mehrstündig, manchmal volle sechs Stunden. Wenn ich nach Hause kam, schaute ich mir Boxkämpfe an. Ich absolvierte ein tägliches Lauftraining, lernte, mich optimal zu ernähren, und mein Körpergewicht war öffentlich bekannt, was, ob Sie es glauben oder nicht, heilsam für mich war. Ich war ein Leichtgewicht, wog bei meinen Kämpfen zwischen 60 und 63 Kilo. Boxen wurde mein Leben.

Leo kam stets perfekt gekleidet ins Studio. Er hatte Stil und Erfahrung und ließ sich von niemandem für dumm verkaufen. Er war ein ehemaliger Black Panther, der mit Boxern wie Davey Moore und Maurice Blocker gearbeitet hatte. Sein Alter war ein Rätsel. Er war unglaublich gut in Form, besaß aber die Weisheit eines alten Mannes. Er war mein Yoda. Die Boxer bei Gleason's wurden für mich zur Familie. Wir gaben jeden Tag Blut, Schweiß und Tränen für das Training. Es spielte keine Rolle, wie gut ich im Vergleich zu ihnen war oder dass ich eine Frau in einer Männerwelt war – sie alle sahen, wie viel Einsatz ich mitbrachte, wie hart ich trainierte und mit welcher Entschlossenheit ich in den Ring stieg. Selbst in dieser scheinbar unwirtlichen Umgebung entfaltete ich mich und blühte auf.

Besonders aufregend an Boxstudios wie dem Gleason's finde ich, dass dort Anfänger zwischen Weltmeistern und Profis trainieren. Wenn sich die Stars auf ihre Kämpfe im Madison Square Garden vorbereiteten, kamen sie zum Sparring zu uns. Eine ganze Reihe von Weltmeistern hat dort jeden Tag neben mir trainiert. Wir schlugen alle auf die schweren Säcke und Speedbags ein, machten Sparring und Schattenboxen zur gleichen Dreiminutenglocke und ruhten uns in der gleichen Einminutenphase aus. Dieses Auf und Ab der Energie wurde zu einem lebendigen, atmenden Organismus, und es war unmöglich, sich nicht von der Intensität mitreißen zu lassen. Ich fühlte mich wie eine Stadtkriegerin mit einer geheimen

Mission. Und bald schon wechselte ich den Job: Statt als Personal Trainerin arbeitete ich nun als professionelle Boxtrainerin. Ich fing an, Frauen das Boxen beizubringen.

WUT ALS MOBILISIERENDE UND HEILENDE KRAFT

Wut kann in unserem Leben eine ganz wesentliche, belebende Kraft sein, und wenn wir sie unterdrücken, kann diese innere Blockade uns schaden. Nachdem ich ein paar Jahre lang geboxt hatte, gestand ich meiner Mutter: »Du hast mir nie Wut vorgelebt.« Sie war sehr betroffen, behauptet heute aber, sich meine liebevolle Kritik zu Herzen genommen zu haben. Trotzdem mache ich mir Sorgen, dass sie immer noch alles in sich hineinfrisst. Etwas brodelt in ihr. Sie findet dafür kein wirkliches Ventil, was zu ihrem hohen Blutdruck und ihren Ängsten beiträgt.

Wenn ich die Frauen berate, die in meinen Unterricht kommen, muss ich immer wieder an diese Erkenntnis denken – an den Moment, als mir klar wurde, dass ich aufgewachsen bin, ohne je zu erleben, wie die wichtigste Frau in meinem Leben mit Wut umgeht. In diesem Frühjahr sprach ich mit einer Kräuterpädagogin, die mit Wut, Frustration und Ängsten im Zusammenhang mit rassistischer Ungerechtigkeit zu kämpfen hatte. Sie erzählte: »Wenn ich meine Meinung sagte, hieß es immer, ich wäre zu aggressiv, zu herrisch oder würde den Leuten unhöflich über den Mund fahren.« Sie versuchte, ihre Wut und Aggression durch Yoga in den Griff zu bekommen, aber ihre Ängste ließen sich so nicht lindern. Eine andere Schülerin berichtete: »In mir hat sich in letzter Zeit so viel Wut und Trauer aufgestaut … Seit der letzten Maiwoche kommt das bei mir in einem juckenden Hautausschlag zum Ausdruck, der mich jede Nacht quält. Aber seit ich angefangen habe, meine Wut zu spüren und sie herauszulassen, und dabei an einen Punkt komme, an dem ich weinen oder schreien kann, bessert sich der Ausschlag. Er ist zwar noch nicht ganz verschwunden, aber lange nicht mehr so schlimm. Es ist seltsam, denn noch nie hat mein Körper so reagiert. Er fühlt sich an, als brodelte darin stagnierendes, kochendes Wasser mit viel Überdruck und Hitze. Die Energie und der Druck kommen in Form dieses juckenden Ausschlags zum Vorschein, wenn ich nicht etwas von diesem Kummer und der Wut entweichen lasse.«

Wut ist eine Energie, die uns helfen kann, Grenzen zu ziehen und Schritte zu unternehmen, um uns zu verteidigen, aber wenn wir versuchen, sie abzuschwächen oder wohldosiert in Flaschen zu füllen, kann sie giftig werden. Wie im Kapitel über die Mariendistel beschrieben, ist in der Traditionellen Chinesischen Medizin (TCM) die Leber, deren Aufgabe es ist, Giftstoffe zu filtern, das Organ, das mit Wut in Verbindung gebracht wird.[10] Es wird angenommen, dass aufgestaute Wut die Leber belastet und Ungleichgewichte verursacht und umgekehrt. In der TCM wird die Löwenzahnwurzel verwendet, um aufgestaute Hitze (Wut) zu beseitigen, während das Blatt, ein Diuretikum, verwendet wird, um im System festsitzende Feuchtigkeit (Trauer) zu beseitigen. Wir verwenden den Ausdruck »ich bin angepisst«, wenn uns jemand verärgert, und zufällig ist »le pissenlit« (»ins Bett pinkeln«) der französische Spitzname für Löwenzahn. Wie meine Schüler erfahren haben, gehen Trauer und Wut – zwei Emotionen, mit denen man nur schwer umgehen kann – oft Hand in Hand.

* * *

DAS INNERE FEUER, DAS ICH DURCH DAS BOXEN FREISETZEN UND kultivieren konnte, ermöglichte es mir, mich viel weiter für die Tiefe und Kraft meiner sensiblen Natur zu öffnen. Meine Sensibilität wurde zu einer inneren Stärke, zu einer inneren Säule, die es mir ermöglichte, loszulassen und tief einzutauchen, weil ich wusste, dass ich nun über innere Antennen verfügte, mit denen ich genau spüren konnte, wo und wie ich mich selbst unterstützen musste.

Beim Boxen ging es mir gar nicht wirklich ums Boxen, sondern darum, meine Grenzen zu erweitern und herauszufinden, wie weit ich über meine Komfortzone hinausgehen konnte. Wie viel konnte ich aushalten? Konnte ich mir selbst genug vertrauen, um mit einem Menschen in den Ring zu steigen, der mich verletzen wollte? Wenn meine innere Flamme an meiner Mitte emporzüngelt und an Intensität zunimmt, lausche ich in mich hinein und finde heraus, wonach mein Körper wirklich hungert.

Ich weiß, dass ich, wenn mein inneres Feuer ungehindert brennen kann, nach außen strahle wie die Sonne. Statt also Schutzwälle um mich aufzurichten, kann ich das wegbrennen, was nicht gut für mich ist. Dabei unterstützt mich die Resilienz des Löwenzahns, der die Kraft hat, Beton zu durchbrechen und fast überall zu gedeihen. Er erinnert mich daran, wie groß meine eigene Stärke ist. Diese bei vielen von uns so unbeliebte Pflanze besitzt eine unglaubliche Heilkraft. Eine feurige Pflanze kann unsere Lebensenergie und Widerstandskraft erhöhen.

Joyce Carol Oates hat begriffen, was das Boxen so faszinierend und fesselnd macht. Sie schrieb: »Ich stimme der These zu, dass das Leben eine Metapher für das Boxen ist – für diese Kämpfe, die immer weitergehen, Runde um Runde, Schläge, verpasste Schläge, Clinch, keine Entscheidung, wieder die Glocke, und wieder kämpfen du und dein Gegner nahezu gleichstark miteinander, und du erkennst gar nicht, dass in Wahrheit *du selbst* dein Gegner bist.«[11]

Muskatnuss

Myristica fragrans

Familie: Myristicaceae

Gewürze waren einst wertvoll wie Gold, und eines der begehrtesten von allen war die Muskatnuss. Im Europa des 17. Jahrhunderts scheuten die Menschen keine Kosten, um das süße Gewürz zu bekommen. Zwischen Engländern und Niederländern kam es zu einem erbitterten Krieg um die Banda-Inseln, die »Gewürzinseln« – damals der einzige Ort, wo Muskatnussbäume wuchsen. Anfang des 16. Jahrhunderts waren die Niederländer dort eingefallen und hatten in fünfzehn Jahren grausamer Kolonisierung die bandanesische Bevölkerung von vierzehntausend auf sechshundert reduziert. Die Überlebenden mussten als Sklaven in den Muskatnusshainen arbeiten, und in dem krankhaften Bestreben, ein Muskatnussmonopol aufrechtzuerhalten, tötete das niederländische Gewürzkartell jeden, der beim unbefugten Anbau des Gewürzes erwischt wurde. Die Niederländer tränkten importierte Samen mit Kalk, um deren Unfruchtbarkeit sicherzustellen, und um den Preis in die Höhe zu treiben, brannten sie sogar eigene mit Muskatnuss gefüllte Lagerhäuser nieder. Doch ihre totale Kontrolle über den Markt wurde von den Briten vereitelt, die Run in Besitz genommen hatten, eine winzige Insel des Banda-Archipels, auf der es von Muskatnussbäumen nur so wimmelte. Also begann ein Krieg um Run, aber die Briten und Bandanesen leisteten erbitterten Widerstand, und nach vielen Toten auf beiden Seiten kam es zu einem Kompromiss. Die Niederländer wollten die vollständige Kontrolle über die Muskatnuss, und deshalb überließen sie im Austausch für Run den Briten eine Insel an der Ostküste Nordamerikas, die diese ohnehin schon illegal besetzt hatten. Die Niederländer dachten, sie hätten ein gutes Geschäft gemacht, doch aus New Amsterdam – auch bekannt als Manhattan – wurde später New York.

KONSUM

Wenn ein Mensch Muskatnuss isst,
geht ihm sein Herz auf.
Sie reinigt die Sinne und fördert klares Denken.

HILDEGARD VON BINGEN: PHSYICA. DE PLANTIS

Ich stolpere über glitschige Wurzelgeflechte und weiche geduckt Ästen aus, während Ancel mich auf einem schmalen Pfad durch den Botanischen Garten von Puerto Viejo führt. Wir biegen links in eine kleine Nische ein und kommen zu einem großen immergrünen Baum mit glänzenden Blättern, dessen aprikosenähnliche Früchte verstreut auf dem Boden liegen. Ancel hebt eine dieser blassgelben Früchte auf, schält das Fleisch ab und legt so die Macis frei, auch Muskatblüte genannt, eine wachsartige, leuchtend rote Schicht, von der die eigentliche Muskatnuss umhüllt ist. Die Macis sieht wie ein abstraktes Gemälde aus, ein leuchtender Schatz, der sich im Inneren der unscheinbaren Frucht verbirgt. Ich bin verblüfft. Jede Pflanze ist ein Kunstwerk, aber diese ist etwas Besonderes. Wir heben weitere heruntergefallene Früchte auf und schauen hinein. Jede dieser netzartigen Hüllen ist anders. *Warum versteckt die Natur etwas so Schönes?*, wunderte ich mich. Was ist der Zweck dieses Kunstwerks, das niemand sehen kann? Unter diesem karminroten Wunder befindet sich dann die eigentliche Nuss – eines der begehrtesten Gewürze der Welt.

Die unglaubliche Artenvielfalt, die fortschrittliche Umweltpolitik und die faszinierende Tatsache, dass das Land nie eine Armee hatte, lockten mich nach Costa Rica. Es schien, als würden die Menschen dort etwas richtig machen. Außerdem beneidete ich meine Freunde, die Yoga-Retreats an warmen, schönen Orten durchführten, und ich hatte gelernt, meine Empfindungen zu beachten. Auch Neidgefühle unterdrückte ich nicht länger, sondern schaute, worauf solche vermeintlich »schlechten« Gefühle meine Aufmerksamkeit lenkten – in der Regel auf irgendein Defizit in mir selbst, das ich nur durch eigenes Tun beheben konnte. Und so reiste ich 2008 nach Puerto Viejo de Limón, nachdem ich mich mit der Hip-Hop-Ikone KRS One für das Stop the Violence Movement engagiert hatte. Wie HOPE war es ein Projekt, das nach außen sehr gut aussah, und ich bin weiterhin überzeugt, dass ich meine Zeit und Energie damals wirklich einer guten Sache widmete, aber ich war dennoch erschöpft. Ich musste mich erholen und auftanken. Dort in Puerto Viejo, ohne Handyempfang und WIFI-Zugang, fand ich wertvolle Zeit und Raum, um mein Leben neu zu ordnen. Ich schwamm im Meer, schrie unter Wasser, bestaunte mir neue wunderschöne Pflanzen, lernte die dortige Tierwelt kennen und erinnerte mich an das, was mir im Leben wirkliche Erfüllung schenkte. Das Eintauchen in das üppige Grün des Dschungels, wo Brüllaffen mich morgens mit ihrem Crescendo aus tiefen geisterhaften Schreien weckten, fühlte sich an wie ein neues Zuhause. Ich überlegte, für länger dorthin zu ziehen, also knüpfte ich Verbindungen zu den Menschen, die dort lebten, schloss Freundschaften und bereitete einen längeren Aufenthalt in Costa Rica vor. Ich wollte dort Pflanzenheilkunde studieren und schaute mich nach Möglichkeiten um, während dieser Zeit vor Ort meinen Lebensunterhalt zu verdienen. Freundschaftliche Kontakte, Beharrlichkeit und das aktive Einbringen meiner Fähigkeiten und meiner Arbeitskraft haben mich immer weitergebracht. So war es auch im New Yorker Großstadtdschungel gewesen.

In ihrer Hütte im Regenwald Costa Ricas reiben Ancel und ich Muskatnusssamen in eine warme Tasse Kakao, den sie aus den Bohnen und Gewürzen ihrer Permakultur-Farm herstellt. Das ist ein köstliches, sinnliches Erlebnis! Man kann die Muskatnuss aus dem Supermarkt nicht mit frisch gemahlener Muskatnuss vergleichen. Sobald sie gemahlen ist, verflüchtigen sich ihre ätherischen Öle schnell und die medizinische Wirkung geht verloren.

Was wir im Supermarkt finden, mag wie Muskatnuss schmecken, aber die multidimensionalen Kräfte und Aromen dieses Gewürzes können nur eingefangen werden, wenn der Samen frisch ist – frisch geerntet und frisch gerieben. In dieser Form kann Muskatnuss uns entspannen, euphorisch machen und Angstzustände und Schlaflosigkeit lindern. Das wärmende Gewürz ist ein fester Bestandteil der ayurvedischen Medizin, um die übermäßig unstete und luftige Konstitution des Vata-Dosha auszugleichen, die sich in Form von Ängsten, Sorgen, Schlaflosigkeit und hohem Blutdruck manifestieren kann.

Muskatnuss wird seit Jahrhunderten sehr vielseitig verwendet, beispielsweise um die Verdauung anzuregen, Diabetes zu regulieren, die Lust zu steigern, die Gesundheit der Atemwege zu fördern und Asthma zu behandeln.

In hoher Dosierung jedoch ist Muskatnuss ein beunruhigendes Halluzinogen. Der Samen enthält eine psychoaktive Chemikalie namens Myristicin, die mit Meskalin, Amphetamin und Ecstasy verwandt ist. Das mag zwar faszinierend klingen, aber Muskatnuss-Halluzinationen gehen oft mit Bewegungsstörungen, Erbrechen, Schwindel und Krampfanfällen einher. Diese in niedriger Dosierung hilfreiche Medizin kann extrem giftig sein, wenn sie in großen Mengen eingenommen wird. Während die richtige Menge frisch geriebener Samen Menschen beruhigen kann, die sich übermäßig Sorgen machen und angespannt sind, ist Muskatnuss bei niedrigem Blutdruck oder einer Neigung zu Depressionen nicht geeignet. Kräuter sind kein Allheilmittel, und die Kräfte der Muskatnuss zeigen dies deutlich. Wir müssen stets unsere individuellen Bedürfnisse erforschen, bevor wir uns von den angeblichen Verheißungen irgendeiner Art von Superfood in die Irre führen lassen.

***

VENEDIG WAR IM MITTELALTER DAS EPIZENTRUM DES EUROPÄIschen Handels, was die Stadt für Jahrhunderte zur reichsten und mächtigsten in Europa machte. In den frühen Jahren des Gewürzbooms wurde Muskatnuss von arabischen Händlern zu astronomischen Preisen an venezianische Hausierer und Ladenbesitzer verkauft, als Duftstoff, Aphrodisiakum und Medizin. Die Herkunft der Muskatnuss war ein streng gehütetes Geheimnis. Wie schon erwähnt, wuchs der Muskatnussbaum bis ins 19. Jahrhundert nur auf den Banda-Inseln in Indonesien, einer Gruppe kleiner Vulkaninseln in der Nähe Australiens. Da die arabischen Händler die Informationen über die Muskatnuss kontrollierten, konnten sie die Vorstellung aufrechterhalten, das Gewürz sei selten – und daher die hohen Preise und das ganze Theater wert, das seinetwegen veranstaltet wurde.

Viele von uns glauben auch heute noch, dass etwas umso wertvoller sein muss, je knapper es ist. Aber in der Natur herrscht üppige Fülle, und jede vermeintliche Knappheit, die wir wahrnehmen, ist eine Illusion. Der Muskatnussbaum enthält niemandem seine Samen und seine Heilkräfte vor. Unter den richtigen Bedingungen blühen die weiblichen Bäume nach etwa acht Jahren, tragen Früchte und produzieren das ganze Jahr über Samen. Ein solcher Baum kann jährlich durchschnittlich zweitausend bis dreitausend Früchte und Samen produzieren und bis hundert Jahre alt werden.

Als europäische Seefahrer schließlich die Heimat der Muskatnuss ausfindig machten, ging es ihnen darum, die Kontrolle über das zu erlangen, was dieses Gewürz repräsentierte – Reichtum, hohe Profite durch den Handel mit etwas Seltenem, Exotischem. An guten Beziehungen zu den Bewohnern der Banda-Inseln dagegen waren sie kaum interessiert, und auch nicht daran, das Gewürz selbst zu nutzen oder anzubauen. Um das Muskatnuss-Monopol entbrannte ein grausamer und blutiger Kampf, der fast zweihundert Jahre dauerte, und mit ihrem militarisierten Kapitalismus wurde die Niederländische Ostindien-Kompanie (VOC) zum reichsten Unternehmen der Welt.[1] Doch lässt sich ein Monopol auf Saatgut nicht dauerhaft aufrechterhalten.

* * *

LANGE VOR GEFÄLSCHTER LOUIS-VUITTON-KLEIDUNG GAB ES GEfälschte Muskatnüsse. Nachdem die Muskatnuss nach Amerika gelangt war, erfreute sie sich immer größerer Beliebtheit. Händler nutzten die steigende Nachfrage aus und verkauften ahnungslosen Kunden gefälschte Muskatnüsse aus Holz. Die Hausierer in Connecticut verkauften so geschickte Fälschungen, dass der Staat den Spitznamen »Nutmeg State« (Muskatnuss-Staat) erhielt. Und auch heute noch werden wir im Leben immer wieder getäuscht und dazu verführt, unser hart verdientes Geld für Illusionen auszugeben.

* * *

»WAS WILLST DU WERDEN, WENN DU GROSS BIST?« DIESE FRAGE wird uns in der Kindheit oft gestellt, und die meisten von uns werden dazu animiert, sich Berufe vorzustellen, zu träumen und mit verschiedenen Identitäten zu spielen – Feuerwehrfrau, Filmstar, Tierarzt, Dichterin, Präsidentin. Wir lernen schon früh, dass unsere berufliche Identität mit unserer persönlichen Identität verflochten sein wird. Ich habe das beherzigt, und weil ich schon immer gern zeichnete, Künstler bewunderte und mich leicht tagelang im Schaffensprozess verlieren konnte, wollte ich natürlich Künstlerin werden und mich auf diese Weise mit all den wilden Tieren beschäftigen, die ich aus der Ferne bewunderte (und um die ich mich sorgte). Aber als ich älter wurde, stellte sich mir immer wieder die Frage nach dem Geld. Konnte ich damit Geld verdienen? War ich gut genug? Meine Großeltern mütterlicherseits, Einwanderer, die in Berufen wie Arzt und Krankenschwester Sicherheit fanden, hielten es für zu riskant, mit Kunst seinen Lebensunterhalt verdienen zu wollen. Und obwohl ich ziemlich gut war und meine Zeichnungen gelobt wurden, betrachteten sie die Zeit, die ich mit dem Malen verbrachte, eher als Hobby, da nur wenige »es schaffen« und davon leben können. Wie andere Künste auch, wurde die Malerei manchmal als nebensächlich angesehen, und die Zeit, die man dafür verwendet, als Luxus. Dabei kostet Zeit doch gar nichts.

Als ich nach dem Autounfall mit drei gebrochenen Wirbeln auf dem Rücken lag, stellte ich fest, dass ich mir und meinen Leidenschaften nicht entkommen konnte. Ich lernte in dieser Zeit, dass das Leben zu kostbar ist, um es mit einer Arbeit zu vergeuden, die mich innerlich nicht bewegt. Ich schwor mir damals, mich zu weigern, meinen Lebensunterhalt mit etwas »Sicherem« zu verdienen, weil ich Angst vor dem Scheitern hatte. Ich war überzeugt, dass es einen Grund gab, warum ich zu diesem Zeitpunkt auf diesem Planeten war, und dass ich, wenn ich meinem Instinkt folgte und mir selbst treu blieb, einen Weg finden würde, meinen Lebensunterhalt zu verdienen. Und falls nicht, würde ich zumindest wissen, dass ich es versucht hatte. In einer Welt, in der wir so viel Zeit mit Arbeit verbringen, war ich entschlossen, meine Arbeitszeit dem zu widmen, was ich liebe.

In den späten 1990ern bis hinein in die 2000er-Jahre war es der Boxsport, der mich antrieb. Als ich anfing zu boxen, erst als Amateurin, dann als Profi, ging ich finanziell durch harte Zeiten – ich musste buchstäblich darum kämpfen, kämpfen zu können. Als Frau konnte man mit Boxen nicht viel Geld verdienen, aber darum ging es mir dabei ja auch gar nicht. Meine Großeltern schlugen mir immer wieder vor, mein Wissen aus dem Personal Training zu nutzen und Physiotherapeutin zu werden. »Das wäre sicherer«, sagten sie zu mir. Sie machten sich Sorgen um mich. Aber diese Art von Sicherheit suchte ich gar nicht, ich wollte an meine Grenzen gehen und das Leben leben. Wie Ralph Waldo Emerson schrieb: »Die Menschen wünschen sich, sesshaft zu sein, aber Hoffnung gibt es für uns nur in der Nicht-Sesshaftigkeit.«[2] Das war mein Motto. Ich hatte das Gefühl, ich würde sesshaft werden, wenn ich einen »normalen Job« annehme.

Wie alle New Yorker brauchte ich Geld, um zu überleben, aber ich dachte auch, Geld sei des Teufels, und identifizierte mich mit »dem Kampf«, also war ich beim Geldverdienen nicht sehr erfolgreich. An der blutigen Geschichte der Muskatnuss ist nicht die Nuss selbst schuld, genauso wie Geld an sich nichts Schlechtes ist. Aber ich hielt das Verlangen nach Geld für oberflächlich, und es dauerte ziemlich lange, bis es mir gelang, meine widersprüchlichen Gefühle zum Thema Wohlstand und Fülle anzuerkennen und zu verstehen.

* * *

ICH LIEBTE MEINE MUTTER UND WUSSTE, DASS SIE IHR BESTES TAT, wenn sie unseren grünen Chevy Nova zur Wildwood-Grundschule fuhr, wo ich zur Schule ging und sie als Sonderpädagogin arbeitete. Ich liebte es, sie im Gebäude zu haben, aber es war mir peinlich, am Ende des Tages in dieses billige kotzgrüne Auto zu steigen. Der Chevy fiel durch seinen lärmenden Motor unangenehm auf und brachte mich in Verlegenheit. Ich habe ihr das natürlich nie gesagt. Ich liebte meine Mutter, sie war meine beste Freundin, aber ich sah mir alle Autos auf dem Parkplatz an und machte in meinem Kopf Wunschlisten mit den Autos, die ich haben wollte … dieses und dieses und jenes. Aber wenigstens konnte ich die Leute austricksen, indem ich coole Klamotten trug.

Wenn ich nach Florida fuhr, wo meine geliebten Großeltern mütterlicherseits überwinterten, wollte meine Großmutter schöne sonnige Tage drinnen bei Marshalls und anderen Markendiscountern verbringen, während mein Großvater geduldig im Auto wartete. Einkaufen war ihre Lieblingsbeschäftigung. Sie war glamourös und liebte Mode. Sie hätte Einkäuferin in einem Kaufhaus werden sollen, aber stattdessen war es, nehme ich an, Balsam für ihre Langeweile. Auch wenn ich nicht wie sie stundenlang im Kaufhaus verbringen wollte, wollte ich doch mit den neuesten Markenklamotten zur Schule gehen. Also durchstöberte ich an diesen schönen sonnigen Tagen, an denen wir am Strand hätten sein können, die Regale. Dabei ging es mir nicht um die Kleidung selbst, sondern um Logo und Label: Esprit, Polo, Izod, Benetton. Sie waren cool, und ich würde cool sein, wenn ich sie trug. Ich hätte preiswertere Kleidung und Turnschuhe bekommen können, die total ihren Zweck erfüllten, aber ich wollte die Markennamen. Ich wählte sogar manchmal Kleidungsstücke, die ich hässlich fand, wenn sie nur das richtige Logo hatten.

Ich verstand, dass wir zu Hause Probleme hatten, unter anderem, weil mein Vater keinen Unterhalt zahlte. Meine Mutter und ihre Familie machten Witze über die exzentrische Familie meines Vaters, aber sie sagte mir trotzdem, dass sie ihn nicht vor Gericht bringen wollte, weil ich eine Beziehung zu seinen Eltern hatte und sie diese nicht zerstören wollte. Es war eine seltsame Konstellation.

Es gab Zeiten, in denen ich für ein oder zwei Monate nach Italien zu meinen Großeltern väterlicherseits gebracht wurde, und wenn ich dann in unsere bescheidene Wohnung zurückkehrte, fühlte ich mich, als wäre ich etwas Besseres, und war innerlich voller Groll. Aber das verflog schnell. Es gab einen Teil von mir, der im Luxus lebte, aber nur sporadisch und unter Vorbehalt, und einen anderen Teil, der mit dem lebte und glücklich war, was wir hatten, denn das war mehr als genug. Sie schickten mir gelegentlich Geschenke und entführten mich auf Reisen – Erlebnisse, für die ich immer dankbar sein werde –, aber in meiner täglichen Realität waren sie nicht präsent. Manchmal dachten sie an meinen Geburtstag, und an einem Geburtstag, den ich nie vergessen werde, schickten sie mir ein riesiges Paket. Ich war so aufgeregt und konnte kaum erwarten, es zu öffnen! Es lag bis zu meinem neunten Geburtstag einige Wochen lang in der Garage, und ich stellte mir jeden Tag vor, was es wohl sein könnte. Als ich es endlich öffnete, fand ich eine riesige Schwanenform für eine Eisskulptur. Was sollte das denn?! Was zum Teufel sollte ich damit machen?! Ich war fassungslos. Sie blieb als verwirrendes Etwas, mit dem ich nichts anfangen konnte, in der Garage, und wahrscheinlich liegt sie dort heute noch herum.

* * *

LETZTE WOCHE TRÄUMTE ICH, DASS ICH, WÄHREND ICH MICH AUF eine lange und wichtige Reise vorbereitete, Besuch von meinem Vater und meinem verstorbenen Großvater väterlicherseits, Robertson, erhielt. Robertson lächelte mich an. Er hatte eine Tasche voller Geschenke dabei. Als er mir das erste Geschenk überreichte, ein bedeutungsvolles, wertvolles Schmuckstück, das sich seit Generationen im Besitz unserer Familie befand, war ich begeistert und sehr dankbar. Dann überreichte er mir noch mehr: wunderschöne Ketten, die ich mir um den Hals legte, Edelsteine, unbezahlbare Schmuckschatullen und schwere Metallbroschen, die vor meinen Augen verschwammen, an meinem Hals zogen und zu einer schweren Bürde wurden, als ich sie in meine Reisetasche packte. Jedes dieser Geschenke machte mich schwerer und schwerer. Er meinte es gut, was er mir schenkte, war Ausdruck seiner Zuneigung, aber ich empfand es immer mehr als Last. Ich war hin und her gerissen: Was sollte ich mit all diesen Schätzen anfangen? Wurde die Liebe meines Großvaters zu einer Bürde? Ich fühlte mich regelrecht unter diesem materiellen Reichtum begraben. Dann wandte ich mich meinem Vater zu, der sich schämte, weil er mir nichts außer seiner Liebe geben konnte. Aber genau das war alles, was ich wollte. Plötzlich spürte ich, wie sich die Energie meines Vaters veränderte. Er war aufgeregt, als er sich daran erinnerte, dass er mir doch noch etwas zu geben hatte. Er gab mir drei Fotos aus meiner Kindheit: eines von mir mit Daphne, unserer Tiergefährtin, und zwei, die mich zusammen mit ihm und meiner Mutter zeigten. Sie waren ein ganz leichtes Reisegepäck und für mich wunderschön und bedeutungsvoll.

HYPNOTISCHE SAMEN

An einem Neujahrstag lud mich eine gute Freundin ein, das neue Jahr mit der 21-Tage-Meditation von Deepak Chopra zu beginnen. Als jemand, der oft andere berät und begleitet, fand ich es schön, einmal selbst angeleitet und geführt zu werden, und so nahm ich die Einladung gerne an. Es begann mit einer Tagebuchübung, einer von Chopra selbst gesprochenen Meditation und dem Mantra: »Ich bin wach für die Fülle, die mich umgibt.« Das war eine schöne Achtsamkeitsübung, während ich durch den Botanischen Garten von Brooklyn spazierte und über die unglaubliche Fülle in der Natur, die Fülle in meinem Leben und die allgemein verbreitete

Illusion von Knappheit und Mangel nachdachte. Am nächsten Tag waren die Botschaften ähnlich. Doch dann veränderten sie sich. Während ich meditierte, versicherte mir Chopras Stimme, dass, wenn ich ein besseres Auto, ein größeres Haus oder mehr Geld möchte, dies alles in meiner Reichweite liegt. Ein paar Tage später bestand eine unserer Aufgaben darin, auf die Quittungen der letzten Einkäufe zu schreiben: »Alles, was ich kaufe, ist gut, und das Geld, das ich ausgebe, kommt siebenfach vermehrt zu mir zurück.« Alles, was ich kaufe, ist gut? Ich bezweifle, dass das auf viele von uns zutrifft, aber Chopra gab uns die Erlaubnis, mehr Dinge zu kaufen, weil das ausgegebene Geld ja »siebenfach vermehrt zu uns zurückkommen wird«. Aargh! Sicher haben manche Menschen Probleme mit einem sie einschränkenden Mangeldenken, das sie überwinden sollten. Aber ich denke, dass die Mehrheit der Menschen in der westlichen Welt keine Rechtfertigung braucht, immer noch mehr »Produkte« zu kaufen. Daher brach ich die 21-Tage-Challenge nach dem fünften Tag ab. Chopras Meditationsprogramm zufolge offenbaren uns die Dinge, die wir nicht mögen, wo »unser Widerstand« liegt. Zwar gebe ich zu, dass ich früher ein eher problematisches Verhältnis zum Geld hatte, aber trotzdem vertraute ich auf mein inneres Gefühl des Widerstandes, und so stieg ich frühzeitig aus und konnte nicht feststellen, ob sich nach den einundzwanzig Tagen das materielle Reichtumsversprechen einlöst.

Natürlich ist es nicht ungewöhnlich, Spiritualität zur Rechtfertigung von Materialismus zu benutzen. Chögyam Trungpa, tibetisch-buddhistischer Lehrer und Autor des Buches *Spirituellen Materialismus durchschneiden*, schrieb: »Solange wir einem spirituellen Ansatz folgen, der Erlösung, Wunder und Befreiung verspricht, sind wir an die ›goldene Kette der Spiritualität‹ gebunden. Eine solche Kette mag schön zu tragen sein, mit ihren Juwelen und kunstvollen Ornamenten, aber dennoch hält sie uns gefangen.«[3]

Ich habe Trungpas Buch *Das Buch vom meditativen Leben: Shambhala und der Pfad des inneren Kriegers* mit Mitte zwanzig gelesen, und es war die erste spirituelle Philosophie, die mich völlig begeisterte. Seine Lehren – Geist und Körper bei allem, was wir tun, in Einklang zu bringen, schlechte Angewohnheiten zu überwinden, sich durch spirituelle Übungen zu entspannen und die heilige Dimension des Alltags zu entdecken – bestätigten meine zugrunde liegenden Glaubenssysteme und gaben mir Orientierung für meinen Lebensweg. So sehr, dass ich mir eine Version der Großen Östlichen Sonne mit dem Knoten der Ewigkeit im Zentrum (er ist dem keltischen Knoten sehr ähnlich) auf den Nacken tätowieren ließ. Ich sparte Geld, und am 24. August, meinem sechsundzwanzigsten Geburtstag, ließ ich mir das Tattoo bei New York Adorned im East Village stechen. Und natürlich hat meine Sonne vierundzwanzig Strahlen. Es fühlte sich an wie ein persönliches Krafttotem. Und es ist für mich eine Erinnerung an das, woran ich glaube. Es fühlte sich so sehr als Teil von mir an, dass ich den Leuten erzählte, ich hätte mir einfach die Haut abgekratzt und es wäre darunter zum Vorschein gekommen.

* * *

DIE KONZERNE ARBEITEN HART DARAN, UNS DAVON ZU ÜBERZEUGEN, dass das, was wir wirklich brauchen, gleich hinter der nächsten Kurve liegt – etwas Größeres, Schnelleres, Besseres und immer mehr, mehr und mehr. Aber mehr ist nicht immer besser. Wie die Muskatnuss sind auch viele andere Dinge in kleinen Dosen heilsam, aber in großen Dosen giftig. Die Gleichsetzung von Reichtum mit der Anhäufung äußeren Besitzes – seien es Geld oder materielle Dinge – hält uns in geistiger Verarmung und unstillbarer Gier gefangen. Als ich mich endlich von der Vorstellung löste, es komme auf Modemarken oder den richtigen Style an – auch wenn es einige Designer gibt, die eine nachhaltige Produktionsweise anstreben –, wurde ich viel glücklicher als in jener Zeit, als ich noch geglaubt hatte, ich müsste Kleidung kaufen, die mich wertvoll aussehen lässt.

Ob sie nun bewusst versuchen, uns davon abzubringen oder nicht, die Konzerne fühlen sich durch Selbstversorgung und Genügsamkeit bedroht: Wenn wir unsere eigenen Lebensmittel anbauen und den Wert der Pflanzen erkennen, die sich in unserer Umgebung entwickelt haben und gedeihen, wird uns viel stärker bewusst, was wir im Leben wirklich brauchen. Die Illusion des Mangels löst den Instinkt aus zu horten, obwohl es genug zu essen gibt. Die gesündesten Lebensmittel, die wir essen können, sind in der Regel diejenigen, die in fruchtbarem Boden in unserer Nähe wachsen. Unsere einheimischen Produkte und die reichlich vorhandenen wilden Superfoods wie Löwenzahn, Klette, Brennnesseln, Heidelbeeren und Holunderbeeren haben gelernt, genau in unserer Umgebung und unter unseren Wetterbedingungen zu gedeihen, und so können uns diese einheimischen Pflanzen, jede zu ihrer Jahreszeit, helfen, uns an unsere Heimat und die Jahreszeiten optimal anzupassen. Dennoch sind viele von uns immer noch davon überzeugt, dass etwas umso wertvoller ist, je seltener und exotischer es ist. Aber ergibt es nicht viel mehr Sinn, dass Pflanzen, die vor Ort in Hülle und Fülle gedeihen, die meiste Vitalität und Lebensenergie besitzen? Warum sollten wir etwas Seltenes essen, das sich offenbar schwertut und nur spärlich wächst? Stattdessen können wir uns wieder mit unserer wilden Natur verbinden und bei uns reichlich vorkommende, nährstoffreiche Pflanzen wie Brennnesseln ernten, die uns sofort Energie liefern, statt Moringa, Acai-Beeren, Goji-Beeren und andere teure Produkte zu kaufen, die in unökologischen Plastikverpackungen verschickt werden und oft zu Verarbeitungszwecken zwischen mehreren Orten hin und her transportiert werden müssen. Von meinen Schülerinnen und Schülern höre ich immer wieder, dass sie im Laden Nahrungsergänzungsmittel gekauft haben, die Klette, Reishi (Lackporling) und Holunder enthalten, ohne zu wissen, dass diese Lebewesen in der Natur vor ihrer eigenen Haustür wachsen. Und auch ich glaubte früher, ich müsste das, was ich brauchte, von weither beziehen.

* * *

JE WOHLER ICH MICH IN MEINER EIGENEN HAUT FÜHLE, DESTO leichter kann ich ablegen, was mir nicht mehr passt. Je mehr Mut ich entwickle, desto eher bin ich bereit, den großen leeren Räumen in mir zu trotzen. Mit Anfang zwanzig hielt ich es für wichtig, mich durch meine Antworten auf Fragen wie *Was machst du?, Wer willst du sein?* und *Wovon willst du leben?* zu definieren. Mehr als einmal wurde mir damals gesagt, ich sollte mir »eine Sache« aussuchen und dann anstreben, darin Spitzenleistungen zu erbringen. Wenn ich dagegen versuchte, zum Tausendsassa zu werden, würde ich, so sagte man mir, am Ende nichts wirklich gut können. Aber ich konnte diese Art von klaustrophobischem Fokus nicht mit meinem Wunsch, zu lernen und zu erforschen, in Einklang bringen. Wer sagte, dass ich eine Expertin sein wollte oder dass das überhaupt notwendig für mich war? Und in den letzten Jahren bin ich zu der Überzeugung gelangt, dass es gar keine wirklichen Experten gibt. Ich bin jetzt überzeugt von dem Wissen und der Praxis, die ich weitergeben und unterrichten darf, aber bin ich eine Expertin? Nein.

Mein Partner hat mir kürzlich ein Bachelor-Zeugnis in »Elfenkunde« verliehen, das als Gag an unserem Kühlschrank hängt. Es war ein kostenloser Download von *Last Week Tonight with John Oliver*. In einer Folge dieser Satiresendung war die Elfenschule in Reykjavík erwähnt worden. Ich bin zwar neugierig auf die isländische Elfenschule, aber ich kann Wochenendzertifikate oder Online-Diplome für Traditionen und Praktiken wie Schamanismus, Meditation oder Kräuterkunde nicht ausstehen. Kürzlich habe ich ein Diplom gesehen, das einen zum »Master Herbalist« ernennt.

Die Wahrheit ist, dass es in den Vereinigten Staaten derzeit keine Zertifizierungsstelle oder Zulassungsbehörde für Kräuterkundige gibt und daher auch keine entsprechenden offiziell anerkannten Abschlüsse und Zertifikate.[4] Es ist nicht nur gefährlich, sich komplexes Wissen wie die Kräuterkunde im Schnellverfahren anzueignen, sondern solche – eindeutig der Geldmacherei dienenden – privaten Zertifikate nehmen denjenigen ihre Glaubwürdigkeit, die auf einem jahrelangen Weg großes Erfahrungswissen erworben haben. Diejenigen, die etwas Heiliges lernen wollen, erreichen viel mehr, wenn sie aus erster Hand und über längere Zeit von kundigen Ältesten und Praktikern lernen, unmittelbar draußen in der Natur – ob mit Zertifikat oder ohne.

Ich kenne zahllose talentierte Künstler, die das Gefühl haben, diese Berufsbezeichnung nicht für sich beanspruchen zu können, weil sie mit ihrer Kunst nicht ihren Lebensunterhalt verdienen. Und es gibt Künstler, die es aus Gründen, die mir nicht klar sind, »schaffen«. Erfolg wird oft durch Beziehungen und Beharrlichkeit und ja, manchmal auch durch Talent oder Glück vorangetrieben. Von diesen Faktoren hängt oft ab, ob wir von dem, was wir »tun«, leben können. Bei allen Identitätsfragen sollte aber der Kerngedanke sein, dass wir uns nicht darüber definieren müssen, auf welche Weise wir unser Geld verdienen. Wenn wir versuchen, unsere innere Leere mit Konsumprodukten zu füllen, oder wenn es für uns nichts Wichtigeres gibt als unsere beruflichen Deadlines, anstatt das zu tun, was wir lieben, liegt das sehr wesentlich daran, dass wir uns in eine Welt eingekauft haben, die unsere Unsicherheiten ausnutzt und aus unserem geringen Selbstwertgefühl Kapital schlägt. Wir sind auf der Suche nach Glück, doch was wir finden, ist bestenfalls ein festes Einkommen.

Ich habe verschiedene Identitäten ausprobiert, um eine Berufung zu finden, die eine angemessene Antwort auf die Frage gibt, die uns die Gesellschaft eigentlich stellt, wenn wir als Kinder hören:

»Was willst du werden, wenn du groß bist?« Unsere Antwort ist oft prägend für unseren Lebensweg. Und als Antwort will die Welt nicht hören, was unsere Leidenschaft ist, sondern wie wir das Einkommen verdienen wollen, nach dem man uns später beurteilen wird. Wenn wir älter werden, wandelt sich die Frage zu: »Was machst du?« Aber wenn wir uns nur über unsere Arbeit definieren, kann das zu einer Menge Problemen führen. Wir sind alle multidimensional und so viel mehr als das, was wir »tun«.

Es hat lange gedauert, bis ich mich mit Bezeichnungen wie Boxerin, Kräuterkundige, Künstlerin oder Schriftstellerin identifizieren konnte. Ich habe jahrelang für Amateur- und dann für Profikämpfe trainiert, bevor ich das Gefühl hatte, mich zu Recht als Boxerin bezeichnen zu können. Aber irgendwann wurde mir diese Identität zu eng. Mich als Boxerin zu bezeichnen, schränkte die Art und Weise ein, wie die Leute mich sahen und wie ich mich selbst sah. Ich hatte mir diese Berufsbezeichnung verdient, nutzte sie ab und wuchs dann über sie hinaus. Es kann schwierig und traumatisch sein, hart erkämpfte Identitäten in einer Welt loszulassen, die von uns verlangt, dass wir uns in Schubladen einordnen, basierend darauf, wie wir unseren Lebensunterhalt verdienen. Profiboxerin wurde eine Identität, die ich ablegen musste, um weiter wachsen zu können.

***

ENDE DES 17. JAHRHUNDERTS WAR DIE NIEDERLÄNDISCHE OSTINdien-Kompanie bankrott.[5] Ständige Kriege mit rivalisierenden Mächten und Aufstände der Insulaner zerstörten schließlich dieses soziopathische Gewürzkartell. Im Jahr 1769 besuchte ein reisender französischer Gartenbaufachmann mit dem sehr passenden Namen Pierre Poivre die Gewürzinseln und schmuggelte Muskatnusssamen und -bäume von dem Archipel. Die Franzosen pflanzten die Samen in ihrer Kolonie Mauritius an, und das war das Ende des niederländischen Monopols. Während ihrer Besetzung Ostindiens nahmen die Briten Muskatnusssetzlinge von den Banda-Inseln mit und pflanzten sie in Singapur, Sri Lanka, Sumatra und Malaysia an. Von dort aus verbreiteten sie sich nach Sansibar, Ostafrika und Grenada und machten die Briten als zweitgrößten Muskatnussexporteur der Welt reich. Heute streuen wir dieses begehrte Gewürz auf unseren Milchkaffee, Eierpunsch oder Kürbiskuchen.

Die Natur zeigt mir immer wieder, wie reichhaltig das Leben sein kann, wenn wir die Böden pflegen und schützen, gute Beziehungen zu unseren Mitgeschöpfen pflegen und unserer inneren Sehnsucht folgen. Hüterin oder Hüter des Landes – das ist eigentlich alles, was wir wirklich sein können. Mutter Natur kann es schlicht nicht mehr ertragen, wenn wir weiterhin nur nehmen, ohne zu geben, also ohne den angemessenen Energieaustausch. Vielleicht gibt es immer noch etwas mehr, wonach wir greifen können, und dieses Gefühl in uns, nicht gut genug zu sein. Aber wenn wir diesen unerfüllten Raum in uns neugierig erforschen – bevor wir zum Telefon, zur Fernbedienung oder zur Kreditkarte greifen –, finden wir vielleicht heraus, dass dort in uns etwas ist, das geheilt werden möchte.

Menschen, die sich satt und zufrieden fühlen, sind schlechte Konsumenten. Die Welt macht es uns also nicht leicht, aber wir können es uns nicht leisten, mit dem aufzuhören, was wir lieben. Es mag unbequem sein, aber jeder und alles profitiert davon, wenn wir auf das Echo in unserer Leere hören und erforschen, wonach wir wirklich hungern.

Johanniskraut

Hypericum perforatum

Familie: Hypericaceae

Das Johanniskraut hilft, ein überreiztes und ausgebranntes Nervensystem wiederherzustellen. Der Ölauszug lindert Schmerzen und hilft, in die Haut eingerieben, bei Muskelkater, Ischias und geschädigten Nerven, während Tinktur oder Tee uns von innen heraus beruhigen und beleben. Auf dem Höhepunkt des Sommers, wenn die Tage am längsten sind, blüht das Johanniskraut leuchtend gelb, und bei der Behandlung von saisonal bedingten affektiven Störungen und Depressionen lässt diese Pflanze buchstäblich mehr Sonne herein. Wenn man ein Blatt der Pflanze gegen das Sonnenlicht hält, sieht man kleine fensterartige Löcher, durch die das Licht hindurchscheint, und wenn man eine Blüte zwischen den Fingern zerreibt, tritt blutroter Saft aus.

OHNE FLEISS KEIN PREIS

Es muss diejenigen geben, bei denen wir uns hinsetzen und weinen können und die trotzdem als Krieger gelten.

ADRIENNE RICH: YOUR NATIVE LAND, YOUR LIFE

Leo und ich liebten es, dieses unverkennbare *Plopp* zu hören, das durch die Turnhalle hallte, wenn ich den schweren Sack genau richtig traf. Während ich das Ding umkreiste, sah ich Leo lächeln und zufrieden registrieren, dass die anderen uns zuschauten. Wir waren stolz auf meine Kraft. Wir waren auch stolz auf die Art und Weise, wie ich den Speed Bag bearbeiten konnte. Mit dieser rhythmisch und hypnotisch pendelnden kleinen Blase machte ich eine Menge Lärm. Da ich mit Musik aufgewachsen bin, fand ich den richtigen Rhythmus, und schon bald war ich am Speed Bag besser als die meisten Männer im Boxstudio.

Ich fand durch das Boxen eine neue Identität und hatte das Gefühl, dass ich alles tun musste, um mich als Frau in einem Männersport zu beweisen, vor allem als Frau, die in ihren Zwanzigern angefangen hatte. Ich trainierte lange, lernte, Schmerzen zu überwinden, und zeigte selten, wenn überhaupt, mentale oder emotionale Schwäche. Zumindest nicht in der Sporthalle. Die Kämpfer und Trainer, die mich trainieren sahen, respektierten mich dafür, wie viel Herz ich in den Sport steckte, und ich wurde dafür gelobt, dass ich sichtbar über den Schmerz hinausging und meinen Körper zwang weiterzumachen, selbst wenn er mir sagte, dass ich aufhören sollte. Wenn Leo nicht da war und ich wusste, dass ich von den anderen beobachtet wurde, griff ich selbstbewusst auf Fertigkeiten zurück, die meine Kraft zur Schau stellten und andere beeindruckten, anstatt die ungeschickten Bewegungen und sich erst zaghaft entwickelnden Techniken zu zeigen, die ich üben musste. Ein Fehler, für den ich später büßen sollte.

Leo erinnerte mich immer daran, dass er acht Weltmeister von Grund auf trainiert hatte – darunter Simon Brown, Maurice Blocker, Iran Barkley und Davey Moore. Ich hatte also eine Menge zu tun, um seinen Ansprüchen gerecht zu werden. Schließlich beschloss er, neben mir zwei weitere professionelle Frauen zu trainieren, zu managen und zu fördern, die zuvor Amateurkämpferinnen waren: Chika, eine Kämpferin aus Japan, und Earline, eine meiner Freundinnen aus Brooklyn. Leo war der Meinung, dass er mit uns dreien den Frauenboxsport verändern könnte und dass wir drei erfahrene Kämpferinnen ein breites Publikum anziehen würden. Er nahm uns bei seiner jungen Firma Phoenix Sports Management unter Vertrag, und einige Leute nannten uns »Leo's Angels« (ein Spitzname, den ich hasste).

Als Leo sie aufnahm, war Earline bereits meine beste Sparringspartnerin in der New Yorker Boxwelt. Wir vertrauten einander, trieben uns gegenseitig an und konnten ehrlich darüber sprechen, wie wir uns fühlten. Wenn wir unsere Periode hatten, ließen wir es ruhig angehen und vermieden die Körpertreffer. Wenn wir uns gut fühlten, gingen wir aufs Ganze und nahmen es nicht persönlich, wenn eine von uns die andere in den Bauch schlug oder mit blauen Flecken nach Hause ging. Wir telefonierten zur Nachbesprechung, lobten uns gegenseitig, wenn wir gut waren, und analysierten die Bereiche, in denen wir uns verbessern konnten. Nur beim Boxen habe ich solche Freundschaften gefunden.

Ich habe mit Boxern trainiert, mit Boxern gearbeitet, und während ich immer noch Ernesto nachtrauerte, hatte ich in diesen Jahren einige schöne intime Beziehungen zu Boxern. Einige der Boxer liebten, lebten und atmeten den Sport, während andere aus Boxerfamilien stammten, sodass man von ihnen Spitzenleistungen erwartete, und wieder andere waren einfach so gut in diesem Sport, dass das Kämpfen nur ein Mittel zum Zweck war. Wir verstanden die Selbstdisziplin und das Maß an Hingabe, das der Sport erforderte, und meine Boxerkollegen fetischisierten mein Training nicht, wie es einige andere Männer taten. Ich wollte als fähige Kämpferin angesehen werden, unabhängig von meinem Alter oder Geschlecht, und meine Ausbildung im Ring war wirklich nicht sonderlich sexy: die langen zermürbenden Stunden, die Schmerzen, die blauen Flecken und die emotionalen Hochs und Tiefs der Sparrings. Aber der Ring war ein Ort, an dem wir Risiken eingingen, mit höchstem Einsatz spielten und erprobten, wozu wir fähig waren. Wir wollten wissen, wie weit wir gehen, wie viel Kraft wir aufbringen und wie viel Schmerz wir ertragen konnten. Nur wenige Orte haben sich für mich so intensiv und real angefühlt. Wir gingen immer näher an unsere physischen und emotionalen Grenzen heran, und während die Kämpfer um mich herum mir halfen, stark zu werden, bot ich ihnen einen Raum zum Weinen, wenn wir allein waren. Aber ich stellte fest, dass diese Symbiose zwar anregend war, ich mich aber nach jemandem oder etwas sehnte, das es mir erlaubte, die Stärke, die das Boxen in mir geweckt hatte, auch einmal aufgeben und mich fallen lassen zu können.

* * *

JOHANNISKRAUT IST EIN HEILENDER VERBÜNDETER FÜR ALLE, DIE zu hart und zu lange gekämpft haben und geistig, körperlich oder seelisch angeschlagen sind. John Gerard, der Autor von *The Herball, or Generall historie of plantes*, schrieb 1597, Johanniskraut sei »ein äußerst wertvolles Heilmittel für tiefe Wunden«[1], da die antimikrobiellen Eigenschaften der Pflanze dazu beitragen, Wunden zu desinfizieren, Entzündungen zu verringern und vom tiefsten Punkt aus bis in die Peripherie zu heilen. Diese Verwendung führte zu dem englischen Spitznamen »Balm of the Warrior's Wound«[2] (»Balsam für die Wunde des Kriegers«). Das Johanniskraut galt und gilt auch heute noch (zusammen mit Pflanzen wie Wegerich und Schafgarbe) als weise Wahl für die Behandlung von Stichwunden, wie der zweite Teil des botanischen Namens der Pflanze nahelegt: *perforatum*. Gerard empfahl, die Blätter, Blüten und Samen zu stampfen oder zu pressen, in Olivenöl zu tauchen und in die heiße Sonne zu legen, bis der Extrakt die Farbe von Blut annimmt, ein Pigment, das auf die bioaktive Verbindung Hypericin zurückzuführen ist, in der ein Großteil der Medizin steckt. Topisch angewendet hilft das Öl bei eingeklemmten Nerven, zum Beispiel Ischias, und bei allgemeinen Schäden am Nervensystem, sei es durch Verletzungen oder Virusinfektionen, und lindert die Schmerzen überbeanspruchter Muskeln.

In den schottischen Highlands, wo ich oft Zuflucht suche und mich für die Bewahrung der dortigen Natur engagiere, ist Johanniskraut zum Schutz vor meiner Hüttentür gepflanzt. *Hypericum*, der erste Teil des botanischen Namens des Johanniskrauts, leitet sich vom griechischen *hyper*, »über«, und *eikon*, »Bild«, ab. Der Name geht auf den Volksbrauch zurück, dass man verschiedene Arten dieses Krautes über Heiligenbildern aufhängte, um den Teufel abzuwehren.[3] Ich beobachte, wie pelzige Hummeln die weit geöffneten Blüten umschwärmen. Die leuchtenden Blüten erzeugen einen stolzen, selbstbewussten Eindruck, doch die dünnen Stängel lassen die Pflanze auch zart erscheinen. Die Stängel sind aber stärker, als es den Anschein hat – drahtig, elastisch und erstaunlich widerstandsfähig. Und man würde nie vermuten, dass die leuchtend gelben Blüten des Johanniskrauts rot bluten.

* * *

DAS TRAINING VERLÄUFT IN EINEM BESTIMMTEN RHYTHMUS, VOR allem, wenn ein Kampf bevorsteht: Es wird härter, dann folgt ein Höhepunkt kurz vor dem Kampf, und dann wird die Anstrengung reduziert, um sicherzustellen, dass du ausgeruht und stark bist, wenn du in den Ring steigst. Anfangs hielten Leo und ich uns an diesen Rhythmus, aber dann bekamen wir in der Regel die Nachricht, dass mein Kampf aus dem einen oder anderen Grund abgesagt wurde – meine Gegnerin sagte ab, und ein Ersatz konnte nicht gefunden werden, oder er fand einfach nicht statt, ohne weitere Erklärungen. Es war mir peinlich, dass meine Kämpfe immer wieder ausfielen, und trotz meines so intensiven Trainings hatte ich wenig vorzuweisen. Abgesehen von den Fähigkeiten, die zu wenige Leute sahen, hatte ich keinen »Beweis« für die viele harte Arbeit. Wenn die Leute fragten: »Welche Kämpfe hast du gewonnen?«, hatte ich nichts Ruhmreiches zu berichten. Also erreichte ich die Höhepunkte meiner körperlichen »Wettkampfform« und fühlte mich gleichzeitig emotional entkräftet. Wenn wieder ein Kampf ausfiel, stürzte ich mich sofort wieder ins Training, gönnte mir keine eigentlich nötige Pause, und deshalb fing mein Körper an, wütend auf mich zu werden. Der Drang, stark und kampfbereit zu sein, ohne die Möglichkeit, sich zu entspannen, kann selbstzerstörerisch sein, vor allem, wenn das Training die toxische Idee verstärkt, es wäre gefährlich, Schwäche einzugestehen.

* * *

WENN ICH MICH BEIM SPARRING VERTEIDIGTE, AN MEINER Deckung arbeitete und auf schwere Säcke einschlug, saß ich hinterher oft mit geschlossenen Fäusten zusammengekauert in einer Ecke. Es tat weh, morgens meine Hände zu öffnen, und Schmerzen schossen mir in die Beine, wenn ich länger als ein paar Minuten saß. Mein Leben drehte sich nur noch um Schmerzmanagement, und ich begann, im Training bessere Leistungen zu erbringen als im täglichen Leben. Aber ich entwickelte einen Trick, den ich aus einem meiner vielen Bücher über Sportpsychologie gelernt hatte: Egal, wie müde ich war, wie viel in meinem Kopf vorging, wenn ich die zwei Treppen zu Gleason's hinaufging, ließ ich jede Sorge, jedes Gramm Erschöpfung, jedes Gramm Schmerz und Selbstzweifel hinter mir. Sobald ich das Boxstudio betrat, war ich präsent und bereit zu trainieren. Dieser Trick funktionierte in den ersten Trainingsjahren großartig, als ich lernte, über meine Unsicherheiten und Komfortzonen hinauszugehen, aber ich wurde zu gut darin, meine Gefühle – meine Verbindung zu den Signalen meines Körpers – zu verdrängen, und so ignorierte ich nun die Hilferufe meines Körpers. Inzwischen versuchte ich bereits, als Rechtsauslegerin zu trainieren, um die Schmerzen in meiner rechten Körperhälfte zu lindern, die durch die unaufhörlich wiederholten Bewegungen und die zu harten Schläge auf den Boxsack entstanden waren. Schließlich fingen die Schmerzen an, meine Leistungen zu beeinträchtigen – was bedeutete, dass ein Profikampf für mich gefährlich werden konnte. Was zunächst heilsam gewesen war und mich zu einer neuen spirituellen Praxis geführt hatte, begann nun, mir zu schaden. Mein Körper brauchte eine Pause, aber mein Ego wollte nicht loslassen. Je länger ich trainierte, desto weniger vertraute mir mein Körper.

* * *

DEN BOXSPORT ALS WEG ZU WÄHLEN, DIE EIGENE IDENTITÄT ZU finden, ist ein gefährliches Spiel. Er ermöglicht bestenfalls eine kurzlebige Karriere zu einem sehr hohen Preis. Ich habe berühmte Boxer zu Gleason's kommen sehen, die nur noch mühsam lallend sprechen konnten. Während das Ziel des Boxens darin besteht, zu treffen und selbst nicht getroffen zu werden – das viele Training macht es tatsächlich ziemlich schwierig, einen erfahrenen Boxer zu treffen, der sich geschickt und schnell im Ring bewegen kann –, ist es doch unvermeidlich, Treffer einzustecken. Dennoch war Leo wütend, wenn es mir passierte. Es ließ ihn als Trainer schlecht aussehen, und tief drinnen, unter seinem Ego, wusste er, dass es gefährlich war. Ein Boxerkollege warnte mich, dass Leo eine täuschend einfache Frage stellen würde, bevor er mich antreten ließ: »Willst du ein harter Kämpfer oder ein fieser Kämpfer sein?« Denn Leo trainierte keine harten Kämpfer wie Rocky, keine Puncher ohne Finesse oder Verteidigung, die auch dann noch weitermachen, wenn sie verprügelt werden. »Fiese« Kämpfer waren Leute wie Pernell »Sweet Pea« Whitaker, die es dem Gegner extrem schwer machten. Sie waren schnelle, wendige Angreifer, die selbst kaum etwas abbekamen. Obwohl ich die Frage richtig beantwortete und sagte, dass ich eine fiese Kämpferin sein wollte, gehörte ich in Wirklichkeit zu den harten Kämpfern. Wenn ich hart getroffen wurde, schüttelte ich den Hieb ab und machte weiter, auch wenn mein Körper mir sagte, dass ich aufhören sollte. Und dieser Drang in mir machte mir Angst, auch wenn ich das anderen gegenüber nicht zugab. Gegenüber besorgten Freunden und Familienangehörigen spielte ich das Risiko herunter, aber ich hatte es immer im Hinterkopf. Wann hatte ich die Grenze überschritten? Wann hatte ich begonnen, mich beim Boxen selbst zu missbrauchen? Wann war es Zeit aufzuhören?

* * *

NACH GÄLISCHEM BRAUCH MUSS JOHANNISKRAUT ZUFÄLLIG GEfunden werden, um wirksam zu sein[4], und das ist offenbar auch immer die Art, wie ich Johanniskraut in der freien Natur finde, da die Pflanze im Nordosten der USA und in Schottland seltener vorkommt als zum Beispiel Löwenzahn oder Brennnesseln, nach denen ich nie lange suchen muss. Ich betrachte das als eine Botschaft der Natur, die besagt, dass man mit Johanniskraut vorsichtig umgehen muss. Bei innerer Anwendung erhöht es die Aktivität der Leberenzyme, die Medikamente verstoffwechseln. Deshalb ist die Anwendung dieses Krauts in Kombination mit anderen Medikamenten kontraindiziert und sollte nur in Ausnahmefällen mit großer Vorsicht erfolgen. Johanniskraut ist ein starkes Medikament, kein Tonikum, das bedenkenlos über einen längeren Zeitraum angewendet werden kann. Wie das Boxen muss auch die Medizin des Johanniskrauts mit Bedacht eingesetzt werden, und wir müssen wissen, wann es Zeit ist aufzuhören. Wenn man zufällig auf die Pflanze stieß, galt das als glückverheißend, denn *Hypericum* wurde als ein starker Schutzzauber betrachtet. Johanniskraut in einem Amulett oder in der Hosentasche bei sich zu tragen (oder nach gälischem Brauch unter der Achselhöhle)[5] konnte böse Geister und die Dämonen der Melancholie abwehren. Zu diesem Zweck wurde es auch gerne im Haus platziert, vor allem am Fenster.

So wie man sozusagen zufällig über den Segen des Johanniskrauts stolpert, fanden auch das Boxen und ich zueinander. Eine Zeit lang schenkte mir dieser Sport Heilung und Befreiung und half mir, eine Stärke zu kultivieren, von der ich gar nicht gewusst hatte, dass sie in mir steckte. Aber als ich von der Stärke zur Härte überging, erkannte ich, wie viel Mut und Zuversicht ich brauchte, um der Tatsache ins Auge zu sehen, dass es an der Zeit war, den Boxsport aufzugeben.

* * *

NEBEN ALL DIESEN KÖRPERLICHEN SCHMERZEN LITT ICH WEITERhin unter einem anderen Schmerz: Ich vermisste Ernesto, und zwar ganz schrecklich. Johanniskraut hätte mir helfen können, mit der nagenden Traurigkeit fertigzuwerden, die ich empfand, denn die Pflanze ist bekannt dafür, bei leichten Depressionen zu helfen. Meine Boxerkollegen und ich waren aus dem einen oder anderen Grund nicht wirklich zu einer engen Bindung bereit. Das Boxen war uns wichtiger als die Liebe zueinander. Und keiner dieser Boxer konnte in mir Gefühle wecken wie Ernesto. Ich begann, mir Sorgen zu machen, dass ich mit ihm nicht den Aufstieg zu neuen Möglichkeiten erlebt hatte, wodurch ich nun fähig war, reichere, tiefere Liebesbeziehungen einzugehen, sondern dass meine Zeit mit ihm bereits der Höhepunkt der Liebe in meinem Leben gewesen war. Und jetzt blieb mir nur, meine Sehnsucht nach ihm und den Trennungsschmerz zu überwinden, damit ich gesunden konnte. Immer hatte ich das Gefühl, zu spät zu kommen. Ich hätte alles dafür gegeben, wieder mit ihm zusammen zu sein. Ich hielt mich an die Weisheit, die er mit mir teilte, als ich ihn damals verließ: Manchmal ist Liebe nicht genug. Er würde nicht bereit sein, den Schmerz unserer Beziehung noch einmal zu ertragen, und ich dachte an den Teil in mir, den das Boxen zum Vorschein gebracht hatte. Dieser Teil hätte ständig an mir genagt, wenn ich bei Ernesto geblieben wäre und damit mein Selbst eingeschränkt hätte.

DIE SONNE IN UNS

Ich betrachte das wilde Johanniskraut, das ich an einem See in den schottischen Highlands gefunden habe, genau und bemerke, dass seine Knospen wie kleine Flammen aussehen und die Staubgefäße der geöffneten Blüten wie leuchtende Sonnenstrahlen. Ich denke über ihre ausgeprägte Symmetrie nach, über die Winkel und Ordnung der Blätter – vielleicht helfen sie uns, unsere Energie nach innen zu lenken und die Ordnung wiederherzustellen, wenn wir uns unfokussiert oder verwirrt fühlen. Ich hatte kürzlich einen Traum, in dem ein Lehrer (oder eine Art Traumführer) zu mir sagte, dass Johanniskraut »die Sonne in uns beschützt«. Eine schöne Botschaft, die wahr ist, denn die Pflanze aktiviert unser Sonnengeflecht, unser persönliches körperliches Kraftzentrum. Innerlich hat die Arznei eine Affinität zu unserem enterischen Nervensystem – dem »Darmgehirn« – und wirkt auf die komplexen Signalmechanismen in uns ein, die es uns ermöglichen, Nahrung, Emotionen und Erfahrungen zu verarbeiten und auf der Basis animalischer Instinkte zu handeln. Da die Blüten heliotrop sind, wenden sie sich jeden Morgen nach Osten, um die aufgehende Sonne zu begrüßen, und wenn das Licht über den Himmel nach Süden wandert und im Westen untergeht, folgen sie ihm. Die Blüten des Johanniskrauts verehren und verkörpern die Sonne.

Mit seiner fotosensibilisierenden Wirkung öffnet das Johanniskraut unsere eigenen Lichtrezeptoren und lässt mehr Sonnenschein in unseren Körper – eine poetische Verbindung, denn die Pflanze gehört zu den am häufigsten empfohlenen Heilkräutern bei der saisonal abhängigen Depression (SAD) in den dunklen Wintertagen, wenn wir uns nach Licht sehnen. Es wurde sogar berichtet, dass die Einnahme der Tinktur bei manchen Menschen die Haut anfälliger für Sonnenbrand macht, aber das ist umstritten. Falls die Einnahme der Pflanze zu viel Sonne anzieht, kann ein einfaches, aus den Blüten hergestelltes Öl auf einen Sonnenbrand aufgetragen werden, um die Hitze abzuleiten, die Entzündung zu verringern und den Heilungsprozess zu beschleunigen. Und trägt man dieses Öl vor dem Sonnenbaden auf, wirken die schützenden Elemente der Pflanze wie ein natürlicher Sonnenschutz. Das kräftige blutrote, selbst gemachte Öl ist oft alles, was ich als Sonnenschutzmittel verwende. Aber es geht schnell zur Neige, und wenn ich das Öl nicht selbst herstellte, sondern von anderen kaufte, schützte es mich manchmal nicht vor Sonnenbrand. Wie bei vielen anderen Pflanzen gibt es auch bei dieser ein Gleichgewicht der Gegensätze, das beim Erkunden der energetischen Aspekte von Pflanzen verwirrend sein kann. Einige Kräuterkundler stufen Johanniskraut als wärmendes und austrocknendes Mittel ein, das in feuchten dunklen Räumen Heilung bewirkt, während andere die Pflanze als kühlendes Mittel einstufen, das Entzündungsherde beruhigt. Doch wie alle Lebewesen sind auch die Pflanzen und ihre Wirkung auf unsere einzigartigen, sich in ständigem Wandel befindenden Körper komplex.

* * *

GERADE ALS ICH ZU AKZEPTIEREN BEGANN, DASS DER SCHMERZ, den ich spürte, sich von mir nicht niederkämpfen lassen würde, stellte mir ein Freund aus der Boxwelt Ronald vor. Ronald ist ein Akupunkteur mit einer kleinen Praxis im Herzen von Chinatown, die sich seit Generationen im Besitz seiner Familie befindet. Von da an ging ich einmal im Monat, manchmal sogar wöchentlich zu ihm, um meine chronischen Schmerzen behandeln zu lassen. Ich erfuhr, dass mein quälender Ischiasschmerz ein Piriformis-Syndrom war, ein entzündeter Muskel in meinem Gesäß, der den Nerv einklemmte – eine Folge meines übermäßigen Trainings, die ich nicht auskuriert hatte, weil ich mir nie Zeit dafür nahm. Wir sprachen über Heilkräuter, und wenn ich etwas darüber nicht selbst herausfinden konnte, waren Ronald und sein Vater Ming die erste Anlaufstelle für mich. Und das sind sie bis heute.

Als meine Periode ausblieb und sich an den Rändern meiner Wangen Pickel bildeten, erklärten Ronald und sein Vater, ich hätte zu viel *Yang*, zu viel unharmonisches Feuer. Sie verordneten mir Kräuter und eine Akupunkturbehandlung. Dadurch normalisierte sich meine Periode, und meine Gesichtshaut beruhigte sich wieder.

Laut der Hebamme und Kräuterexpertin Ruth Trickey ist Johanniskraut »bei Erschöpfung und Anspannung angezeigt – ein häufiger Befund bei Frauen, die unter hormonellen Problemen leiden«.[6] Aber zu diesem Zeitpunkt war ich mir noch nicht bewusst, wie nützlich Johanniskraut sein kann. Alles, was mir die westliche Kultur anzubieten hatte, war eine Pille, und ich weigerte mich, meine Hormone auf diese Weise zu verändern. Ronald erklärte mir, wie ich meine Zyklen beobachten und meinen Alltag wieder besser bewältigen konnte, indem ich meine Temperatur maß und die Lunaception-Methode benutzte – die Synchronisierung mit dem Mond. Er sagte mir: »Ihr amerikanischen Frauen kennt euren Körper nicht, alle chinesischen Frauen wissen das!« Ich musste lachen. Nach dem, was ich erlebt hatte, war das wahrscheinlich wahr. Er pflegte die Dinge direkt und unverblümt beim Namen zu nennen, was ich zu schätzen wusste. Er sagte mir auch, dass ich mich unbedingt ausruhen müsse. Und da sich meine Schmerzen nachteilig auf mein Boxtraining auswirkten, stimmte Leo zu, dass mir ein paar Monate Pause guttun würden.

Plötzlich hatte ich eine Menge Zeit zur Verfügung.

Von nun an malte und zeichnete ich mehr und ließ mich intensiver auf eine formale Zen-Meditation ein. Die Kombination vertrauter Praktiken half mir, mich wieder mit den Teilen meines Selbst vertraut zu machen, die ich beiseitegeschoben hatte. Das Boxen führte mich zu Türen jenseits des Schmerzes und sagte mir, dass ich mehr in mir hatte, was ich der Welt schenken konnte. Also grub ich tief, fand Quellen in meiner Seele, die meinen Instinkt, das Boxen aufzugeben, ertränkten, und ich spülte meine Wut weg. Aber was das Boxen in mir freisetzte, stand in Konflikt zu meiner Fähigkeit, die Wichtigkeit von Grenzen anzuerkennen. Die Art und Weise, wie ich kämpfte, ließ mich immer nach mehr verlangen, versprach immer, dass das, was ich brauchte oder was mich sättigen würde, gleich hinter der nächsten Ecke, hinter der nächsten Tür lag. Und so blieb ich Profiboxerin, und der Geschmack des Schweißes reinigte mich von meinem Schmerz. In jeder Beziehung, ob Paarbeziehung oder Beziehung zu einem Beruf oder einer Aufgabe, können wir uns selbst Schmerzen zufügen, wenn wir versuchen, uns wieder in eine alte Form zu pressen, die uns einst glücklich machte, aus der wir aber inzwischen herausgewachsen sind.

Als ich in den Boxsport eintauchte, hatte ich das Gefühl, meine Trainingstage würden nie enden. Wenn Leute zum Filmen ins Studio kamen, was im Gleason's oft der Fall war, sagte Leo immer, sie sollten mich nicht stören. »Sie trainiert«, sagte er zu ihnen. Aber jetzt bedauere ich, dass diese Momente, in denen ich alles gab, nicht filmisch festgehalten wurden und ich keine Gelegenheit hatte, mit diesen Besuchern von außen zu sprechen. Ja, es gab Videoaufzeichnungen meiner Sparringrunden, damit ich sie mir ansehen und meine Fehler korrigieren konnte, aber am nächsten Tag wurden die Kassetten überspielt. Ich weiß, dass das, was ich beim Boxtraining kultivierte, tief in meinem Inneren geschah, aber ich wünschte, ich hätte mehr Beweise für diese Transformation, und offen gesagt hätte ich mich über das Lob aus der Außenwelt gefreut, über den Beweis, dass Frauen gute, fähige und integre Kämpferinnen sein können.

* * *

NACH WEITEREN ZWEI JAHREN TRAINING, IN DENEN MEINE Zwangspausen immer häufiger und länger wurden, stand ich auf dem U-Bahnsteig Broadway/Lafayette, nachdem ich wegen einer Verletzung weitere drei Wochen mit dem Training hatte pausieren müssen. Während dieser Wochen blieb mir nichts übrig, als auszuruhen und zu sein statt zu tun – wobei ich mich in letzter Zeit immer unglaublich unruhig und unwohl gefühlt hatte. Aber als ich an diesem Tag dort stand und auf die U-Bahn wartete, wurde mir klar, dass ich mich mental und emotional gut fühlte, obwohl mein

Körper immer noch schmerzte. Und in diesem einfachen, aber entscheidenden Moment, den ich nie vergessen werde, empfand ich tiefe Zufriedenheit und eine ihm alle seine Beschwerden verzeihende Liebe für meinen Körper. Ich wusste, dass er genug hatte ertragen müssen. Er war erschöpft, und auch in meinem Job als Boxtrainerin fühlte ich mich ausgebrannt. Ich empfand einfach nicht mehr die alte Leidenschaft für das Boxen. Ich erkannte, dass es an der Zeit war, loszulassen und andere Aspekte meines Wesens wieder zu integrieren, nach denen ich mich inzwischen sehnte. Es gab für mich andere Dinge, für die es sich zu kämpfen lohnte.

Die Trennung verlief nicht reibungslos und einfach. Ich schrieb Briefe ans Boxen, als wäre ich eine leidende Geliebte: *Ich vermisse dich, ich möchte zu dir zurückkehren. Dir ging es nie um Schönheit, du hast mich gesehen, wie ich wirklich bin, du hast so viel in mir zum Vorschein gebracht, und immer hast du noch mehr gesehen, was in mir ist, hast noch mehr verlangt.* Aber es waren Liebesbriefe an eine alte Flamme, an ein altes Ich, über das ich längst hinausgewachsen war. Ich verabschiedete mich von einer Version meiner selbst, an der ich so lange festgehalten hatte, und ich erkannte, wie sehr mein Ego in diese Rolle verstrickt gewesen war. Ich hatte mich jahrelang hinter der Identität der »Boxerin« versteckt. Eine Identität, die ich mir erst verdienen musste, und es dauerte eine Weile, bis ich sie für mich beanspruchte, aber ich wusste, dass ich nun loslassen musste. Mit dem Boxen aufzuhören bedeutete, auch Leo verlassen zu müssen. Er hatte so viel Zeit und Energie in meine Ausbildung gesteckt, aber wir hatten nichts vorzuweisen. Und ich spürte, dass er mir gegenüber immer distanzierter wurde. Es war ja auch eine Menge: Fünf bis sechs Tage pro Woche trainierte er mich, er musste meine Kämpfe vorbereiten und generell die ganze Zeit für mich da sein. Aber außerhalb der Boxwelt war es schwierig, mit ihm klarzukommen. Ich sah jetzt auch seine Verbitterung, von der andere sprachen. Es wurde Zeit, dass ich mich zurückzog. Adrienne und ich unterhielten uns lange über die Situation, und bald darauf beschloss sie, ebenfalls zu gehen.

* * *

IN DIESER ZEIT BOXTE ICH LEIDENSCHAFTLICHER ALS JE ZUVOR, vor allem, weil ich in mir eine Stärke entdeckte und kultivierte, der ich mir zuvor nicht bewusst gewesen war, eine Stärke, von der ich weiß, dass ich sie nur beim Boxen freisetzen kann, nirgendwo sonst. Aber der Sport, der mich zu einer solch dynamischen körperlichen und geistigen Entwicklung inspiriert hatte, verdammte mich auch zu einem Tunnelblick. Alles drehte sich um meine Leistung beim Training, und nach den ersten Jahren aufregendem Wachstum wurde das Training zu einer Zone der Begrenzung und saugte immer stärker an meiner Lebensenergie.

Als ich kein Boxtraining mehr brauchte, um mich gut zu fühlen, war ich erleichtert. Nun gab es Zeit und Raum für die Heilung meiner Wunden. Ich fing an, mein inneres Reservoir wieder aufzufüllen, mein Boxer-Selbst zu integrieren und absorbieren, während ich mich wieder mit den anderen Teilen meines Selbst vertraut machte. Ich war zufrieden und hatte meine innere Mitte gefunden, reich an Erfahrung. Mich lichtvoll und frei fühlend, konnte ich zu neuen Ufern aufbrechen.

Goldrute

Solidago spp.

Familie: Asteraceae

Die kleinen gelben Sonnenblumen der Goldrute blühen im Spätsommer und bis in den Herbst hinein, wenn die Tage kürzer und die Nächte länger werden. Sie enthalten die Energie der Spätsommersonne und spenden Wärme und Licht, um dunkle, feuchte Zonen in unserem Körper zu erhellen. Der botanische Name dieser Pflanze ist Solidago, abgeleitet von den lateinischen Wörtern *solidus*, was »ganz« bedeutet, und *ago*, was »machen« bedeutet. Die Goldrute ist eine Medizin des Übergangs, des Gleichgewichts, der Ganzheit und der Integration.

Die Goldrute wird von vielen Menschen in Nordamerika als Unkraut betrachtet und oft für Spätsommerallergien verantwortlich gemacht, weil sie mit ihrer auffälligen, erkennbaren Blüte zu dem Zeitpunkt erscheint, an dem die Menschen zu niesen beginnen. Doch die Pollen der Goldrute sind zu schwer und klebrig, um weit von den Blüten weggeweht zu werden, die von Bienen, Fliegen, Wespen und Schmetterlingen bestäubt werden. Der unauffällige Schuldige für unsere saisonalen Allergien ist die Ambrosia mit ihren grünen, gut getarnten Blüten, die zur gleichen Zeit blühen und vom Wind bestäubt werden.

Goldrutentinktur und -tee helfen gegen die Allergien, für die sie oft verantwortlich gemacht werden, und aus ihren auffälligen Blüten lässt sich ein wunderbarer goldgelber Farbstoff herstellen. Diese schöne nordamerikanische Pflanze hat sich in ganz Europa, Asien und Teilen Afrikas eingebürgert und kann uns helfen, unseren Weg zu finden, wenn wir uns verwandeln und lernen, den Wandel anzunehmen.

ERLEUCHTUNG

Duft, Farbe und Form des gesamten spirituellen Ausdrucks der Goldrute sind hoffnungsvoller und kraftspendender als bei allen anderen Pflanzen, die ich kenne.

JOHN MUIR

Ich male Blumen, damit sie nicht sterben.

FRIDA KAHLO

Der Gesang der Zikaden erreicht seinen Höhepunkt, wenn der Sommer zu Ende geht. Diese seltsamen und magischen Insekten, von denen es weltweit mehr als dreitausend Arten gibt, verabschieden im Hochsommer singend die Jahreszeit, nachdem sie bis zu siebzehn Jahre unter der Erde gelebt haben. Ihr Erscheinen wird durch die Wärme des Bodens ausgelöst, und wenn es an der Zeit ist aufzutauchen, graben sie sich nachts an die Oberfläche, krabbeln einen Baumstamm hinauf und verankern sich mit ihren Krallen an der Rinde. Dann spaltet sich die Haut ihres Rückens, und sie kommen als neu geflügelte Kreatur zum Vorschein. Im richtigen Licht sehen ihre Flügel wie schillernde Regenbögen aus.

Die Goldrute blüht gegen Ende der Saison, wenn die Zikaden uns ihre Ständchen bringen. Diese mehrjährigen Wildblumen sind lebende Fackeln, die aus Rhizomen wachsen und gemeinsam auf Feldern, an Waldrändern und in Stranddünen emporwachsen und uns helfen, in der Abenddämmerung den Weg zurück zu Waldlichtungen zu finden. Sie bieten den Schmetterlingsraupen von Frühling bis Herbst Nahrung für deren Transformation, und sie sind meine Lieblingsmedizin für die unvermeidlichen Veränderungen des Lebens. Der Übergang ist schwierig, selbst wenn die Veränderung genau das ist, was wir uns gewünscht haben: Wir müssen aus unserer vertrauten Hülle heraussteigen, ins Ungewisse gehen und loslassen. Wenn wir uns mit der Goldrute verbinden, indem wir Zeit mit ihr draußen in der Natur verbringen, mit der Blütenessenz arbeiten, Tinktur oder Tee in kleinen Dosen zu uns nehmen oder die Pflanze zum Gegenstand unserer Meditation machen, kann uns das helfen, uns an veränderte Lebensumstände und neue Versionen unserer selbst anzupassen.

Wenn ich die Haare meines Pinsels tränke oder meine Fingerspitzen in Rot, Gelb, Blau und Grün eintauche, um sie über leere Seiten zu bewegen, lege ich auch mein altes Selbst ab, integriere frühere Erfahrungen und mache Platz, um Weisheit und Offenbarung zu empfangen. Obwohl der Prozess still sein mag, habe ich immer gespürt, dass meine visuelle Kunst Klängen Ausdruck verleiht. Wenn ich zulasse, dass abstrakte Bilder und Klangformen, die aus meinem Körper kommen, auf Papier, Leinwand, Sand oder festem Boden entstehen, lasse ich los, ohne mich zu fragen, wer das sehen wird, was ich produziere, ohne zu analysieren, was es wert ist oder warum es entstehen muss.

* * *

IN PLATONS *PHAIDROS* ERZÄHLT SOKRATES EINE GESCHICHTE ÜBER Insekten, die einst Menschen waren.[1] Nach der Geburt der Musen, so erzählt er, berauschten sich einige Menschen so sehr an ihrer eigenen von den Musen inspirierten Musik, dass sie über ihr ständiges Singen und Tanzen alles andere vergaßen, sogar zu essen und zu trinken, sodass sie starben. Sie wurden von den Musen verwandelt und reinkarnieren seitdem als Zikaden, um ununterbrochen singen zu können, ohne Nahrung oder Wasser zu benötigen. Ihre einzige Aufgabe besteht darin, Musik zu machen und die Menschen zu beobachten, um zu sehen, wer die Musen durch hingebungsvolle Kunst ehrt. Sie berichten der Göttin des Tanzes von den Menschen, die sie durch die rhythmischen Bewegungen ihrer Körper ehren. Sie singen Loblieder auf die Dichter, vor allem auf die Poeten der Liebe, damit diese die Gunst des Eros gewinnen. Sie feiern diejenigen, deren Lieder und Stimmen am bezauberndsten und süßesten sind. Sie weisen uns den Weg zu den lebendigsten Gemälden, Zeichnungen und Skulpturen.

Die häufigsten Zikaden im Nordosten der USA sind die Periodische Zikade (*Magicicada septendecim*) und die jährliche Hundstagezikade (*Tibicen linnei*).[2] Hundstagezikaden verbringen mindestens vier Jahre unter der Erde, und das Auftauchen dieser Einzelgänger ist nicht synchronisiert, sodass wir sie jedes Jahr hören können. Im Jahr 2020 tauchten Milliarden von Periodischen Zikaden, die sogenannte Brut XIV, gemeinsam auf, nachdem sie siebzehn Jahre unter der Erde verbracht hatten. Aufgrund ihrer regelmäßigen Populationsexplosionen wurden die Periodischen Zikaden früher mit jenen Heuschrecken verwechselt, deren riesige Schwärme ganze Ernten vernichten können. Doch im Gegensatz zu Heuschrecken sind Zikaden meist nützlich für das Ökosystem. Sie betreiben eine regelrechte Baumpflege, durchlüften den Boden und dienen als stickstoffreicher Kompost, wenn sie sterben. Wenn die Sommersaison zu Ende ist und sie ihren Partner gefunden haben, streifen sie ihre Hüllen ab und kehren mit den herabgefallenen Blättern unter die Erde zurück, wo sie den Bodenorganismen und Wildblumen wie der Goldrute als Nahrung dienen.

* * *

WIE JENE VON DEN MUSEN ERGRIFFENEN MENSCHEN, DIE SICH selbst vergaßen, als sie sich zu Tode sangen und tanzten, hatte ich nie darüber nachgedacht, wie viel Zeit ich mit dem Akt des kreativen Schaffens verbrachte, wie viel von mir selbst durch diesen Schaffensprozess absorbiert wurde oder wohin es mich führen würde. Das änderte sich, als ich meine Boxerinnen-Identität abgelegt hatte und beschloss, nun Künstlerin werden zu wollen. Künstlerin zu sein bedeutete, dass die Zeit, die ich mit meinen kreativen Schöpfungen verbrachte, von Bedeutung war und dass das, was ich produzierte, von den Torwächtern der seltsamen und einschüchternden Kunstszene als »gut« bewertet werden musste. Ich fühlte mich immer unwohl, wenn ich im New Yorker Kunstviertel Chelsea spazieren ging und sterile Galerien betrat, die für mich kaum einen Bezug zum künstlerischen Schöpfungsprozess hatten. Ich hatte das Gefühl, nicht dazuzugehören, aber ich wollte unbedingt auch dort akzeptiert und wahrgenommen werden. Die Kunst des Boxens half mir, jene innere Stärke zu kultivieren, die ich brauchte, um mutig meine verletzliche innere Welt zu offenbaren und mit anderen zu teilen – meine Farben, meine Formen, meinen Ausdruck, der darauf bestand, durch mich und aus meinem Körper heraus geboren zu werden. Jahrelang hatte ich gezögert, eine Künstleridentität anzustreben, da der Akt des Schaffens mir so viel bedeutete. Kunst in die Welt außerhalb der Seiten meines Tagebuchs und Skizzenbuchs zu tragen bedeutete, bloßgestellt zu werden, abgelehnt zu werden – und ich riskierte, dass man mich so missverstand wie die Goldrute oder die Zikaden.

Oft bin ich durch das MoMA gewandert, zugleich inspiriert und verwirrt von dem, was die Kuratoren als wertvolle künstlerische Arbeiten betrachteten. Die Goldrute ist für viele Leute ein Unkraut, einst aber galt sie als kostbares Glückssymbol. Wie kam es, dass dieser Wert vergessen wurde? Während ich mir die Malerei erschloss, beschäftigte ich mich mit der Frage, welche Materialien die alten Meister benutzten, als Farben noch aus Pflanzen, Mineralien und tierischen Stoffen hergestellt wurden, bevor im 19. Jahrhundert die synthetischen und erdölbasierten Farben aufkamen. Die Blüten der Goldrute bringen ein wunderschönes warmes Goldpigment hervor und ihre Blätter ein kräftiges Grün. Wie wertvoll war die Goldrute damals? Zur Zeit von Königin Elisabeth I. war diese Wildblume wegen ihrer heilenden Kräfte sehr begehrt, und die pulverisierte Pflanze kostete bis zu einer halben Krone pro Pfund. Aber das ist lange vorbei.

Wie bei meiner mit großer Liebe und Leidenschaft betriebenen Beschäftigung mit Kräutern und Wildblumen sind es auch bei der Kunst immer die inneren emotionalen Prozesse, die mich bewegen. Ich bin bewegt von Linien, die noch lebendig sind, von abstrakten Formen, die sich auf dem Blatt winden und in mich hineinzukriechen scheinen – Bilder, die nur von diesem bestimmten Künstler in diesem Moment erschaffen werden konnten. Solche Bilder schließen etwas in mir auf, sodass ich mich für neue Sichtweisen jenseits der Grenzen meiner bisherigen Wahrnehmung öffnen kann. Ich glaube, dass der Zweck der Kunst nicht darin besteht, erfolgreich oder gut zu sein, sondern darin, wie Pablo Picasso es ausdrückte, »den Staub des Alltags von unserer Seele zu waschen«.[3]

Ob Musik, Poesie, Tanz oder Malerei – unsere Seele kann in die Gegenwart versetzt und von einem Moment zum anderen erneuert werden, wenn wir zur richtigen Zeit das richtige Kunstwerk hören, sehen oder selbst erschaffen.

ZYKLEN

Etwa ein Jahr nachdem die Periodischen Zikaden 2003 in den Untergrund gingen, gab ich das Boxen auf. Ich wusste, dass es mir schwerfallen würde, diese Identität hinter mir zu lassen, aber es war einfach genau das, was ich tun musste. Ich war es leid, dass die Leute mich als Boxerin sahen. Eine Identität, die sich einst wie eine Ehre angefühlt hatte, die ich mir verdienen musste, war jetzt für mich wie eine Maske, hinter der mein wahres Ich im Schatten stand. In mein Tagebuch schrieb ich: *In letzter Zeit schlafe ich in meiner Straßenkleidung, weil ich keine Lust habe, mich umzuziehen. Ich bin zu müde, und mir ist zu kalt, um mich aus meinen Kleidungsschichten zu schälen. Mein geistiger Bezugsrahmen löst sich auf. Ich bin unfähig, an meinen gewohnten inneren Bildern festzuhalten. Mein Selbstbild wandelt sich, und ich möchte frei sein.* Ich war nun bereit, mich auf Kunst, auf Schönheit, auf verschiedene Formen des Selbstausdrucks zu konzentrieren.

Zur Zeit dieses persönlichen Übergangs wohnte ich in Williamsburg, und alles, was ich tun wollte, war schreiben, zeichnen und im Gras eines kleinen Parks in der Nähe meiner Wohnung sitzen, umgeben von Kräutern und Wildblumen. Ich wachte auf, schrieb und zeichnete und ging in tranceartigen Kreisen zwischen meiner Wohnung, dem Park und dem Geschäft hin und her, wo ich meinen Künstlerbedarf kaufte. Die Meditationspraxis hatte mich zu einem neuen Kunststil inspiriert: Pointillismus mit Worten, die ich »visuelle Verse« nannte. Ich ließ jedes Wort und jeden Gedanken unbearbeitet aus meinem Körper kommen – das Gute, das Schlechte, das Hässliche und das Peinliche –, in winzigen, winzigen Sätzen, die ich mit Mikronstiften schrieb. Ich benutzte verschiedene Farben und schuf abstrakte Bilder, die aus meinem lärmenden Inneren kamen. Ich wollte mich entleeren, und ich dachte mir, wenn die Worte klein genug sind, wird sowieso niemand versuchen, sie zu lesen. Einige meiner besten Texte befinden sich wahrscheinlich auf diesen Bildern, unter dick aufgetragener Farbe verborgen, weil ich nach einer Weile merkte, dass ich zu sehr an diesen Worten haftete, und da übermalte ich sie.

Ich wollte diesen hypnotischen Raum nicht verlassen, aber mir ging das Geld aus, also beschloss ich, meine Wohnung unterzuvermieten und eine Auszeit von der Stadt zu nehmen. Ich musste mich neu orientieren und herausfinden, wie es weitergehen sollte. Ich zog nach Amherst zu meiner Mutter, wo ich in meinem alten Zimmer schlief, meditierte, schrieb und zeichnete, was heilsam, unangenehm und seltsam war. An manchen Tagen fühlte ich mich wie eine Versagerin, an anderen Tagen fühlte ich mich frei.

Ich wanderte endlos durch die Wälder und trauerte um all die Trainingslager, an denen ich nie teilgenommen hatte, und um all die Kämpfe, die nie stattfanden. An den meisten Tagen wachte ich auf, meditierte und verbrachte den Rest des Tages mit Zeichnen. Ich begann, mich über die Grenzen dessen hinauszubewegen, was ich für erstrebenswerte Kunst hielt, und im Gegenzug schuf ich Kunst, die lebendig, authentisch und gut war. Ich wusste, dass ich genau die richtige Ausdrucksform für diesen Moment gefunden hatte, auch wenn ein Kurator, der sich meine Arbeiten anschaute, sagte: »Es gefällt mir sehr, aber es ist so persönlich, so detailliert. Ich weiß nicht, was ich damit anfangen soll. Es ist wie Volkskunst.«

Doch all diese Bemühungen fingen schon bald an, sich egoistisch und wie Zeitverschwendung anzufühlen. Obwohl bei mir persönlich viel heilte und ich Werke schuf, auf die ich stolz war, wurde meine Kunst nicht gesehen, und ich hatte das Gefühl, nicht genug für die Außenwelt zu tun. Nach ein paar Monaten erhielt ich einen Anruf von einer Freundin, deren Boxtrainerin ich gewesen war. Sie arbeitete mit dem Norbulingka-Institut in Dharamsala, Indien, zusammen, das sich für den Erhalt der tibetischen Kunst und Kultur einsetzt. Sie wollte eine Spendenaktion für das Institut organisieren, und da sie meinen Hintergrund in Aktivismus und Organisation und mein Interesse am tibetischen Buddhismus kannte und zudem wusste, wie sehr ich gerade in der Luft hing, dachte sie, es könnte für mich interessant sein. Tatsächlich erwies sich diese Aufgabe als ideal. Sie war die Erhörung meiner Gebete. Ich zog mit neuem Elan zurück in meine Wohnung in Williamsburg und wurde die Koordinatorin für das Event, das wir im Namen des Norbulingka-Instituts und Seiner Heiligkeit, des Dalai-Lama, HOPE nannten.

Wir beschlossen, im Rahmen der Spendenaktion eine Ausstellung zu veranstalten, und ich kam in Kontakt mit den besten Fotografen der Stadt, unter ihnen Annie Leibovitz, Mario Testino und Roberto Dutesco. Es war aufregend, aber es dauerte nicht lange, bis ich anfing, mich darüber zu ärgern, dass ich nur die Rolle einer Event-Koordinatorin spielte, anstatt als Künstlerin teilzunehmen. Ich beklagte mich darüber, dass doch mein eigenes Interesse an der Fotografie mich ursprünglich in die Großstadt geführt hatte, wo ich dann auf Abwege geraten war, und am Ende meiner Arbeitstage ging ich nach Hause, wo meine Gemälde, Zeichnungen und Collagen versteckt waren und sie, ungesehen, immer mehr Raum ausfüllten.

* * *

ALS VOR EINIGEN JAHREN IN DEM HAUS AN DER 7TH STREET IM East Village, in dem ich zur Miete wohnte, ein Feuer ausbrach, waren meine Zeichnungen und Skizzenbücher das Erste und Einzige, was ich in Sicherheit brachte. Ich roch Rauch und rannte impulsiv die Treppe hinunter, mit meiner Kunst in meinen Händen, die für mich unersetzlich war, fast als wäre sie ein Teil meines Körpers. Ich stand über eine Stunde lang mit meinen Nachbarn auf der Straße. Alles war okay, und wir durften wieder ins Haus.

Als Ernesto und ich aus unserer ersten Wohnung im East Village wegzogen, ging meine Mappe verloren, die ich jahrelang mit mir herumgetragen hatte und die alle meine besten und bedeutendsten Arbeiten aus der Kindheit, aus der Zeit des Autounfalls und aus dem frühen Erwachsenenalter enthielt. Ich machte Ernesto und mich selbst ganz verrückt, weil ich so verzweifelt versuchte, sie zu finden. Wie konnte sie einfach verschwinden? Aber dennoch war es so. Dieses Archiv meines Lebens war weg, und ich würde es nie mehr zurückbekommen. Die Zeichnungen, die ich nach dem Autounfall anfertigte, die Tierstudien, die Zeichnung eines Wolfes, die ich noch immer als eine meiner besten Arbeiten in Erinnerung habe. Der Verlust dieser Erfahrungsmomente und ihrer künstlerischen Darstellungen zerriss mir das Herz. Diese Bilder illustrierten Phasen des Übergangs in meinem Leben, für die es keine Worte gibt. Meine innere Welt wurde in ihnen sichtbar. Es waren Teile meiner Seele, die in visueller Form aufschrien. Und nun waren diese Teile verloren.

Damals trennte ich das, was ich für mich selbst zeichnete und schrieb, von dem, was ich für andere zeichnete und schrieb. Die wertvollsten Arbeiten wurden in schwarzen Skizzenbüchern versteckt. Es waren Werke, die ich zeichnete, weil ich gar nicht anders konnte, ich musste es einfach tun. In ihnen steckte so viel Vitalität. Sie waren wild und roh. Wenn ich in dem Bewusstsein zeichnete, dass andere diese Zeichnung betrachten würden, wirkte meine Kunst steif. Wenn ich also wollte, dass aus meinen Kritzeleien und ganz auf mein inneres Erleben ausgerichteten Arbeiten Werke wurden, die sich dafür eigneten, öffentlich gezeigt zu werden, musste ich meinen Stil ändern.

Nach dem HOPE-Projekt durchlief ich wieder denselben Zyklus – hinaus aus der Großstadt und Hinwendung zur Kunst. Ich jagte einer Idee hinterher, nicht etwas, das in mir brannte. Ich war erschöpft von der Arbeit für andere, und so zog ich mich wieder in eine Höhle fern der Stadt zurück, um mich neu zu orientieren. Und obwohl ich mich manchmal von mir selbst entfernte, wurden meine Inkubationszeiten kürzer, je näher ich meinem eigenen Pfad kam. Immer besser gelang es mir, ein Leben zu führen, das sich für mich sinnvoll anfühlte und meinem Streben nach Selbsterkenntnis entsprach. Wie die Goldrute, die Licht spendet und den Weg aus Zeiten der Dunkelheit weist, tauchte ich mit jedem Zyklus tiefer in mein Inneres ein, um dort Licht zu finden und in immer authentischeren Inkarnationen wieder zum Vorschein zu kommen.

* * *

ES IST EIN FEUCHTHEISSER TAG ENDE AUGUST, UND VOR MEINEM Fenster höre ich die Zikaden. Ich bin in Brooklyn, inmitten der wilden, urbanen Fruchtbarkeit, und beobachte, wie grünes Leben durch jede Betonritze bricht und an den Seiten der Gebäude hochklettert. Die Goldrute blüht auf den Großstadtstraßen, in meinem Gemeinschaftsgarten und im Prospect Park und markiert den Übergang zum Herbst. Wenn ich in Schottland bin, sammle ich Stille, um die Sirenen und Autos der Stadt ertragen zu können. Manchmal stelle ich mir vor, dass das Kommen und Gehen des Verkehrs Meereswellen sind, und ich lausche auf das Klicken und Summen der Zikaden dahinter. Einen Sommer ohne ihren Gesang kann ich mir nicht vorstellen.

Als Künstlerin an die Öffentlichkeit zu gehen ist ein Kreislauf aus Rückzug und Ausbrechen. In Stapeln, Notizbüchern, Skizzenbüchern und Mappen finden sich alte Felle, alte Versionen meines Selbst. Manche sind unvollendet, auf manche bin ich stolz, und andere habe ich seit Jahren nicht mehr angeschaut. Meine Kunst ist das, woran ich am meisten festhalte. Ich habe meine Werke als Schlangenhäute beschrieben – Schichten, die ich abwerfen musste, um zu wachsen. In gewissem Sinne war die künstlerische Arbeit sowohl mein Gepäck als auch meine Heilung. Im vorigen Herbst habe ich überlegt, sie in einem symbolischen Feuer zu verbrennen, aber es ist schwer zu entscheiden, welche Bilder ich zeigen und welche ich anzünden soll. Vielleicht werden eines Tages einige alte Bilder, die ich als »nicht gut genug« befand, wieder auftauchen, gezeigt werden und jemandem den Staub von der Seele waschen. Mary Oliver schreibt über die Goldruten: »Sie erheben sich mit einer aufrechten, standhaften Süße, in dem reinen Frieden, mit dem sie ihr Gold verschenken.«[4]

Sie gehen in die Dunkelheit,
die Weisen und die Liebenswerten.

EDNA ST. VINCENT MILLAY:
DIRGE WITHOUT MUSIC

TEIL IV

IM UNTERGRUND

WIR BRAUCHEN DUNKELHEIT UND STILLE, UM aufzutanken. Dunkelheit ist empfänglich, weiblich. Eine mächtige, geheimnisvolle Leere und Kraftquelle. Dunkelheit ist negativer Raum, aber nicht negativ in dem Sinne, wie wir es zu definieren gewohnt sind. Sie ist unendliches, universelles Potenzial und der fruchtbare Boden des Weiblichen, der im Mutterleib und unter unseren Füßen im Körper von Mutter Erde existiert. Dunkelheit ist reiche schwarze Holzkohle, die nach einem Feuer zurückbleibt, eine Substanz, die absorbiert, reinigt, klärt und Leben schafft.

Japanischer Staudenknöterich

Polygonum Cuspidatum

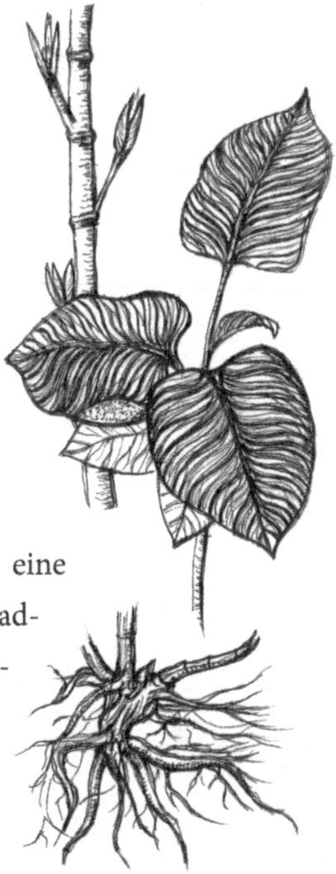

Familie: Polygonaceae

Der Japanische Staudenknöterich ist eine hochwachsende Staude, die auf mit Schadstoffen belasteten Böden gedeiht, Schwermetalle und andere Toxine aus dem Boden zieht und so geschädigtes Land entgiftet. Das sich schnell ausbreitende holzige Rhizomsystem dieser Pflanze kann mehrere Zentimeter pro Tag wachsen und sich unter Autobahnen und um Hindernisse herum vorwärtsbewegen, um auf der anderen Seite Kolonien zu bilden. Obwohl die Pflanze im Herbst blüht, ist sie nicht auf Bestäubung angewiesen, um sich fortzupflanzen: Für ihre Verbreitung sind die sich enorm ausdehnenden Wurzelgeflechte im Untergrund verantwortlich.

Diese allgegenwärtige Pflanze hat gelernt, in der rauen Umgebung japanischer Vulkane in extrem wechselhaftem Wetter zu gedeihen, und wächst erfolgreich auf den Lavafeldern an den Hängen der aktiven Vulkane Japans. Sie hat die Fähigkeit entwickelt, explosive Energie tief unter der Erde zu speichern und durch meterdicke Ascheschichten und vulkanisches Gestein zu sprießen.

Wenn sie verrottet, düngt sie den Boden. Und neuer vulkanischer Boden ist ohnehin besonders fruchtbar, da sein Magnetismus erst vor Kurzem in die obere Welt ausgebrochen ist.

VULKANISCHER BODEN

Menschen werden alles tun, egal wie absurd es sein mag, um ihrer eigenen Seele nicht ins Angesicht sehen zu müssen. Man wird nicht erleuchtet, indem man sich Lichtfiguren vorstellt, sondern indem man sich der Dunkelheit bewusst wird.

CARL GUSTAV JUNG

Er nahm die Platinkette von seinem Hals, legte sie von hinten um meinen, drehte sie und zog mich an sich. Wir waren in einem Hotel an der Atlantic Avenue in Brooklyn, nicht weit von unseren Wohnungen entfernt. Aber wir hatten beide Mitbewohner und wollten allein sein. Angesichts meiner wachsenden Sammlung von Pflanzen und Zaubertränken hatte er ein wenig Angst, dass ich ihn verhexen würde, obwohl ich nie ein Fan von Zaubersprüchen war. Ich möchte, dass mich jemand aus freien Stücken begehrt, und wir fühlten uns ganz von selbst magnetisch zueinander hingezogen – also genau, was ich mir wünschte. Wir hatten uns schon einige Zeit gekannt, bevor wir die Nacht miteinander verbrachten. Das hatte mich einige Disziplin gekostet – aber ich wollte, dass sich unsere Spannung aufbaute.

Die Erde selbst ist ein gigantischer Magnet. Das Magnetfeld des Planeten wird durch elektrische Ströme gebildet, die in seinem Kern aus geschmolzenem Metall kreisen und unsichtbare Kraftlinien zwischen Nord- und Südpol erzeugen. Alle irdische Materie unterliegt dem Magnetismus, manche stärker als andere. Lebewesen wie Bären, Bienen und Vögel haben einen eingebauten Kompass für ihre Wanderungen und sind in der Lage, dieses Magnetfeld zu spüren und seine energetische Anziehungskraft zu nutzen, um zu navigieren. Ich habe das Gefühl, dass wir Menschen da ganz ähnlich sind. Wir nutzen den Kern unseres eigenen tierischen Körpers, um uns magnetisch zu orientieren. Ich tendiere dazu, dort hinzugehen, wo es mich hinzieht.

Jamal und ich existierten in einem feurigen Schattenland, in dem wir uns verloren und nichts anderes mehr als unsere Körper waren, miteinander verwoben in einem endlosen Anfang. Er erzeugte totale Resonanz in mir, Haut an Haut, die Seelen berührten sich. Er hob meine inneren Türen aus den Angeln. Wenn er ging, ließ er mich weit offen zurück, und ich schuf Kunst. Das war unser Deal.

Bevor ich Jamal kennenlernte, hatte ich mich in der Stadt verausgabt, indem ich in meinem gemeinnützigen Job für andere arbeitete und meine kreative Energie vergeudete. Ich musste mich erholen und Energie tanken. Nachdem meine geliebten Großeltern verstorben waren, stand ihr Haus eine Zeit lang leer. Ich beschloss, einige Monate dort im Keller zu wohnen, um mit mir selbst und mit ihren Geistern in Kontakt zu treten, in einem von mir selbst gewählten Raum. Es war meine kleine Höhle, in der ich nichts tat außer malen, meditieren, nachdenken und schreiben. Meine Schwester dachte, ich sei verrückt geworden. »Warum verkriechst du dich dort unten, in der unheimlichsten Ecke des Hauses?« Ich sehnte mich nach stiller Dunkelheit, und deshalb zog es mich dorthin. In der Ruhe des Kellers konnte ich den Lärm und die Ideen, die mich störten, aus meinem Körper in die Kunst übertragen oder durch meine Meditationsübungen zur Ruhe bringen. Als ich mich in meinem eigenen Raum entspannte, fiel die Hektik der äußeren Welt von mir ab, und ich war wieder in der Lage, meine eigene Stimme hören.

Ich war ruhelos gewesen, als ich sieben Jahre zuvor, im Jahr 2000, im East Village mit einer formellen Zen-Meditationspraxis begonnen hatte. Aber ich konnte mich damals durch Kunst und Bewegung in die »Zone« versetzen, also glaubte ich, auch die Meditation meistern zu können. Doch erst als ich mich dazu verpflichtete, dreißig Minuten lang im Sangha auf dem Kissen zu sitzen, wurde mir klar, wie viel in mir unter der Oberfläche brodelte. Ich erkannte, dass meine Gedanken eine ganz eigene Energie hatten, die mich manchmal von meinem Zentrum wegzog und mich dazu brachte, meine Energie in falsche Richtungen zu verschwenden. Also beschloss ich, mich zu einer beständigen Praxis zu verpflichten. Nicht weit von dem Boxstudio, in dem ich als Trainerin arbeitete, gab es ein Zendo. Ich ging in den Pausen und nach der Arbeit dorthin. Ich dachte mir, wenn ich im Chaos der Großstadt die innere Stille erreichen kann, dann kann ich es überall. Ich verbrachte dort täglich höchst unbequeme Meditationszeiten, mindestens eine Stunde lang.

Der Rōshi des Zendo wies mich an, meine Atemzüge zu zählen: »Wieder bei eins beginnen, wenn Gedanken auftauchen. Fang dann jedes Mal wieder von vorne an zu zählen.« Ich verstand die Prämisse dieser Praxis, aber damals mochte ich sie nicht. Vermutlich hatte ich Angst vor meinen Gefühlen, unterdrückte sie, verbarg sie in meinem Inneren. Den Druck, der sich dadurch in mir aufbaute, dass ich versuchte, Dinge vor mir und der Welt zu verbergen, hatte ich lange ausgehalten – angespannt, ängstlich war ich wie ein wildes Tier, das seine Urinstinkte zu lange im Zaum gehalten hatte. Diese nach oben drängenden starken Emotionen ließen mir kaum noch Luft zum Atmen. Ich fragte meinen Lehrer: »Unterdrücke ich denn nicht durch das Zählen diese Gedanken? Ist es nicht besser, wenn ich sie einfach nur beobachte? Dann können sie sich austoben, bis sie müde werden.«

Heimlich rebellierte ich gegen seine Anweisung und ließ meinen Gedanken freien Lauf. Ich wollte sie als das sehen, was sie wirklich waren. Ich versuchte, mich zu entspannen und bewusst wahrzunehmen, wenn ich an einem Gedanken festhielt und er zu einem neuen Gedanken wurde und dann zu noch einem anderen. Ich blieb in diesem beobachtenden Zustand und hoffte, dass die Gedanken mit dem Ausdehnen und Zusammenziehen meines Atems vorüberziehen würden wie Gewitterwolken. Ich ließ sie rennen und schreien und verrückte Tänze aufführen, bis sie es leid waren … und dann kamen noch mehr. Aber als ich einfach dabeiblieb, weiter beobachtete und weiter atmete, erschöpften sie sich, und zwischen den Gewitterwolken entstand freier Raum.

* * *

NACH MONATELANGEM WINTERSCHLAF IN DER GRUSELIGEN UNterwelt des Hauses wurde ich ruhiger und stellte überrascht fest, dass ich bereit war, in die Stadt zurückzukehren – nicht mehr als Boxerin oder als ehrenamtliche Organisatorin gemeinnütziger Projekte. Ich fühlte mich von der Idee angezogen, mir dort als Künstlerin einen Namen zu machen. New York zog wieder magnetisch an mir. (Es gibt Gerüchte, die Anziehungskraft dieser Stadt habe etwas damit zu tun, dass sie über einem natürlichen Kristallgitter erbaut wurde, in dem die gleichen Materialien enthalten sind wie in unseren Mobiltelefonen – Kieselglasfasern, Quarz und Magnetit. Durch Glasfaserkabel werden in Form von Lichtimpulsen Informationen übertragen, die uns miteinander verbinden, aber auch süchtig machen.) Während meiner Höhlenzeit im Keller meiner Großeltern nutzte ich einige der Fähigkeiten, die ich bei der Arbeit mit gemeinnützigen Organisationen entwickelt hatte, für meine eigenen kreativen Ambitionen: Ich telefonierte, knüpfte Kontakte, reichte meine Arbeiten bei New Yorker Galerien ein und wandte mich an die Musiker in meinem Orbit, um zu hören, ob jemand vielleicht ein Albumcover brauchte. Das liebte ich so an New York! Ich konnte mich verwandeln und in das energetische Zentrum zurückkehren, um es mit einer neuen Vision und einem überarbeiteten Selbst zu schaffen. Und das DUMBO-Viertel in Brooklyn war zu einem blühenden Kunstzentrum geworden. Im Rahmen des Kunstfestivals dort hatte ich meine erste Ausstellung, und zwar bemerkenswerterweise im Gleason's, meiner alten Box-Heimat. Darauf folgte eine Einzelausstellung, bei der ich ein paar Bilder verkaufte. Ich erhielt Aufträge und schuf Kunst für Veranstaltungen. Es schien, dass diese neue Phase meines Lebens sich gut entwickelte, doch dann kam der Wirtschaftscrash von 2008. Plötzlich stand ich unter Stress und hatte Mühe, meine Miete zu bezahlen.

Ich zog in Erwägung, wieder als Boxtrainerin zu arbeiten. Freundinnen und ehemalige Schülerinnen baten mich darum, aber ich beschloss, mich weiter auf meine Kunst zu konzentrieren und mich von einfacheren Arten des Lebensunterhalts fernzuhalten. Jetzt, wo meine wirtschaftliche Lage verzweifelt war, verhandelte ich mit mir selbst: *Mein Körper ist wieder gesund, und ich kann mich dem Boxen nun von einem anderen Ausgangspunkt aus widmen. Vermisst habe ich es sowieso.* Aber unterschwellig fühlte ich mich wie eine Versagerin. Wenn ich schon zur Sweet Science, der »süßen Wissenschaft«, wie der Boxsport oft genannt wird, zurückkehrte, wollte ich wenigstens ein neues Trainingsterrain erkunden. Ich begann, indem ich Leute im Prospect Park trainierte, und als ich mir das Mendez Gym in Chelsea ansehen wollte, passierte es. Von meinem Instinkt geleitet, ging ich in ein schickes Fitnessstudio in der Nähe, und da traf ich ihn. Die Anziehungskraft zwischen uns war sofort da. Wir sprachen über das Boxen und die Möglichkeit, dass ich in dem Studio arbeiten könnte (was ich eigentlich gar nicht wollte), und er gab mir seine Karte. Er ging mir nicht mehr aus dem Kopf. Einige Tage später lud ich ihn zu einer meiner Vernissagen ein und war völlig verunsichert, wann, und ob überhaupt, er wohl vorbeikommen würde. Als er an diesem Abend endlich die Galerie betrat, schlug mein Herz schnell, und mein Körper brannte.

***

IN EINEM SEHR POETISCHEN BERICHT DER TUFTS UNIVERSITY heißt es: »Der energiegeladene, elektrisch geladene Sonnenwind bläst von der Sonne aus in alle Richtungen und hört nie auf, wobei er ein Magnetfeld mit sich trägt, das tief in dem Stern verwurzelt ist. Obwohl der Sonnenwind äußerst dünn ist, weit weniger substanziell als eine irdische Brise oder selbst ein Flüstern, vermag er doch die äußeren Ränder der Magnetosphäre der Erde asymmetrisch zu verformen, als wäre sie eine Träne, die auf die Sonne fällt.«[1]

Eine Träne, die auf die Sonne fällt. Es liegt so viel Schönheit in der Tatsache, dass es die kraftvolle weibliche, magnetische Sphäre der Erde ist, die sie davor bewahrt, von der Sonnenstrahlung verzehrt zu werden. Und doch wollte ich, dass Jamal mich verzehrt. Hätte ich nicht all die Stunden im Keller meiner Großmutter verbracht, um mein eigenes Magnetfeld zu stärken, wäre mein Wunsch vielleicht in Erfüllung gegangen.

Anfangs wollten wir uns gegenseitig in Anspruch nehmen, aber wir kämpften mit unseren gegensätzlichen Wünschen und Bedürfnissen, sodass wir uns voneinander entfernten und dann wieder zusammenprallten. Wenn er besitzergreifend wurde, beharrte ich auf Poesie: »Ich will einfach deine Leidenschaft … Warum muss es so kompliziert sein?« Er verschwand für ein paar Tage, und in seiner Abwesenheit sehnte ich mich nach Unterwerfung, danach, dass er mich für sich beanspruchte. Irgendwie hatte er die Schlüssel, um mich gleichzeitig zu befreien und gefangen zu halten. Unser Gefühl für Zeit und Raum schien oft sehr gegensätzlich, aber wenn wir allein waren, verschmolzen wir. Ich wusste nicht, wo sein Körper endete und meiner begann.

Schließlich fanden wir unseren Rhythmus. Er schenkte mir die Art von Aufmerksamkeit, die ich brauchte – Momente lodernder Intensität, und dazwischen ein großes weites Nichts. Ich malte die Farben, die ich durch die Art und Weise sah, wie er mich berührte, durch die Art und Weise, wie er mich anstarrte, durch die Erinnerungen in meiner konkaven Matratze, durch die freigelegten Früchte, die noch roh waren, dort, wo er hineingebissen hatte. Obwohl sie manchmal schmerzte und mich frustrierte, war unsere Beziehung gewollt. In diesen gemeinsamen Zwischenzeiten tauchte ich in meine fruchtbare Dunkelheit ein, steckte den Stecker in meine Steckdose und lud mich auf. Jamal lockerte etwas in mir, und ich fand die Kraft, tiefer zu tauchen. Meine Sinne wurden besänftigt und dann geschärft, ich konnte das Subtile genießen.

Irgendwie fühlte sich das alles vertraut an, als hätten wir diesen Tanz schon einmal gemacht. Wir gelangten leicht und schnell in einen gemeinsamen Rhythmus, legten unsere Masken ab und traten hinter den Mauern hervor, um uns die Zartheit zu zeigen, die wir mit ihnen schützten. Er war ein hervorragender Sportler, aber viele seiner Träume wurden durchkreuzt, als er wegen Drogenvergehen verurteilt und inhaftiert wurde. Es gelang mir, ihn dazu zu überreden, mir die Gedichte vorzulesen, die er im Gefängnis geschrieben hatte. Eine ganze Nacht lang saß er auf der Kante meines Bettes und las mir all diese Texte vor. Drastisch beschrieb er darin, wie entmenschlichend das Gefängnis ist und wie schlimm es sich auf die Psyche auswirkt, vor allem bei schwarzen Männern in den USA. Sein zugleich roher und schöner Schreibstil zog mich in seinen Bann. Er erlaubte mir auch, mich ihm anzuvertrauen. Ich teilte meine Kunst, meine Ängste, meine Traumata mit ihm.

So war das zwischen uns – er half mir, tief einzutauchen und Zugang zu Teilen meines Selbst zu finden, zu denen ich allein nie vorgedrungen wäre, und ich versuchte, ihn mit der gleichen Akzeptanz zu unterstützen und ermutigen. Sexuelle Energie ist Vitalität, Kreativität, Lebensenergie, und ein Partner kann der Katalysator für unser Erwachen sein. Vulkane sind die Architekten der Erde. Eruptionen und die Bewegung tektonischer Platten, die aufeinanderstoßen, schaffen das Land, wie wir es kennen. Und während wir uns in unserer eigenen sich verschiebenden, explosiven Landschaft bewegten, teilten wir einige ängstliche schöne Jahre und schufen neues Terrain, das für immer unter meiner Haut schwelt.

UNTER DER OBERFLÄCHE

Viele der auf dem Gebiet von Heilung und Spiritualität heute vorherrschenden Praktiken und Rituale betonen offenbar das Licht, aber viele alte Traditionen wurden aus der fruchtbaren Dunkelheit geboren und ehren Licht und Schatten gleichermaßen. Sie sind zeitlos und stehen im Einklang mit den wahren Kräften der Natur. In der fruchtbaren Dunkelheit säen wir neue Samen, und Leben entsteht. Im Mysterium der Dunkelheit beginnen Wachstum, Heilung und Transformation. Obwohl gut gemeint, finde ich die Formulierung »Licht und Liebe« unglaublich irritierend. Wenn wir die männliche oder *Yang*-Energie überbewerten, tun wir uns schwer damit, einfach nur zu *sein* und unsere Intuition anzuzapfen. In der Stadt halten uns Neonlichter und Straßenverkehr die ganze Nacht auf Trab und verdrängen die am Nachthimmel leuchtenden Sterne. Wenn ich mir die Zeit nehme, mich an die Dunkelheit zu gewöhnen, werden für mich Glühwürmchen, Sterne und Konstellationen wieder sichtbar, die sonst in der Überfülle des künstlichen Lichts verloren gehen.

Von einigen Lehren wird uns empfohlen, »negative« Worte durch positive Affirmationen zu ersetzen, um uns selbst zu hypnotisieren – hinein ins Glück. Das mag zwar für manche funktionieren, aber ich konnte mich mit dieser Praxis nie anfreunden. Ich möchte meine Schatten demaskieren und sie als das erkennen, was sie sind. Wenn sie mich verführen und in meiner Vorstellung größer werden, konzentriere ich mich, so gut ich kann, darauf, zu atmen, zu schreiben, zu zeichnen und mich zu erden. Mit Übungen, die es mir ermöglichen, meine oberflächlichen Gedankenschichten zu transzendieren, kann ich das statische Rauschen beseitigen und bin besser in der Lage, Weisheit aus der stillen Tiefe meines Seins zu empfangen.

In alten und modernen Traditionen, bei denen die Göttin verehrt wird, schöpfen die Menschen Kraft aus der Dunkelheit, indem sie sich in Höhlen, den Schoß der Erde, zurückziehen, um dort Stille, Reizentzug, zu erleben. Das Hinabsteigen in Höhlen galt und gilt als Weg, Wissen zu erlangen. Wenn der Lärm der Außenwelt ausgesperrt wird, kann unsere angeborene Weisheit in uns aufsteigen. Diese dunklen unterirdischen Räume sind Orte, an denen man sich mit dem Mysterium befasst, die mediale Wahrnehmung trainiert und in manchen Fällen sogar Erleuchtung erlangt, etwas, wonach ich mich auch sehne. Die stille Dunkelheit hilft mir, meine Begeisterung, meine Stimme und mein kreatives Feuer wiederzufinden. Indem wir Räume erschaffen oder aufsuchen, die den natürlichen Übergang vom Tag zur Nacht nachahmen, können wir unsere circadiane Rhythmik resetten – unsere biologische Uhr, die uns sagt, wann es Zeit ist, zu schlafen, zu wachen, sich fortzupflanzen und zu essen.

* * *

DER JAPANISCHE STAUDENKNÖTERICH HAT IN SEINEN WURZELN den höchsten Resveratrol-Gehalt aller bekannten Pflanzen. Resveratrol ist ein pflanzliches Hormon, das weiblichen Sexualhormonen ähnelt und dem Staudenknöterich – wenig überraschend – eine starke weibliche Kraft verleiht. Schon aus einem winzigen Stück Rhizom kann eine ganze Pflanze nachwachsen, und wenn man sie gewähren lässt, breitet sie sich schnell und unerbittlich unterirdisch aus. Der Lebensraum des Japanischen Staudenknöterichs reicht von Parkplätzen, Straßenböschungen, Waldrändern, belasteten Böden und Vulkanwüsten bis hin zu weiten Teilen der industrialisierten Welt, wo andere weibliche Energien oft fehlen.

Im Vereinigten Königreich hat der Japanische Staudenknöterich in manchen Kreisen einen schlechten Ruf als eine Art Superschurke, vor allem bei Grundbesitzern, die davon überzeugt sind, dass diese Pflanze Häuser zerstört und den Wert von Land mindert, das ihrer Ansicht nach ihnen gehört. Der Japanische Staudenknöterich, der in den Medien oft als »Großbritanniens größtes weibliches Wesen«[2] bezeichnet wird, verbreitete sich im ganzen Land, nachdem der deutsche Botaniker Phillip von Siebold 1850 einen kleinen Steckling nach Kew Gardens geschickt hatte.[3] Der gesamte Staudenknöterich in Großbritannien wuchs aus den unterirdischen Rhizomen dieser einen Pflanze. Doch der Ruf der Pflanze als Superschurke ist übertrieben. In einem kürzlich vom Ausschuss für Wissenschaft und Technologie des britischen Parlaments zusammen mit dem Ökologen Dr. Mark Fennell veröffentlichten Bericht heißt es: »Wir haben nichts gefunden, was darauf hindeutet, dass der Japanische Staudenknöterich erhebliche Schäden an Gebäuden verursacht – selbst wenn er in unmittelbarer Nähe wächst.«[4] Aber wegen seines schlechten Rufs und seiner unglaublichen Widerstandsfähigkeit schütten die Menschen Millionen Dollar und Unmengen von giftigen Herbiziden in den Boden, um ihn loszuwerden. Die einzigen wahren Nutznießer dieser Verleumdungskampagne sind die Chemiekonzerne, die Glyphosat und andere Gifte herstellen (meiner Meinung nach die wahren Superschurken). Diese Chemikalien bringen nicht nur den Knöterich, sondern auch die örtliche Tierwelt um und verursachen nachweislich Krebs. Dagegen wurde inzwischen in zahlreichen Studien die Wirksamkeit von Knöterich bei der Krebsvorbeugung und -behandlung nachgewiesen.[5]

Wie viele Kräuterkundige und Naturheiler bin ich zu der Überzeugung gelangt, dass Pflanzen dort erscheinen, wo sie gebraucht werden. Der Schweizer Arzt und Alchemist Paracelsus schrieb einst, dass »dieselben Sternen- oder Seeleneinflüsse, die bei den Menschen Krankheiten verursachen, auch Heilpflanzen in denselben Gebieten erscheinen lassen, in denen diese Krankheiten auftreten«.[6]

In seiner Heimat Japan ist der Staudenknöterich unter dem Namen Itadori bekannt, was übersetzt »Schmerz entfernen« bedeutet. Die Menschen dort leben seit Jahrtausenden in Harmonie mit dieser Pflanze, und der Staudenknöterich ist zu einem festen Bestandteil der japanischen Esskultur und traditionellen Medizin geworden.[7] Die jungen Stängel werden als Frühlingsgemüse gegessen, mit einem Geschmack, der an unglaublich sauren Rhabarber erinnert. Die Wurzeln werden, wie der Name schon sagt, zur Behandlung einer Vielzahl von Beschwerden wie Pilzinfektionen, Hautentzündungen, Herz-Kreislauf-Erkrankungen und zur Schmerzlinderung eingesetzt. Der Japanische Staudenknöterich stärkt das Immunsystem sowie Herz und Kreislauf. Er hat nachweislich eine »Anti-Aging«-Wirkung (ein Begriff, den ich problematisch finde) und wirkt außerdem krebshemmend und östrogenregulierend.

Eine kürzlich von der Harvard Medical School durchgeführte Studie hat gezeigt, dass aus den Rhizomen des Knöterichs gewonnenes Resveratrol beim Menschen die Produktion eines Serums anregt, welches Krankheiten vorbeugt, indem es die Energieproduktion der Zelle steigert und die Aktivität der *Sirtuine* beeinflusst.

Das sind bestimmte Enzyme, die mehrere biologische Abläufe kontrollieren und am Alterungsprozess beteiligt sind.[8]

Es hat sich gezeigt, dass Tinktur und Sud der Wurzel die Durchblutung anregen und dadurch die Spirochäten (spiralförmige Bakterien) der Lyme-Borreliose abtöten, die sich an schwer zugänglichen Stellen im Körper befinden. Diese Erkrankung wurde erst vor gut vierzig Jahren entdeckt[9], aber die sie verursachenden Organismen, die *Borrelia*-Bakterien, wurden jetzt von Forschern der Oregon State University in 15–20 Millionen Jahre altem Bernstein aus der Dominikanischen Republik nachgewiesen. Es gab sie also schon lange, bevor Menschen auf der Erde lebten.

In einem Interview sagte der Kräuterkundler Stephen Harrod Buhner, Autor des Buches *Healing Lyme,* kürzlich über die Lyme-Borreliose: »Diese Krankheit zwingt die Menschen dazu, aus dem allopathischen medizinischen Paradigma auszubrechen, weil es bei Lyme nicht funktioniert.«[10] In diesem Sinne erweisen sich die Krankheit selbst und der Japanische Staudenknöterich, der sogenannte »invasive Heiler«, für manche Menschen als wertvolle, aber strenge Lehrmeister. Damit eine wirkliche nachhaltige Heilung möglich wird, müssen wir die tieferen Ursachen langwieriger Krankheiten ergründen und herausfinden, auf welche Weise wir unser Ökosystem missbrauchen und ausbeuten. Wir müssen uns wieder mit der Natur verbinden, denn bei der Heilung geht es oft darum, das natürliche Gleichgewicht wiederherzustellen. Um unsere Vitalität zu stärken, müssen wir zu unseren Instinkten und unserer circadianen Rhythmik zurückfinden. Es lohnt sich zwar, über Pflanzenbestandteile wie Resveratrol zu sprechen, aber mir geht es bei der Pflanzenmedizin darum, die Pflanze als Ganzes zu betrachten, eingebettet in die freie Natur, und im Rahmen der Beziehung unseres Körpers zur Natur.

* * *

JE MEHR WÄLDER UND LANDSCHAFTEN ZERSTÖRT WERDEN, DESTO mehr invasive Arten und sogenanntes Unkraut wird es geben. Eine negative Wahrnehmung dieser Pflanzen stachelt zu einem Krieg gegen invasive Arten an, was nur zusätzliche ökologische Schäden nach sich zieht und unsere Beziehung zur lebendigen Erde noch konfliktreicher macht. Das Wissen über die Dynamik der Pflanzengemeinschaften und die ökologischen Nischen der einzelnen Arten ist entscheidend, um das Wesen sogenannter Unkräuter oder invasiver Arten zu verstehen. Wenn eine Pflanze Schaden anrichtet, müssen wir erforschen, warum sie gedeiht: Welche ökologischen Defizite gibt es an dem Standort? Welche einheimischen Pflanzen- oder Tierarten fehlen dort? Und können diese fehlenden Mitglieder des Ökosystems sicher und wirksam wieder angesiedelt werden? Wie verhält sich der Mensch in diesem Ökosystem oder in dessen Umgebung? Werden durch die menschlichen Eingriffe heimische Pflanzen beeinträchtigt oder vernichtet? Wenn ja, kann man die Menschen durch Aufklärung dazu bewegen, ihr Verhalten zum Wohle aller zu verändern? Wenn es keine eindeutige Ursache gibt und eine Pflanze an diesem Standort wirklich alles überwuchert, gibt es dann alternative Verwendungsmöglichkeiten für die Pflanze, zum Beispiel als Nahrungsmittel, Arznei oder Biokraftstoff? Invasive Arten sind nicht von Natur aus böse, und die kurzfristigen »Lösungen« mit Herbiziden können langfristig schlimme Folgen haben, die der größeren Gemeinschaft von Pflanzen, Tieren und Menschen weitaus mehr schaden als das Auftreten der Pflanze selbst.

Ich sehe im Staudenknöterich eine wilde weibliche Energie, die wie die Wildrose gekommen ist, um ökologische Lücken zu schließen und die Fundamente unserer buchstäblichen und bildlichen Häuser zu durchbrechen. Die Angst vor der Dunkelheit und die Angst vor der – bei allen Arten und Geschlechtern vorhandenen – wilden weiblichen Kraft hängen oft zusammen. Vielleicht ist die betreffende Pflanze ja eine Manifestation der Cailleach oder der Durga, der »unbesiegbaren Göttin« der hinduistischen Tradition – dunkle Göttinnen, die aufgrund der Erfahrungen der Menschen mit der Natur verfälscht und missverstanden werden. Wer weiß. Vielleicht wäre es besser, wenn wir dieser Pflanze Aufmerksamkeit schenken, statt sie mit Gift zu bekämpfen.

* * *

ALS JAMAL UND ICH VERSUCHTEN, UNSERE LEIDENSCHAFT IN DIE nette, ordentliche Schachtel einer »normalen« Paarbeziehung zu stecken, war das ihr Ende. Wir wollten keine traditionelle Partnerschaft, und die Leidenschaft und Tiefe, die wir miteinander teilten, war, was wir gemeinsam suchten. Das war für uns in Ordnung. Beziehungen müssen nicht in irgendein Konstrukt passen, und in vielerlei Hinsicht können diese tiefen Räume, die nicht den konventionellen Regeln gehorchen, am authentischsten sein. Ich glaube, dass unsere gemeinsamen Jahre etwas in uns beiden verändert und kreative Funken freigesetzt haben, die wir in die Welt hinaustrugen.

* * *

ICH GLAUBE, DASS DIE MÄCHTIGSTEN TEILE DES LEBENS OFT UNsichtbar sind. Wir fürchten uns vielleicht vor dem, was unter der Oberfläche existiert, doch in diesen leeren Feldern und unsichtbaren Räumen können Wachstum und Heilung wirklich beginnen. Es kann sein, dass unsere Fantasie verrücktspielt, wenn wir nicht erkennen können, was sich vor uns auf oder unter der Oberfläche eines tiefen dunklen Sees befindet. Aber wir müssen das Risiko eingehen und unseren Wunsch nach Kontrolle und Klarheit aufgeben, um wachsen zu können. Wir können in die unendliche Tiefe oder den Abgrund der Leidenschaft eintauchen und uns vielleicht sogar für eine Weile darin verlieren, aber wir sollten darauf vertrauen, dass wir den Weg zurück an die Oberfläche finden und transformiert werden. Unser Kontakt mit dem Feuer kann explosiv sein, aber die Sonnenwinde werden uns nicht verbrennen.

Bei vielen meiner Sacred-Warrior-Retreats versammeln wir uns nachts am Lagerfeuer, um zu reflektieren, zu meditieren, zu schreiben und loszulassen, was wir bereit sind, den Flammen zu übergeben, auf dass sie es transformieren mögen. Wir lassen die reinigenden Flammen alte Geschichten, Gewohnheiten und Muster wegbrennen, denen wir entwachsen sind. Vorher führe ich alle durch eine gemeinsame Meditation, damit wir zur Ruhe kommen und auf einer Spiralbahn in unsere inneren Höhlen hinabtauchen können. Wenn wir aus der Meditation auftauchen, schreiben wir frei assoziierend die Gedanken auf, die aus uns herausfließen, bis uns klar wird, was wir loslassen müssen, um immer mehr zu unserer wahren Kraft zu finden. Wenn alle bereit sind, werfen wir unsere Worte ins Feuer und danken diesen Geschichten, Gewohnheiten und Wunden für alles, was sie uns gelehrt haben, und für die Art und Weise, in der sie uns vielleicht eine Zeit lang beschützt haben. Die Natur verabscheut das Vakuum, und deshalb erzählen wir einander nun, während wir das, was wir aufgegeben haben, verbrennen sehen, was in unserem Leben an seine Stelle treten soll.

Wenn das Feuer erlischt, bleiben uns die Dunkelheit der Nacht und tiefschwarze Holzkohle – ein Element, das absorbiert, reinigt und entschlackt. Das Feuer verzehrt, aber es lässt uns nicht mit leeren Händen zurück, sondern mit einer Substanz, die buchstäblich Giftstoffe absorbiert, das Wasser, das wir trinken, filtert und das Wasser unseres Körpers reinigt. Und während sich Lavaströme ausbreiten und kahle Landschaften erzeugen, erodieren die Elemente Feuer, Wasser und Luft diese Felsen, was es Pflanzen wie dem Knöterich ermöglicht, das Gestein zu durchbrechen, illusorische Grundlagen zu zerstören und neues Leben hervorzubringen.

Helmkraut

Scutellaria spp.

Familie: Lamiaceae

Helmkraut ist eine Pflanze aus der Familie der Minzgewächse und lindert Spannungen im Körper, die durch den Geist verursacht werden. Helmkraut löst Verspannungen im Kiefer und kann diejenigen von uns beruhigen, die nachts mit wirbelnden Gedanken wach liegen. Die Tropfen der Tinktur unter meiner Zunge fühlen sich an wie beruhigende Hände, die über meinen Kopf streichen. Sie ist auch ein wunderbarer Verbündeter für Menschen wie mich, die empfindlich auf Geräusche reagieren. Die Pflanze beruhigt uns, wenn uns Sorgen und sich wiederholende Gedankenmuster plagen, und ermöglicht es uns, jenseits des oberflächlichen Lärms zu träumen und zu sehen. Früher nannte man sie Mad-Dog-Herb (»Tollwutkraut«), weil man glaubte, sie könne Tollwut heilen, und der Extrakt ist nützlich, wenn unser Kiefer angespannt ist und wir eigentlich wütend knurren wollen.

Das Chinesische Helmkraut enthält viel Melatonin, ein Hormon, das von der Zirbeldrüse (auch als »drittes Auge« bekannt) gebildet wird, unseren Schlaf-Wach-Rhythmus reguliert und dazu beitragen kann, unsere circadiane Rhythmik wiederherzustellen. Melatonin passt sich den Jahreszeiten an:

In den langen Herbst- und Winternächten ist der Melatoninspiegel höher und in den hellen Frühlings- und Sommermonaten niedriger. Bei Wildtieren, zum Beispiel Wölfen, ist das Hormon für die zeitliche Steuerung der Fortpflanzung und den Wechsel zwischen Sommer- und Winterfell von entscheidender Bedeutung. Ohne Melatonin sind sie nicht in der Lage, in der Wildnis zu überleben.

TIEFER SCHLAF

> In der Nacht sind wir uns selbst näher und nehmen tiefere Gedanken und Gefühle wahr als tagsüber, wo das Essentielle sehr leicht untergeht.
>
> CLARISSA PINKOLA ESTÉS: DIE WOLFSFRAU[1]

Angenommen, ich werde hundert Jahre alt, dann werde ich etwa 30 Jahre meines Lebens geschlafen haben, und weil ich auch aus diesen Jahren etwas machen möchte, arbeite ich mit meinen Träumen. Wenn ich aus ihnen Lektionen und Erkenntnisse in mein waches Leben bringe, habe ich das Gefühl, zu einem Kontinuum des Bewusstseins beizutragen. Ich weiß nicht immer sofort, wie ich sie entschlüsseln kann, und manchmal ist das auch gar nicht nötig, aber jedenfalls schenke ich meiner Traumwelt Aufmerksamkeit.

Letzte Nacht träumte ich, ich sei in einem dichten, dunklen Kiefernwald mit Rotwölfen, den gefährdetsten Caniden der Welt. Ich bastelte Papiermasken für sie. Ich weiß nicht mehr, warum ich Masken für sie bastelte – in meinem Traum war das eine dieser typisch menschlichen Ideen. Die Wölfe und ich standen auf der einen Seite eines Zauns, und die Menschenwelt befand sich auf der anderen. Als ich einem der schönen Rotwölfe eine Papiermaske aufsetzen wollte, wie »es sich gehörte«, fing er an, Grimassen zu schneiden, als wollte er mich verspotten. Sein Gesicht verformte sich. Es wurde flach, dehnte sich aus und verzerrte sich zu etwas, das wie eine Ritualmaske aussah. Ich begriff. Was ich sah, war Kommunikation, es sollte mir eine Botschaft übermittelt werden. Er zeigte mir, dass sie, die Wölfe, mehr Macht und Weisheit besitzen, als ich und andere Menschen sich vorstellen können. Ich fing nun an, seine Grimassen zu erwidern, und das fühlte sich befreiend an. Der Wolf weckte auch in mir die wilde, ursprüngliche Kraft.

Dann hörten wir Leute kommen, und da setzte er die blöde Papiermaske auf. Als er das tat, schien ein Schleier zwischen uns zu fallen, und alles war wieder »normal«. Die Leute, die auftauchten, freuten sich über die Papiermaske, zeigten auf den Rotwolf und erklärten, wer er war, wobei sie dieses mächtige Wesen erniedrigend und bevormundend behandelten. Der Wolf und ich schienen zu schrumpfen und uns für diese ignorante Menschenwelt selbst zu zähmen, aber sofort, nachdem die Leute gegangen waren, lüftete sich der Schleier wieder, alles wurde dunkler, lebendiger, bedrohlicher, und der Zaun verschwand. Meine Umgebung war nun ein endloser Wald. Ich befand mich im Reich der Wölfe und ging nun mit geschärften Sinnen durch den Wald. Ich erfasste meine Umgebung, indem ich witterte und subtile Bewegungen registrierte. Mein Gehör war viel feiner. Ein Rehkitz rief. Es war in einen Waldgraben gefallen und litt offensichtlich. Ein wilder Wolfshund tötete es. Ich hoffte, dass dieser Tod schnell und nicht sinnlos war. Ich wusste, dass der Tod des Kitzes zu den Regeln gehörte, die ich in der Wildnis zu akzeptieren hatte.

Wenn sich während dieses Traumes Angst oder Zweifel in meinen Geist einschlichen, war mir, als säße ich auf dem Zaun zwischen den beiden Welten und könnte in die Menschenwelt hinüberschauen. Dazwischen befand sich ein Schleier, eine Art Netz. Drüben war ein Kabel einer Überland-Stromleitung gerissen und zu

Boden gefallen. Neben dem Kabel lag ein Mann. Wie es aussah, war er tot. Neben ihm stand sein völlig verängstigter Sohn. Die Leute waren wegen des Unfalls wütend auf mich. Man gab mir die Schuld daran, aber diese Leute hatten etwas ganz falsch verstanden. Das lag an der Unwissenheit, die in der Menschenwelt herrschte. Ich zog mich weiter in die Wildnis zurück, der ich mich zugehörig fühlte, und interessierte mich immer weniger für das, was in der sogenannten Wirklichkeit geschah. Der rote Wolf schien allgegenwärtig. Ich glaube, er war unser Gott. Und dann wachte ich auf und merkte, dass ich mit den Zähnen geknirscht hatte, und vielleicht hatte ich sogar geknurrt.

* * *

ZU BEGINN MEINER TEENAGERZEIT SAHEN MEINE ZÄHNE AUS, ALS wäre ich ein Raubtier, und das war mir so peinlich, dass ich sie mir beim Zahnarzt abschleifen ließ. Er hatte das sogar vorgeschlagen, da sie in der Tat etwas seltsam aussahen und wirklich scharf waren. Meine anderen Zähne schliffen sich ohnehin ab, weil ich nachts mit ihnen knirschte. Aber aus irgendeinem Grund bekam ich nie eine dieser Schienen gegen Zähneknirschen, obwohl ich meinen Zahnarzt bei jedem Besuch darauf ansprach. Seit ich mich als Erwachsene mit Pflanzen beschäftige, ist das Helmkraut die Rettung gegen mein nächtliches Knirschen. Tinktur oder Tee werden speziell bei Bruxismus (Zähneknirschen oder Kieferpressen) empfohlen und helfen mir, mich zu entspannen, und zwar so, dass ich meine Umwelt klarer wahrnehmen kann. Das Helmkraut beruhigt mich, macht aber nicht unkonzentriert oder schläfrig.

Wir sind verletzlich, wenn wir schlafen, und wenn wir nachts allein sind, kann sich jedes Geräusch verstärken und unsere uralten Natursinne in Alarmbereitschaft versetzen: das seltsame Klopfen im Heizkörper, ein Knarren im Treppenhaus. Oder plötzlich erscheint das Rauschen des Windes bedrohlich, obwohl es tagsüber eine angenehme Brise war. Jedes Geräusch kann an unseren Nerven zerren, unsere Kampf-oder-Flucht-Reaktion auslösen und Anspannung hervorrufen. Als ich neulich nachts aufwachte, nachdem ich im Traum in der Küche meiner Großmutter herumgelaufen war, kam mir der Gedanke, dass ich die Menschen, die jetzt dort wohnen, möglicherweise beunruhigen könnte. Viele meiner Träume haben sich dort abgespielt, seit wir das Haus verkauft haben, und sie sind so lebendig, dass ich mir vorstelle, die neuen Bewohner könnten das Gefühl haben, ich würde sie mitten in der Nacht heimsuchen. Wer weiß schon, ob nicht auch Lebende herumspuken können? Was auch immer die Ursache sein mag, Helmkraut kann das Gefühl übersteigerter Aufmerksamkeit und extremer Empfindlichkeit gegenüber äußeren Einflüssen beruhigen, das zu einem Reaktionsmuster in unserem Körper werden kann. Die so entstehende innere Anspannung kann sich verselbstständigen, wenn sie nicht gelindert wird.

Für manche ist die Nacht die Zeit, in der sie von ihren Ängsten heimgesucht werden. Gerade dann, wenn wir uns zum Schlafen hinlegen, kann unser Geist extrem geschäftig werden. Wenn wir jedoch tagsüber bewusst Techniken nutzen, die uns helfen, übermäßigen gedanklichen oder äußeren Lärm zu beseitigen, kann unser Schlaf friedlicher und sogar tiefgründiger werden. Es ist schwierig, in einen visionären oder meditativen Zustand zu gelangen, wenn wir geistig aufgewühlt sind oder uns angespannt fühlen. Als Nerventonikum mit einem hohen Gehalt an Melatonin kann Helmkraut helfen, unser drittes Auge zu öffnen, mit dem wir Dinge sehen können, die für unsere physischen Augen unsichtbar sind. Die Zirbeldrüse, nicht die Hypophyse, ist die Hauptdrüse des endokrinen Systems und verantwortlich für die Produktion des Melatonins, eines Hormons, das als Reaktion auf die Dunkelheit ausgeschüttet wird.[2] Dieses Organ liegt tief im Zentrum des Gehirns und ist auf einzigartige Weise mit dem Licht verbunden, mit den

Mondzyklen, der »Erleuchtung« und unserer Einstimmung auf die Wildnis. Durch Träume können wir direkt mit unserem Instinkt, unserer Intuition, unserer kraftvollen inneren Vision und unseren Vorstellungswelten in Kontakt treten.

***

ZU HAUSE SCHLAFE ICH AUF DEM BODEN, MIT MEINEM TAGEBUCH und einer Helmkraut-Tinktur neben mir. Mein Partner und ich schlafen seit sechs Jahren auf dem Boden. Wenn wir auf etwas Festem liegen, können unser Körper, unsere Muskeln völlig loslassen, sodass alle Anspannung verschwindet. Auf dem Boden zu schlafen, ist unkompliziert, vereinfacht das Übernachten in der freien Natur und ist viel besser für meinen Rücken. Ich lebe jetzt seit Monaten in einer Hütte in den schottischen Highlands, und auch hier schlafe ich auf dem Boden. Obwohl das Bett in Alladale gemütlich und luxuriös ist, fühlt sich der Boden für meinen Körper viel besser an. Meine untere Wirbelsäule ist nach dem Unfall etwas merkwürdig verheilt, sie hat überkompensiert. Mein Akupunkteur nennt das einen »Step-down«, in diesem Fall einen Schritt in eine frühere Zeit. Während meiner Box-Karriere schenkte ich den Rückenschmerzen keine große Beachtung, aber später litt ich unter starken Krämpfen, und deshalb ist das Bodenschlafen für mich eine vorbeugende Medizin. Mein Akupunkteur sagte mir kürzlich, wie viel besser mein Rücken geworden sei. Als ich ihm sagte, dass ich auf dem Boden schlafe, meinte er: »Oh ja, hart liegen ist sehr zu empfehlen. Ich schlafe auf einer speziellen Steinplatte.« Der Mann weiß, was gut ist.

In meiner Teenagerzeit hatte ich verstörende wiederkehrende Träume, die ich verstehen wollte. Deshalb gewöhnte ich mir an, und habe das bis heute beibehalten, mit einem Tagebuch neben dem Bett zu schlafen, um meine Träume festzuhalten. Damals lernte ich auch, was luzides Träumen ist: die Fähigkeit, in einem Traum aufzuwachen und dessen Verlauf zu verändern, während unser Körper sich in einem hoch suggestiven Zustand befindet. Das kann man trainieren. Mit der Zeit schaffte ich es, mir bewusst zu werden, dass ich träumte, und erkannte, dass ich auch im Traumzustand über eine eigene Stimme verfüge und handlungsfähig bin. Heute schreibe ich meine Träume fast jeden Morgen auf. Ich notiere eine Liste der wichtigsten Elemente oder mache eine kleine Skizze als Erinnerungsstütze. Manchmal schreibe ich aber auch alles ganz detailliert nieder und tippe es später in meinen Computer. Ich habe Tausende von Träumen aufgeschrieben, und es ist interessant, sie später wieder durchzublättern, um zu sehen, was in meiner Traumlandschaft vorhergesagt wurde, welche Träume meine Realitätswahrnehmung verändert und mein Verhalten tiefgreifend beeinflusst haben. Natürlich sind nicht alle Träume tiefgründig, und manche scheinen völlig irrelevant, aber wenn ich sie trotzdem aufschreibe, habe ich festgestellt, dass sie dann einige Tage, Wochen oder sogar Jahre später doch einen Sinn ergeben. Träume weisen uns auf den mythischen Inhalt unseres Lebens hin, und wie eine epische Miniserie ergeben sie manchmal erst Sinn, wenn wir im Nachhinein die Handlungsstränge überblicken. Lernen oder Heilung geschehen selten von heute auf morgen, und diejenigen von uns, die wiederkehrende Träume oder Albträume hatten, wissen, dass wir manchmal erst wach gerüttelt werden mussten, bevor wir darauf achten konnten, was unser Körper und unsere Psyche uns mitteilen wollen.

Mit Anfang zwanzig, in einer Übergangsphase meines Lebens, hatte ich einen sich wiederholenden Traum. Nacht für Nacht saß ich auf dem Rücksitz eines Autos. Auf den Vordersitzen saßen zwei fremde, sonderbar wirkende Männer. Der Fahrer fuhr viel zu schnell, sodass ich in Kurven das Gefühl hatte, er würde die Kontrolle über den Wagen verlieren. Wir kurvten auf halsbrecherischen Straßen zwischen Berggipfeln und steilen Schluchten entlang, kamen aber nie irgendwo an. Ich war entsetzt und sprachlos vor Angst. In meinem Wachleben war in jener Zeit alles in der Schwebe, und ich wusste nicht, welchen Weg ich einschlagen sollte. Dass mir dieser wiederkehrende Traum solche Angst machte, zwang mich, im Wachleben über seine Bedeutung nachzudenken.

Nachdem ich einige Nächte lang Angst vor dem Einschlafen hatte, weil ich befürchtete, die Kontrolle zu verlieren, schlief ich mit der bewussten Absicht ein, in meinem Traum »aufzuwachen« und den Männern klipp und klar zu sagen, dass sie *gefälligst verschwinden sollten. Raus aus meinem Traum!* Es war beängstigend, und ich brachte kaum einen Ton heraus. Aber als ich mich den Männern stellte und auch den Problemen, auf die diese Träume in meinem Wachleben hinwiesen, hörten die Träume auf. Im Laufe der Jahre sind Träume dieser Art bei mir immer dann aufgetreten, wenn mein Unterbewusstsein registriert, dass ich »schlafe« und mich in irgendeinem Aspekt meines Lebens von außen lenken lasse, statt selbst das Steuer zu übernehmen.

TRAUMSCHULE

In mir ist jederzeit eine Menge Intelligenz am Werk, der ich mir gar nicht bewusst bin. Ich weise meine Nieren nicht an, dass sie mein Blut filtern sollen, sage meiner Haut nicht, dass sie meine Körpertemperatur regulieren soll, und befehle auch meinem Herzen nicht zu schlagen. Und ich wüsste auch gar nicht, wie ich das anstellen sollte. Ich wäre mit dem Versuch, all diese automatisch ablaufenden, höchst komplizierten Vorgänge bewusst zu steuern, heillos überfordert (und vermutlich schnell tot). Fast alle unsere Körperfunktionen laufen unwillkürlich ab, aber Bewusstseinsveränderungen können sich auf diese unbewusst arbeitenden Systeme auswirken. Wir wissen zum Beispiel, wie nachteilig chronischer Stress für Herz, Verdauung und geistige Gesundheit ist und wie heilend und ausgleichend Meditation hier einwirken kann.[3] Wenn wir während eines Traums eine tiefe Einsicht und Wahrnehmungsverschiebung erfahren, können wir vielleicht auf ähnliche Weise Heilung bewirken.

Ich habe mich schon immer zu subversivem Wissen hingezogen gefühlt, vor allem zu jenem Wissen, das zu mächtig ist, um aufgeschrieben zu werden. Ich habe mir vorgestellt, dass die Suche nach diesem subversiven Wissen auf eine fantastische Weise geschieht und mich an Filmszenen erinnert, die mich immer noch faszinieren, auch wenn sie mir heute vielleicht etwas klischeehaft vorkommen: Training mit Jedi-Meistern wie Yoda oder an weit entfernten Orten, wie die von Uma Thurman gespielte Figur mit ihrem Sensei in *Kill Bill*, oder mit Dr. Steven Stranges Lehrern, die hinter einer unscheinbaren Tür in Indien Wissenschaft und Mystik verschmolzen, oder in einem Hinterzimmer in Chinatown, wo die »echten« Kampfkunstsysteme nur denen zugänglich sind, die Schutzwälle aus geheimen Klopfzeichen, Rätseln und Passwörtern überwunden haben.

Auch Träume können Tore zu tiefer Weisheit sein, und wir selbst sind die Torwächter. Wir entscheiden manchmal bewusst, manchmal unbewusst, wer und was sich in unseren feinstofflichen Räumen aufhält. Die Öffnung des dritten Auges, um Zugang zu visionären oder traumähnlichen Zuständen zu erhalten, gilt in vielen spirituellen Traditionen als wichtiges Ziel, aber sie warnen uns auch eindringlich, sich erst dann in Gebiete jenseits der gewöhnlichen Realität vorzuwagen, wenn man sich in dieser dreidimensionalen Welt genügend geerdet hat. An den Schwellen zu neuen Welten leben wilde Bewohner, und wir müssen sicher sein, dass wir auf das, was uns dort begegnet, vorbereitet sind. Oft müssen wir uns erst unseren eigenen inneren Dämonen stellen, ehe wir Zugang zu diesen tieferen Bereichen erhalten.

* * *

IM TIBETISCHEN VAJRAYANA-BUDDHISMUS UND IN DER BÖN-TRAdition, dem einheimischen animistischen Glaubenssystem Tibets,[4] gibt es das Konzept des Terma: heilige Lehren, die von aufgestiegenen Meistern für zukünftige Meister verborgen wurden. Energie verschwindet nicht, sie wird lediglich umgewandelt, sodass aufgestiegene Meister und offene, willige und empfängliche Schüler Zugang zu wichtigen Lehren haben können, die nicht mehr in materieller Form vorliegen, sondern im Äther darauf warten, weitergegeben zu werden. Selbst wenn die materiellen Objekte verschwunden sind, wie es bei vielen alten religiösen Schriftrollen und Texten der Fall ist, die verbrannt wurden, oder bei mündlichen Überlieferungen, die nie schriftlich festgehalten wurden, befindet sich dieses Wissen, die Weisheit, die Informationen, die in ihnen verschlüsselt sind, noch im Äther. Ob dieses verborgene uralte Wissen zugänglich ist, übersetzt und angewendet werden kann, ist eine andere Frage. Ekajati, eine mächtige Göttin aus der Kosmologie des Vajrayana-Buddhismus, »die Mutter der Mütter aller Buddhas«, ist eine strenge Wächterin an der Pforte dieser Lehren und prüft potenzielle Schüler, um sicherzustellen, dass man ihnen das, was sie dort finden, anvertrauen kann. Terma kann an physischen Orten, zum Beispiel in Höhlen, gefunden werden, aber ebenso auch in Elementen wie dem Wasser, in der Medizin einer Heilpflanze, in Träumen oder Visionen. Ein Schüler, der Terma entdeckt und die Übertragungen der alten Lehrer empfängt, wird Tertön, »Schatzfinder«, genannt. Die Lehren können in Form einer Epiphanie auftauchen, einer sich plötzlich manifestierenden Erkenntnis, die das Erwachen einleitet.

Es wird auch angenommen, dass die Akasha-Aufzeichnungen auf einer nicht physischen Ebene der Existenz verschlüsselt sind – im Äther, im Raum oder in der Leere – und dass sie für uns in tiefer Meditation, in transzendenten oder Zwischenzuständen des Bewusstseins und in Träumen zugänglich werden können. Im Bön wird Akasha als die Große Mutter angesehen – ein ursprünglicher Raum, aus dem alle Ideen, Formen und Wesen hervorgehen und in den hinein sie sich schließlich wieder auflösen. Diese Tradition des Buddhismus bot den Praktizierenden die Möglichkeit, Zugang zu unbegrenztem Wissen zu erhalten, wenn sie durch ihre Praxis zur Erleuchtung gelangt waren. Im tibetischen Traum-Yoga besteht der Zweck des Träumens darin, unsere Illusionen zu überwinden und aufzuwachen.

* * *

ICH BIN INZWISCHEN ÜBERZEUGT, DASS IN DER TRAUMWELT HEILUNG geschehen kann, auch wenn das für unseren Verstand unbegreiflich ist. Es wird immer ein Mysterium geben, das wir nicht berühren können. Ich hatte oft das Gefühl, im Traum Übertragungen zu erhalten, die in meinem Unterbewusstsein gespeichert wurden und dazu bestimmt waren, dass ich sie zu einem späteren Zeitpunkt nutzen und verstehen konnte. Den folgenden Text schrieb ich nach einem Traum im Jahr 2004 auf: *Ich hatte in der vorigen Nacht einen Wachstumsschub, der über mein Verständnis hinausgeht. Die Botschaften, die mir in der Traumwelt übermittelt wurden, waren so wichtig, wie als Kind das Stehen und Laufen zu lernen. Jetzt, wo ich wach bin, kann mein Verstand nicht ganz begreifen, was mein Körper schon weiß, obwohl ich die Sprache meines Traums vollkommen verstanden habe. Symbole, Bilder und Worte wurden darin auf eine Art und Weise zusammengefügt, die mehr Sinn ergibt, als es in der Welt meines Wachbewusstseins der Fall ist. Diese Alltagswelt wirkt dadurch geradezu traurig simpel. Ich weiß, dass ich in das Wissen hineinwachsen oder im Prozess der Klärung meines Geistes erkennen werde, wie weise ich schon jetzt bin.*

Auch wenn Träume heute in der Psychotherapie, insbesondere in der Jung'schen Therapie, von Bedeutung sind, entwickeln sich die meisten von uns durch Träume nicht in dem Maße, wie es möglich wäre. Es gibt keine Möglichkeit, einen Traum zu beweisen oder nachzuweisen, weshalb ich glaube, dass so viele von uns die Träume anderer ignorieren oder ihre eigenen für sich behalten. Für das Volk der Anishinabe im nordöstlichen Nordamerika waren Träume jedoch ein wichtiger Teil ihrer ganzheitlichen Weltsicht, ein Aspekt der persönlichen Entwicklung von Kindheit an und ein Mittel, um den eigenen Lebensweg zu finden.[5] Träume waren und sind in vielen Fällen immer noch der wahre Weg, wie jemand zur Heilerin oder zum Kräuterkundigen wird – diese Menschen werden im Traum auserwählt.

Als ich Anfang dreißig war, erkannte ich meine Lebensaufgabe immer deutlicher. Damals war mir, als würde die Grenze zwischen Traum und Wirklichkeit verschwimmen. Zu diesem Zeitpunkt hatte ich durch jahrelanges Meditieren, achtsame Bewegungsübungen und kreatives Erforschen viel inneren Raum geleert und war empfänglicher für das, was die Erde brauchte. Meine Träume zeigten mir nicht nur, womit ich mich in mir selbst auseinandersetzen musste, sondern auch, was ich aktiv handelnd verwirklichen und mit anderen teilen musste. Ich werde nie vergessen, wie ich zum ersten Mal die Energie sah, die von einem Baum ausging: Ich meditierte mit sanftem Blick und bemerkte zwischen den Ästen etwas, das wie ein leuchtendes, vor Energie pulsierendes Netz aussah. Es war ein wunderschönes, zutiefst emotionales Lichterschauspiel, und ich spürte, dass mir damit etwas wirklich Heiliges anvertraut wurde.

Ich möchte erwähnen, dass ich zwar mit Pflanzen wie Beifuß oder Helmkraut arbeite, aber keine psychedelischen Mittel verwende. Da ich mich ohnehin leicht in visionäre Zustände versetzen kann, befürchte ich, nicht mehr in die Alltagsrealität zurückzufinden, wenn ich mit psychedelischen Mitteln experimentiere. Als ich jung war, schilderte mir meine Mutter ihre eigenen beängstigenden Erfahrungen mit solchen Substanzen, und sie erzählte von Freunden, die an einer Überdosis gestorben oder durch zu viel LSD dauerhaft geisteskrank geworden waren. Ich wurde also eindringlich gewarnt, und ich kenne mich selbst gut. Zwar können entheogene Substanzen wie Psilocybin von unglaublichem therapeutischem Wert sein, wenn sie achtsam eingenommen werden, aber ich habe das Gefühl, dass die Kraft dieser besonders stark wirkenden Pflanzen und Pilze den Zauber der alltäglicheren Pflanzen und Pilze überlagert oder verdunkelt. Dabei kann deren Kraft genauso transformativ sein – erfordert aber unsere aktive Mitarbeit.

Als ich anfing, mit Pilzen wie Chaga (Schiefer Schillerporling) und Reishi zu arbeiten und sie in der freien Natur zu finden, hatte ich einen Traum über ihre Dimension und Sprache. Als ich aufwachte, notierte ich *grenzenlose Liebe*, denn das waren die einzigen Worte, mit denen ich das Gefühl, das ich bei der Sprache der Pilze empfand, wiedergeben konnte. In der Traumwelt gab es keine Kommunikationsbarriere zwischen uns. Die Verbindung war so liebenswürdig! Und ich hatte das Gefühl, dass sie mich in meinem Wachleben in ihrer vernetzten Rhizom-Realität willkommen hießen, die ich mir nun erschloss. Ich fing an, die Pilze zu »verstehen«.

Als ich anfing, von einer direkteren Kommunikation mit der Natur zu träumen, wurde ich dazu angeleitet, meinen zur Kräuterkunde hinführenden Weg zu integrieren und akzeptieren, und die Träume beschleunigten meine Arbeit mit der Natur und den Pflanzen. Ich erdete die Lehren, die ich empfing, in der dreidimensionalen Realität meines Wachlebens, in der es für mich weiterhin viel Arbeit zu tun gibt.

Nacht für Nacht träumte ich von Pflanzen, und am Anfang vieler dieser Träume fand ich mich in einem Kreis von Menschen wieder, die mich unterrichteten. Die Träume folgten einer klaren Ordnung: Kreis und Zeremonie, Unterricht über einen Aspekt der Natur oder der ganzheitlichen Heilung, dann etwas aus meinem eigenen Leben oder in meinem Körper, das ich klären musste. Für meinen wachen Verstand entwickelte sich die Reihenfolge der Träume so, dass sie drei absteigenden Ebenen folgten, die mich tief in meine Psyche führten. Am wildesten waren die Momente, in denen ich in der Schlange für die Anmeldung zu einem Kurs wartete, der eine Art »Traum-Universität« zu sein schien. Ich erzählte meiner Freundin Nita davon, ebenso wie einigen Heilern, denen ich vertraute, und sie waren nicht überrascht. Nita sagte mir: »Eine Freundin von mir hatte eine ähnliche Erfahrung. Vielleicht wart ihr ja zusammen in den gleichen Traumkursen!«

Jeden Morgen wachte ich mit sehr tiefgehenden neuen Erkenntnissen auf, die offenbar alle Schichten meines bewussten, unterbewussten und unbewussten Geistes durchdrangen. Manchmal träumte ich von bestimmten Pflanzen, und als ich aufwachte, um sie nachzuschlagen, sah ich, dass meine im Traum empfangenen Informationen mit dem übereinstimmten, was Naturwissenschaftler und Forscher über die Pflanze herausgefunden hatten. Manchmal wachte ich mit dem Bild einer Pflanze auf und suchte draußen oder im Internet, bis ich sie im Wachleben fand. Es erfolgte also ein ständiger Informationsaustausch zwischen meinem Traumbewusstsein und meinem Wachbewusstsein, der mein Leben insgesamt außerordentlich bereicherte. Tag und Nacht lernte ich, entwickelte mich weiter und vertiefte meine Verbindung zur Erde.

Manchmal fiel es mir schwer zu unterscheiden, was meiner Fantasie entsprang und was wirklich ein echter Download oder eine Vision war. Auch wenn ich mir vielleicht nie wirklich sicher sein kann, handelt es sich bei Visionen oder Downloads, so wie ich sie erlebe, um Informationen, die scheinbar aus dem Nichts kommen und mir Einsichten vermitteln, zu denen ich vorher keinen Zugang hatte. Ich suchte nach einem Lehrer, der mich leiten sollte, aber als ich Nacht für Nacht von der Erde träumte, wurde mir klar, dass mein Lehrer die ganze Zeit hier unter meinen Füßen war.

* * *

IN EINEM KÜRZLICHEN TRAUM WURDE MIR ZUGANG ZU EINEM ALten Text gewährt. Ich fuhr von den Highlands hinunter ans Meer und dann an Schottlands Ostküste entlang. Vor einer alten Bibliothek hielt ich an. Der Abend dämmerte, und das alte Bruchsteinhaus der Bibliothek oben auf einem steilen Hügel zog mich magisch an. Es schien regelrecht zu pulsieren. Ich recherchierte für ein Buch, an dem ich arbeitete. Ich suchte in den alten Texten nach Informationen über die vorchristliche Beziehung der Schotten zu Tieren. Erst fand ich kaum etwas, aber dann stieß ich auf eine Notiz über den *Tierkodex,* eine uralte, aber sich bis heute ständig weiterentwickelnde Abhandlung über die Beziehung der Gälen zu den Tieren. In der Notiz hieß es: »Die Rückkehr der in unserem Land heimischen Tiere würde uns unser Erbe zurückbringen.« Das Verschwinden der Tiere bedeutete den Verlust unserer lebendigen, beseelten Welt.

Ich begegnete einem Mann, der in einem speziellen Raum für besonders seltene Bücher offenbar meine Ankunft erwartet hatte. Er führte mich in einen Raum, wo wir ungestört waren. Er stellte mir viele Fragen und teilte mir mit, ich würde nur Zugang zu dem Buch erhalten, wenn ich bestimmte Voraussetzungen erfüllte: Unter anderem musste ich Schriftstellerin sein und schottischer Abstammung. Er legte mehrere Steine auf den Tisch und ging hinaus. Ich musste die richtigen Steine auswählen, und ich erinnere mich vage an eine Schachtel mit einem Schmuckstück, das ich erkennen musste. Wenn ich diese Prüfung bestand und mich dafür entschied, das Buch lesen zu wollen, würde ich mit einer Zeremonie in die Gemeinschaft der Bibliothek aufgenommen werden und freien Zugang erhalten.

Ich hätte mir zwar gewünscht, dass die Bibliothek näher am Wohnort meiner Vorfahren liegt (in meinem Traum befand sie sich zwischen den Highlands und Fife, aber es gibt immer noch so viel, was ich nicht weiß). Jedenfalls bestand ich die Prüfung. Es war eine unglaubliche Ehre. Seitdem hatte ich einige Träume, in denen die Bibliothek und das Buch vorkamen. Vielleicht ist der *Tierkodex* verschlüsselt wie Terma. Vielleicht trage ich auch selbst zu einem neuen Kapitel bei.

RITUALE

Wenn wir uns tagsüber nicht genug Raum geben, zu atmen und zu sein, müssen unsere Träume vielleicht all unser Tun filtern, damit wir wieder funktionieren, wenn wir die Augen öffnen. Ich hasse es, nachts (und meistens auch zu jeder anderen Tageszeit) fernzusehen, und zwar genau aus diesem Grund. Der Bildschirm erzeugt statisches Rauschen, und dann passiert es, dass ich von für mich völlig irrelevanten Dingen träume. Natürlich brauchen wir manchmal eine Verschnaufpause, und dann kann es erholsam sein, sich im Fernsehen einen Film anzuschauen. Aber ständige Betäubung oder externe Unterhaltung fügen unserem Leben eine zusätzliche Schicht nutzlosen Lärms hinzu, der unseren Geist dämpft und einer tiefergehenden Heilung im Weg steht.

Es gibt auch Zeiten, in denen ich den Fehler mache, zum Telefon zu greifen, obwohl ich weiß, dass ich es hinterher bereuen werde. E-Mails, SMS, Push-Benachrichtigungen und soziale Medien reißen mich aus diesen kostbaren Momenten heraus, in denen ich Zugang zu Nachrichten aus meinem Unterbewusstsein habe. Was für eine traurige Verschwendung, wenn wichtige Informationen im Äther verloren gehen, während ich mich in die Betriebsamkeit der äußeren Welt stürze. Neulich träumte ich, dass ich mein Telefon an ein magisches Walross verfütterte. Vielleicht ist das eine Möglichkeit. Wenn die Ablenkung nur kurzzeitig ist, kann ich meditieren, mich auf meinen Körper, meinen Atem einstimmen und so die Verbindung wiederherstellen.

Kreativität lockert Barrieren und öffnet die Türen, die durch die alltäglichen, routinemäßigen Aspekte des Lebens manchmal in meinem Kopf verschlossen werden. Der Prozess, Bilder aus meinem Körper nach außen zu bringen und einen Stift über ein Blatt zu bewegen, räumt mentale Barrieren aus dem Weg, lässt Dämme brechen und Träume fließen. Meine neuesten abstrakten Kunstwerke enthalten Bilder und Texte, die sich mit meinen Träumen beschäftigen. Wenn ich mir diese Bilder anschaue, kann ich die zugehörigen Parallelwelten erneut aufsuchen. Die kleine Zeichnung einer Schildkröte inmitten einer Sammlung anderer Traumbilder wirkt wie ein Schlüssel zu einer tief greifenden Traum- und Wacherfahrung. Neulich machte ich im Traum ein Foto. Ich wollte den Leuten die schöne Landschaft zeigen, die ich dort erblickte. Dann fiel mir ein, dass ich mich ja in einem Traum befand. Doch als Realität in meinem Kopf bringe ich das Foto aus dem Traum mit, und dann kann ich es als Künstlerin im Außen manifestieren.

Kürzlich träumte ich, dass mein Partner und ich über die Wut sprachen, die sich bei ihm unter der Oberfläche angestaut hatte. Als er darüber sprach, konnte ich seine Wut sehen, und er bat mich, sie auf seinen Körper zu zeichnen. Es war ein wunderschönes Kunstwerk, all seine unterdrückten Gefühle wurden zu Symbolen auf der Oberfläche, die man anschauen konnte.

Er betrachtete sich im Spiegel und konnte die Gefühle als das erkennen, was sie waren. Er konnte sie lesen, und ich stand mit ihm da, las die Formen und Bilder, und auch ich verstand ihn besser.

Nach einer Weile wusch er das Bild ab. Und während ich traurig war, dass die Kunst verschwand, bemerkte ich bei ihm eine Veränderung. Er war von innen heraus gereinigt. Der Traum fühlte sich wie eine echte Übertragung an, und seitdem gelingt es uns viel besser, den Ärger an die Oberfläche kommen zu lassen und ihn dann wegzuwaschen. Träume zeigen uns, wie wir durch universelle Archetypen und Symbole, die über Kultur und Zeit hinausgehen, miteinander, mit unserem Planeten und mit unserem authentischen Selbst verbunden sind. Sie zeigen uns, wenn wir feststecken, warnen uns vor Gefahren und bestätigen uns, wenn wir auf dem richtigen Weg sind. Unsere Träume halten uns oft den Spiegel vor. Wir können klarer erkennen, wohin sich unser Leben entwickelt, und wir können den Kurs ändern, wenn uns nicht gefällt, was wir sehen.

***

VOR FÜNF JAHREN WURDE ICH IN EINEM INTERVIEW FÜR EINEN Podcast gefragt: »Angenommen, Sie sollen sich eine Superheldin ausdenken – was wäre das für eine Frau und was würde sie tun?« Ich dachte darüber nach und beschrieb dann eine Heldin, die durch Träume die Welt verändert und eine Verbündete der wilden Tiere und der Erde ist. Sie ist eine Gestaltwandlerin mit dem Gesicht eines Wolfs, dem Körper eines Affen und den Flügeln einer Fledermaus, die in unser Unterbewusstsein gleiten kann, wenn wir träumen. Sie erschafft so kraftvolle, eindringliche Träume, dass das Bewusstsein des Menschen völlig verändert ist, wenn er aufwacht. Konzernchefs erwachen völlig verwandelt und stoppen die Umweltzerstörung. Missbrauchstäter wachen auf, bereuen und ändern ihr Verhalten. Politiker wachen auf und korrigieren ihre Fehler, während sie Hektar für Hektar Land in Gemeinbesitz überführen und neue Räume für die Wildnis schaffen. Die Wolfsfledermaus verändert zum Wohle aller Lebewesen unser Bewusstsein und sorgt dafür, dass die Menschen nur noch mit dem Finger auf sich selbst zeigen können. Dadurch verändert sie die Welt.

Vielleicht versuche ich, heute Nacht durch Meditation oder in einem luziden Traum wieder in den Wald der Rotwölfe zu gelangen, oder vielleicht bitte ich die Wolfsfledermaus um Hilfe. Wie sie sind auch wir mächtige Gestaltenwandler, die unsere Realität formen können.

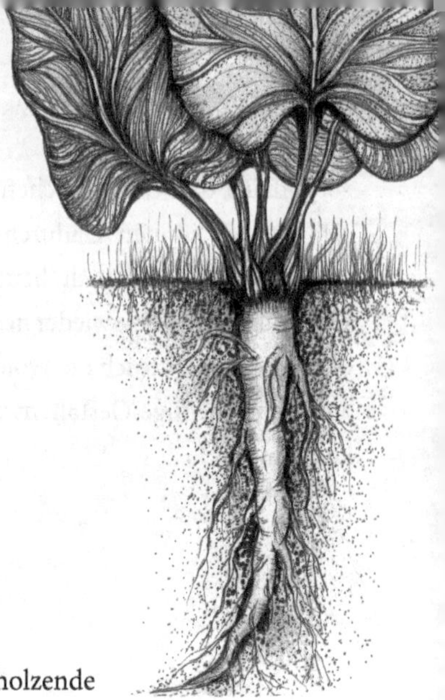

Große Klette (Wurzel)

Arctium lappa

Familie: Asteraceae

Die Große Klette hat eine verholzende Pfahlwurzel, die tief in den Boden reicht. Sie hilft, uns zu erden. Ihre Medizin nährt die Nebennieren. Klettenwurzel beruhigt die Flucht- oder Kampfreaktion und kann unsere Angst vor dem Unbekannten lindern. Diese Wurzeln dringen tief in die Erde ein, um an die Mineralien im Untergrund zu gelangen, und sind wie alle Pfahlwurzeln nährend, weil sie als Speicher für lebenswichtige Nährstoffe dienen. Als kraftvolle und doch sanfte Medizin wirkt die Klette blutreinigend, leberunterstützend und präbiotisch für unser vielfältiges Mikrobiom. Tinktur und Tee nähren Haut, Lymphe, Nieren, Leber und Gallenblase und stärken das Immunsystem.

Da die Klette eine zweijährige Pflanze ist, wird die Wurzel, der am häufigsten verwendete Teil der Pflanze, im Allgemeinen im Herbst am Ende des ersten Wachstumsjahres oder im zweiten Frühjahr geerntet. Im Herbst des zweiten Jahres verwandeln sich die Blüten in die mit Samen gefüllten braunen Klettenfrüchte, die sich an vorbeilaufende Tiere heften. Die Samen gehen an Waldrändern, Wegrändern, auf Wiesen und überall dort auf, wo die Harmonie der Erde gestört wurde.

Der botanische Name *Arctium* leitet sich von *Arktos* ab, dem griechischen Wort für Bär. Es wird vermutet, dass auch der Name von Artemis, der Göttin der wilden Tiere, die eng mit dem Bären verbunden ist, von diesem Wort abgeleitet wurde.

TIEFE

In einer Handvoll Walderde stecken mehr Lebewesen, als es Menschen auf der Erde gibt.

PETER WOHLLEBEN:
DAS GEHEIME LEBEN DER BÄUME[1]

Unsere Gehirnmasse ist eigentlich nur der Boden, der das neuronale Netz enthält, welches wir zur Verarbeitung und Speicherung von Informationen benutzen. Pflanzen benutzen den Erdboden selbst für ihre neuronalen Netze. Dadurch kann sich das Wurzelsystem immer weiter ausdehnen und neue neuronale Erweiterungen hinzufügen, solange die Pflanze wächst.

STEPHEN HARROD BUHNER:
PLANT INTELLIGENCE AND THE IMAGINAL REALM

Es war der 4. Oktober, und der Abend begann schon zu dämmern, als wir in den Prospect Park gingen, um Klettenwurzeln für den Geburtstag unserer Freundin zu ernten. Der Herbst ist eine ideale Zeit, um Wurzeln zu ernten, da sich die

Energie der Erde in den Untergrund verlagert. In dieser Nacht sorgte der dunkle Neumondhimmel für eine noch wirksamere Medizin, und wir fanden die perfekte Ansammlung von Pflanzen des ersten Jahres in einem abgelegenen bewaldeten Areal mit feuchter, mineralreicher Erde. Klettenwurzeln sind dafür berüchtigt, sich nur schwer ausgraben zu lassen. Die tiefen Pfahlwurzeln scheinen magnetisch mit dem Erdkern verbunden, und ich hasse es, sie abzubrechen, weswegen die Ernte in der freien Natur eine ziemliche Arbeit ist. Ich stelle mich dabei stets darauf ein, tief graben zu müssen und nachher tagelang Dreck unter den Fingernägeln zu haben, aber das ist sowieso der typische Zustand meiner Fingernägel.

Mit ihren Krallen graben Bären Wurzeln und Knollen aus, kratzen Baumrinde ab, ernten große Mengen an Beeren, fangen Fische und erbeuten Honig. Der Großteil ihrer Nahrung ist pflanzlich, und der Herbst ist eine kritische Zeit für die Nahrungssuche, in der sie so viel Fett wie möglich ansammeln müssen, um den langen Winterschlaf zu überstehen. In der Tradition der amerikanischen Ureinwohner gilt die Klette mit ihren braunen pelzartigen Früchten und der öligen Wurzel als Bärenmedizin, und so war es früher auch in Europa, wie man an ihrem botanischen Namen *Arctium* sehen kann. Wenn eine Pflanze stark mit einem Tier assoziiert ist oder wenn ein Tier die Pflanze als Medizin verwendet, sagt man ihr besondere Heilkräfte nach.

Die Kelten verehrten die Bärengöttin Artio – das keltische Gegenstück zur Artemis. Artios Name ist vom gallischen Wort für Bär, *Artos*, hergeleitet.[2] Sie war eine Hüterin der Natur und aller wilden Geschöpfe und eine Muttergöttin mit den Attributen irdischer Fruchtbarkeit. Artio und ebenso Artemis waren und sind wie Bärenmütter starke Beschützerinnen des Nachwuchses, vor allem der jungen Mädchen. J. Donald Hughes, Autor des Buches *Ecology in Ancient Civilization* und Experte für die Umweltgeschichte alter

Kulturen, vermutet, dass das zweite Element im Namen der Göttin, -tem-, von *temno* stammt, einem Verb, das »teilen« oder »beiseitelegen« bedeutet und die Wurzel des griechischen Wortes *temenos* (»Heiligtum«) ist. Die Etymologie des Namens Artemis wäre also *ark-temnis*, »Bärenheiligtum« oder »sie, die das Bärenheiligtum errichtet (oder beschützt)«.[3]

Im antiken Griechenland wurden vorpubertäre und heranwachsende athenische Mädchen in das Artemis-Heiligtum in Brauron geschickt, wo sie ein Jahr lang der Göttin dienten. Während dieser Zeit wurden sie *Arktoi* genannt, »kleine Bärinnen«. Ausgrabungen zeigen, dass die Mädchen in einer Art Höhle schliefen und Artemis als die Große Bärenmutter verehrt wurde.[4] Der Mythos, der sich um die Einweihung in Brauron rankt, handelt von einer Bärin, die in die Stadt kam, von den Menschen gefüttert und mit der Zeit zahm wurde. Als ein Mädchen aus dem Dorf die Bärin auf grausame Weise ärgerte, tötete die Bärin sie oder, in einigen Versionen der Geschichte, kratzte ihr die Augen aus. Die Brüder des Mädchens töteten daraufhin aus Rache die Bärin. Artemis war darüber so erzürnt, dass sie eine Seuche über die Stadt brachte. Um den Fluch der Krankheit aufzuheben, verlangte sie, dass junge Mädchen in ihrem Heiligtum »die Bärin spielen« sollten, um deren Tod zu sühnen.

Im Heiligtum konnten sich die Kinder im Rahmen von Initiationsriten mit der Bärin identifizieren und durchliefen eine Phase ritueller Wildheit. Auf Vasen, die in den Ruinen des Heiligtums gefunden wurden, sind Abbildungen von Bärenmasken zu sehen, die bei Ritualen, Wettläufen und Tänzen zu Ehren der Göttin getragen wurden. Ein Tanz, die sogenannte »Arkteia«, bestand aus langsamen, feierlichen Schritten, mit denen die Bewegungen der Bären nachgeahmt wurden. Dazu wurden Melodien auf dem Diaulos (Doppelflöte) gespielt. Über die Details des Rituals, das, wie ich vermute, geheim war, ist nur wenig bekannt, aber nach dem, was sich darüber herausfinden ließ, drückte jede Geste Hingabe an Artemis aus und an alles, was sie repräsentiert – als Dank für ihren Schutz und ihre Führung bei der Verwandlung vom Mädchen zur Frau. Und als Hebamme und Schutzgöttin der Geburt half Artemis den Bärinnenmädchen auch dabei, sich auf ihre Rolle als spätere Mütter vorzubereiten und diese auszufüllen. Früher trugen die Teilnehmerinnen echte Bärenfelle, aber im 5. Jahrhundert waren die Bären knapp geworden, sodass die Felle durch Krokoton ersetzt wurden – kurze safrangelbe Chitonkleider. Sie wurden dann anstelle der Bärenfelle während des abschließenden Rituals »abgestreift«, was die Verwandlung der Teilnehmerinnen und das Ablegen des alten Selbst symbolisierte.

* * *

DIE GROSSE KLETTE UNTERSTÜTZT WERDENDE MÜTTER, INDEM sie den Hormonhaushalt ausgleicht. Sie erdet uns, weil sie uns mit der Heilkraft von Mutter Erde in Kontakt bringt. Die Klette unterstützt die heiligen Kriegerinnen und Krieger, und sie ist uns eine Hilfe in Zeiten intensiver Transformation, denn sie verleiht uns Stabilität, indem sie die Nebennieren nährt – die Drüsen, die unsere Körperfunktionen regulieren und Hormone produzieren, unter anderem das Cortisol, ein Hormon, das aktiviert wird, wenn unser Stresspegel steigt. Unsere Nebennieren signalisieren unserem Körper, dass er sich in einem Alarmzustand befindet. Die Botschaft lautet: Nimm die Beine in die Hand und bring dich in Sicherheit! Wird diese Reaktion zu oft ausgelöst, fühlen wir uns immer weniger geerdet. Die Cortisolausschüttung verläuft zyklisch: Sie steigt morgens an und fällt abends langsam ab. Das ist der gleiche Rhythmus wie bei einem Bären, der Winterschlaf hält.

Die Große Klette kann die Leber entlasten und allgemein die Körperfunktionen unterstützen und das hormonelle Gleichgewicht verbessern. Wie wir in früheren Kapiteln gesehen haben, ist die Leber unser inneres Schutztor, das Giftstoffe und andere biologisch aktive Moleküle aus dem Blut entfernt, indem es ihre Struktur verändert oder sie deaktiviert. Wenn zu viele Hormone die Leber belasten (zum Beispiel BPA, ein synthetisches Östrogen), können sie sich nicht nur in der Leber, sondern auch in anderen Teilen unseres Körpers ablagern und unsere hormonelle Gesundheit und Fortpflanzungsfähigkeit beeinträchtigen.

Der Kräuterkundige Matthew Wood lehrte mich die indianische Tradition der »Geist-Signaturen«, bei der die Kräuter bestimmten Tieren zugeordnet werden. Bärenmedizin, das sind braune, pelzige, ölige Wurzeln wie die Klette, die auf die Nebennierenrinde wirken und das parasympathische Nervensystem stärken. Menschen mit Bärenkonstitution haben einen kräftigen Körperbau, ähnlich den Kaphas in der ayurvedischen Tradition, und neigen dazu, introspektive Träumer zu sein, die gemütliche Winterschlafphasen genießen.

Die Klette steigert auch die Gallensekretion, wodurch wir fettreiche Nahrung besser verdauen können. Sie hilft der Leber bei der Verarbeitung von Lipiden und sorgt für einen besseren Transport der Lipide zu Haut, Haaren, Gewebe, Nebennieren und in das Hormonsystem. Wood erklärte mir, dass die Klette so etwas wie ein endokrines und weibliches Heilmittel ist, da Steroid- und Sexualhormone aus Öl hergestellt werden und Öl für ihre Verteilung im Körper benötigen. Menschen, die eine Bärenmedizin brauchen, sind eher dünn, geschwächt, mit erschöpften Nebennieren, wie das Vata-Dosha, und brauchen gesunde Öle, um ihr System wieder aufzubauen. Öl stärkt die Nebennieren, was einer der vielen Gründe dafür ist, warum fettfreie Diäten nicht gut sind. Bärenarzneimittel stärken unsere Reserven, verleihen uns Kraft und Ausdauer.

DER BODEN UND UNSER MIKROBIOM

Als ich am St. Mark's Place in Brooklyn wohnte, brachte ich meinen Kompost regelmäßig in den Gemeinschaftsgarten, der sich nur einen Block von meiner Wohnung entfernt befand. Um Zutritt zu dem Garten zu erhalten, musste ich eine geringe Gebühr zahlen, Zeit mit der Pflege des Geländes verbringen und das Heiligtum während der Gartenöffnungszeiten für die Öffentlichkeit zugänglich machen sowie an ein paar Treffen im Jahr teilnehmen – einfache Schritte für einen privaten Zugang zu einer schönen Grünfläche in der Stadt. Ich trug mich in eine Liste für meinen eigenen Gartenteil ein, wohl wissend, dass es ein paar Jahre dauern könnte, bis ich meine eigenen Lebensmittel und Medikamente anbauen konnte, aber nach nur einem Jahr erhielt ich die erwartete E-Mail, in der mir mitgeteilt wurde, dass ich mir mein eigenes Hochbeet verdient hatte, in dem ich pflanzen konnte, was ich wollte. Ich war überglücklich. Ich konnte es kaum erwarten, mit meinen Händen in der Erde zu wühlen.

Ich pflanzte verschiedene Salatsorten, Kohl, Zitronenmelisse, Helmkraut, Echinacea und das, was viele für Unkraut halten würden: Vogelmiere, Herzgespann, Veilchen, Brennnesseln und sogar Löwenzahn. Es war erstaunlich, wie viel Nahrung und Medizin ich auf einer Fläche von nur 1,50 × 1,20 m anbauen konnte. Als der Frühling zum Sommer und dann zum Herbst wurde, quoll mein kleines Grundstück über. Ich erntete die bitteren Blätter des Löwenzahns für Salate und wartete auf die Wurzelernte im Herbst. Die Bitterkeit von Löwenzahn und Klettenwurzel regt die Freisetzung von Gallenflüssigkeit aus der Gallenblase und die Produktion von mehr Gallenflüssigkeit in der Leber an, was unserem Körper bei der Fettverdauung hilft, mild abführend wirkt und das gesamte Verdauungssystem stärkt. Bei den meisten von uns fehlen Bitterstoffe in der Ernährung, weil in der modernen Landwirtschaft Pflanzen wie Brokkoli, Blumenkohl und Kohl auf einen geringen Bitterstoffgehalt hin gezüchtet werden. Doch Bitterstoffe helfen den Pflanzen, sich gegen Krankheitserreger zu wehren, und das Gleiche gilt auch für uns.[5] Bitterstoffe lösen nachweislich eine Vielzahl biologischer Prozesse aus, darunter die Regulierung des Blutzuckers und eine gute Aktivierung des Immunsystems bei Infektionen.

Früher dachte ich, dass man bei einer Parasiten-, Pilz- oder Bakterieninfektion ein antimykotisches, antibakterielles oder antimikrobielles Kraut wie Oregano, Thymian oder Wermut einnehmen sollte, um die Erreger abzutöten. Manchmal ist das auch tatsächlich sinnvoll, aber zu viele antimikrobielle Pflanzen für zu lange Zeit können das Gleichgewicht des Lebens in uns stören und die kleinen Organismen in unserem Körper töten, die hart für uns arbeiten. Antibiotika haben durchaus ihre Berechtigung und können Leben retten, aber wenn wir unser Inneres zu sehr damit bombardieren, werden auch nützliche Organismen getötet. Meistens ist es viel wichtiger, Gesundheit aufzubauen, statt zum Angriff zu blasen, und die Klette ist ein perfekter Baustein für unser Immunsystem. Die 1989 von Dr. David Strachan vorgeschlagene »Hygienehypothese« besagt, dass eine Umgebung mit einer großen mikrobiellen Vielfalt vor Allergien und Autoimmunkrankheiten schützt. Die Forschung zeigt, dass Kinder, die von klein auf viel Zeit in der freien Natur oder auf Bauernhöfen verbringen, deutlich seltener Allergien und Autoimmunkrankheiten entwickeln.[6]

Der Boden und der menschliche Darm sind vergleichbare Ökosysteme, die circadianen Rhythmen folgen und Nährstoffe aufnehmen, verdauen und zirkulieren lassen, damit sie von Pflanzen oder unserem Körper aufgenommen werden können. Etwa 100 Billionen Bakterien bilden unser Mikrobiom, und schon ein einziges

Gramm fruchtbarer Erdboden enthält bis zu einer Milliarde Bakterien. Die Millionen von Arten und Milliarden von Organismen im Boden in Form von Bakterien, Algen, mikroskopisch kleinen Insekten, Pflanzenwurzeln, Regenwürmern, Käfern, Ameisen, Milben, Nematoden und Pilzen stellen die größte Konzentration von Biomasse auf unserem Planeten dar. Doch leider hat die Vielfalt sowohl unseres Darmbioms als auch des Bodens in den letzten Jahren aufgrund des übermäßigen Einsatzes von Antibiotika, verarbeiteten Lebensmitteln, Agrochemikalien, Pestiziden und Monokulturen drastisch abgenommen.[7]

Selbst die allgemein übliche Praxis des Pflügens verringert die biologische Vielfalt der Böden, weil es die Bodenstruktur beeinträchtigt, den Lebensraum von Mikroorganismen zerstört und die organische Substanz reduziert. Das Pflügen fördert außerdem die Erosion, weil es den Boden verdichtet und dadurch seine Fähigkeit, Wasser aufzunehmen, verringert, sodass Regen abläuft statt zu versickern. Im Gegensatz dazu wird beim Anbau ohne Pflügen organische Substanz in Form von Gartenkompost von oben zugeführt, was dem Boden hilft, Feuchtigkeit zu speichern, während sich der Kompost zersetzt. Dies nährt nicht nur den Boden, sondern verbessert auch seine Struktur, sodass die Gemeinschaften von Pflanzen, Tieren, Pilzen und Bakterien gut gedeihen.

Ein Bestandteil in Pfahlwurzeln, zum Beispiel von Klette, Löwenzahn und Alant, ist das Inulin, ein Präbiotikum und eine reiche Nahrungsquelle für die vielfältige mikrobielle Ökologie des Darms.[8] Durch den Verzehr von Lebensmitteln und Kräutern, die reich an Inulin sind, füttern wir diese winzigen Lebewesen in uns, sodass ihre Populationen stark bleiben und sie bei der Aufspaltung unserer Nahrung helfen können, um eine optimale Aufnahme zu gewährleisten. Wenn ich heute meinen Körper ernähre, denke ich daran, dass ich nicht nur meine Gelüste befriedige, sondern auch all die mikroskopisch kleinen Lebewesen versorge, die so hart daran arbeiten, mich gesund zu halten. Und da ein reicher gesunder Boden zur Gesundheit unseres Darmmikrobioms beiträgt, kann schon die Ernte von Klettenwurzeln eine medizinische Wirkung haben.

* * *

ALS ICH MEIN BEET BEPFLANZTE, PRAKTIZIERTE ICH DIE KRÄUterkunde schon sehr intensiv. Über die Monate verteilt trank ich im Wechsel Kräutertees aus Pflanzen wie Brennnesseln, Klettenwurzeln, Rotklee oder Löwenzahnwurzeln – sie alle gehören zur Kategorie der alterativ, also verändernd wirkenden Pflanzen. Alterativa unterstützen die angeborenen Heilkräfte des Körpers und koordinieren den Stoffwechsel, sodass die Organe und ihre Sekretionen harmonisch zusammenwirken. Wenn man sie über längere Zeit konsequent anwendet, verbessern sich die Stoffwechselfunktionen unseres Körpers – Nährstoffe werden besser absorbiert und die Energie effizienter genutzt.

Nach Monaten und Jahren konsequenter Anwendung der Kräuterkunde und regelmäßigem Kontakt mit der Erde durch Wildcrafting (Sammeln wild wachsender Pflanzen) und Gärtnern stellte ich rückblickend fest, dass ich schon lange nicht mehr krank gewesen war.

Die meiste Zeit meines Lebens hatte ich gezögert, irgendetwas zu weit im Voraus zu planen, weil ich wusste, dass mir immer wieder gesundheitliche Probleme dazwischenkommen könnten. Aber das war nicht mehr der Fall. Mithilfe von Alterativa und inulinreichen Kräutern und meiner selbst angebauten und geernteten Medizin verbesserte ich die Stoffwechselfunktionen meines Körpers – Verdauung, Absorption und Ausscheidung – und steigerte die Vitalität und Widerstandsfähigkeit meines inneren Ökosystems.

HAUTNAH

Ich wasche mein Haar nur selten, lasse es ein- oder zweimal im Jahr von einer lieben Freundin schneiden, style es nicht und bürste es meist mit den Fingern. Diese scheinbare Vernachlässigung ist in Wirklichkeit meine Liebe zu diesen Sprossen auf meinem Kopf. Und es hilft natürlich, dass ich mein Haar am liebsten mag, wenn es lang und ein bisschen widerspenstig ist. Ich habe allerdings schon meine Rituale. Eben habe ich geduscht, und nach dem Abstellen des Wassers goss ich mir feierlich knapp zwei Liter warmen Klettenwurzelaufguss über mein Haar und meine Kopfhaut, den ich nun einwirken lassen werde. Als ich die warme bernsteinfarbene Flüssigkeit langsam über mein Haar und meine Haut schüttete, fühlte ich mich so genährt, wie die Wurzel mich nährt, wenn ich tassenweise den nahrhaften Aufguss trinke. Unsere Oberfläche, die Haut, verrät viel über den Gesundheitszustand unseres Inneren. Und die Klettenwurzel ist eine der besten Pflanzen für Haare und Haut. In der Kräuterheilkunde weisen Probleme an der Oberfläche auf Probleme darunter hin, unter dem Erdboden oder in unseren Organen.

Wie winzige Wurzeln gibt es auf unserem Kopf Millionen von Haarfollikeln, von denen die meisten ständig wachsen. Die Klettenwurzel enthält alle notwendigen Aminosäuren für den Aufbau von Proteinen, die für die Bildung von Haaren benötigt werden, sowie Gerbstoffe, essenzielle Fettsäuren und Vitamine, die das Haar stärken, sein Wachstum fördern und ein schnelles Ausfallen verhindern. Klettenwurzelöl hilft außerdem bei Reizungen der Kopfhaut und Schuppen. Es ist ein ausgezeichneter Verbündeter für unsere Haut. Als hervorragender Blutreiniger hilft die Klette bei Ungleichgewichten im Körper, die sich unter anderem in Form von Ekzemen, Schuppenflechte oder Akne bemerkbar machen.

Über einen längeren Zeitraum angewendet, kann Klette den Stoffwechsel verbessern und dazu beitragen, dass unsere Ausscheidungskanäle wieder richtig funktionieren. Wenn die Leber, das Lymphsystem und die Nieren den Körper nicht mehr ausreichend entgiften, versucht er, sich über unser anderes Ausscheidungsorgan zu reinigen: die Haut. Ob sich diese Ausscheidung in Form von Hautausschlägen wie Akne oder trockenen Entzündungen wie Psoriasis äußert, hängt von unserer Konstitution und der Art des Ungleichgewichts ab.

BARFUSS

Tiefe Wurzeln sind nicht nur für uns gut, sondern auch für die Entwicklung des Bodens, die Regulierung des Grundwassers und der Wasserläufe, die Bindung von Kohlenstoff im Boden und den Feuchtigkeitsgehalt der unteren Troposphäre. In der freien Natur wächst die Klette auf geschädigten Böden, zieht Nährstoffe aus der Tiefe in die oberen Bodenschichten hinauf und macht das Land wieder fruchtbar, bewirkt also eine dauerhafte Heilung. Trotz all dieser ökologischen Vorteile und der jahrhundertelangen Verwendung in der traditionellen Medizin wird die Klette von den meisten Menschen immer noch als Unkraut betrachtet. Je mehr ich über sie erfuhr, desto mehr fühlte ich, dass es meine Aufgabe war, den Menschen die wahre Natur dieser Pflanze nahezubringen.

Ich arbeitete wieder als Box-Trainerin, beschäftigte mich parallel mit Kräuterkunde und arbeitete außerdem weiter konsequent an meiner künstlerischen Karriere. Als ich in die Welt des Boxens zurückkehrte, stellte ich fest, dass ich immer noch eine gute Boxerin war, inzwischen aber meinen Körper, meinen Geist und meine Seele viel besser verstand. Ich überlegte ernsthaft, wieder an Wettkämpfen teilzunehmen. Wenn ich hart trainierte, sah ich durchaus

Chancen für mich, in der Rangliste aufzusteigen und einen Meistertitel anzustreben. Dann hätte ich endlich etwas als Belohnung für mein früheres intensives Training vorzuweisen gehabt. Ich suchte mir Trainer, die mich schnell wieder in Form brachten, trainierte intensiv und fing, obwohl ich eingerostet war, wieder mit dem Sparring an.

Erneut zu trainieren fühlte sich befreiend und aufregend an, da ich alles, was ich durch Meditation, ganzheitliche Kräuterkunde und meinen tieferen Kontakt zur Erde gelernt hatte, integrieren konnte. Aber der alte Funke sprang nicht mehr über, die Faszination, die der Boxsport auf mich ausgeübt hatte, stellte sich nicht wieder ein. Nach ein paar Monaten intensiven Trainings erinnerte ich mich an den Tunnelblick, den der Sport erforderte, und erkannte, dass es sich nicht lohnte, das Denken in großen Zusammenhängen und die tiefe Verbundenheit, die ich zu kultivieren begonnen hatte, aufs Spiel zu setzen, um noch einmal Profi zu werden. Zu diesem Zeitpunkt gab es in meinem Leben zu viel zu tun, und ich begann, das Wort *Kriegerin* neu zu definieren als eine Person, die den Mut hat, nach innen zu gehen, sich mit sich selbst zu konfrontieren und zu heilen. Und vor allem wollte ich viel lieber für die Erde kämpfen als in einem Boxring. Solange es nicht zu einer Plattform für andere Dinge im Leben wurde, schien mir der Erfolg als Boxerin ziemlich unwichtig.

Als ich noch boxte, trug ich stets *Bruce Lees Jeet Kune Do* bei mir. Aber es dauerte lange, bis ich die Prinzipien, für die er eintrat, wirklich verinnerlichte. Er schrieb: »Jeet Kune Do hat keine festen Linien oder Grenzen – nur solche, die man sich selbst setzt.«[9] Als ich mit der örtlichen Pflanzenmedizin arbeitete, die ganzheitlichen und elementaren Theorien der Kräuterkunde verstand und die in der Natur gefundenen Prinzipien anwandte, entwickelte ich meine eigene Art von Stil und Ansatz ohne Linien und Grenzen. Bei meiner Arbeit mit Klienten integrierten wir Bewegung, Meditation, kreative Meditation und Pflanzenmedizin und trainierten barfuß im Prospect Park.

Der Barfußkontakt mit der Erde kann fast sofortige physiologische Veränderungen bewirken, und wir begannen unsere Sitzungen immer mit der Verwurzelung, der Verbindung mit der Erde und dem Abtauchen in unseren Körper durch Erdung. Die Klettenwurzel war die erste Pflanze, mit der wir arbeiteten. Ich brachte einen Aufguss mit und stellte sicher, dass die Klienten die Pflanze als Verbündete für die Verankerung, den Empfang von Energie und die Verbindung mit Mutter Erde wahrnehmen konnten. Je entspannter wir sind, desto mehr Kraft haben wir und desto schwieriger ist es, uns umzustoßen.

Unsere Spezies hat sich in direktem Kontakt mit der subtilen elektrischen Ladung der Erde entwickelt, aber wir haben diese dauerhafte Verbindung verloren, weil wir unsere Zeit in Gebäuden verbringen, Absätze oder synthetische Sohlen tragen. Waldbaden, Grounding, Earthing – das sind alles Namen für »neue« Heilsysteme, und obwohl es wichtige Konzepte sind, finde ich sie auch ein wenig albern. Brauchen wir wirklich diese »neuen« Modalitäten und wissenschaftlichen Studien, um zu glauben, dass es gut für uns ist, barfuß im Gras zu laufen, Zeit in einem Wald zu verbringen oder öfter mal Smartphone und Notebook auszuschalten? Der heute so beliebte Begriff Waldbaden wurde 1982 vom japanischen Landwirtschaftsministerium erfunden, das erklärte, Waldbaden sei »der Prozess des Aufnehmens von Anblicken, Gerüchen und Geräuschen einer natürlichen Umgebung, um die physiologische und psychologische Gesundheit zu fördern«.[10] Großartig, aber doch ziemlich offensichtlich.

* * *

WENN ICH IN MEINEN TAGEBÜCHERN BLÄTTERE, STOSSE ICH IMmer wieder auf Worte wie »Tiefe« und »tauchen«. Ich weiß, dass das Leben nicht an meinen Fußsohlen aufhört. Deshalb nehme ich mir heute einen Moment Zeit, um die Augen zu schließen und mich einzustimmen, sodass ich das Pulsieren des Lebens unter meinen Fußsohlen spüren kann, dort, wo die Wurzelsysteme in ein riesiges Netz unterirdischer Kommunikation eingebunden sind. Ich atme tief ein, atme aus und lasse los. Ich stelle mir die Tiefe und das Geheimnis der fruchtbaren Dunkelheit unter mir vor und bitte um Erlaubnis, mich mit ihrer Quellenenergie zu verbinden, die auch meine Quellenenergie ist. Wenn ich auf diese Weise um Erlaubnis bitte, verbindet mich das in Ehrfurcht mit der lebendigen Erde. Meine Intuition wird aktiviert, während ich auf eine Antwort warte. Wenn ich mich bereit fühle, stelle ich mir vor, wie Wurzeln aus meinem Steißbein oder meinen Fußsohlen nach unten in den fruchtbaren Boden wachsen. Ich nehme mir einen Moment Zeit, um meine Wurzeln zu visualisieren. Ich nehme wahr, wie tief sie in den Boden eindringen und ob es sich um Pfahlwurzeln handelt oder um Rhizome, die eng mit den Wurzeln von Bäumen, Pilzkolonien oder anderen Pflanzen um mich herum verflochten sind.

Sobald ich die Verbindung hergestellt habe, ziehe ich mit jedem Einatmen Lebensenergie in meinen Körper, wodurch sich stagnierende Energie auflöst. Das hilft mir, mich zu meiner vollen Größe und Kraft aufzurichten, wie der Stängel einer zweijährigen Klettenpflanze. Wenn ich ausatme, kompostiere ich alles, was ich loslassen muss. Ich tue dies so lange wie nötig und danke dann auf meine persönliche Weise der Erde.

Wurzeln versorgen uns mit lebenswichtiger Energie und verleihen unserem Körper, unserem Leben und unseren Aktivitäten Standfestigkeit und Ausgewogenheit. Und wenn wir geerdet sind, kommen wir zur Ruhe. Je besser wir geerdet sind, desto besser können wir loslassen und trotzdem fest in unserer Kraft stehen. Auch wenn ich mobil bin, brauche ich Wurzeln.

LINDE

Tilia spp.

Familie: Malvaceae

Im Sommer unter einer Linde zu sitzen fühlt sich wie eine kühle, nährende Umarmung an. Von ihr geht eine beruhigende, entspannende Ausstrahlung aus, und der Feuchtigkeit spendende honigartige Tee aus ihren Blättern und Blüten kann strapazierte Nerven und aufgewühlte Emotionen beruhigen, Halsschmerzen und trockenen Husten sowie Verdauungsbeschwerden lindern. Die Wasserenergie der Linde zeigt sich in den herabfallenden Kaskaden ihrer Zweige, den weichen, geschmeidigen, herzförmigen Blättern und den fließenden Mustern der tief gefurchten Baumrinde.

Tilia ist eine Gattung von etwa dreißig Baumarten, die fast überall in der gemäßigten nördlichen Hemisphäre heimisch sind. Die Wurzeln der Linde tauchen in die Erde ein, während die Zweige nach den Sternen greifen und sich in einer Umarmung wieder nach unten ergießen. Die Linde, die uns so gut hält, stützt und erdet, kann unseren Schmerz lindern und uns helfen loszulassen.

VERGÄNGLICHKEIT

Wir schätzen Dinge ... gerade weil sie vergänglich sind. Ihre Zerbrechlichkeit fügt ihrer Schönheit Süße hinzu.

PICO IYER

Als ich heute Morgen in den Innenhof ging, spürte ich einen leeren Raum, eine Lücke. Ein Baum, der jahrelang an meiner Seite wuchs, während ich meditierte und schrieb, war plötzlich weg. Niemand hatte angekündigt, dass er gefällt werden sollte, niemand fragte die Menschen, die gern unter dem Baum saßen, die Vögel, die sich ihn als Zuhause gewählt hatten, die Eichhörnchen, die seine Nüsse sammelten, oder die Pilze, Vogelmiere und Veilchen, die zwischen seinen Wurzeln wuchsen. Dieser Baum unterstützte eine kleine Gemeinschaft. Manchmal wird uns die Bedeutung einer Person, eines Tieres, einer Pflanze oder eines Ortes und unsere tiefe Verbundenheit mit ihnen erst bewusst, wenn sie nicht mehr da sind.

Es gibt Zeiten, in denen ich mich nach der Trennung von einem Partner, dem Tod eines Familienmitglieds, dem Verlust eines Tiergefährten und sogar von Lebewesen, die ich nie kennengelernt habe, völlig leer und wie ausgelöscht fühle. Ich habe den Verlust des letzten Nördlichen Breitmaulnashorns beklagt, das durch Wilderei und menschliche Gier heute in freier Wildbahn ausgestorben ist. Ich fühlte und fühle immer noch, dass ich ein Stück von mir selbst verloren hatte. Wir alle sind dadurch ärmer geworden. Manchmal möchte ich solche Verluste nicht mit Freude füllen, sondern die entstandenen Lücken als Höhlen der Erinnerung an das bewahren, was war.

Unsere inneren Brunnen reichen tief hinab – wie tief, das wissen die meisten von uns nicht mal annähernd. Ich glaube, das liegt daran, dass sie bodenlos sind und, entsprechend unserer Erfahrung und unserer Fähigkeit zu fühlen, immer tiefer werden. Ich weiß, dass diese leeren Räume zu heiligen Gefäßen werden können, wenn ich mir erlaube, sie mit Liebe, Freude und Staunen zu füllen, aber wenn wir Lebewesen verlieren, die wir lieben, müssen wir herausfinden, wer wir ohne sie sind, und das fällt uns manchmal schwer.

Ich bin in Neuengland aufgewachsen, wo Ahornbäume ein wichtiger Teil der Kultur sind – Ahornsirup, Ahornzuckerbonbons und die Schönheit des Herbstlaubs. Die Bäume schenken uns ihre intensiven, feurigen Farben, ehe sie kahl werden. Der Herbst ist eine verletzliche Zeit, in der viele unserer grünen Freunde ihre Blätter verlieren und der Schleier zwischen den Welten dünn wird. Wenn ich über diese Empfindung meditiere, fühlt sich auch meine Haut dünn an. Meine emotionale Nacktheit und Empfindlichkeit nimmt zu.

Vielleicht liegt es daran, dass ich am Ende des Sommers geboren bin oder dass mein Mond im wässrigen, emotionalen Zeichen Krebs steht, aber ich habe mich immer mit dem bittersüßen Höhepunkt der Vergänglichkeit identifiziert. Im Rad des Jahres – einem Kalender, der von vielen Kräuterkundigen und Erdheilkundigen verwendet wird – liegt der Herbst im Westen, in der Richtung der untergehenden Sonne. In den Traditionen, die ich studiert habe, wird Wasser, das Element, das sich wie fallende Blätter oder reife schwere Früchte zur Erde hinunterbewegt, mit dem Westen in Verbindung gebracht. Und wie die Nahrung und die Feuchtigkeit, die von sterbenden Blättern und überreifen Äpfeln erzeugt werden, kann auch der ausgelaugte Boden durch unsere Tränen genährt werden.

* * *

ALS ZEUS SEINE JUNGE TOCHTER ARTEMIS FRAGTE, WAS SIE SICH von ihm als Geschenk wünsche, wählte sie unter anderem die Wildnis und alle Berge der Welt. Im antiken Griechenland glaubte man, dass bestimmte Hügel und Täler, Wiesen und unberührte Wälder Artemis gehörten. Zu ihren Heiligtümern gehörten Sanddünen, auch manche Sümpfe. Ob auf einem Berg, in einem Sumpfgebiet oder in der Nähe eines Flusses gelegen, oft spielte Wasser in den Heiligtümern der Artemis eine zentrale Rolle. In Sparta, Epidauros Limera und Sikyon war sie als die Herrin des Sees bekannt.[1] In einem Fluss Hindernisse oder Verschmutzungen zu beseitigen galt als ein Akt der Verehrung für Artemis. Die Präsenz dieser Göttin im griechischen Pantheon verhinderte, dass die Menschen heilige Gewässer und Wälder entweihten. Dadurch blieben viele Hektar Wildnis und die in diesen heiligen Gebieten lebende Tierwelt erhalten. Da die Haine der Artemis zahlreich und oft groß waren, war eine vielfältige Flora und Fauna so über Jahrhunderte geschützt.[2]

Eine der bekanntesten Heilquellen auf der Isle of Skye ist die Quelle Loch Sheanta. Bewacht wird sie von einer heiligen Forelle, die in dem See schwimmt, in den das Wasser der Quelle fließt.[3] Menschen, die Heilung suchten, umkreisten die Quelle dreimal im Uhrzeigersinn (eine bei gälischen Ritualen übliche Praxis), nachdem sie das Wasser getrunken hatten, und hinterließen Opfergaben in Form von Stoffstücken, farbigen Fäden, Nadeln oder Münzen.

Aus diesem Grund fischten die Einheimischen niemals in dem See, obwohl es dort viele Forellen gab. In der Nähe der Quelle wurde auch nie Holz geschlagen, sodass die Quelle heute inmitten eines Haselhains liegt und das Wasser immer noch unberührt ist. Heilquellen haben in Schottland eine lange Tradition. Zeitweise gab es mehr als sechshundert, überall im Land. Während die menschlichen Hüter der Quellen traditionell Frauen waren, gab es die geistigen Wächter in vielen Formen und Gestalten.

Überall auf der Welt galt und gilt Wasser als heilig. Und wenn Schutzgeister oder Gottheiten über Gebiete wachen, werden sie buchstäblich zu Beschützern des Landes. Da spielt es keine Rolle, ob wir solche Tabus oder Geschichten wie die mit der Forelle für frei erfunden halten oder als Aberglauben abtun. Die Ehrfurcht vor diesen Wächtern, Gottheiten oder Ortsgeistern hält die Menschen davon ab, mehr zu nehmen, als sie brauchen, und dem Land zu schaden.

* * *

DIE LINDE, DIE MIT TIEFEN WISSENDEN FURCHEN IN IHRER GRAUEN Rinde die Bürgersteige von Brooklyn säumt, war den vorchristlichen Kulturen auf der ganzen Welt heilig.[4] Polnische Legenden besagen, dass das Fällen einer Linde, einem Symbol der Göttin, großes Unglück bringt. Die frühen Germanen glaubten, dass Linden die Wahrheit ans Licht bringen, um Gerechtigkeit und Frieden wiederherzustellen. Die Slawen glaubten, dass in diesen heiligen Baum nie der Blitz einschlägt, und wenn Menschen oder Tiere erkrankten, verwendeten sie Lindenzweige zur Heilbehandlung. In der baltischen Mythologie wohnt Laima, die Schicksalsgöttin, in Gestalt eines Kuckucks in der Linde und trifft dort ihre Entscheidungen. Die Anthropologin Marija Gimbutas schreibt in ihrem Buch *The Living Goddesses*: »Der Baum, auf dem der Kuckuck sitzt, ist heilig und von den Kräften der Göttin durchdrungen.« Wer glaubt, dass Laimas Kraft auch heute noch in den Linden wohnt, kann unter diesen göttlichen heilenden Bäumen beten und der Schicksalsgöttin Opfergaben darbringen.

INNERE QUELLEN

Ich habe mich mit all meinen Schülerinnen und Schülern unter Lindenbäume gesetzt, ob in Schottland, Brooklyn oder West-Massachusetts. Wir trinken gemeinsam einen Teeaufguss der Blätter und Blüten und besinnen uns darauf, wie sich die Präsenz des Baumes für uns anfühlt. Während wir den wohltuenden Aufguss in unseren Körper aufnehmen, beobachten wir mit all unseren Sinnen, was Blätter, Zweige, Blüten und Rinde uns sagen und zeigen. Die Schüler studieren die schräg herzförmigen Blätter, die ungewöhnlichen Hochblätter und die süßen schwellenden Blüten, die den Bienen reichlich Nektar bieten.

Es überrascht mich nicht mehr, dass schon Hunderte Teilnehmer meiner Kurse dabei das Gleiche gesagt haben: Sie fühlen sich in der Gegenwart einer Linde behütet und haben ein Gefühl der Verbundenheit, der Zugehörigkeit. Die Linde beruhigt uns, wenn wir krank sind. Sie schenkt uns eine vertraute Liebkosung, die unsere Nerven beruhigt, wenn wir angespannt sind. An heißen Sommertagen ist die kühlende, wohlriechende Umarmung einer Linde ein Ort der Zuflucht. Wir können uns an ihren robusten Stamm anlehnen, uns in ihrem Schatten ausruhen und uns, wenn nötig, sicher und geborgen genug fühlen, um zu weinen. Tränen lösen tiefen Schmerz in uns, waschen uns rein, sodass wir klarer sehen können, manchmal sogar bis hinter den Schleier. Die Linde beruhigt wütende und trauernde Herzen und unterstützt das physische Herz bei Erkrankungen wie Atherosklerose, Angina pectoris und Herzklopfen. Die Linde beruhigt unser Nervensystem und *lind*ert Stress, während sie die Kanten in uns und zwischen Diesseits und Anderswelt weicher macht. Für viele ist die Linde ein nährender weiblicher Geist.

Meine Schülerin Nathalie berichtete mir von ihrer Erfahrung, nachdem sie während unserer Kräuterausbildung unter einem Lindenbaum meditiert hatte: »Es war das erste Mal, dass ich die tief greifende und spezifische Heilkraft einer Pflanze spürte, ohne ihre Medizin physisch einzunehmen. Als wir während unserer Ausbildung Zeit mit der Linde verbrachten, fühlte sich mein Nervensystem mit der Nektarqualität ihrer Medizin verbunden, und ich spürte, wie mich etwas angenehm umhüllte – eine dicke schützende Hülle aus Energie. Als ich mich aus der Meditation löste, spürte ich Wut, weil Gefühle und Erfahrungen eines generationenübergreifenden Traumas hochkamen. Ich wollte weglaufen, aber die Linde hielt mich fest und forderte mich auf, mich zu öffnen. Da gab ich meinen Widerstand auf und war nun in der Lage, das Unbehagen und die Wut, die zum Vorschein gekommen waren, anzunehmen und meiner Trauer freien Lauf zu lassen. Nach dieser und ähnlichen Erfahrungen bin ich fest davon überzeugt, dass die Linde bei der Heilung generationenübergreifender Traumata hilft und insbesondere für People of Color Unterstützung bietet, wenn diese bereit sind, sich mit dieser Wut auseinanderzusetzen – vor allem, weil es Lindenbäume als einfühlsame und unterstützende Helferinnen fast überall gibt, sogar in der Großstadt.«

* * *

WENN ICH MICH VERLIEBE, HABE ICH DABEI BISHER JEDES MAL eine Phase der Trauer durchlebt, auch wenn der geliebte Partner an meiner Seite ist. Ich habe Angst, diesen Menschen zu verlieren, und meine Liebe macht mir die Zerbrechlichkeit des Lebens noch bewusster. Manchmal ist es ein ergreifender und dramatischer innerer Konflikt, der die Momente intensiviert und versüßt, aber manchmal erzeugt dieses Trauergefühl auch eingebildeten und unnötigen Schmerz.

Während ich diese Sätze schreibe, höre ich *Fulfillingness' First Finale* von Stevie Wonder. Ich habe mir dieses Album seit meiner ersten Trennung von Ernesto nicht mehr ganz angehört. Bei zwei Menschen, die sich so sehr lieben wie wir, überrascht es nicht, dass uns Abschiednehmen schrecklich schwerfällt. »Liebe ist alles, aber sie ist doch nicht alles«, sagte Ernesto. »Manchmal kommt uns das Leben in die Quere.«

Immer wenn Ernesto in seinem Leben an einem entscheidenden Wendepunkt stand, habe ich von ihm geträumt. Ich sah im Traum, wann er heiratete, wann er sein erstes Kind bekam, wann er kurz vor der Trennung stand. Nachdem ich von seiner Hochzeit geträumt hatte, konnte ich wochenlang nicht aufhören zu weinen, und wenn ich in der Öffentlichkeit unterwegs war, weinte ich innerlich.

Ein paar Jahre nach seiner Heirat gab er zu, dass er mich immer noch liebte, aber er hielt sich an sein Versprechen gegenüber seiner Frau und seiner Familie. Wir fingen an, miteinander zu reden, uns einander anzuvertrauen und zumindest wieder Freunde zu werden, und das fühlte sich gut an. Es war immer klar, dass er, wenn seine Ehe nicht funktionierte und er sich entschied, sich von seiner Frau zu trennen, seine sture Entschiedenheit mir gegenüber aufgeben würde und dass wir wieder zusammen sein würden.

Als ich einen lebhaften Traum hatte, in dem ich uns zusammen umherwandern und auf Sofas und Böden übernachten sah, ohne eine richtige Bleibe zu haben, spürte ich, dass sich bei ihm etwas verändert hatte. Ich schrieb ihm eine SMS, um Hallo zu sagen und herauszufinden, was los war. Es war schon eine Weile her, dass wir miteinander kommuniziert hatten, und nun erfuhr ich, dass er und seine Frau sich getrennt hatten. Er wohnte in seinem Tonstudio und befand sich in einem Schwebezustand. Als wir uns sahen, waren wir sofort wieder emotional verstrickt, aber er war nicht bereit für eine weitere feste Beziehung. Noch nicht. Unsere früheren Ängste hatten sich umgekehrt, und während ich versuchte, meine unendliche Loyalität zu beweisen – er wollte mich bei sich haben und schlief die meisten Nächte neben mir –, war es jetzt er, der Freiheit brauchte. Dennoch bat er mich um Geduld und versicherte mir, ich wäre »die Richtige« für ihn. Also wartete ich in einem Wechselbad der Gefühle auf ihn. Und während ich wartete, begann ich, mein Lebenswerk zu erschaffen. Er war nicht daran interessiert, mich in dem Camp im Wolf Conservation Center zu besuchen, mit dem ich für ein gemeinsames Projekt kooperierte, was sich zu einer ausgezeichneten Partnerschaft entwickelte. Er scherzte darüber, dass ich wie ein wildes Tier Dinge vom Boden essen würde, und während wir darüber lachten, wussten wir, dass sein Desinteresse an meiner Arbeit ein Problem darstellen könnte. Meine Wildnis-Entdeckungsreise weitete sich aus, und es ging nicht nur darum, was ich tat, sondern wer ich war. Als wir in meinen Garten gingen, weil ich ihm meine Heilpflanzen zeigen wollte, war er besorgt, dass seine Turnschuhe schmutzig werden könnten. Wir bewohnten verschiedene Lebenswelten, und langsam begann sich die Geschichte unserer unsterblichen Liebe zu entwirren. Allmählich begriffen wir beide, dass, sosehr wir einander liebten und so groß der Platz war, den wir in den Gedanken und im Herzen des jeweils anderen einnahmen, unser Problem vielleicht mehr als nur schlechtes Timing war. Unsere Liebe war ein klebriger, harziger Leim, aber unsere Bedürfnisse und unsere Berufungen zogen uns in unterschiedliche Richtungen.

So kam es, dass ich nach einer zwiespältigen zweiten Trennung von Ernesto meine Raggedy-Ann-&-Andy-Decke und alle wichtigen Habseligkeiten, die nicht in meinen Koffer passten, in einem Lagerhaus deponierte und nach Costa Rica aufbrach. (Es sollten zweieinhalb Jahre vergehen, bis ich dieses Lagerhaus mit Alex durchforsten würde.) Ich hatte mich meinem Weg verschrieben, den Wölfen und den Pflanzen, und ich wusste nicht, was als Nächstes passieren würde, aber die Erde brauchte Verbündete, und sie rief mich auf, meine Arbeit zu vertiefen. Ich war tieftraurig und erschöpft von dem emotionalen Schwebezustand mit Ernesto, aber ein Teil von mir war auch erleichtert. Ich hatte ihm klargemacht, dass ich bereit gewesen war, alles zu tun, um wieder mit ihm zusammenzukommen, aber jetzt musste ich das nicht mehr. Letztendlich hatten wir beide erkannt, dass, egal wie sehr wir uns liebten, die Liebe uns nicht daran hindern durfte, unserer inneren Berufung zu folgen. Wir konnten uns lieben und trotzdem getrennte Wege gehen.

ATKAS GARTEN

Ich bin in einer Musikerfamilie aufgewachsen und habe in den Kreisen, in denen ich verkehrte, viele berühmte Leute getroffen. Aber ein Treffen mit einem Wolf? Nun, nichts ist damit vergleichbar und wird es je sein. Atka, dessen Name in der Sprache der Inuit »Schutzgeist« bedeutet, war der erste Wolf, den ich traf. Ich verliebte mich sofort in ihn, und er hat immer auf mein Heulen geantwortet. Da er in Gefangenschaft aufgewachsen und zu sehr an Menschen gewöhnt war, konnte Atka nicht ausgewildert werden. Stattdessen begrüßte er im Lauf der Jahre Tausende Besucher im Wolf Conservation Center und reiste in Bibliotheken, Klassenzimmer, Hörsäle und zu Regierungssitzungen, um dazu beizutragen, die Art zu verändern, wie wir Menschen seine Spezies wahrnehmen.

Auf dem elf Hektar großen Gelände des Wolf Conservation Center leben die Wölfe in Wildgehegen. Die Mission des Centers lautet: »Schutz und Erhaltung der Wölfe in Nordamerika durch wissenschaftlich fundierte Aufklärung, Lobbyarbeit und Beteiligung an den bundesstaatlichen Erholungs- und Auswilderungsprogrammen für zwei stark bedrohte Wolfsarten – den mexikanischen Grauwolf und den Rotwolf.«[5] Die Situation im Wolf Center ist nicht ideal und hat mich anfangs ernsthaft deprimiert, aber wir haben uns und unsere Umwelt in eine Situation gebracht, in der wir eingreifen und Schutzgebiete schaffen müssen, damit die Arten überleben können.

Rotwölfe waren einst im gesamten Südosten der Vereinigten Staaten verbreitet, doch die jahrelange Jagd und der Verlust von Lebensraum brachten diese kleine Wolfsart an den Rand des Aussterbens. Im Jahr 1970 gab es in freier Wildbahn nur noch vierzehn dieser Tiere. Um die Art vor dem Aussterben zu bewahren, fing der U.S. Fish & Wildlife Service die vierzehn übrig gebliebenen Rotwölfe ein und startete ein ehrgeiziges Zuchtprogramm, um sie am Leben zu erhalten. Diese ursprünglichen vierzehn Tiere sind die Vorfahren der Wölfe im Wolf Conservation Center.[6] Sie sind die ersten Tiere, die erfolgreich wieder angesiedelt wurden, nachdem sie in freier Wildbahn für ausgestorben erklärt worden waren. Doch leider wurden bis auf einen alle Wölfe, die in ihrem »geschützten« Lebensraum auf der Albemarle-Halbinsel in North Carolina freigelassen wurden, von Wilderern getötet. Einst wuchs die Population der Rotwölfe in freier Wildbahn wieder auf über hundert Tiere an, doch davon sind nur noch etwa vierundzwanzig übrig.

Wenn ich Besuchergruppen durch das Wolf Conservation Center führe, begrüßen wir alle Wölfe mit einem Heulen, um sie wissen zu lassen, dass wir da sind und uns in ihrem Revier aufhalten. Wenn die einundfünfzig Wölfe antworten, trifft ihr ursprüngliches eindringliches Heulen uns bis in die Tiefen unserer Seele und rührt die meisten von uns zu Tränen. Irgendwo in unserem Inneren wissen wir, dass diese wichtigen Raubtiere in unseren inneren und äußeren Landschaften fehlen.

Wenn sie doch nur von Artemis beschützt würden.

Als Beschützerin und Verteidigerin der Wildnis übte Artemis Vergeltung an Jägern, die das Gesetz der Göttin missachteten und den Tieren unnötiges Leid zufügten. Sie bestrafte Wilderer und andere Übeltäter mit ihren gut gezielten Pfeilen, mit Pesthauch und der Rache ihrer heiligen Tierverbündeten.[7] In der Geschichte des Jägers Teuthras suchte ein Wildschwein, das er verfolgte, Schutz in einem Heiligtum der Artemis und bat den Jäger, sein Leben im Namen der Göttin zu verschonen. Als Teuthras das Tier dennoch erbarmungslos abschlachtete, strafte Artemis ihn mit der Lepra und trieb ihn in den Wahnsinn. Als Orion, Artemis' einstiger Gefährte, sich brüstete, dass er alle wilden Tiere der Erde jagen und erlegen würde, sandte ihm Artemis einen Skorpion, der ihm einen tödlichen Stich versetzte.

Die Verehrung der Artemis führte im antiken Griechenland zu Jagdtabus und zu einem respektvollen Umgang mit den Tieren und der Natur. Der Artemis und anderen Göttern weihte man heilige Haine, in denen die Jagd auf Hirsche und andere Tiere verboten war, was sich auf die Einstellungen und Praktiken der Menschen bezüglich der Wildtiere und der Wildnis insgesamt auswirkte.

Trotz ihres Rufs als Killer töten Wölfe die schwachen, kranken und verletzten Tiere und versorgen andere Tierarten mit ihren Überresten – Kojoten, Grizzlybären, Schwarzbären und Adler kann man dabei beobachten, wie sie sich von Wolfsbeute ernähren. Viele Historiker glauben, dass die Menschen durch Beobachten und Nachahmen der Wölfe das Jagen erlernten und dass wir zu einem bestimmten Zeitpunkt in der Geschichte eine für beide Seiten vorteilhafte Beziehung hatten, indem wir uns gegenseitig beim Überleben halfen. Artemis selbst ist eine Jägerin, die Jagdglück gewährt und einen Teil der Beute des Jägers als Opfergabe annimmt oder sogar verlangt. Das mag wie ein Widerspruch erscheinen, aber die archaischen Jagdgesellschaften betrachteten Tiere nicht einfach als Beute, sondern als mächtige heilige Wesen, deren spirituelle Beschützer geehrt werden mussten.

In der heutigen Zivilisation wird die Jagd dagegen oft als reines Freizeitvergnügen betrieben.[8] Afrikanische Säugetiere, insbesondere die »Großen Fünf« – Löwe, Leopard, Nashorn, Elefant und Kaffernbüffel –, werden der Trophäen wegen gejagt, und bei Abschusswettbewerben in den Vereinigten Staaten schlachtet man Kojoten in großer Zahl ab. Wer die meisten Tiere tötet, gewinnt. Das ist abscheulicher, sanktionierter Mord. Jeder, der glaubt, dass es Spaß macht oder »amüsant« ist, unschuldige Tiere als Trophäe oder »Sport« zu töten, muss ein verhärtetes Herz haben oder eine tiefe seelische Wunde in sich tragen. Vielleicht könnten die Blüten und Blätter der Linde diesen Menschen Heilung bringen, für die Wunden auf ihren Seelen, und so dazu beitragen, dass sie Mitgefühl und Respekt für die Geschöpfe entwickeln, die Teil unserer größeren Familie des Lebens sind.

Der ethische Kodex der Artemisia fordert Respekt vor Tieren und Pflanzen und erlaubt ihre Tötung nur, wenn sie für Rituale, Zeremonien oder für das Überleben der Menschen notwendig ist. Die Regeln und Rituale im antiken Griechenland zeugten von der Ehrfurcht vor dem Leben und der Anerkennung der Wunden, die durch die Abwesenheit oder das Leiden der getöteten Lebewesen entstanden. Arrian, der antike Verfasser eines Jagd-Handbuchs, warnte davor, den Zorn der Göttin und anderer Naturgottheiten auf sich zu ziehen: »Männer, die sich für die Jagd interessieren, sollten also weder Artemis, die Göttin der Wildnis, noch irgendeinen anderen Gott der Berge vernachlässigen. Wenn sie diese vernachlässigen, sind ihre Unternehmungen zum Scheitern verurteilt. Ihre Jagdhunde werden verletzt, ihre Pferde gelähmt, ihre Leute kommen zu Schaden.«[9]

Der einzige Held, dem es gelang, eines der heiligen Tiere der Artemis zu erbeuten, ohne dafür bestraft zu werden, war Herakles, dem die Götter als Strafe auferlegt hatten, zwölf Arbeiten zu verrichten. Die dritte dieser Aufgaben war, die Kerynitische Hirschkuh lebend zu fangen, ein wunderschönes Tier, das größer als ein Stier war, bronzene Hufe hatte und, obwohl weiblich, ein goldenes Geweih trug. Herakles verfolgte die Hirschkuh ein Jahr lang, bis sie vor Erschöpfung zusammenbrach und er sie einfangen konnte. Weil dabei kein Tropfen Blut des Tieres vergossen wurde, vergab Artemis Herakles.[10]

* * *

ALS ATKA AM TAG DER HERBSTTAGUNDNACHTGLEICHE STARB, WAR er siebzehn Jahre alt, was für einen Wolf recht alt ist. Aber es spielt keine Rolle, ob jemand, den man liebt, stirbt, weil seine Zeit abgelaufen ist, oder ob er zu früh von uns geht. Der Verlust tut immer weh. Ich habe während der Trauerfeier Goldrute auf seinen Körper gelegt, und später wurde er mit den Blumen des Übergangs verbrannt. Ich trank einen Lindenblütentee, um den Schmerz meines wunden Herzens zu lindern. Zu lieben kann schmerzhaft sein. Ich weiß, wenn ich mich zu lange mit meinen Verlusten aufhalte, bin ich nicht präsent genug, um neue Verluste zu verhindern.

Seitdem habe ich zusammen mit meinen Kräuterkunde-Studenten und freiwilligen Helfern des Wolf Conservation Centers in seinem Namen einen Medizingarten angelegt. Die Pflanzen wachsen in Erinnerung an sein unglaubliches Leben.

* * *

DER TOD FÜHRT UNS VOR AUGEN, WIE SEHR WIR ALLE VONEINANDER abhängen, und zwingt uns, trotz solcher Verluste mit unserem Leben weiterzumachen. Die meisten werden nicht von Tabus, von den Schutzgeistern heiliger Quellen oder Göttinnen wie Artemis dazu motiviert, die Natur zu schützen, sondern aus Überzeugung, wissenschaftlicher Einsicht, Liebe, Verbundenheit oder weil es sich einfach »richtig« anfühlt. Aber sich diese spirituellen Beschützer und Hüter ins Gedächtnis zu rufen, kann ein schöner Weg sein, das Heilige in unserer Welt zu ehren. Mit jedem Wildnisgebiet, das verloren geht, verlieren wir einen Teil von uns selbst. Der Schutz der Erde ist nicht nur etwas, mit dem wir einer Welt jenseits von uns einen Gefallen tun – wir empfangen auch selbst Unterstützung und Schutz, wenn wir Artemis und anderen Hütern der Wildnis Ehre und Respekt erweisen.

Die Realität der Vergänglichkeit kann uns helfen, das Jetzt zu schätzen, bevor es uns entgleitet. Das Leben fordert uns auf, die Schönheit des Augenblicks zu erkennen, aber auch nicht zu vergessen, wen und was wir verloren haben. Dieses innere Gleichgewicht zu erreichen kann schwierig sein. Aber wir müssen unsere wilde, dicht verwobene Familie kennenlernen, wissen, welche Geschöpfe mit uns hier sind, damit wir uns für den Schutz der Schwachen einsetzen können, bevor sie nur noch Erinnerungen sind. Ich kann mir vorstellen, dass gefährdete oder bedrohte Arten wie die Rotwölfe nicht wollen, dass wir zu lange über ihre schwindende Zahl verzweifeln, sondern dass wir uns erinnern und die Schönheit unserer Verbundenheit mit diesen Geschöpfen spüren. Wenn wir vom Zauber und der Realität unserer Koexistenz tief genug bewegt sind, werden wir hoffentlich handeln, bevor es zu spät ist, und haben so Anteil an ihrem Überleben.

Aufrechte Waldlilie

Trillium erectum

Familie: Melanthiaceae

Im größten Teil ihres Verbreitungsgebiets ist die Aufrechte oder Rote Waldlilie als gefährdete Art eingestuft. Trillium ist eine langsam wachsende Pflanze, die zwei Jahre bis zur Keimung und drei Jahre bis zur Entwicklung des ersten Blattes benötigt. Bis zur Blüte kann es fünfzehn Jahre dauern. Die Blüten sind wunderschön, doch wenn man sie pflückt, kann die Pflanze absterben. Und falls sie doch überlebt, dauert es viele Jahre, bis sie erneut blüht. Können diese heiligen Pflanzen dagegen ungestört gedeihen, werden sie bis zu dreißig Jahre alt.

Wenn man den Waldboden vorsichtig mit der Hand aufgräbt, wird das dicke knorrige Rhizom der Waldlilie freigelegt – der Teil der Pflanze, der am häufigsten als Medizin verwendet wird. Die Aufrechte Waldlilie verströmt einen schwachen Aasgeruch. Als spirituelle Verbündete ist diese geheimnisvolle Blume dafür bekannt, das Wurzelchakra von Ängsten zu befreien und uns den Weg zu einer erdenden Verbindung mit Mutter Natur zu ebnen. Sie kann uns helfen, Tod und Verfall als Teil des Lebens zu akzeptieren.

ZERFALL

Die Grenzen, die das Leben vom Tod trennen, sind bestenfalls schemenhaft und vage. Wer kann sagen, wo das eine endet und das andere beginnt?

EDGAR ALLAN POE:
DAS VORZEITIGE BEGRÄBNIS

Der Robert-Frost-Weg schlängelt sich durch die Wälder von Amherst, Massachusetts, nur wenige Meter vom Haus meiner Mutter in Echo Hill entfernt, wohin wir zogen, als ich zwölf Jahre alt war. Im Laufe der Jahre, während ich heranwuchs, Amherst verließ und zurückkehrte, habe ich den Waldweg immer wieder erkundet und die Umgebung gut kennengelernt. Beifuß, Wildrose und Giftsumach bewachen den Eingang, und entlang des Waldweges gedeiht der Wald in einem gesunden Gleichgewicht von Leben, Tod und Zerfall.

Hohle alte Bäume bieten ein Zuhause für Streifenhörnchen, Eichhörnchen und Eulen. Füchse richten sich unten in den geräumigen Baumstammhöhlen ihre Baue ein. Die Überreste ihrer Jagdbeute ernähren den Boden, herabgefallene immergrüne Äste zersetzen sich, gesäumt von den prächtigen Fächern der Schmetterlings-Tramete, bei denen es sich um die Fruchtkörper des Myzels dieser Pilzart handelt. Ohne lebenswichtige unterirdische Lebewesen wie Pilze, Bakterien, Würmer und Insekten würden die Nährstoffe für immer in den Geweben toter Tiere oder Pflanzen eingeschlossen bleiben. Eher wie Tiere als Pflanzen verdauen Pilze die Nahrung außerhalb ihres Körpers, indem sie Enzyme an die Umgebung abgeben und organisches Material abbauen, um wertvollen fruchtbaren Boden zu schaffen. Wenn der einzige Zweck der organischen Materie das ständige Wachstum wäre, würde die Erde vollkommen ihrer Nährstoffe beraubt und ausgelaugt.

Ich bin hergekommen, um die geheimnisvolle *Monotropa uniflora* zu ernten, die im englischen Sprachraum Ghost Pipe (saprophytische Geisterpfeife) genannt wird. Diese vom Aussterben bedrohte Pflanze ist hier jetzt nach dem lang anhaltenden Regen überall aufgetaucht. Ich habe lange gezögert, diese Medizin zu ernten, da die Geisterpfeife wie viele Trillium-Arten auf der Liste der gefährdeten Pflanzen steht. Aber in letzter Zeit fühlte ich mich dazu berufen, diese Medizin zu erforschen, und im Moment sind sie in diesen Wäldern sehr zahlreich. Die seltsame Pflanze, die manche als Leichenpflanze bezeichnen, besitzt kein Chlorophyll. Sie bezieht ihre Nahrung aus den Wurzelgeflechten bestimmter Pilzarten und weist sowohl ein vertikales wie auch ein horizontales Bewusstsein auf – durch ihre Verbindung einerseits zu saprotrophen Pilzen wie der Schmetterlings-Tramete, die Kohlenstoff aus totem Pflanzenmaterial gewinnen, und andererseits zu dem riesigen gewebeartigen Wurzelnetzwerk der Mykorrhizen, das knapp unter der Oberfläche sitzt und sich manchmal kilometerweit ausdehnt, weil diese Pilze Kohlenstoff von lebenden Bäumen beziehen, deren Wurzeln tief in die Erde reichen.

Als ich mich mit den Geisterpfeifen unterhalte und um Erlaubnis bitte, etwas von ihnen ernten zu dürfen, habe ich das Gefühl, beobachtet zu werden. Als ich mich umdrehe, sehe ich einen wunderschönen Streifenkauz in einem Baum über mir sitzen. Seine riesigen Augen, die durch eine knöcherne Struktur, einen sogenannten Skleralring, fixiert sind, starren mich an. Die Eule dreht den Kopf, um meine Bewegungen zu verfolgen, und ich gehe so leise wie möglich. Aber als ich ihr zu nahe komme, setzt sie zum Steilflug an und fliegt zwischen den Bäumen hindurch, einen guten Meter über meinem Kopf und nahezu lautlos.

In vielen Kulturen symbolisieren Eulen den Tod. In der keltischen Überlieferung gilt die Eule als Zeichen der Unterwelt, und ihr Erscheinen in der Nacht, wenn die Menschen sich in der Dunkelheit nicht orientieren können, verbindet diese geflügelten Wesen mit dem Unbekannten. In Russland, der Heimat meines Großvaters, trugen Jäger Eulenkrallen bei sich, damit ihre Seelen, falls sie getötet wurden, durch die Dunkelheit in den Himmel aufsteigen konnten.[1]

Bevor mein Großvater starb, erzählte er meiner Mutter, meiner Tante und mir, dass drei Frauen auf seinem Bett saßen. Sie seien Vorfahren und »sehr liebenswürdig«, sagte er. Ich kannte ihn stets als sehr rationalen, wissenschaftlich eingestellten Menschen, doch er sagte uns, er könne diese Frauen deutlich sehen und mit ihnen sprechen. Sie waren gekommen, um ihn zu beruhigen, ihm Gesellschaft zu leisten und ihn, so stelle ich es mir vor, zu geleiten, als er begann, dieses Leben loszulassen.

* * *

LETZTE NACHT TRÄUMTE ICH VON MEINEM KINDERZIMMER IN DER Summer Street. Obwohl jemand anderes dort wohnte, lagen meine Stofftiere immer noch hoch auf dem Bett, und im Traum griff ich nach meiner Peter-Rabbit-Puppe, die ich liebte, aber ich hatte Angst, sie wieder an mich zu nehmen. *Gehörte die Puppe nach all den Jahren immer noch mir?* Der Traum war so lebendig, dass ich die Beschaffenheit der Decke auf meinem Bett fühlen konnte, und ich fand eine Snoopy-Spieluhr aus Keramik wieder, die ich damals schon gesucht hatte. Ich drehte sie um und hörte mir das bittersüße Lied an. Und die große Holzkiste stand da, mitten im Zimmer, himmelblau gestrichen, darauf das Bild eines anmutigen Rehkitzes, das im Gras lag, während Schmetterlinge um es herumtanzten und bunte Wildblumen bestäubten. Mein Vater hatte die Kiste für mich bemalen lassen, und mein Name stand darauf: Vanessa. Ich hatte seit Jahren nicht mehr an diese Kiste gedacht.

Als ich das Geschenk als Kind erhielt, hatte meine Mutter ihre Erinnerungen noch nicht sortiert. Sie mochte meinen Vater nicht mehr und vertraute ihm nicht. Sie brauchte mir das nicht ausdrücklich zu sagen – als poröse Seele spürte ich es. Aber die Kiste mit dem Rehkitz darauf war so schön, und ich liebte sie. Ich war verwirrt. Ich wollte sie nicht zu sehr lieben, weil ich Angst hatte, das würde bedeuten, dass ich auch meinen Vater liebte, und das wäre Verrat an meiner Mutter gewesen. Also packte ich seltsame Dinge hinein: die Halloween-Süßigkeiten, die ich nicht mochte, aber nicht wegwerfen wollte; altes Spielzeug, das ich nicht benutzte, aber nicht loslassen wollte; Stifte und Bleistifte, die irgendwie funktionierten, aber nicht wirklich gut. Trotz des ganzen Gerümpels darin sah die Kiste von außen immer noch schön aus, aber als ich eines Tages den Deckel öffnete, sah ich, dass sich in ihr ein weißlicher Flaum gebildet hatte. Der Inhalt hatte zu schimmeln angefangen. Ich traute mich nicht mehr, sie zu öffnen, und stellte sie in meinen Schrank.

Nach einer Weile verströmte sie, so schön sie auch aussah, selbst bei geschlossenem Deckel einen unangenehmen Geruch. Ich erinnere mich vage an die Aufgabe, mit meiner Mutter zusammen die Kiste auszuräumen. Wo dieses Geschenk meines Vaters heute ist, weiß ich nicht, falls es überhaupt noch existiert. Mein Vater war damals beleidigt, aber die Wahrheit ist, dass ich einfach nicht wusste, welchen Platz ich ihm in meinem Leben einräumen sollte – und damit auch der Kiste.

Ich brauchte Jahre, um zu verstehen, dass alles verarbeitet und kompostiert werden muss. Nichts Wirkliches überdauert unverändert. Die Dinge, die wir wegwerfen, gehen nicht wirklich woanders hin – sie wechseln nur die Gestalt, aber ihre Materie, ihre Energie bleibt in unserem Universum gegenwärtig. Als ich jung war, bemerkte ich, dass man all die Dinge, mit denen man sich nicht befassen wollte, in einen tiefen dunklen Sack stecken konnte, außer Sichtweite. Und später konnte alles wieder ordentlich und aufgeräumt zum Vorschein kommen. Ich konnte Dinge in den Mülleimer unter der Spüle werfen, und – *puff!* – waren sie verschwunden. Es war ein gutes Gefühl, Dinge wegzuwerfen. Da unser äußerer Müll auf magische Weise verschwindet, wenn wir bereit sind, ihn loszulassen, warum nicht auch unser innerer Müll?

* * *

DER GEBRÄUCHLICHE ENGLISCHE NAME FÜR DIE WALDLILIE IST Wake Robin (»Robin aufwecken«), in Anspielung auf die Gefahr, den Kobold Robin Goodfellow zu wecken, wenn man die Blume pflückt. Außerdem ist Robin das englische Wort für Rotkehlchen, und dementsprechend kann der Pflanzenname auch als Anspielung auf jene Zeit verstanden werden, zu der diese bekannten Vögel mit der roten Kehle erwachen.[2] Was den Kobold, auch bekannt als Puck, betrifft, so sagt die Legende, dass er uns sogar helfen kann, unseren Müll auszusortieren und unsere Häuser aufzuräumen, während wir schlafen – wenn er uns mag. Aber wenn er nicht gut auf uns zu sprechen ist, und vor allem, wenn wir eine heilige Pflanze wie die Waldlilie pflücken und ihn damit verärgern, kann er nachts in unseren Schlafzimmern lauern und uns schreckliche Träume bringen.

Waldliliensamen besitzen ölige Anhängsel, sogenannte Elaiosomen. Sie werden von Ameisen, Streifenhörnchen, Mäusen und anderen Waldtieren gerne gefressen, die dadurch die Samen unbeabsichtigt verbreiten. Da diese Tiere territorial veranlagt sind, tritt die Pflanze in der Regel in dicht beieinanderliegenden Kolonien auf. Die Rote Waldlilie blüht zwischen April und Mai, wenn die Rotkehlchen auf der Suche nach Würmern durch Stadtparks und Wiesen hüpfen. Rotkehlchen haben ein unglaubliches Gehör und können Würmer unter der Erde aufspüren, während ihr scharfes Sehvermögen ihnen genau zeigt, wo sie zupicken müssen. Da sich ihre Augen an den Seiten des Kopfes befinden, neigen sie den Kopf, um erst mit dem einen und dann mit dem anderen Auge zu schauen, bevor sie in den Boden stechen. Für die Würmer muss das ein Albtraum sein.

Charles Darwin glaubte, dass wir ohne den bescheidenen Wurm nicht existieren würden. Er schrieb: »Man kann bezweifeln, dass es viele andere Tiere gibt, die in der Geschichte der Welt eine so wichtige Rolle gespielt haben wie diese niedrig organisierten Kreaturen.«[3] Durch die Steigerung der Bodenfruchtbarkeit, die Verwertung von Abfällen und die Bereitstellung von Nahrungsressourcen für Lebewesen wie das Mycel sind Regenwürmer unterirdische Verbündete, die in der Dunkelheit hart an der Zersetzung arbeiten und damit das Leben über der Erde nähren.

WACHE ROTKEHLCHEN

Es mag mehr Zeit kosten, unsere Essensreste zum Bauernmarkt oder zu unserem Gemeinschaftsgarten zu bringen oder sie im eigenen Hausgarten zu verarbeiten, aber was einmal lebendig war, verdient eine angemessene Beerdigung. Es schmerzt mich, wenn ich sehe, wie Menschen Lebensmittel in den Müll werfen, die Nahrung für die Erde sein könnten, wenn sie nicht auf einer Mülldeponie landen würden, die Treibhausgase erzeugt. Es gibt einen Grund, warum diese Bequemlichkeit zum Klimawandel beiträgt: Lebende Materie ist dazu bestimmt, in die Erde zurückzukehren, um den Kreislauf des Lebens zu unterstützen. Der kollektive Nutzen der Bodenpflege und der ordnungsgemäßen Entsorgung von Abfällen überwiegt jeden scheinbaren Vorteil von Zeitersparnis und Bequemlichkeit.

Wie der Verwesungsgeruch der Waldlilie sind Fäulnis und Verwesung unverzichtbar. Wenn wir es ermöglichen, dass Essen, Fleisch und umgestürzte Bäume zu Kompost werden, können sie eine unglaubliche Schönheit hervorbringen. Wenn wir jedoch versuchen, unsere Umwelt zu »säubern« oder zu desinfizieren, indem wir Spuren des Todes wie Blätter oder verrottende Baumstämme entfernen oder wenn wir versuchen, die Zeit einzufrieren, indem wir Botulismus in unsere lebendigen Gesichter injizieren oder tote Körper einbalsamieren (was bedeutet, dass man ihnen das Blut entnimmt und stattdessen einen Giftcocktail aus Formaldehyd, Methanol und andere Lösungsmitteln hineinspritzt, welche die Verwesung verhindern), damit wir noch für ein wenig länger jugendlich oder lebensecht aussehen können, enthalten wir dem Boden lebenswichtige Nahrung vor. Und all die giftigen Chemikalien, die in unsere Körper gepumpt wurden, werden in den Boden ausgewaschen, wenn wir uns schließlich zersetzen. Durch unsere Versuche, den Tod zu vermeiden, wird unsere Welt leblos.

Unser Müll verschwindet nicht auf magische Weise, und wenn er nicht richtig kompostiert wird, verursacht er nur Leid. Streunende Hunde durchwühlen den Müll und schneiden sich an den Kanten achtlos weggeworfener Konservendosen die Zunge ab. Schildkröten ersticken in unnötigen Plastiktüten, die ihren Weg ins Meer finden. Wale sterben an weggeworfenem Müll, der in ihre Mägen gelangt. Und hingebungsvolle Albatros-Eltern fliegen Tausende Kilometer, um nach Nahrung zu suchen, die auf der Meeresoberfläche schwimmt, nur um dann nach Hause zu kommen und ihre Nester mit Knöpfen, Flaschendeckeln und anderem leblosen Abfall zu füllen, während ihre Küken verhungern.

Wenn wir das Gefühl haben, unter Zeitdruck zu stehen, könnten wir im Herbst mehr Zeit genießen, wenn wir das Laub einfach dort liegen lassen, wo es hinfällt. Abgefallenes Laub bildet einen natürlichen Mulch, der den Boden düngt, wenn er sich zersetzt. Das Entfernen des Laubs durch Harken oder den Einsatz lästiger lauter benzinbetriebener Gebläse erschöpft nicht nur den Boden, sondern beseitigt auch lebenswichtige Lebensräume für Tiere wie Kröten, Salamander, Vögel, kleine Säugetiere und Wirbellose, die auf Laubstreu als Nahrung, Unterschlupf und Nistmaterial angewiesen sind. Die meisten Schmetterlinge und Nachtfalter überwintern als Ei, Raupe, Puppe oder ausgewachsenes Tier und nutzen Laub als Winterschutz.

Nach Angaben der US-Umweltschutzbehörde machen Laub und andere Gartenabfälle mehr als 13 Prozent des landesweiten Festmülls aus, und ohne genügend Sauerstoff zur Verrottung setzen diese organischen Stoffe das Treibhausgas Methan frei und tragen so zum Klimawandel bei.[4] Und in dieser Zahl ist das Kohlendioxid, das von lauten Laubbläsern und den für die Laubentsorgung eingesetzten Lastwagen erzeugt wird, noch nicht enthalten. Eine der wertvollsten Maßnahmen, die wir zur Unterstützung von bestäubenden Insekten und anderen Wirbellosen ergreifen können, besteht darin, ihnen den Winterschutz zu bieten, den sie in Form von Herbstlaub und abgestorbenem Pflanzenmaterial benötigen. Wir verschwenden Zeit und Geld und schaden unserer Umwelt, indem wir die Spuren des Todes beseitigen und vergessen, dass es der Tod ist, der die Pflanzen und das Leben nährt.

Pflanzliche, tierische und menschliche Überreste werden schließlich tief unter der Erdoberfläche begraben, zerquetscht und durch viel Druck und Hitze gekocht, die unsere toten Pflanzen und Tiervorfahren in Öl, Kohle und Erdgas verwandeln. Pflanzen nehmen CO_2 auf, behalten den Kohlenstoff und geben den Sauerstoff ab. Tiere atmen den Sauerstoff ein und atmen Kohlendioxid aus. Wir sind seit Jahrmillionen des Lebens und Sterbens voneinander abhängig. Wir mögen zu unseren pflanzlichen und tierischen Verwandten vielleicht sagen, sie sollen »in Frieden ruhen«, bis wir ihre Ruhe unterbrechen und sie als fossile Brennstoffe verwenden – deren Gewinnung für den Körper der Erde unglaublich traumatisch ist. Unsere Entscheidungen spielen eine große Rolle, und oft erzeugen wir unsere eigenen Albträume, wenn wir uns von Komfortverheißungen verführen lassen, ohne die Konsequenzen zu bedenken.

* * *

WENN SONST NIEMAND IM GEMEINSCHAFTSGARTEN WAR, SASS ICH gerne dort, zeichnete und meditierte mit den Pflanzen. Eines Tages zog eine Blume mit drei Blütenblättern in Dreiecksform meine Aufmerksamkeit auf sich. Wie gebannt setzte ich mich auf eine Bank in der Nähe der Pflanze, atmete im Austausch mit ihr, ließ mich auf ihren Anblick ein und öffnete mich für etwas, das sich wie ein weiser alter Pflanzengeist anfühlte. Ich weiß nicht mehr, wie lange ich hypnotisiert war, aber danach schrieb ich wie wild – über meinen Tod. Es war seltsam, nicht annähernd das, woran ich gedacht hatte, als ich an diesem Tag in den Garten ging, aber es schenkte mir eine Perspektive. Welchen besseren Weg, mir über mein Leben klar zu werden, konnte es geben, als über meinen unvermeidlichen Tod nachzudenken?

Ich ließ meine Assoziationen frei fließen, schrieb eine Art Grabrede und meine Todesanzeige. *Wie wollte ich in Erinnerung bleiben? Wer war mir wirklich wichtig? Wenn ich etwas zu vererben hatte, wem würde ich diese wertvollen Dinge hinterlassen? Was wäre mein*

Vermächtnis? Mein Leben in der Rückschau zu betrachten und über meinen unvermeidlichen Tod nachzudenken, half mir, Energie zurückzugewinnen, die ich in mir nicht wirklich dienliche Richtungen verschwendet hatte. Nach dieser Erfahrung recherchierte ich über die geheimnisvolle Pflanze und erfuhr, was die Waldlilie ist. Auf spiritueller Ebene bin ich zu der Überzeugung gelangt, dass diese Pflanze, die mit den Portalen von Geburt und Tod in Verbindung steht, uns helfen kann, den Prozess des Alterns zu akzeptieren. Es gibt viele Arten des Todes. Es ist unvermeidlich, am Ende dieser Inkarnation loszulassen, aber wir müssen auch lernen, die Tode zu akzeptieren, die wir auf täglicher, monatlicher oder jährlicher Basis erleben, wenn Teile unseres Seins nicht länger zu uns passen und aufgegeben werden müssen.

Mit ihren drei großen grünen Kelchblättern, drei großen grünen Blättern und drei Blütenblättern ist die Waldlilie ein symbolischer Ausdruck für die Phasen unseres Lebens. Bei Frauen steht die Zahl drei für Anfang und Ende unserer drei Lebensphasen: Jungfrau, Mutter und alte Weise, und bei uns allen für die Bewegung von der Unschuld der Kindheit über die Verantwortung des Erwachsenseins hin zur Weisheit des Alters. In der Kräuterkunde der amerikanischen Ureinwohner gilt die Waldlilienwurzel als heiliges Frauenkraut, und man nennt sie auch Geburtswurzel, weil sie zur Erleichterung der hormonellen und lebensbedingten Übergänge am Beginn der Menstruation und in der Menopause eingesetzt wird. Sie lindert Stimmungsschwankungen und wirkt schweren oder verlängerten Gebärmutterblutungen entgegen. Auszüge aus der Wurzel und Umschläge mit der gesamten Pflanze haben adstringierende und antiseptische Eigenschaften und wurden verwendet, um Wehen einzuleiten und sie stark und gleichmäßig zu halten sowie um Blutungen nach der Geburt zu stillen. In der freien Natur ist die Aufrechte Waldlilie mit ihren tiefroten Blüten in humusreichen kühlen Böden im Nordosten der USA, im südlichen

Quebec und in den Appalachen zu finden, wo sie oft neben Hemlocktannen, Rhododendren und Lorbeeren wächst.

ZYKLEN

Für die meisten Menschen in der westlichen Welt gibt es zwei Möglichkeiten, was den Umgang mit unserem Körper nach dem Tod angeht: Wir werden begraben oder verbrannt. Für einige ist das Ritual der Beerdigung eines toten Körpers so tief in den religiösen und kulturellen Traditionen verwurzelt, dass sie kaum darüber nachdenken, während andere wählen müssen.

Wenn wir uns dafür entscheiden, einbalsamiert und begraben zu werden, wird unser lebloser Körper vielleicht in einen teuren Sarg gelegt und dann auf einen Friedhof, wo große, unnatürliche, gepflegte Rasenflächen Wasser, chemischen Dünger und Pestizide verbrauchen. Bei der Zahl der Menschen, die in den kommenden Jahren sterben werden, kann unsere Erde nicht noch mehr dieser giftigen Gedenkparks verkraften. Allein die Menge des Sargholzes entspricht etwa 1,6 Millionen Hektar Wald, und alle Friedhöfe in den Vereinigten Staaten zusammengenommen bedecken etwa vierhunderttausend Hektar Land, das eigentlich lebensspendende, lebenserhaltende Wälder sein könnten.[5]

Es mutet seltsam an, dass wir Geschichten über Himmel und Hölle erschaffen und sogar danach leben, aber das Land auf unserem Weg ins Jenseits vergiften und so denen, die es weiterhin oder nach uns bewohnen, Probleme hinterlassen. Was wir zerstören oder erschaffen, während wir hier sind, wirkt sich auf alle aus, die noch am Leben sind, und auf diejenigen, die nach uns kommen. Und falls es ein göttliches Wesen gibt, wäre er, sie oder es dann nicht aufgebracht darüber, dass wir die Schöpfung, den Garten Eden, zerstören und vergiften? Zum Glück gibt es andere Wege.

Wir können unseren Körper in eine eiförmige Schale aus biologisch abbaubarem Material oder in einer Holzurne der Erde übergeben lassen. Er wird dann unter einem Baum beigesetzt, den wir selbst oder unsere Familie als natürliche Gedenkstätte ausgewählt haben. Eines der Unternehmen, die so etwas anbieten, Capsula Mundi, schreibt dazu: »Friedhöfe werden anders aussehen, und statt der kalten grauen Landschaften, die wir dort heute sehen, werden sie sich zu lebendigen Wäldern entwickeln.«[6] Wir können unsere Asche in einer Betonkugel im Meer versenken lassen, wo sie dann die Korallenriffe ernährt (obwohl neuere Studien darauf hindeuten, dass eingeäscherte Asche steril ist und der Erde keine Nährstoffe zurückgibt). Es gibt auch biologisch abbaubare Sargmaterialien, darunter Bambus, Papier, Pappe, Wolle, Bananenblätter und Weide – oder, mein Favorit: Lassen Sie sich von Pilzen verspeisen. Der Begräbnisanzug »Infinity«[7], ein schwarzer ninjaähnlicher Ganzkörperanzug, der nach dem Tod getragen wird, ist mit Pilzsporen durchsetzt, die den Leichnam zersetzen und einen sauberen, schadstofffreien Kompost hinterlassen. Dieser modische Bestattungsanzug, dessen Muster die Bewegung eines Myzels nachahmt, wurde von den Künstlern Jae Rhim Lee und Mike Ma entworfen. Während der Entwicklung testete Lee Pilze, die toxische Umgebungen reinigen, indem sie sie mit ihren eigenen Haaren, ihrer Haut und ihren Nägeln fütterte und selektiv jene Pilze züchtete, die menschliches Gewebe am besten verzehren. In einem TED-Vortrag im Jahr 2011 sagte sie, der »Infinity Burial Suit« sei »Symbol für eine neue Art des Denkens über den Tod und die Beziehung zwischen meinem Körper und der Umwelt. Es ist ein Schritt in Richtung Akzeptanz der Tatsache, dass ich eines Tages sterben und verwesen werde. Es ist auch ein Schritt dahin, Verantwortung dafür zu übernehmen, wie stark ich den Planeten belaste.«[8]

* * *

ES MAG BEUNRUHIGEND SEIN, DARAN ZU DENKEN, VON DIESEN Kleinlebewesen verspeist zu werden, aber sie sind die Helfer von Mutter Erde, und ich möchte auf jeden Fall, dass mein Tod mehr Leben erschafft und nährt. Jedes Lebewesen muss essen, um zu leben, also ist es nur logisch, dass auch die lebendige Erde essen muss. Es scheint mir gar keine schlechte Idee, Nahrung für die Pilze zu werden, denn ich liebe diese Geschöpfe. Mein Fleisch soll ruhig die Erde nähren und von der Wildnis verzehrt werden, so wie die Natur es vorsieht. Ich finde die Vorstellung unglaublich toll, ein Teil der Erde zu werden, Teil von etwas Riesigem und Grenzenlosen wie dem Bewusstsein des Myzels, des größten lebenden Organismus auf Erden! Wer weiß, wohin unsere Energie dann gehen wird. Vielleicht werden wir zu einer Linde oder einem Weißdorn, zu einem Feld von Goldruten, zu Beifuß am Wegrand oder zu einer rot blühenden Waldlilie. Letztendlich werden wir alle zu Kompost und kehren in den Schoß von Mutter Erde zurück. Wenn wir das Land wirklich als den Boden unserer Vorfahren betrachten, würden wir es uns vermutlich zweimal überlegen, es zu zerstören.

Als ich kürzlich in West-Massachusetts war und schrieb, sah ich draußen einen prächtigen Streifenkauz, der sich ganz nah vor mein Fenster setzte. Ich schickte Carol, die nebenan wohnt, eine SMS, damit sie sich den Kauz anschauen konnte, bevor er davonflog. Carol antwortete, dass sie drinnen eine Maus gefangen und draußen vor ihrer Tür ausgesetzt hatte. Da sie weiß, wie sensibel ich bin, schickte sie mir diese schönen, bewegenden Worte: »Ich hoffe, du bist nicht traurig wegen der kleinen Maus, die den Streifenkauz hier so nah zu uns lockte – jetzt ist das Mäuschen Teil einer Eule und kann fliegen.«

Jedes Ende ist ein neuer Anfang.

»Es passiert nicht über Nacht«, sagte das Holzpferd. »Du *wirst*. Das dauert ziemlich lange. Deshalb passiert es nicht so oft bei Spielzeugen, die leicht zerbrechen, scharfe Kanten haben oder sorgfältig behandelt werden müssen. Bis du *Wirklich* geworden bist, sind dir schon die meisten Haare weggeliebkost worden, deine Augen fallen dir aus, deine Gelenke wackeln und du bist ziemlich abgewetzt. Aber das macht nichts, denn wenn du erst einmal *Wirklich* bist, kannst du gar nicht hässlich sein, außer für Leute, die nicht verstehen.«

MARGERY WILLIAMS:
DER KLEINE KUSCHELHASE

TEIL V

DAS ZENTRUM

In jedem von uns gibt es einen heiligen Raum, der beständig, unerschütterlich und in Frieden ist. Während die meisten von uns sich auf mühsame, unbequeme Reisen begeben müssen, um diesen Schatz zu finden, wartet er doch die ganze Zeit geduldig in unserem eigenen Inneren.

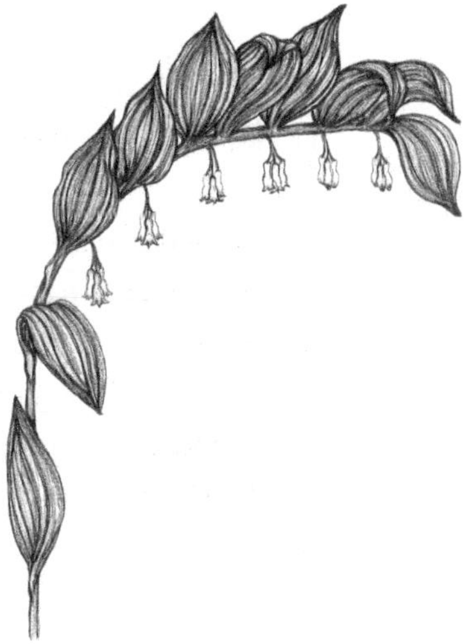

Vielblütige Weißwurz

Polygonatum multiflorum

Familie: Asparagaceae

Die Vielblütige Weißwurz, auch Salomonssiegel genannt, ist eine mehrjährige Waldpflanze, die in Nordamerika, Asien und Europa beheimatet ist. Ihre Rhizome breiten sich in gesundem Boden, der Platz zum Wachsen bietet, schnell aus. König Salomo erscheint im Talmud, im Koran und in der hebräischen Bibel als Erbauer des ersten Tempels in Jerusalem und als Prophet. Das Siegel Salomos war sein Siegelring, der von Gott graviert und ihm direkt aus dem Himmel übergeben wurde. Dieser Ring unterstützte ihn bei magischen Handlungen und ermöglichte es ihm, Dämonen zu befehligen, sowohl hilfreiche als auch bösartige, und mit Tieren zu sprechen.

Der Legende nach legte König Salomo sein Siegel auf die unterirdischen Stängel der Pflanze, die ihm ihren Namen verdankt. Diese Stängel erinnern an knorrige Knochen, an Knöchel und Wirbel. Salomo erkannte die Fähigkeit dieser Pflanze, Heilung und Veränderungen zu bewirken. Und so ist das Salomonssiegel eine süße, kühlende, befeuchtende und stärkende Medizin für den Bewegungsapparat, und wenn wir genau hinschauen und aufgeschlossen sind, können wir den Abdruck des Siegels auf den kreisförmigen Narben sehen, die der Stängel nach dem Absterben der Pflanze hinterlässt.

Gemäß den »Geist-Signaturen« der indianischen Tradition, bei der die Kräuter Tieren zugeordnet werden, ist das Salomonssiegel – die Vielblütige Weißwurz – eine Wolfsmedizin. Sie wirkt heilsam auf die Gallenblase und auf Sehnen und Bänder ein und pflegt unsere Gelenke, damit wir so weit wandern können wie Wölfe, die pro Tag bis zu fünfzig Kilometer zurücklegen können.

AUSDAUER

Gehen ist ... wie der Körper sich selbst an der Erde bemisst.

REBECCA SOLNIT: WANDERLUST[1]

An den meisten Tagen, an denen ich mit Charlie spazieren gehe, dem Tiergefährten meines Partners in Western Massachusetts, sind die einzigen Geräusche, die ich höre, das Knirschen von Charlies Pfoten und meinen Stiefeln auf dem Schnee. Manchmal sind die weißen Flocken so leicht und luftig, dass wir kaum ein Geräusch machen. Nach einer Nacht mit kaltem Regen rutschen wir über eine dicke gefrorene Fläche und plumpsen plötzlich in eine Senke mit dreißig Zentimeter dickem Pulverschnee. Das ist ein ganz schöner Schreck für uns, und all die stillen Geschöpfe ringsum – Vögel und Eichhörnchen – fliegen und flitzen davon. Doch bald ist alles wieder ruhig. Ich finde die gefrorenen Spuren von gestern und stapfe vorsichtig an Reihen in Eis gehüllter Apfelbäume vorbei, die in der Wintersonne glitzern, als wären sie in Mäntel aus makellosem Glas gehüllt.

Spazierengehen war für mich schon immer Medizin – der langsame und gleichmäßige Rhythmus der Schritte ermöglicht es meinem Körper und meinem Geist, in Einklang mit meiner Umgebung zu kommen. Wenn ich mich von meinem Instinkt leiten lasse und Zeit zum Spazieren habe, spüre ich einen inneren Impuls, der mir sagt, dass ich *den Weg verlassen und die hohe Weymouth-Kiefer besuchen* oder *jetzt nach links abbiegen soll*. Wenn ich lausche, gibt es immer etwas Wunderbares zu entdecken, etwas, das ich noch nie gesehen habe. Manchmal tauchen für eine gewisse Zeit wiederkehrende Muster vor mir auf: eine Krähe, die mir überallhin zu folgen scheint und sich am Weg auf einen Ast setzt, Schmetterlinge, die an den seltsamsten Stellen um mich herumflattern, Schildkröten, die meinen Weg kreuzen, nachdem ich von ihnen geträumt habe, oder auffällig den Weg säumende Pflanzenbestände, zum Beispiel Weißwurz. Ich deute solche Muster in der Natur als Zeichen dafür, dass ich auf dem richtigen Weg bin.

Auf die Vielblütige Weißwurz stoße ich, wenn ich durch schattiges bewaldetes Land gehe. Ihre Blüten baumeln wie weiße Glocken an den biegsamen, sich zum Boden wölbenden grünen Stängeln. Die Pflanze steht auf der Liste der gefährdeten Arten. Daher ernte ich ihr Rhizom nur, wenn sie reichlich vorhanden ist und ich sie dringend brauche. Aber wenn ich vorsichtig ein Stück abschneide, indem ich nur den mittleren Teil entnehme und beide Enden wieder einpflanze, wächst die Pflanze weiter.

Die Vielblütige Weißwurz macht unsere Bewegungen entspannter und fließender und ist hilfreich, um im Körper festgehaltene Erinnerungen und Emotionen loszulassen. Unser Muskelgedächtnis bezieht sich in der Regel auf etwas, das wir unbewusst tun, wie zum Beispiel Fahrrad fahren oder immer wieder denselben Weg gehen. Ähnlich wirken die gewohnheitsmäßigen Geschichten, die zusammen die Erzählung unseres Lebens bilden. Von unverarbeiteten Traumata bis hin zur Konditionierung durch unsere Kultur können sich alte Erinnerungen, die in unserem Körper gespeichert sind, in unserem Geist und in unseren Gliedern festsetzen und uns vorschreiben, wie die Dinge sind und wie sie sein sollten, wodurch unsere Routinen starr werden und uns daran hindern, neue Wege zu gehen.

Bei Flower Power Herbs in Manhattans East Village stieß ich auf einen Flyer für ein Wochenendseminar mit dem Titel: »Geist-Signaturen: Tiertotems in der Phytotherapie«. Gastdozent war Matthew Wood, der in der Welt der Pflanzenheilkunde einen legendären Ruf hat. Ich meldete mich sofort an. Dort hörte ich zum ersten Mal von der Vielblütigen Weißwurz. Matthew erklärte uns, dass die Wolfsmedizin (die Geist-Signatur der Weißwurz) uns dabei unterstützt, uns selbst tiefgreifend zu verändern: So kann sich ein wilder Wolf in einen domestizierten Hund verwandeln oder ein Mensch in einen Werwolf, aber gemeint sind auch kleinere alltäglichere Veränderungen, zum Beispiel Arbeit in Spiel verwandeln oder Wut in Lachen. Die Wiederherstellung einer fließenden Bewegung kann uns helfen, nicht nur körperlich, sondern auch geistig und emotional flexibler zu werden. Das versetzt uns in die Lage, Wege zu beschreiten, vor denen wir uns zuvor wahrscheinlich gefürchtet hätten. In der Vergangenheit wurde das Weißwurz-Rhizom als Amulett getragen, um böse Geister fernzuhalten, hilfreiche Geister anzuziehen und die eigene Weisheit zu steigern.

Als Kind liebte ich die Wähle-dein-eigenes-Abenteuer-Bücher. Beim Lesen schlüpfte ich in die Rolle der Protagonistin und wurde Bergsteigerin, Ritter, Ärztin, Kriegerin, Archäologin oder Spionin. Dabei musste man nach den ersten Seiten selbst wählen, wie das Abenteuer weitergehen soll. Meine Entscheidung führte zu einem neuen Ergebnis, weiteren Wahlmöglichkeiten und einem von vielen möglichen Enden. In eine andere Straße abbiegen, fünf Minuten zu früh oder zehn Minuten zu spät losgehen, jemanden um Hilfe bitten (oder auch nicht), wenn ich mich verirrt hatte – all das konnte den Verlauf meines Lebens verändern und damit auch das

Leben anderer Leute. Auch wenn sich die Entscheidungen an den Kreuzwegen der einzelnen Abenteuer in den Büchern und in meinem eigenen Leben unterschieden, so waren doch die zugrunde liegenden Wünsche und das Ziel die gleichen – Liebe zu finden, meine Mission zu erfüllen, meiner Bestimmung treu zu bleiben und mich selbst zu erkennen. Es gab und gibt viele Wege, um dorthin zu gelangen.

* * *

ES DAUERTE ZIEMLICH LANGE, BIS ICH DEN FÜHRERSCHEIN machte. Da ich in Amherst aufwuchs, war ich daran gewöhnt, fast alles zu Fuß zu erledigen. Die Leute, die ich in der Stadt oder an der UMass traf, der Universität von Massachusetts, sagten mir, dass sie mich oft umherwandern sahen. Deshalb gaben sie mir den Spitznamen »das Mädchen mit dem Rucksack«. Ich hatte das Bedürfnis, auf alle Eventualitäten vorbereitet zu sein. Deshalb packte ich immer mindestens drei Bücher – ein Nachschlagewerk, einen Roman, einen Gedichtband –, Kleidung zum Wechseln, Wasser, Snacks und natürlich mein Skizzenbuch und mein Tagebuch in meinen Rucksack. Es fühlte sich an, als schleppte ich einen Sack Steine mit mir herum. Das behielt ich auch bei, als ich nach New York zog. Nach dem Fitnessstudio brauchte ich immer Kleidung zum Wechseln, und da ich normalerweise den ganzen Tag unterwegs war, brauchte ich Bücher, mein Tagebuch und alles, was für mich sonst zum Leben dazugehörte. Mit meiner schweren Tasche wanderte ich von Brooklyn nach Manhattan und zurück, überquerte Brücken, erkundete neue Straßen oder suchte in bekannten Straßen nach etwas Neuem.

In Schottland gibt es das Recht, frei umherzuziehen, das sogenannte »right to roam«. Es erlaubt den Menschen, überall zu campen, zu wandern und zu spazieren, immer im Vertrauen darauf, dass sie respektvoll mit dem Land umgehen, auf dem sie unterwegs sind. Es gibt nur wenige Zäune, über die man nicht steigen darf, und ich habe dort noch nie ein »Betreten-verboten«-Schild gesehen. Wenn unsere Beziehung zum Land nicht ausdrücklich durch Gesetze und Schilder geregelt ist, ist sie weniger fragmentiert. Wenn ich vom Weg abweiche, habe ich nicht dieses unbehagliche Gefühl, dass ich »Ärger bekomme« oder in Privatbesitz eindringe.

* * *

IN DER LITERATUR ÜBER DIE MENSCHLICHE ANATOMIE STEHT, dass es in unserem Körper etwa sechshundert Muskeln gibt, aber es trifft die Sache vermutlich besser, wenn wir uns vorstellen, dass unser Körper in Wirklichkeit ein einziger Muskel ist, gegossen in sechshundert Taschen aus Fasziengewebe. Thomas M. Myers, Autor des Buches *Anatomy Trains: Myofasziale Leitbahnen (für Manual- und Bewegungstherapeuten)*, schreibt: »Die ›Illusion‹ voneinander getrennter Muskeln wird durch das Skalpell des Anatomen erzeugt, das die Gewebe entlang der Faszienebenen zerteilt. Dieser reduzierende Prozess sollte uns nicht blind machen für die Realität des vereinigten Ganzen.«[2] Jedes Organ, einschließlich des Gehirns, ist von diesem Bindegewebe umhüllt, das seine Form und sein Volumen bestimmt und einen Rahmen bietet, in dem sich die Organe miteinander verbinden, kommunizieren und bewegen. Dieses System beginnt in der Gebärmutter als faseriges Gel, das alle Zellen in unserem sich entwickelnden Körper umgibt und bei allen Säugetieren wie ein myzelartiges Spinnennetz funktioniert, das um jeden Muskel ein Kommunikationsnetz und Geflecht bildet, das den Bewegungsapparat ganzheitlich funktionieren lässt.

Wie jedes andere Gewebe in unserem Körper bestehen unsere Faszien zu siebzig Prozent aus Wasser. Sie funktionieren besser und fühlen sich besser an, wenn sie gut befeuchtet sind.[3] Feuchtigkeitsspendende Kräuter wie die Weißwurz sind dabei sehr hilfreich. Trockenem Bindegewebe fehlt es an Geschmeidigkeit, und wenn wir die Feuchtigkeit wiederherstellen und uns daran erinnern, uns zu dehnen und zu spielen, wenn wir uns festgefahren oder übermäßig ernst fühlen, können wir das Netz, das unseren Körper zusammenhält, im wahrsten Sinne des Wortes wieder flüssig machen. Starke Emotionen lösen körperliche Reaktionen aus. Unter anderem verändert sich unsere Körperhaltung: Wir sacken in uns zusammen oder schützen unser Herz, wenn wir verletzt sind, und stehen aufrecht, wenn wir uns zuversichtlich oder stolz fühlen. Wir entspannen die Schultern, und unsere Brust öffnet sich, wenn wir unserer Umgebung vertrauen. Wir sind ständig dabei, uns körperlich auszudehnen oder uns aus Selbstschutz klein zu machen und zusammenzuziehen, je nachdem, wie andere uns begegnen oder in welchen Situationen wir uns befinden. In den Faszien kommt unsere individuelle Standardhaltung zum Ausdruck. Wir können selbst wählen, ob wir loslassen oder festhalten wollen, und je nachdem, wie wir uns entscheiden, ändern sich unsere Körperhaltung und unser Bewegungsmodus.

Chronische Verspannungen können dazu führen, dass sich die Faszienfasern in dem Bestreben, den darunter liegenden Muskel zu schützen, verdicken. Ein Mangel an Aktivität kann zur Versteifung einst elastischer Muskelfasern führen. Mit der Zeit können diese Verhärtungen unseren Bewegungsspielraum einschränken, sodass wir uns wie in einem Käfig fühlen und kaum noch in der Lage sind, uns schmerzfrei zu bewegen. Die Wahrheit ist jedoch, dass unser Körper formbar ist. Alle sieben bis zehn Jahre wird der größte Teil unserer Körperzellen durch neue ersetzt, und bei manchen, besonders wichtigen Körperteilen erfolgt dieser Prozess sogar noch schneller. Selbst jener Teil von uns, der am festesten zu sein scheint, unsere Knochen, verändert sich ständig – die Zellen des Skelettsystems regenerieren sich praktisch unaufhörlich. Und jedes

Mal, wenn wir einen Schritt in Richtung Heilung machen, wandelt sich, bis zu einem gewissen Grad, unsere Gestalt.

In Schottland stellte sich bei mir das Gefühl ein, leichter zu werden. Ich unternahm immer weitere Wanderungen, entdeckte neue Landstriche, wo ich umherstreifte und kilometerweit nichts als Heidekraut, Ginster und verschiedene Grüntöne sah. Manchmal hüpfte ich dabei vor Freude! »Nur wer glücklich ist, macht Freudensprünge«, sagte Alex, als ich ihm erzählte, wie ich in der Wildnis herumgehüpft war. Kann Hüpfen also glücklich machen? Wir haben es ausprobiert, und es funktioniert offenbar tatsächlich.

In dem Maße, in dem sich meine Sinneswahrnehmung und meine Beziehung zur Natur entwickeln, wird die Entfernung, die ich zurücklege, viel weniger wichtig, und es kommt mir mehr darauf an, eine enge Beziehung zu dem Ort herzustellen, wo ich mich gerade befinde. Ich bin fasziniert von kleinen Flecken Land mit Sonnentau, Schafgarbe, Pestwurz, Fetthenne, Ginster, Thymian und sogar von den ständigen Veränderungen einer einzelnen Pflanze. Die Menschen, die wir zu kennen glauben – Freunde, Familie, Partner –, verändern und entwickeln sich jeden Tag. Mit dem Land ist das genauso, es ist nie dasselbe.

WOLFSMEDIZIN

In den letzten acht Jahren habe ich das Gelände des Wolf Conservation Center gut kennengelernt, und doch überraschen mich die Pflanzen dort immer wieder. Letztes Jahr fand ich mehr Lobelien als je zuvor. Diese Pflanze hilft uns bei Panik, Angst und unwillkürlichen Muskelkrämpfen. Sie wird in Zeremonien dazu verwendet, die Grenzen zwischen den Welten durchlässiger zu machen.

Wölfe habe ich schon immer bewundert und mich sporadisch für sie eingesetzt, aber sie wurden erst zu meinem Thema, als ich einen Vortrag von Deborah White Plume besuchte, einer Aktivistin vom Stamm der Lakota, die im Pine Ridge Reservat im Südwesten von South Dakota geboren und aufgewachsen ist. Sie sprach über die sozialen und ökologischen Probleme im Reservat und darüber, wie wir uns einbringen und engagieren können. Alle Themen, die sie ansprach, lagen mir sehr am Herzen, also machte ich mir Notizen und überlegte, was ich tun konnte. Aber als sie anfing, über Wölfe zu sprechen, durchlief ein Schauder meinen ganzen Körper. Sie berichtete, wie sehr die Wölfe gejagt wurden und inmitten politischer Auseinandersetzungen ums Überleben kämpfen mussten. Wölfe sind zwar weiterhin gefährdet, aber es wird ihnen dennoch ihr Status als geschützte Tierart aberkannt, und manche Bundesstaaten erlauben wieder die Bejagung und das Aufstellen von Wolfsfallen, obwohl der Lebensraum für die Wölfe immer weiter schrumpft. Als Deborah White Plume sprach, aktivierte sie in mir die intuitive Verbindung, die ich immer schon zu diesen Tieren hatte. Mir war, als spräche sie über meine eigene Familie. Ich begriff, dass die Wölfe mir durch Deborah die Bitte schickten, mich für sie einzusetzen. Als ich dann meine erste persönliche Begegnung mit Wölfen hatte, hatte ich das Gefühl, ganz und gar zu Hause angekommen zu sein.

* * *

WOLFSRUDEL SIND ENG MITEINANDER VERBUNDENE FAMILIEN, jede mit ihrer eigenen Geschichte, einzigartigen Fähigkeiten und Traditionen. Wenn Menschen ein Rudelmitglied töten oder das Rudel auseinanderreißen, werden die Wölfe von der Familientradition und dem lebenswichtigen Wissen getrennt, das über Generationen hinweg weitergegeben wurde: Jagdtechniken, Aufzucht der Welpen, Rudelstruktur, Sprache und Kommunikation – Fähigkeiten, die für das Überleben in der Wildnis entscheidend sind.

Wenn Wölfe getötet und ihre Familien auseinandergerissen werden, fordert das auch von unserer Umwelt ihren Tribut.

Als Wölfe 1995 nach siebzigjähriger Bejagung und Verfolgung wieder im Yellowstone-Nationalpark angesiedelt wurden, veränderte sich dadurch die Stärke, Widerstandsfähigkeit und Vielfalt der Tier- und Pflanzenarten im Nationalpark.[4] Die Wölfe wurden wieder eingebürgert, um die wachsende Elchpopulation in den Griff zu bekommen, weil durch die Elche weite Teile des Parks überweidet waren. Die Wölfe sorgten aber noch für viele andere positive Veränderungen in der Landschaft. Es entwickelten sich viel bessere Lebensbedingungen für andere Tiere wie Adler, Biber und Bisons, deren Zahl zunahm. Und nach der Wiederansiedlung der Wölfe kehrten auch manch andere Tierarten zurück. Auch verbesserten sich Gesundheit und Wohlbefinden bei den Beutetieren der Wölfe, womit sich ein Sprichwort der Keewatin-Inuit bewahrheitete: »Das Karibu nährt den Wolf, aber es ist der Wolf, der das Karibu stark hält.« Und wenn die Rudelstruktur der Wölfe durch Jäger oder den Rückgang ihres Lebensraums zerstört wird, wenn sie nicht mehr im Rudel jagen und Elche oder Hirsche erlegen können, dann suchen sie sich leichtere Beute, zum Beispiel die Weidetiere der Farmer. Das ist die Ursache für die jüngsten anhaltenden Konflikte in den Vereinigten Staaten und anderen Ländern, in denen Wölfe noch frei umherstreifen, aber immer größere Teile der Wildnis vom Menschen erschlossen und genutzt werden.

* * *

ALS ICH BEGANN, IM WOLF CONSERVATION CENTER RETREATS ANzubieten, gehörte zu den ersten Fragen, die mir die Teilnehmer stellten: »Dürfen wir die Wölfe streicheln?« Ich gebe zu, als ich das Gehege zum ersten Mal sah, war ich frustriert. Nicht nur um der Wölfe willen, sondern auch um meinetwillen. Ich wollte mit ihnen in Kontakt treten, mich mit ihnen verbinden und sie berühren. Aber Wölfe sind keine Hunde. Sie mögen unseren Huskys oder Schäferhunden sehr ähnlich sehen, aber sie sind nicht daran interessiert, uns zu gefallen, und das müssen sie auch gar nicht. Auch wenn die Wölfe im Conservation Center (noch) nicht frei herumlaufen können, sind sie doch souverän. Kein Wildtier sollte in Gefangenschaft leben, aber solange unsere Beziehung zur Wildnis noch nicht wiederhergestellt ist, brauchen wir Orte, an denen diese wichtigen Tiere am Leben erhalten werden können. Sosehr ich das Wolf Conservation Center liebe, wünschte ich auch, dass es nicht existieren müsste.

Ich hatte selbst einmal einen wolfsähnlichen Begleiter, einen Husky-Dobermann, der eindeutig von Wölfen abstammte. Die heutigen Wölfe stammen wie die Hunde von einer Wolfsart ab, die vor etwa 10 000 bis 32 000 Jahren ausstarb. Während die Forscher weiterhin darüber streiten, wann, wo und wie Hunde zuerst domestiziert wurden, sind sich doch die meisten einig, dass wahrscheinlich ein freundlicher Wolfsvorfahre den ersten Kontakt mit dem Menschen herstellte, indem er tat, was ihm in seiner Familie beigebracht wurde: spielen.

Da ich mit Hunden als Teil meiner Familie aufgewachsen bin, war es nur natürlich, dass ich meine Rudelmitglieder vermisste, als ich nach New York zog. Als ich im East Village lebte und die *Village Voice* las, stieß ich eines Tages auf ein Tierheim auf Staten Island, und ich hatte dieses Gefühl im Bauch. Ich wusste, dass ich dorthin musste. Als ich im Tierheim ankam, erregte ein wunderschöner karamellfarbener Hund mit umwerfenden haselnussbraunen Augen und unbändiger Energie meine Aufmerksamkeit, und wir schlossen sofort Freundschaft. Die Leute dort warnten mich, dass er schwierig sei, aber ich ließ mich nicht abschrecken. Ich wusste, dass ich seinetwegen gekommen war. Sie nahmen ihn an die Leine, und wir gingen zusammen spazieren. Er zog, wollte unbedingt rennen und hatte eine aufgestaute ungestüme Energie, was mir nur natürlich schien, nachdem er so lange eingesperrt gewesen war. Er sprang auf mich zu und kommunizierte auf alle ihm bekannten Arten, als würde er mich anflehen, ihn mit in die Freiheit zu nehmen. Es war Liebe auf den ersten Blick. Ich erledigte den Papierkram, und nur wenige Tage später kam er zu mir ins East Village. Die erste Nacht, in der ich neben ihm zusammengerollt auf dem Boden schlief, war himmlisch, und ich nahm mir vor, ihm das bestmögliche Leben zu bieten.

Ich teilte meine Tage so ein, dass wir morgens lange Spaziergänge oder Läufe machten, nachmittags ausgiebig auf dem Hundeplatz im Tompkins Square Park verbrachten und abends wieder lange Spaziergänge machten. Zu dieser Zeit war ich überwiegend freiberuflich tätig und trainierte Klienten im Park oder am East River, und manchmal nahm ich den Hund sogar zu den Trainingsstunden mit. Ich kochte seine Mahlzeiten, so wie ich meine kochte, und wenn er bellte und bestimmte große weiße Männer mit Baseballmützen anpöbelte, die ihn wohl an die Menschen erinnerten, die ihn misshandelt hatten, fand ich seine Reaktionen gerechtfertigt. Als ich anfing, mehr Zeit im Boxstudio zu verbringen, ging ich, nachdem ich auf die schweren Säcke eingedroschen hatte, zur Abkühlung anschließend kilometerweit mit ihm spazieren. In diesen ersten zwei Jahren entstand eine enge Bindung zwischen uns, und wir halfen uns gegenseitig dabei zu heilen.

Für die Tage, an denen ich länger arbeiten musste, stellte ich jemanden ein, der mit ihm Gassi ging. Aber dann zogen meine Klienten weg, und damit auch mein freiberufliches Einkommen, sodass ich gezwungen war, erheblich mehr im Boxstudio zu coachen, während er allein in der Wohnung festsaß. Das belastete mich. Ich stellte mir vor, dass er deprimiert war oder dass es ihn ganz wild machte, nicht draußen herumtoben zu können, also eilte ich immer nach Hause, so schnell ich konnte, und hatte ein schlechtes

Gewissen. Ich fuhr mit ihm so oft wie möglich hinaus aufs Land, damit wir zusammen durch die Natur stromern konnten. Wir machten außerhalb der Badesaison lange Strandspaziergänge oder durchstreiften die Wälder von Western Massachusetts, aber ich wusste, dass das nicht genügte. Er brauchte mehr. Er brauchte die Freiheit, draußen herumtollen zu können, ohne so viel Zeit allein in der Wohnung verbringen zu müssen – ein liebevolles Zuhause, in dem er nicht eingesperrt war und nach Herzenslust durch den Wald laufen konnte. Ich sah ein, dass wir beide nicht weiterkämen, wenn ich mich an ihn klammerte. Er musste die Möglichkeit bekommen, das Leben zu leben, das er verdiente. Ein entsprechendes Zuhause für ihn zu finden fiel mir wirklich nicht leicht, aber es wäre egoistisch gewesen, ihn zum Bleiben zu zwingen.

Ich wandte mich an meine Freunde und Verwandten in Western Massachusetts mit einer klaren Vorstellung, was ich für ihn suchte: Er brauchte jemanden, der freundlich und mitfühlend war. Er brauchte eine Familie, die ihn herzlich aufnahm, mit ihm wandern und laufen ging, ihn selten allein ließ und ihm ein Leben in Liebe und Freiheit schenkte. Schließlich fand ich genau das. Nach einigen langen Besuchen ließ ich eines Tages meinen lieben Hundegefährten bei seinen neuen Freunden, seiner zukünftigen Familie zurück. Es brach mir das Herz, aber ich wusste, dass es richtig war. Anfangs verbrachte ich Zeit mit ihnen und blieb in Kontakt, aber nach einer Weile, als ich wusste, dass er glücklich war und geliebt wurde, ließ ich los. Es ging ihm gut, und das war genug.

Sein Bild reist immer noch mit mir, wenn ich seinen Geist auf Abenteuer mitnehme und mich daran erinnere, dass Lieben manchmal Loslassen bedeutet. Ich werde ihn immer vermissen, aber ich weiß, dass ich das Richtige getan habe. Und das ist es, was ich mir für die Wölfe wünsche. Ich mache mir Sorgen um die wilde Welt – das ist es, was mich nachts wach hält, was mich motiviert und was mehr als alles andere an mir nagt. Ich möchte die Gewissheit haben, dass die Wölfe sicher sind, in der Wildnis gedeihen und das Leben leben können, für das sie geboren wurden, auch wenn das für mich bedeutet, dass ich überhaupt keinen persönlichen Kontakt zu ihnen haben kann.

* * *

WIR BRAUCHEN DAS GLEICHE WIE DIE WÖLFE: GESCHÜTZTES öffentliches Land und ungestörte Wildnis, in der wir frei umherstreifen können, eine Wildnis, die vor Zerstörung und Ausbeutung geschützt ist. Ich denke darüber nach, dass wir über fünfundneunzig Prozent der Zeit, die es uns nun gibt, Nomaden waren, die nur das Nötigste mit sich trugen und ihr Leben nach der Verfügbarkeit von Früchten, Nüssen, Wurzeln und Grünzeug, den Wanderungen der Tiere und den Wetterveränderungen ausrichteten. Manchmal frage ich mich, ob wir überhaupt dazu bestimmt sind, dauerhaft an einem Ort zu bleiben. Jedenfalls ist es ganz sicher nicht unsere Bestimmung, so viel unnötiges Zeug anzuhäufen, das die Reserven der Erde erschöpft und uns stagnieren lässt und bindet.

* * *

AUF DEM WEG ZUR HAUPT-LODGE VON ALLADALE BEGRÜSST MICH stets ein Wolfspaar – die Wölfin in der Hocke, verspielt und sprungbereit, und der Rüde reckt den Kopf in den Himmel und heult. Diese lebensechten Skulpturen stehen für das, was kommen wird. In den letzten drei Wochen wurden sie jeden Tag von heftigen Sturmwinden umgeworfen, die durch jede Ritze der Lodge pfeifen. Und jeden Tag stelle ich die Wölfe wieder auf. Ich weiß, dass der Wind sie erneut umwerfen wird, aber sie aufzurichten ist für mich zu einem täglichen Ritual der Beharrlichkeit geworden. Es gibt Tage, an denen ich versucht bin, sie einfach liegen zu lassen, weil ich weiß, dass es eine vergebliche Mühe ist. Aber irgendetwas zwingt mich dazu, den Hügel zu ihnen hochzusteigen und sie aufzurichten. Ich mag sie und möchte das, wofür sie stehen, nicht aufgeben.

In Europa leben heute wieder etwa 12 000 Wölfe, doppelt so viele wie in den USA. In den letzten zwei Jahrzehnten sind Wolfsrudel in die Alpen zurückgekehrt, und inzwischen auch in einige Regionen Deutschlands, Italiens, Frankreichs, Österreichs und der Schweiz.[5] Damit diese Wiederansiedlung zum Erfolg wird, müssen wir gleichzeitig die Aufklärung der Bevölkerung fördern. Das EU-Recht erlaubt die Tötung von Wölfen, wenn sie eine Gefahr für den Menschen darstellen, und mit der wachsenden Zahl von Wölfen wächst auch die Gefahr von Missverständnissen oder falsch interpretierten Begegnungen. Vielerorts lösen Wölfe so viel unbegründete und diffuse Ängste aus, dass sachliche Informationen über die in Wirklichkeit sehr geringen Risiken dringend nötig sind. Wir brauchen ein Umdenken und müssen alte, immer noch kraftvolle Erzählungen über das Wesen der Wölfe dringend überarbeiten, damit sie die Realität widerspiegeln, und wir müssen für die Bewahrung der Wildnis eintreten. Diese Räume freier Natur sind für unser eigenes Überleben ebenso wichtig wie für das Überleben der Wölfe und der anderen Wildtiere.

Dem Ruf des Wolfes zu folgen hat mir geholfen, meine eigenen Grenzen zu erfahren und meine Rolle als Hüterin des Landes besser auszufüllen. Diese Worte, die ich hier aufschreibe, sind mein Wolfsgeheul, während ich meinen Weg in der heutigen, sich ständig weiterentwickelnden Landschaft finde und mein Bestes gebe, neue Geschichten zu erschaffen, damit die Wildnis wieder wachsen kann und alle Wesen frei umherstreifen können.

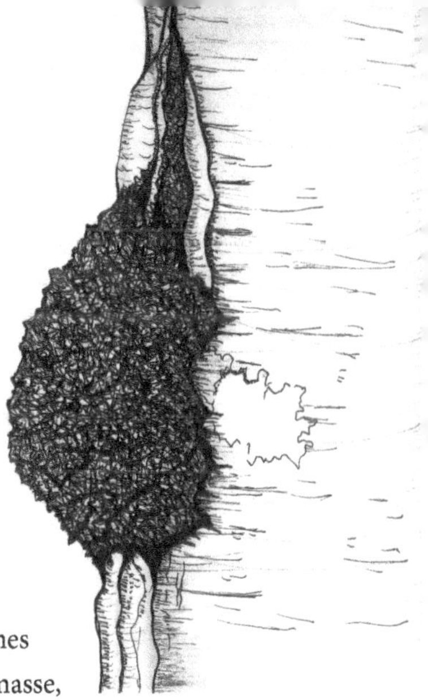

CHAGA

Inonotus obliquus

Familie: Hymenochaetaceae

Der Chaga ist nicht der Fruchtkörper eines Pilzes, sondern eine heilkräftige Myzelmasse, die als *Sklerotium* bekannt ist. Im Gegensatz zu den meisten Pilzen ist der Chaga, der auch Schiefer Schillerporling genannt wird, ein Baumpilz mit Poren anstelle von Lamellen, und er wächst nicht im Boden, sondern bevorzugt auf Birken. Die Birke ist ein schnellwüchsiger Pionierbaum, der auf geschädigtem, unwirtlich gewordenem Land die Voraussetzungen dafür schafft, dass auch andere Baumarten dort gedeihen können. Einige behaupten, die Beziehung zwischen Chaga und Birke wäre parasitär, während andere sagen, dass die Beziehung symbiotisch ist und der Chaga hilft, die Wunden des Baumes zu heilen. Was auch immer sie in ihrer Partnerschaft durchmachen, die Kombination der beiden ist wirkungsvoll, und der Chaga in seiner heilkräftigsten Form kann ohne seinen Wirtsbaum nicht existieren. Der schnelle Lebenszyklus der Birke bewirkt, dass sie rasant in die Höhe wächst und daher bei Sturm schnell umstürzt und zu Fäulnis neigt. In Zusammenarbeit mit den Chagas schafft ihre Verrottung einen fruchtbareren Boden für kommende Generationen.

NÄHE

> Hüte deine freien Augenblicke gut. Sie sind wie ungeschliffene Diamanten. Wenn du sie wegwirfst, wirst du ihren Wert nie erfahren. Verbessere sie, und sie werden zu den hellsten Edelsteinen in einem nützlichen Leben.
>
> RALPH WALDO EMERSON

Mit dir zusammen zu sein fühlt sich an, wie im Meer zu schwimmen«, sagst du mir. Der Ozean ist dein Lieblingsort, und beim Schwimmen fühlst du dich frei, also weiß ich, dass dieser Vergleich das größte Kompliment ist. Geborgen in den Armen des anderen können wir uns entspannen und loslassen. Wir sagen ständig »Ich liebe dich« zueinander, und doch verlieren diese Worte nie an Bedeutung.

Jetzt, im Chaos und in der Ungewissheit einer Pandemie, sind wir voneinander getrennt – ich in Schottland und du in Brooklyn. Wir bleiben dank des mycelartigen Netzes der Technologie verbunden, aber wir können uns nicht berühren. Es fühlt sich für mich richtig an, hier in den Highlands zu sein, aber ich vermisse dich. Vor allem, weil unsere zärtlichsten Momente unbeschreiblich waren. Ich bin voller Nostalgie, aber ich will meine Zeit hier nicht damit verschwenden, mich nach unserer Heimat zu sehnen.

Ich fühle mich heute in einem seltsamen Schwebezustand, als würde ich Phasen der Trauer durchlaufen: Leugnung, Wut, Verhandeln, Traurigkeit und Akzeptanz. Ich werde in der Traurigkeit weich, eine Art Schmelzen, und ich sehne mich nach deinen Händen, die so viel halten können. Du nahmst meine Hand in deine, als wir vor sechs Jahren die Washington Avenue hinuntergingen, um in meinem wuchernden Garten Brennnesseln zu ernten. Da wusste ich, dass du der Richtige für mich bist. Du streckst immer noch deine Hand nach meiner aus, in der Dunkelheit unseres Schlafzimmers und in unserem Zelt, wenn wir unter dem Sternenhimmel übernachten. Gestern Abend habe ich aus Gewohnheit nach deiner Hand gegriffen, als ich einschlief, und sie war nicht da.

Es ist Frühling 2020, und die Bewältigung der Pandemie bedeutet, dass viele Pläne auf Eis gelegt werden müssen. Als jemand mir sagt, dass ich möglicherweise für sechs Monate in den schottischen Highlands festsitzen werde, ist mein Körper, der sich immer nach der Freiheit der wilden Natur sehnt, erleichtert. *Ich kann nicht zurück in die Stadt, nicht einmal, wenn ich es wollte.* Aber mein Herz, das verwirrt ist, sehnt sich nach dir, auch wenn es angesichts des Nervenkitzels der Wildnis hier schneller schlägt. Hier, auf diesen 9 300 Hektar Wildnis gibt es keine Zersiedelung, keinen Beton, keinen ständigen Lärm. Ich muss hier nicht so aufpassen, wenn ich umherstreife, und das ist befreiend. Mein Nervensystem entspannt sich, und ich habe Zeit für mich allein, um mich wieder zu öffnen – etwas, wonach ich mich gesehnt habe, auch wenn ich weiß, wie unangenehm es sein kann.

Nachdem ich geweint hatte, konnte ich hier präsenter sein. Nachdem die existenzielle Traurigkeit und die Traurigkeit darüber, dass du nicht bei mir bist, nachgelassen haben, klären sich meine

Gedanken, ich lasse los, und alles wird lebendiger. Der Klang deiner Stimme am Telefon berührt mich, und ich spüre die Umarmung aller Lebewesen – Regen prasselt auf mich nieder, Wind streichelt mein Gesicht, das pelzartige Gras, die Moospolster, die Birken, der Stechginster, die Momente, wenn die Sonne scheint. Das ist die wilde Einsamkeit, nach der ich mich gesehnt habe, und sie fühlt sich an, als würde ich im Meer schwimmen.

* * *

CHAGA KANN OHNE EINEN WIRTSBAUM NICHT EXISTIEREN. UND dieser Wirtsbaum ist in der Regel eine Birke. Die Weißbirke und die Moorbirke sind in Schottland seit dem Ende der letzten Eiszeit heimisch, als sie mit ihren vom Wind verbreiteten Samen in die Gebiete vordrangen, die unter der abtauenden Eisdecke zum Vorschein kamen. *Beithe* oder Birke ist das erste Symbol des Ogham-Alphabets und steht für den Buchstaben B, und uralte Birkenwälder sind in vielen gälischen Ortsnamen wie Glen an Beithe, Allt Beithe und Beith in Ayrshire verewigt.[1] Hier in den Highlands gedeihen die Birken, an denen der Chaga wächst, sehr gut.

* * *

WIE DER CHAGA-PILZ UND DIE BIRKE KOMPOSTIEREN MEIN PARTner und ich abwechselnd den Schmerz des anderen. Auf unserem Weg zum Strand spricht er mit mir über seine Mutter. Er lächelt, als er mir von seiner Kindheit in Venezuela erzählt, von den Wochenenden, als er im Sand saß und Kokossorbet aß, das in Kokosnussschalen serviert wurde, während seine Mutter so tat, als gehörten er und sie zum Beach Club dazu. Zu zweit an den Strand zu gehen, das war ihr Wochenendritual und ihre schönste gemeinsame Zeit. Ich sehe mir alte Fotos an, auf denen zu sehen ist, wie er im Sand spielt. Ich erkenne darauf die kindliche Unschuld, die er immer noch hat, selbst wenn er mir von der kurzen Nachricht erzählt, die seine Mutter hinterließ, als sie beschlossen hatte, ihrem Leben ein Ende zu setzen, weil ihr Schmerz zu groß war, um weiterzumachen.

Tränen sprudeln aus seinem Inneren hervor – ein tiefer Schmerz, der ihn regelrecht durchschüttelt, fast zum Erbrechen bringt. Ich spüre seinen Schmerz, mein Körper reagiert, schmerzt, etwas in mir bewegt sich, passt sich an, und ich schmecke Salz auf meinen eigenen Lippen. Ich stelle mir vor, wie ich meine Mutter verliere, was mir Angst macht, und ich stelle mir vor, wie es für den kleinen Jungen, der seine Mutter liebte und noch immer so sehr liebt, gewesen sein muss, sie zu verlieren. Ich strecke die Hand nach ihm aus, halte ihn fest. Es ist so schwer zu wissen, was man in diesen Momenten tun soll, wenn jemand, den wir lieben, ins Taumeln gerät. Selbst Zärtlichkeit kann manchmal erdrückend sein. Und so roh und schmerzhaft es auch ist, ich bin froh, dass er zulässt, dass die Tränen die Schichten des Schmerzes durchbrechen und etwas in ihm waschen und heilen. Diese Momente des Weichwerdens, des Fühlens und Loslassens haben in uns beiden mehr Raum geschaffen, sodass wir näher zusammenrücken konnten.

Unsere erste Verabredung hatten wir am Strand von Fort Tilden. Wir saßen dort im Sand, und er erzählte mir, dass er gerne im Salzwasser schwimmt, weil er sich dort frei genug fühlt, um zu weinen. »Meine Tränen werden zum Ozean«, sagte er mir. Jetzt ist seine wunderbare Mutter immer gegenwärtig. Sie ist an jedem Strand bei ihm, überall.

* * *

WENN BÄUME ÄSTE VERLIEREN ODER DURCH STÜRME BESCHÄDIGT werden, wächst der Chaga über die Wunde und bildet eine schützende Narbe. An dieser Stelle verflechten sich die dunklen Hyphen des Pilzes, die sogenannten *Sklerotien*, mit dem Holz und bilden eine einzigartige Pilz-und-Baum-Interaktion. Die unregelmäßige rissige Masse des Pilzes sieht aus wie verbrannte Holzkohle. Wenn der Chaga geerntet wird, finden wir in seinem Inneren eine schöne Rostfarbe. Die Birke kann noch viele Jahre weiterleben, während der Chaga ihren Stamm ziert, so wie wir überleben und sogar gedeihen können, während wir die Narben alter Wunden tragen.

* * *

IM JAHR 2019, AM ENDE DES SOMMERS, DURCHLEBTEN ALEX UND ich einen intensiven emotionalen Übergang. Ich war gerade von einem Monat in den Highlands zurückgekehrt und fühlte mich in der Stadt regelrecht gefangen. Obwohl wir in der Nähe des Prospect Parks und des Botanischen Gartens wohnten, gab es für mich keinen Ort, wo ich in der Natur sein konnte, ohne gleichzeitig mit dem Lärm und den Menschenmassen fertigwerden zu müssen. Ich sehnte mich nach Einsamkeit und war erschöpft von den Diskussionen und Kompromissen, die ich dafür in Kauf nehmen musste.

Brooklyn war lange Zeit eine wunderbare Basis für mich, aber es ist Jahre her, dass ich es mein Zuhause nannte. Es ist ein Knotenpunkt, von dem aus man sich fortbewegen kann. Ich verbringe einen Großteil meiner Zeit draußen in der freien Natur und kehre dazwischen immer wieder zu Alex, meinen Freundinnen und Freunden, meiner Gemeinschaft und in die großstädtische Kulturszene zurück. Aber es fällt mir immer schwerer, mich an den Lärm zu gewöhnen, nachdem ich in der Natur war. Eine Zeit lang habe ich den Kontrast genossen, doch die Geräuschkulisse der Großstadt geht mir zunehmend auf die Nerven, und ich sehne mich nach der Wildnis, in der ich frei bin, mich zu öffnen und zu weiten.

In jenem Herbst weinten wir viel. Ich war fertig mit der Stadt. Ich fühlte mich gefangen und konnte nirgendwo hingehen, wo ich nicht von Menschen umgeben war. Ich brauchte einen kreativen Freiraum, ich musste weg. Ich wollte, dass er mit mir kommt: »Warum ziehen wir nicht aufs Land, in Stadtnähe?« Aber das wollte er nicht, und je mehr wir redeten, desto mehr schien es, dass wir unterschiedliche Dinge wollten. Wir bewegten uns am Rande schmerzhafter emotionaler Tiefen, aber ich dachte auch, dass es etwas war, das wir vielleicht gemeinsam überwinden konnten.

Ich fuhr für ein paar Tage weg und bat ihn, *Skelettfrau* zu lesen, eine Heilungserzählung der Inuit und eine meiner Lieblingsgeschichten in Clarissa Pinkola Estés' *Die Wolfsfrau.*[2] Am Anfang der Geschichte wird eine Tochter von ihrer Familie verstoßen und bestraft, indem sie ins Meer geworfen wird, wo sich ihr Körper auflöst. Nur ihr Skelett bleibt übrig. Ein einsamer Fischer fährt weiter aufs Wasser, als andere es je wagten, wirft seine Leine in die Tiefen des Ozeans aus, und der Angelhaken verfängt sich an einer Rippe der verstoßenen Frau. Der Fischer denkt, er hätte den größten Fisch seines Lebens gefangen, einen, von dem er tagelang essen kann. Während er die Skelettfrau aus der Tiefe nach oben zieht, kämpft sie darum, sich zu befreien, verheddert sich aber immer mehr in seiner Leine. Schließlich steigt sie an die Oberfläche und versetzt den Fischer in Angst und Schrecken. Mit rasendem Herzen versucht er zu fliehen, aber sie hängt in seiner Angelleine fest, sodass er sie hinter sich herzieht. Nun sind die beiden aneinandergebunden.

Der Fischer erreicht erschöpft den Strand bei seinem Haus, und nun verändert sich etwas in ihm. Er dreht sich um und sieht sie an, *sieht sie wirklich an*, und als er das tut, wird er von Mitleid ergriffen. Er befreit sie aus seiner Leine, setzt ihre Knochen wieder an die richtigen Stellen und hüllt sie in Felle, um sie warm zu halten. Sie nimmt seine Freundlichkeit an und sagt aus Angst, den Zauber zu brechen, kein Wort. Schließlich schläft der Fischer, der inzwischen spürt, dass von ihr keine Gefahr ausgeht, neben ihr ein. Während er schläft, entweicht ihm im Traum eine Träne aus dem Auge. Die Skelettfrau, die so ausgedörrt ist und so sehr nach wahrer und tiefer Verbundenheit dürstet, trinkt seine Träne und nährt damit die trockenen, ausgelaugten Räume in ihr. Durch diese neu in ihr erwachenden Gefühle und die Kraft des Mitleids kehrt sie ins Leben zurück.

* * *

SALZWASSER IST EINE MAGISCHE SUBSTANZ. WIE DAS MEER, DAS über Felsen strömt, schliffen unsere Tränen unsere scharfen Kanten glatt, sodass wir wieder aneinanderstoßen konnten, ohne uns zu verletzen, und wir fanden neue Wege, miteinander zu verschmelzen. Der drohende Bruch zwischen uns brachte Alex und mich näher zusammen und ließ uns erkennen, wie sehr wir uns lieben. Davor, bevor wir zu einer rauen klaren Ehrlichkeit im Umgang mit unseren Bedürfnissen fanden, fiel es mir leicht, mir eine Trennung vorzustellen. Jetzt weiß ich: Wenn ich in solchen Momenten meinem Drang zu fliehen widerstehe, wird es mir möglich, innerlich weicher zu werden. So finde ich neuen Raum für eine enge Verbindung.

Jetzt bin ich wieder hier in den schottischen Highlands und wiederhole in gewisser Weise die Reise, die mich im letzten Jahr ruhelos machte. Ich bin wegen dieser lebensverändernden Pandemie auf unbestimmte Zeit hier. Keiner von uns konnte wissen, dass dies passieren würde, aber irgendwie hatten wir diese Trennung bereits verarbeitet, uns darauf vorbereitet. Wir trauerten, weil wir tief in uns wussten, dass ich tatsächlich für eine Weile weit weg sein würde.

EINSAMKEIT

Die Stille hier ist geradezu körperlich spürbar. Ich höre die Geräusche und Regungen meines Körpers auf eine Art und Weise, wie ich es in New York nie kann, wo der Alltag übervoll ist mit Lärm und Hektik der Technikwelt. Ich weiß nicht, ob ich je wieder in der Lage sein werde, in dieser großstädtischen Unruhe zu leben. Auch jetzt, während ich schreibe, spüre ich, wie sehr mein Körper inzwischen in Schottland verwurzelt ist, inmitten einer wunderschönen, heiter stillen Leinwand, von der aus ich meine Erinnerungen wachrufen kann, sodass sie sich aus meinem Körper auf die Manuskriptseiten ergießen können. Die Umstellung auf das Alleinsein kann zwar schwierig sein, aber sobald ich mich daran gewöhnt habe, schätze ich die Einsamkeit. Selbst wenn ich mit einem geliebten Partner glücklich bin, hungere ich danach, Zeit für mich allein zu haben. Und selbst wenn ich diese Zeit dann habe, mache ich mir Sorgen, dass sie unterbrochen werden könnte. Die Kreativität ist eine andere Form der Freiheit, und um hinunter in ihre Tiefen zu schwimmen, brauche ich Zeit und Raum.

Der Schöpfungsakt war für mich immer etwas sehr Persönliches. Es ist mir schon immer schwergefallen, in Gegenwart anderer Menschen zu schreiben und vor allem zu zeichnen oder zu malen. Es ist ein Akt, bei dem ich mein Inneres ausschütte, ein Fließen, das zu Beginn oft chaotisch wirkt. Meine Zeichnungen machen immer eine hässliche Phase durch, und bei meinen abstrakten Arbeiten weiß ich selten, worauf sie hinauslaufen. Die Linien entwickeln, so scheint es, ihr eigenes Leben, und ich versuche, sie aus meinem Körper heraus aufs Blatt wandern zu lassen, indem ich mit meiner nicht dominanten Hand beginne. Ich spüre eine körperliche Erleichterung, wenn ich meiner linken Hand erlaube, das Bild zu gestalten. Es ist, als wäre sie die meiste Zeit meines Lebens gefesselt gewesen, weil sie nicht gut genug war – eine Hälfte von mir, die sich nicht ausdrücken konnte, die schmerzt und sich danach sehnt, gesehen zu werden. Die linkshändig ausgeführten Linien sind zittriger, wie bei einem Kind, wenn es zeichnen lernt, aber der Ausdruck hat auch etwas Reines und Unmittelbares. Irgendwie weiß dieser Teil von mir, wie er sich aufs Papier stehlen kann, ohne dass ihm mein redigierender kritischer Verstand in die Quere kommt.

Ich bin zu meinem Glück inzwischen in der Lage, meine eigene Gesellschaft zu genießen. Bereits in den Zeiten, als das noch nicht der Fall war, spürte ich, dass ich die Einsamkeit brauche, um mich mit mir selbst wohlzufühlen – was die Voraussetzung dafür ist, mich auch mit anderen wirklich wohlfühlen zu können. In ihrem Buch *Alles über Liebe: neue Sichtweisen* schreibt die Feministin bell hooks: »Zu wissen, wie man allein sein kann, ist von zentraler Bedeutung für die Kunst des Liebens. Wenn wir allein sein können, können wir mit anderen zusammen sein, ohne sie als Mittel zur Flucht zu benutzen.«[3] Es gibt Schichten, die durch Konditionierung, Erinnerungen oder Traumata entstanden sind, die man abtragen muss, um anderen wirklich nahe sein und sie ins eigene Leben hereinlassen zu können.

Ich liebe die Morgenstunden. Ich freue mich auf meinen Kaffee, den ich mit meinem Chaga- und Haferstroh-Aufguss zubereite. Diese schmackhafte Mischung gehört seit einigen Jahren zu meinem morgendlichen Ritual. Haferstroh fördert Ausgeglichenheit und Flexibilität, und der Chaga stärkt das Immunsystem. Zusammen gleichen sie den bitteren koffeinhaltigen dunklen Röstkaffee aus. Ich koche den Chaga und das Haferstroh, damit sie ihre Wirkung voll entfalten können, gieße sie dann mit einem Tropfen Kokosnussöl über den Kaffeesatz, rühre um, schütte das Ganze durch ein Teesieb in meine Tasse und genieße dieses bittere Gebräu.

Jeden Morgen sage ich zu mir: Ich liebe dich. Ich sage es zu meinem Körper, meinem Geist, meinen geliebten Menschen, und ich sage es zu Mutter Natur. Ich grüße meine Umgebung, und oft grüße ich die Himmelsrichtungen – Osten, die Richtung der aufgehenden Sonne und des Elements Luft, Süden, die Richtung der Mittagssonne und des Feuers, Westen, die Richtung der untergehenden Sonne und des Wassers, und Norden, die Richtung der Mitternacht und der Erde. Ich grüße den Himmel über mir und die Erde unter mir und zentriere mich inmitten von allem. Diese Praxis hilft mir, mich in der natürlichen Welt zu verorten. Dann massiere ich Stellen meines Körpers, die sich verspannt anfühlen, bewege meine Gelenke, um stagnierende Energie zum Fließen zu bringen, begrüße meinen Körper, stelle mich bewusst auf den neuen Tag ein, atme tief durch und denke über meine nächtlichen Träume nach.

Am Morgen sind meine Gedanken am klarsten. Wenn ich aufwache, lasse ich die Inspiration durch mich hindurchströmen, von unten nach oben, in meine Finger und nach außen. Ich lade Ideen herunter, die aus dem Äther zu kommen scheinen, von den Pflanzen, den Geistern, und lade Wissen aus dem Boden oder aus den Höhlen der Erinnerung hoch. Wenn ich früh aufwache, um fünf oder sechs Uhr, bin ich voller Energie. Ich spüre das Cortisol, das mich durchströmt, die Energiewellen. Ich schreibe und meditiere gern, bevor die Außenwelt in mein Inneres eindringt, das war schon immer die Zeit, in der ich am besten schreiben konnte. Ich versuche, die Zeit zwischen Träumen und Wachsein zu nutzen und das zu downloaden, was mir als Erstes am Morgen einfällt. Wenn der Rest der Welt aufwacht und um mich herum das unsichtbare Schwirren losgeht, fühle ich mich ein wenig abgelenkt, auch wenn ich selbst gerade nichts zu tun habe.

* * *

AUCH DIE MORGENSTUNDEN MIT IHM LIEBE ICH. ER BEGRÜSST mich jeden Tag mit »Hallo, Sonnenschein« oder »Buenos días, mi cariño«. Irgendwie hat er jeden Morgen gute Laune, was mich verwirrt, aber ich bin so dankbar dafür. Es gibt jedoch auch immer einen Moment der Spannung: *Wird er das Radio einschalten?* Wir wollen im Bett bleiben und kuscheln, aber wir wissen, dass derjenige, der zuerst die Treppe hinuntersteigt, die morgendliche Umgebung bestimmt. Ich habe ihm mein Bedürfnis nach Ruhe erklärt, wir haben unangenehme Verhandlungen geführt, und jetzt trägt er oft Kopfhörer – aber er mag sie nicht. Er mag es zu wissen, was in der Außenwelt vor sich geht, wenn er in den Tag startet, während ich mich zuerst auf meine Innenwelt einstellen muss. Es ist schwierig, hier für uns ein Gleichgewicht zu finden. Als ich bei ihm einzog, hatte ich Mühe, meine morgendlichen Gewohnheiten beizubehalten. In letzter Zeit sind wir zu besseren Kompromissen gelangt, aber hier in den Highlands kann ich mich tiefer fallen lassen, weil ich weiß, dass ich nicht über den heiligen Raum verhandeln muss.

***

GESTERN FLOG EIN VOGEL, EINE BEZAUBERNDE BLAUMEISE, IN mein Zimmer. Er oder sie schien schon seit Tagen hereinkommen zu wollen, denn sie hatte immer wieder am Fenster gepickt. Ob ihr Besuch eine Art Zeichen war oder einfach nur Neugierde, weiß ich nicht. Aber an diesem Tag flog sie durch das Fenster, das ich gerade weit genug geöffnet hatte, um frische Luft hereinzulassen. Als ich nach dem morgendlichen Aufguss zu meinem Schreibtisch ging, saß der kleine Vogel auf der Stuhlkante. Er wirkte überhaupt nicht unruhig oder ängstlich. Ich wollte mich zwar gerne auf die Begegnung einlassen, mag es aber gar nicht, wenn Vögel sich ins Haus verirren und panisch gegen die Wände flattern. Aber da die Meise offenbar keine Angst hatte, konnte ich den kurzen Moment, in dem er oder sie auf dem Stuhl saß und meinen Schreibtisch segnete, in Ruhe genießen. Dieses kleine Wesen schien genau zu wissen, was es tat. Dann öffnete ich alle Fenster, und ein paar Minuten später saß die Meise auf der Fensterbank und startete hinaus in den freien Himmel.

* * *

EIN TEIL VON MIR FÜHLT SICH IMMER UNWOHL, WENN JEMAND IN meine Zeit und meinen Raum eindringt. Selbst in einer abgelegenen Hütte in den schottischen Highlands, allein in den Hügeln von Western Massachusetts oder im Dschungel von Costa Rica, wo man mich nur mit Mühe finden würde, möchte ich sicher sein, ungestörte Zeit zu haben. Das ist ein geradezu verzweifeltes Bedürfnis in mir. Ich habe keine Kinder, einen Partner, der mein Bedürfnis nach Einsamkeit unterstützt, und trotzdem habe ich Zeit darauf verschwendet, mir Sorgen zu machen, dass ich gestört werden könnte. Vielleicht liegt es an all den Frauen vor mir, die ebenfalls solche Gefühle hatten. Vielleicht ist es etwas, das ich stellvertretend für die Frauen in meiner Familie ausagiere, die in ihrem Leben nie die Zeit für sich selbst bekamen, die sie sich wünschten. Ich mache mir Sorgen, dass ich, wenn meine Einsamkeit unterbrochen wird, nicht mehr so gut schreibe oder dass ich die nötige Tiefe nicht erreiche und deshalb wieder von vorne anfangen muss. Wie ein Vogel, der gegen die Wände flattert, will ich Freiheit.

Ich will keine Kinder. Ich hatte noch nie ein großes Verlangen nach Kindern. Mitten in einer leidenschaftlichen Liebesbeziehung hatte ich die romantische Vorstellung, mit meinem Partner ein Kind zu zeugen. Ich habe mir gewünscht, dass der Mann das mit mir will, und ich habe mich gefragt, wie unsere Kinder aussehen und wie sie sein würden. Aber die Wahrheit lautet, dass es nicht meine Berufung ist, Mutter zu werden. Ich bin zu der Überzeugung gelangt, dass ich Heilung für die Generationen vor mir ermögliche und dass jedes Trauma, das weitergegeben wurde, mit mir endet. Es gibt andere Wege, im Leben etwas zu gebären.

Während allein lebende Frauen stigmatisiert, als alte Jungfern bemitleidet oder als Waldhexen gefürchtet wurden, sind sie eigentlich frei. Ich vermute, dass diese Frauen, wenn sie Entheogene einnahmen und dann schwammen oder auf dem symbolischen Besenstiel durch die Luft flogen, das Gefühl hatten, frei von allen Fesseln schweben zu können. Aber auch geerdet zu sein ermöglicht Grenzenlosigkeit. Wurzeln können unbegrenzt wachsen, solange sie nicht durch Beton eingeengt werden, und wenn doch, durchbrechen sie diesen manchmal sogar.

* * *

DER CHAGA MUSS »SPÜREN«, WENN DIE BIRKE VERLETZT IST. DIESE beiden Spezies sind eng miteinander verbunden, sie spüren die Bedürfnisse der jeweils anderen unter der Erde, so wie ich die Gefühle der Menschen, die ich liebe, erahne und sie unterstütze, wenn sie meine Unterstützung benötigen. Der Chaga ist ein Schutzwall, Schorf auf einer Wunde. Es ist kein Wunder, dass die Menschen darüber diskutieren, ob dieser Pilz gut oder schlecht für die Birke ist. Wir alle brauchen, um zu gedeihen, ein gesundes Gleichgewicht von Nähe und Alleinsein. Im Kern ist Unabhängigkeit eine Illusion. Selbst wenn wir allein sind, sind wir mit anderen verbunden.

* * *

ICH HABE MICH MIT FREUNDEN AUF EINE ART UND WEISE ONLINE unterhalten, die mich daran erinnert, wie ich es mir früher, vor der Zeit der Mobiltelefone, auf meiner Couch gemütlich machte und stundenlang mit Freunden redete, die zu Besuch kamen. Vor der Pandemie schien es so, als hätte man bei der ganzen Übersättigung mit Neuigkeiten, Benachrichtigungen, sozialen Medien und sonstigen Online-Aktivitäten kaum Zeit, wirklich in Ruhe zu antworten. So viele Unterbrechungen. Jetzt hat sich das alles verlangsamt, und mir ist klar geworden, mit wem ich wirklich reden will.

Ich habe viele Textnachrichten bekommen wie: »Sicher vermisst du ihn sehr. Es muss ganz schön einsam sein dort. Eine harte Zeit. Mach dir keine Sorgen, du bist nicht allein.«

Ich fühle mich nicht einsam oder allein. Ich versuche es zu erklären, aber sie sind in ihrer eigenen Vorstellungswelt gefangen. Ich weiß das Mitgefühl zu schätzen, doch obwohl es mir nicht schwerfällt, ihnen zu beschreiben und zu erklären, wie ich mich fühle, scheint meine Wahrheit nicht durchzudringen. Trotzdem höre ich meinem Freundeskreis zu und habe keine Lust, mich mit ihnen zu streiten. Natürlich gibt es Momente, in denen ich die vermisse, die ich liebe, aber meistens genieße ich meine Einsamkeit. Diejenigen, die mich gut kennen, wissen, dass ich mich schon lange nach einer Zeit wie dieser gesehnt habe.

* * *

ICH KANN IN GRUPPENSITUATIONEN UNSICHER UND UNBEHOLFEN sein, es sei denn, es handelt sich um Gruppen, die ich selbst organisiere und betreue. Alex und ich streiten oft über meine mangelnde Lust auf Partys. Er blüht in geselliger Runde auf, während ich hinterher meistens erschöpft nach Hause komme und deshalb nur selten auf Partys gehe. Einzelgespräche und kleine, von mir zusammengestellte Gruppen funktionieren für mich gut, aber es muss immer ein gewisses Maß an Tiefe vorhanden sein, sonst verschwinde ich. Ich bin von Natur aus introvertiert, und ich wünschte, als ich jünger war, hätte ich verstanden, was das bedeutet, denn ich hatte immer Angst, dass man mich wegen meines Schweigens für dumm hält.

Ich erinnere die Menschen, die zu einem von mir geleiteten Retreat kommen, ob für zwei Tage oder zwei Wochen, immer daran, dass dies »deine Zeit für dich ist«. Ich erinnere sie daran, in sich hineinzuhorchen, was sie im Moment wirklich brauchen – und ich sage ihnen, dass sie sich, wenn sie gerade lieber allein sein wollen, als an einer bestimmten Gruppenaktivität teilzunehmen, diese Zeit für sich selbst nehmen sollen. Gemeinsam schaffen wir einen geschützten Raum der Authentizität, in dem wir ohne Vorurteile ehrlich sein können. Wir können zusammen allein sein.

SYMBIOSE

Das Mycel unter unseren Füßen reagiert feinfühlig auf Veränderungen in seiner Umgebung und bildet als empfindungsfähiges Netzwerk eine Art Waldbewusstsein. Wenn wir in Urwälder oder andere intakte Waldgebiete gehen, nehmen die Mycelien unsere Bewegungen wahr und teilen sie dem Rest der Gemeinschaft mit. Ich stelle mir vor, dass sie auch unsere Absichten wahrnehmen.

Im besten Fall profitieren sowohl der Pilz als auch sein Wirt von dieser Beziehung: Der Pilz fungiert als eine Art Bindegewebe, das die Wurzeln der Wirtspflanze stützt und stärker mit dem Erdreich verbindet, sodass Feuchtigkeit und Nährstoffe besser aufgenommen werden können. Im Gegenzug versorgt die Wirtspflanze den Pilz mit Kohlenhydraten aus der Fotosynthese. Die Pilze sorgen auch für eine bessere Vernetzung mit dem größeren Geflecht des Waldes, was wiederum dazu beiträgt, dass der Wald als Ökosystem gut funktioniert. Pilze tragen auch zum Abbau organischer Stoffe bei, indem sie Nährstoffe aus verrottenden Pflanzen, Tierkadavern und abgestorbenen Bäumen ziehen und diese so für die Wald-Lebensgemeinschaft verfügbar machen.

Alle Pilze beginnen mit einer Spore. Sie keimt und bildet Stränge aus, die als Mycel bezeichnet werden. Der Fruchtkörper eines Pilzes ähnelt dem bekannten Portobello-Pilz, und das Mycel ist der riesige Nährkörper, den wir nicht so gut sehen oder erkennen. Beim Chaga ist die mehrere Jahre lang am Baum wachsende Masse aber das Mycel, nicht der Fruchtkörper, den man normalerweise als Pilz betrachtet. In gewisser Hinsicht könnte man die Chaga-Masse als Bewusstsein des Landes betrachten. Es handelt sich um eine langsam wachsende Art, die drei bis fünf Jahre braucht, um sich vollständig zu entwickeln. Wenn ich Chaga für die Medizin sammle, lasse ich daher immer reichlich davon am Baum und nehme nur so viel, wie ich brauche.

* * *

ALS ICH HEUTE ERNTETE, BAT ICH DEN CHAGA, DIE BIRKE UND DEN umgebenden Wald um Erlaubnis und ließ sie wissen, dass ich Medizin für Lincoln, den krebskranken Labrador-Retriever von Innes Macneil, sammeln wollte. Er hat am Rumpf einen großen Tumor, der aussieht wie ein aus dem Stamm einer Birke herausragender Chaga. Ich spürte ein *Ja*, eine Erlaubnis und Offenheit des Baumes, an der ich einen Moment lang zweifelte, als ich begann, den Chaga zu ernten, denn die Masse ließ sich nur mühsam von der Birke ablösen. Ich benutze bei der Ernte selten Werkzeuge, sondern ziehe, wann immer möglich, meine Hände vor, aber in diesem Fall war ich auf ein Werkzeug angewiesen. Ich lieh mir Innes' Messer und schnitt nur ein Stück aus einem Chaga, der in einem gesunden Birkenbestand wächst. Den größten Teil des Pilzes ließ ich unversehrt. Es war eine gute Vereinbarung, und ich bin sehr dankbar für dieses Geschenk. In meinem kleinen Musselinbeutel sieht der Chaga aus wie Gold und fühlt sich auch so an.

In seinem halbautobiografischen Roman *Krebsstation* aus dem Jahr 1968 schrieb der russische Schriftsteller Alexander Solschenizyn über die Wirkung von Chaga, insbesondere bei der Behandlung und sogar Vorbeugung von Krebs.[4] In dem Roman wird von der

Arbeit Sergei N. Maslennikows erzählt, ein russischer Arzt, der feststellte, dass es bei den Bauern, die er behandelte, keine Krebserkrankungen gab. Die Bauern hatten wenig Geld und brühten Chaga, den sie in der Natur ernteten, anstelle von Tee auf, den sie hätten kaufen müssen. Maslennikow war der Meinung, dass sie unwissentlich (oder vielleicht wissentlich) auf diese Weise seit Jahrhunderten Krebs vorbeugten und diesen behandelten. Um seine Theorie zu testen, begann er, Krebspatienten mit verschiedenen Chaga-Extrakten zu behandeln. In seinen Notizbüchern hält er die Ergebnisse der idealen Methoden der Arzneimittelextraktion und -dosierung sowie der Behandlung von Krebs mit Chaga fest, wobei viele Patienten vollständig geheilt wurden. So ist es nicht verwunderlich, dass Chaga in Russland seit 1955 ein zugelassenes Medikament gegen Krebs ist.

Chaga kann zwar auch auf Getreide wachsen, aber die Kombination von Chaga und Birke – die vorverdauten Betulinsäurederivate und Melanin-Glucan-Komplexe – machen diesen Pilz zu einem so starken Heiler. *Chaga* ist in der Sprache der westlich des Uralgebirges lebenden indigenen Völker das Wort für »Pilz«. Von sibirisch-russischen Schamanen als »Pilz der Unsterblichkeit« bezeichnet,[5] hilft dieses kraftvolle Adaptogen mit seiner positiven Auswirkung auf das Nervensystem, den Körper ins Gleichgewicht zu bringen. Die immunmodulierenden Eigenschaften des Chaga können das Immunsystem stärken, indem sie die Produktion von Zytokinen regulieren und die Zellkommunikation verbessern. Autoimmunprobleme sind das Ergebnis einer Überkompensation unseres Körpers – unser System übertreibt seine Abwehrmaßnahmen. Die Mycelmasse ist auch eine starke Vitamin-D-Quelle, was während der langen dunklen Winter hier in Schottland und in anderen kalten Klimazonen, in denen der Chaga wächst, hilfreich ist.

Auch die Birke ist seit Jahrtausenden ein Verbündeter der Menschen im kalten Norden und wurde für alles Mögliche verwendet, vom Klebstoff über Körbe und Boote bis hin zu Essig, Schnaps und Arzneien. Das Maibaum-Aufstellen an Beltane ist ein Symbol für neues Leben und sexuelle Vereinigung. Der meist aus Birkenholz gefertigte Mast ist ein Phallussymbol. Die mit Bändern geschmückte Scheibe auf seiner Spitze steht für das Weibliche, und das Tragen von Bändern symbolisiert die Vereinigung von Mann und Frau und die Fruchtbarkeit. In einigen Regionen auf den britischen Inseln war es Brauch, vor jedem Haus einen Maibaum aufzustellen, oder junge Männer stellten vor dem Haus ihrer Angebeteten einen Maibaum auf. Es war auch üblich, jedes Jahr einen neuen Mast ins Dorf zu bringen. Er repräsentierte den Geist der Natur, der die Feierlichkeiten segnen und dem Land Fruchtbarkeit bringen sollte.

Im zeitigen Frühjahr, bevor sich die Blätter der Birke entfalten, kann der reichlich vorhandene Saft für therapeutische Zwecke verwendet werden, um unseren Körper nach dem Winter durchzuspülen und zu beleben. Der Birkensaft fließt am besten an sonnigen Tagen nach starkem Frost. Solange der Zapfhahn nach dem Gebrauch verstopft wird und man die Birke nicht zu häufig anzapft, schadet es ihr nicht. Die heilende Flüssigkeit reduziert Flüssigkeitsansammlungen und Schwellungen, lindert viele Hautprobleme und ist ein klares und erfrischendes Getränk, das auch zu Wein, Bier oder Schnaps verarbeitet und dadurch haltbar gemacht werden kann.

Birkenblätter können auch für Tee verwendet werden, oder man kann aus den getrockneten Blättern einen Ölauszug herstellen, mit dem sich Arthritis behandeln lässt. In jeder Form ist die Birke ein Stärkungsmittel, das Entzündungen lindert und unseren Nieren und Harnwegen dabei hilft wegzuspülen, was unser Körper nicht braucht oder nicht will. Die Rinde galt im Allgemeinen als Hungernahrungsmittel, wenn andere Formen von Stärke nicht verfügbar oder knapp waren. Die innere Rinde, die sogenannte Kambiumschicht, kann gekocht oder getrocknet und zu einem Pulver gemahlen werden, das zusammen mit Getreide zur Brotherstellung verwendet wird. Es ist jedoch sehr wichtig, die Rinde nicht um den ganzen Baum herum abzuschälen, weil der Baum sonst verblutet – diese Art des Schälens wird als Girlande bezeichnet. In kalten Wäldern und dort, wo den Birken nicht zu große Wunden zugefügt werden, kann der Chaga aus der Erde hochsteigen und einen starken Wundschorf bilden.

SEHNSUCHT

Die Akkorde verbinden uns im Herzen, und ich spüre Alex' Anziehungskraft. Aber in diesen Momenten frage ich mich, ob es Liebe ist, die ich fühle, oder Abhängigkeit? Manchmal denkt er, ich sei zu sensibel, und manchmal denke ich, er sei zu abgestumpft. Es gibt Momente, in denen wir beide abgelenkt sind und nicht bemerken, dass wir empfindsame Bereiche des anderen betreten und uns gegenseitig verletzen, ohne es zu wollen. Aber solange wir unsere Gefühle in Worte fassen können und nicht zulassen, dass Schorf und Narben Barrieren zwischen uns bilden, können unsere Verletzungen heilen.

Wie Chaga und Birke enthält jeder von uns die Geschichten und Erinnerungen derer, die wir lieben. Manche Geschichten und Erfahrungen sind schwerer zu verdauen und zu kompostieren, und manchmal sind sie einseitig und machen eine Beziehung parasitär statt heilend. Wenn wir jedoch lernen können, unseren eigenen Schmerz zu verarbeiten, anstatt ihn auf andere abzuwälzen, oder wenn wir unseren Schmerz gemeinsam verarbeiten, können unsere Beziehungen durch Symbiose gestärkt werden. Manchmal wird sich einer von uns zurücklehnen und loslassen, während der andere stark bleibt. Dann tauschen wir die Rollen.

Wie die meisten Tiere liebe auch ich die Gemütlichkeit und frage mich manchmal, warum es mich so sehr dazu treibt, in die Wildnis zu gehen. Dabei bin ich doch so verliebt und könnte es bei ihm warm und behaglich haben. Warum das Nest verlassen? Auch wenn wir uns wünschen, dass der andere in solchen Momenten bei uns bleibt, würde unsere Beziehung ihre Flügel verlieren. Wenn wir uns der Abhängigkeit hingeben, statt eine Partnerschaft zu kultivieren, die mit Selbstständigkeit und Eigenverantwortung einhergeht. Wir haben genug an uns selbst gearbeitet, um zu wissen, dass eine Partnerschaft uns ein Gefühl der Freiheit gibt und keine Bürde ist. Die Verletzlichkeit, die mit Wachstum und Entwicklung einhergeht, kann schmerzhaft sein, und ich frage mich, ob Pflanzen Wachstumsschmerzen kennen, ob Knospen ihrer engen gemütlichen Schutzhülle nachtrauern, bevor sie sich vor den Augen der Welt öffnen und zu Blumen werden.

Die Nähe zu einer Person oder einem Ort kann Tiefe oder Begrenzung bedeuten, und manchmal ist es schwierig, einander wirklich zu sehen, wenn man sich sehr nahe ist. Es gibt Zeiten, in denen wir herauszoomen und etwas Abstand gewinnen müssen, um zu erkennen, wie schön die Menschen sind, die uns am nächsten stehen, und wie viel sie uns bedeuten. Auch wenn wir vielleicht nie heiraten werden, haben Momente voll reiner Süße, wildem Lachen, Meereswellen und bittersüßen Tränen ein starkes Band zwischen uns geknüpft. Gemeinsam können wir weiter über die Geräusche der Großstadt versus Stille verhandeln, Stadt versus wilde Natur, Partys versus ruhige Abende zu Hause. Und wir entscheiden uns immer noch jeden Tag füreinander. Meine Freiheit kam, als ich keine Partner mehr wollte, die mich brauchen, sondern einen, der mich wählt.

Wir können nie wirklich wissen, was auf eine Partnerschaft zukommt oder wie wir uns verändern werden, und ich bin dankbar, dass wir uns gegenseitig die Freiheit geben, in unsere eigenen Richtungen zu gehen, unterstützt von einem fast unsichtbaren Netz der Intimität. Unsere Liebe verbindet uns, auch wenn wir weit voneinander entfernt sind.

***

»VIELLEICHT MUSST DU AKZEPTIEREN, DASS ES IMMER EINEN TEIL von dir geben wird, der Sehnsucht hat«, sagte kürzlich eine Freundin zu mir. Das leuchtete mir ein. Es wird immer eine widersprüchliche Anziehungskraft geben zwischen meinem Bedürfnis nach Alleinsein und nach Partnerschaft, zwischen meinem Beziehungsgeflecht in der Großstadt und der heilenden Weite der Wildnis. Wenn ich allein bin, schätze ich zwar den Raum, sehne mich aber auch nach Alex' Berührung. Doch liegt in der Sehnsucht auch eine schöne Form der Spannung. Wenn ich hungrig bin, schmeckt mir immer das Essen besser, und wenn ich durstig bin, ist Wasser die reine Wonne. Wenn ich ein Bad nehme, ist der Moment, in dem mein Körper in das heiße Wasser eintaucht, der beste. Die Teile von mir, die untergetaucht sind, können vergessen, wie gut sie sich anfühlen, und wenn ich zu lange in der Wanne bleibe, verwandle ich mich in eine durchweichte Pflaume. Wenn ich loslasse und in die Umarmung des Ganzen eintauche, kann ich auf den Wellen der Nähe und des Alleinseins reiten, und in diesen Momenten fühlt es sich an, als würde ich im Ozean schwimmen.

Wiesenklee

Trifolium pratense

Familie: Fabaceae

Der Wiesenklee scheint eine einzige Blüte zu sein, aber wenn man genau hinsieht, erkennt man, dass der Blütenkopf in Wirklichkeit eine Ansammlung von bis zu hundert winzigen lilarosa Blüten ist, deren Blütenblätter wie Flügel aussehen. Diese Pflanze aus der Familie der Leguminosen wächst oft auf sonnigen Feldern und lädt andere Lebewesen zum Gedeihen ein. Klee arbeitet hart daran, die Bodengesundheit zu verbessern, Bestäuber und nützliche Insekten anzulocken, und fördert die Gesundheit von Weideland, Rasenflächen, Waldrändern und Gärten. Diese großzügige Pflanze wandelt Stickstoff aus der Atmosphäre in Formen um, die von den Wurzeln anderer Pflanzen leichter absorbiert werden können, was ein vielfältigeres Bodenleben und eine bessere Nährstoffaufnahme bewirkt. Für unser inneres Ökosystem ist der Wiesenklee eine ebenso großzügige wie nährstoffreiche Pflanze mit erheblichen Mengen an Kalzium, Magnesium, Chrom, Niacin, Phosphor, Kalium, Thiamin und Vitamin C. Er wirkt krampf- und schleimlösend, fördert positive Veränderungen und hilft unserem Körper, Stoffwechselschlacken zu beseitigen und vitaler zu werden. Der in Europa, Westasien und Nordwestafrika heimische Wiesenklee hat sich in Nordamerika und auf der ganzen Welt eingebürgert und nährt überall dort, wo er wächst, Gemeinschaften von Pflanzen, Insekten, Tieren und Menschen.

KOEXISTENZ

Um geheilt zu werden, müssen wir bereit sein, gemeinsam mit allen anderen Geschöpfen am Fest der Schöpfung teilzunehmen.

WENDELL BERRY
THE UNSETTLING OF AMERICA:
CULTURE AND AGRICULTURE

Ich verließ das kleine Crofting Cottage in den schottischen Highlands und ging die schmale Straße entlang, die von Ebereschen, Rosensträuchern, sanften Hügeln und umherstreifenden Schafen gesäumt war. Es war schon fast 22 Uhr, aber immer noch hell, als ich auf der anderen Seite des Sträßchens ein Wesen sah, das sich dicht am Boden rasch bewegte. Er oder sie kam immer näher, verschwand und tauchte zwischen kleinen grünen Hügeln wieder auf, bewegte sich in Schlangenlinien zwischen einer Herde unbekümmerter Schafe auf mich zu. Es war die Sommersonnenwende, der längste Tag des Jahres, und ich hatte gerade meinen Online-Kräuterkurs beendet, bei dem ich mit meinen Schülerinnen und Schülern ein Sonnenwendritual durchgeführt und über das Johanniskraut und andere Pflanzen gesprochen hatte, die Ende Juni ihre beste Zeit haben und die Energie der Sonne nutzen.

Als ich das Aufblitzen ihres üppigen feurigen Schwanzes sah, wusste ich, dass sie ein Rotfuchs war – eine Füchsin, so stellte ich mir vor. Als sie spürte, dass ich sie anstarrte, kam sie neugierig näher. Dann blieb sie stehen, setzte sich und starrte mich ebenfalls an. Es war ein intimer Moment gegenseitiger Faszination. Wir starrten uns an, ohne uns zu bewegen, was mir wie zehn Minuten vorkam, vielleicht auch mehr. Aber so gefesselt ich von ihr war, musste ich mich doch auch bewegen, nachdem ich stundenlang gesessen hatte, also ging ich weiter und fragte mich, was sie tun würde.

Sie setzte sich ebenfalls in Bewegung, und wir liefen nebeneinander. Dann blieb ich stehen, und sie blieb stehen und setzte sich wieder, und wir starrten uns an. Dann gingen wir wieder ein Stück weiter. Dieses Muster wiederholte sich, und ich war wie hypnotisiert, für einen Moment schien in dieser Kommunikation zwischen uns beiden so verschiedenen Geschöpfen die Zeit stillzustehen. Es war das unglaublichste Geschenk der Sonnenwende. Als ich mich umdrehte und zur Hütte zurückging, lief die Füchsin noch eine Weile im bisherigen Abstand neben mir her, bis sie schräg den Hügel hinauflief und sich langsam entfernte. Da dachte ich: *Ich sollte ein Foto machen!* Aber nein, es schien ein Erlebnis zu sein, das nicht festgehalten werden sollte. Ich zögerte. In dem kurzen Moment, in dem ich auf mein Handy hinunterblickte, brach der Zauber, und als ich wieder aufsah, war sie verschwunden.

Ich war sehr beglückt angesichts dieser Sonnenwende-Begegnung, auch wenn ich etwas Enttäuschung verspürte, weil ich unseren heiligen Moment durch meine Idee beendet hatte, die Füchsin mit dem Smartphone zu fotografieren. Aber ich spürte, dass ich sie wiedersehen würde, und dann ohne Telefon in der Tasche. Ich schaute am nächsten Tag immer wieder aus dem Fenster, und am Abend sah ich sie tatsächlich über den Hügel kommen. Ich ging nach draußen. Wieder blieb sie stehen, als sie mich bemerkte, und wir schauten uns an. Diesmal saß sie etwas weiter oben auf dem Hügel, auf einer kleinen Anhöhe. So anmutig. Wir sahen uns still an, doch als ich langsam losging, drehte sie sich auf dem Hügel im Kreis herum und verschwand, anstatt wieder in sicherem Abstand parallel neben mir herzulaufen. Ich wartete eine Weile in der Hoffnung, sie würde wieder auftauchen, aber sie ließ sich nicht blicken.

Ihre spiralförmige Drehung hatte verspielt gewirkt, fast wie eine Aufforderung, und daher stieg ich den Hügel hinauf und ging in die Richtung, in die sie verschwunden war. Ich gelangte an einen Ort mit magischer Energie, an dem viele der Pflanzen wuchsen, über die ich geschrieben und nach denen ich gesucht hatte – Augentrost, Schafgarbe, Braunelle, Brennnesseln und Wiesenklee. Ich hatte nach Augentrost gesucht, weil ich über diese Pflanze schreiben wollte, und obwohl sie normalerweise in den Highlands weit verbreitet ist, sah ich sie hier auf diesem wilden Fleckchen Erde, zu dem die Füchsin mich geführt hatte, zum ersten Mal blühen. Am nächsten Tag konnte ich meinem Kräuterkurs online die kleinen Blüten zeigen, und das Kapitel war in einer Sitzung abgehandelt. Auch Wiesenklee fand ich hier, der mit schlanken, biegsamen und behaarten Stängeln aus dem Boden ragte, mit dreiteiligen, eiförmigen Blättern, auf denen jeweils ein hellgrünes V zu sehen war. Flauschige Hummeln besuchten die dunkelrosavioletten Blüten. Kürzlich habe ich gelesen, dass auch Füchse den Geschmack von Wiesenkleeblüten mögen. Ich sammelte einige Pflanzen, um von ihnen zu naschen und die übrigen als Andenken zu trocknen und mit nach Hause zu nehmen, wobei ich aber genug für die Füchsin und die Bienen übrig ließ.

* * *

ALS ICH NACH MEINEM UNERWARTET LANGEN AUFENTHALT IN Schottland auf der Atlantic Avenue vom Flughafen JFK nach Brooklyn fuhr, waren Beifuß und Goldrute unter den ersten Freunden, die mich begrüßten. Beifuß war die Pflanze, mit der ich mich während meiner Kräuterkunde-Ausbildung ein Jahr lang verbündet hatte, und anschließend der Wiesenklee. Ich arbeite ständig mit vielen Pflanzen, aber diese Bündnisse bedeuteten, dass ich überall, wo ich konnte, viel Zeit mit den von mir hierfür ausgewählten Pflanzen verbrachte, auf ihre Botschaften hörte, ihr Verhalten genau beobachtete, mich mit ihrer Medizin auf eine Weise auseinandersetzte, die sich gut anfühlte, und für sie eine treue und vertraute Freundin und Botschafterin war. Wenn ich auf dem Land oder in Stadtparks neben Wiesenklee saß, war die Botschaft, die ich von ihm immer wieder empfing: *Wir sitzen alle im selben Boot.* Wiesenklee sät sich selbst aus, aber der Samen allein kann nichts ausrichten ohne Sonne, Wasser, Bodenmikroben und andere Organismen, die sein Wachstum unterstützen.

Zum ersten Mal seit sechs Monaten sah ich meinen Partner wieder und kehrte zu den Regalen voller geliebter Pflanzen, Kräutertinkturen, Essig, Ölen und den damit verbundenen Erinnerungen zurück. Ich füllte die Tinktur aus Staudenknöterichwurzel ab, nach der ich mich so gesehnt hatte, und stellte die Flüssigkeit in einer kleinen Tropfflasche auf meinen Schreibtisch. Ich packte eine runde Dose aus Birkenrinde aus, ein Geschenk meines Vaters zu unserer Wiedersehensfeier. Er wollte mir etwas Besonderes schenken, etwas mit einem Wolf darauf, aber wir fanden stattdessen diese hübsche Dose mit einem geschnitzten Fuchs auf dem Deckel, und nach meiner Begegnung in Schottland war mir klar, dass das kein Zufall gewesen sein konnte. Ich hatte die Dose mit dorthin genommen und brachte sie nun wieder nach Brooklyn zurück, gefüllt mit getrocknetem Augentrost und Wiesenklee, die ich auf dem Hügel der Füchsin gesammelt hatte, Johanniskraut, das vor meinem Haus wuchs, und einem winzigen Ahnenstein aus Argyl. Die Dose reiht sich ein in einen Kreis aus getrocknetem Beifuß aus dem Wolf Conservation Center, Chaga aus dem Alladale Wilderness Reserve,

Wiesenklee aus Western Massachusetts und Goldrute vom Fort-Tilden-Strand. Eine Fuchsfigur und das Foto eines Fuchswelpen stehen ebenfalls an meinem Schreibtisch und sind zu meinen Begleitern geworden, wenn ich dort sitze und schreibe. Jedes Mal, wenn ich die Pflanzen oder das Bild betrachte, denke ich an den hypnotischen Moment zurück, in dem die Sonnenwenden-Füchsin und ich miteinander diese intime Begegnung teilten. Ich frage mich, ob sie nun auch etwas von mir in sich trägt.

* * *

VOR ZWEI WOCHEN HIELTEN ALEX UND ICH AN, UM SEINEN MOTORroller aufzutanken, nachdem wir vom Strand zurückgekommen waren, wo wir drei Delfine nur fünfzig Meter entfernt spielen sahen. Es war Ende September und Fort Tilden fast leer, bis auf Freiwillige, die Müll aufsammelten, einige Angler und ein paar Leute, die wie wir einfach nur die Umgebung genossen. Nur eine dreißigminütige Fahrt von unserer Wohnung in Brooklyn entfernt, blüht in Fort Tilden die Goldrute entlang der Dünen, und prächtige Monarchfalter trinken ihren Nektar. Dort am Strand befindet sich ein geschützter Regenpfeifer-Nistplatz. Und in letzter Zeit haben wir bei jedem Besuch Delfine gesehen.

Als wir sie das erste Mal sahen, sprang ein Delfin aus dem Wasser, während eine Schar von zwanzig oder mehr Flossen folgte. Es war so aufregend, dass ich, als ich nach Hause kam, alles über sie wissen wollte. Ich fand heraus, dass jeder Delfin ein einzigartiges Pfeifmuster entwickelt, das als Signaturpfiff bezeichnet wird, und dass sie sich bis zu zwanzig Jahre lang an die Pfiffe ihrer Kameraden erinnern. Sie haben, soweit bekannt, das ausdauerndste soziale Gedächtnis aller Tiere. Es ist sehr wichtig für sie, dass sie einander so gut wiedererkennen, weil sie sich im Lauf ihres Lebens immer wieder in wechselnden Gruppen zusammentun. Eine Art solcher

Gruppen sind die sogenannten »Kinderstuben«, bestehend aus Müttern und ihren Kälbern. Zu diesen Betreuungsgruppen gehören auch ältere Delfine und die sogenannte »Delfin-Tageskinderbetreuung«, an der sich sogar Delfinweibchen verschiedener Arten beteiligen. Große Tümmler kommen verletzten Artgenossen oft zu Hilfe, indem sie mit ihrem charakteristischen Pfiff nach Unterstützung rufen und die geschwächten Tiere zum Atmen an die Oberfläche bringen.

Als Alex den kleinen Tank des Rollers auffüllte, bemerkte ich einen riesigen, majestätischen Rotschwanzbussard, der auf einem der Gebäude saß. Dann flog eine schillernde Taube vorbei. Manche Leute nennen Tauben »geflügelte Ratten«, aber ich finde sie schön. Die heutigen Wildtauben, die bereits vor etwa zehntausend Jahren vom Menschen domestiziert wurden, sind Nachfahren der Felsentaube. Sie wurden einst als Begleiter von Fruchtbarkeitsgöttinnen verehrt und als Boten gefeiert. Über Jahrhunderte hinweg überbrachten sie uns wichtige Botschaften, und Brieftauben wie die berühmte Cher Ami wurden dafür ausgezeichnet, dass sie in Kriegszeiten Tausende von Menschenleben gerettet haben. Taubenpaare bleiben einander ein Leben lang treu, und einst galten sie als Symbole der Liebe. Heute dagegen werden sie kaum noch respektiert und häufig sogar verachtet. Dennoch halten sie anmutig durch.

Als Alex und ich am Strand waren, saß ein Taubenpaar im Sand und blickte genau wie wir aufs Meer. Das war so rührend. Wir können uns glücklich schätzen, dass diese und viele andere Tiere wie Möwen, Eichhörnchen, Rotkehlchen, Waschbären, Streifenhörnchen, Stare, Blauhäher, Meisen, Krähen und die Wanderfalken, die hoch über dem Prospect Park leben, sich angepasst haben und zäh genug sind, um mit uns in der großstädtischen Umgebung zu leben.

In New York City leben die Menschen übereinander wie Bienen

in einem Bienenstock, kennen aber kaum ihre Nachbarn und kommen und gehen oft, ohne ein Wort zu sagen. Bevor Covid kam, quetschten wir uns in U-Bahnen und erlernten die Kunst, uns an Fremde zu pressen, so nah wie an Liebhaber, und doch durch sie hindurchzublicken und niemanden zu sehen. Obwohl wir von immer mehr Menschen umgeben sind, fühlen wir uns immer öfter einsam und isoliert. Der materielle Fortschritt und der Wunsch, die Nase vorn zu haben, verdrängen vielerorts das Gefühl der Zusammengehörigkeit. Wir leben in unseren eigenen Kisten, Häusern oder Villenpalästen und schützen unseren Besitz mit Sicherheitsschlössern, Zäunen und Überwachungskameras, während wir planen, immer noch mehr zu erwerben. Es ist eine seltsame und einsame Art zu leben. Unpersönliche, »zeitsparende« Handlungen, die unserer Bequemlichkeit dienen, wie Lebensmittel-Lieferdienste, wo wir Gemüse per Knopfdruck bestellen, ohne zu wissen, wer es angebaut oder geerntet hat, schaffen noch mehr Distanz und ironischerweise auch mehr Abhängigkeit. Computer und Maschinen, die Dinge tun, die wir früher mit Hand und Herz selbst erledigten, schaffen immer mehr Distanz zwischen den Menschen untereinander und zu dem Land, das unser Essen hervorbringt. Und Menschen, die früher unentbehrlich waren, fühlen sich heute überflüssig.

Ich gebe zu, selbst als jemand, der Einsamkeit genießt, mochte ich es, inmitten der kreativen Energie der Metropole zu leben und mich trotzdem anonym durch die Straßen bewegen zu können. Aber ich weiß, dass meine Einsamkeit durch ein Netz von geliebten Menschen ermöglicht wurde, die mich von nah und fern unterstützen. In *Ismael* schreibt Daniel Quinn über die Gemeinschaft der Gorillas in Afrika. Er schreibt, dass sie, wenn sie mit unseren Worten sprechen könnten, sagen würden, dass ihre »Familie wie eine Hand ist, deren Finger sie sind. Sie sind sich voll und ganz bewusst, eine Familie zu sein, aber sie sind sich nur sehr wenig bewusst, Individuen zu sein … Im Zoo gab es andere Gorillas – aber keine Familie. Fünf abgetrennte Finger ergeben keine Hand.«[1]

Ich war besorgt, dass sich durch die Pandemie unsere Gemeinschaften noch weiter voneinander entfernen würden, aber was ich nach meiner sechsmonatigen Abwesenheit dann in meinem Viertel in Brooklyn antraf, war ein Gefühl der Solidarität. Es gab keine Hektik beim Ein- und Aussteigen in der U-Bahn – die Menschen fanden kreative gemeinschaftliche Lösungen für Bildung und Kinderbetreuung, es gab mehr Transparente, Wandmalereien und friedliche Proteste für *Black Lives Matter*. Anstatt sich in getrennten Wohnungen einzuschließen, sind die nahe gelegenen Straßen zu Spielplätzen geworden. Die Vanderbilt Avenue, die Straße, die ich am häufigsten zwischen meinem Gemeinschaftsgarten und dem Prospect Park entlanglaufe, ist am Wochenende für den Autoverkehr gesperrt, damit sich die Menschen gefahrlos im Freien vor Restaurants versammeln können, während Bands spielen und Menschen auf der Straße tanzen. Selbst wenn die Leute jetzt eineinhalb Meter Abstand voneinander halten und bei Bedarf Masken tragen, fühlt sich die Nachbarschaft lebendiger und verbundener an. In meinem Haus haben es die Menschen weniger eilig und scheinen sich in einer Weise nach Gemeinschaft zu sehnen, wie sie es früher nicht getan haben. Während ich im Innenhof unseres Wohnblocks saß und schrieb, lernte ich Nachbarn kennen, an denen ich vorher nur mit einem kurzen »Hallo« vorbeigegangen war. Ich redete mit ihnen darüber, wie man in unserem Hof einen schönen Ziergarten anlegen und dadurch diesen der Allgemeinheit zugänglichen Raum freundlich und lehrreich zugleich gestalten kann – einen Garten, der pflegeleicht ist und gleichzeitig den so wichtigen Pflanzenbestäubern zugutekommt. Ich bemerke eine Offenheit für diese Gespräche, die vorher nicht da war.

Man hörte mir zu, wenn ich erklärte, dass es so etwas wie Unkraut eigentlich gar nicht gibt, dass Pflanzen wie Löwenzahn, Klee,

Wegerich und Vogelmiere Nährstoffe für Gräser und Futter für Stadtvögel liefern und als wichtige Bodendecker das Erdreich schützen. Ich schlug vor, hier im Innenhof viel Wiesenklee anzupflanzen, weil diese großzügige Pflanze dazu beiträgt, den Boden zu heilen und Potenzial für mehr Leben zu schaffen, ohne dass chemischer Dünger benötigt wird. Schmetterlinge genießen den Nektar, und Insekten wie Marienkäfer und Florfliegen ernähren sich von Blatt- und Schildläusen, Kohlweißlingsraupen und anderen Lebewesen, die für manche Pflanzen schädlich sein können. Wenn wir den Wiesenklee gedeihen lassen, entsteht ein Netzwerk von Lebewesen, die für ein Gleichgewicht in unseren Gärten sorgen.

Ich regte an, einheimische Stauden wie Goldrute und Aster entlang den Rändern des Hofes zu pflanzen, um Schmetterlingen und Bienen Nahrung zu bieten, die es sonst in der Stadt schwerhaben. In dem großen Container in der Mitte, wo die schöne, aber dahinsiechende Birke steht, könnten ein Heilpflanzengarten und eine Kräuterspirale angelegt werden, zur gemeinsamen Nutzung für alle Bewohner des Wohnblocks. Die leeren Kästen und Töpfe im ganzen Hof könnten mit aromatischen Pflanzen gefüllt werden, die hier gut gedeihen, wie Zitronenmelisse, Pfefferminze, Rosmarin und Lavendel. Sie locken nützliche Insekten an und helfen, Mücken und anderes Ungeziefer fernzuhalten.

Meine Vorschläge wurden sehr positiv aufgenommen und die Vision begann, Wurzeln zu schlagen. Nach Gesprächen mit dem Vorstand unserer Wohngenossenschaft freue ich mich, sagen zu können, dass dieser Gemeinschaftsgarten verwirklicht wird. Alle sind begeistert von der Aussicht auf einen heilenden Garten, mit dem sie interagieren können, anstatt ihn nur anzusehen. Die Pflanzen entfalten bereits ihren Zauber.

Wir haben mehr Gemeinschaftssinn entwickelt und den Wunsch nach einem allen zugänglichen Bereich, den wir zusammen pflegen und der uns im Gegenzug nährt. In unruhigen Zeiten, wenn unsere

Alltagsroutinen unterbrochen werden und wir gezwungen sind, in uns zu gehen, rücken wir wieder enger zusammen und erinnern uns an das, was wirklich wichtig ist.

HARMONIE

Ein Retreat bietet die Gelegenheit, sich für eine gewisse Zeit zurückzuziehen, in sich zu gehen, zu reflektieren und mit einer neuen Perspektive wieder in den Alltag zurückzukehren. Das ist etwas ganz anderes als eine Flucht. Bei den von mir veranstalteten Retreats gebe ich mein Bestes, um Methoden und Erfahrungen zu vermitteln, die sich in unser tägliches Leben integrieren lassen. Die meisten Leute kommen als Fremde, aber im Laufe der Tage oder Wochen des Retreats werden wir zu einer Familie, denn wir schaffen bewusst Raum dafür, von der äußeren Unruhe abzuschalten und einander so sehen und hören zu können, wie wir sind.

Nachdem sich alle eingelebt haben, versammeln wir uns im Kreis, um uns einander vorzustellen und uns darüber auszutauschen, was uns zu dem Retreat geführt hat. Oft sind es unsere Wunden, die uns zusammenführen, und indem wir unsere Geschichten erzählen und einander zuhören, finden wir Aspekte von uns selbst in anderen und von anderen in uns selbst. Gemeinsam schaffen wir Raum für eine durchdachte Selbsterforschung, sodass wir diejenigen unserer Erzählungen, die uns selbst und anderen schaden und unwahr sind, neu schreiben können. Der Autor, Mythologe und Geschichtenerzähler Martin Shaw drückt es so aus: »Schlechte Geschichtenerzähler ziehen uns in ihren Bann. Großartige Geschichtenerzähler brechen diesen Bann.«[2]

Tiefe Wurzeln wie die des Löwenzahns und der Klette helfen uns am ersten Tag bei der Erdung, und am zweiten Tag, den ich dem Wasser, dem Fließen und der Reinigung widme, teilen wir oft

Wiesenklee miteinander. Dieser nährende Aufguss ist eine blumige, harmonisierende Medizin, die dem ganzen Körper zugutekommt und all unseren Systemen hilft, optimal zusammenzuarbeiten. Mit seiner Affinität zum Wasserelement löst der Wiesenklee gestaute, geschwollene und stagnierende Zustände auf, und mit seinen Nährstoffen, die er tief aus dem Erdboden holt, und seiner Fähigkeit, unser Blut zu reinigen, kommt er unserem Lymphsystem, der Verdauung, den Fortpflanzungsorganen, dem Bewegungsapparat, den Nerven und der Haut zugute. Wiesenklee liefert ein leicht verdauliches, vollwertiges Eiweiß, das unserem Körper das Material für die Bildung von Neurotransmittern wie Serotonin und Dopamin liefert, was beruhigend wirkt und unsere Stimmung aufhellt. Das regelmäßige Trinken des Blütentees hilft, den Hormonhaushalt auszugleichen, und wird für alle Lebensphasen einer Frau empfohlen. Der Tee sorgt für einen flüssigeren, rhythmischeren und weniger schmerzhaften Mondzyklus und erleichtert den Übergang in die Menopause. Wenn ich den Aufguss über Monate hinweg trinke, spüre ich mehr Harmonie in meinem Körper. Wo Starrheit oder ein Mangel an Rhythmus herrschte, kommen die Dinge wieder ins Fließen.

Wenn ich Freunden und Seminarteilnehmenden den frisch aufgebrühten Tee aus getrockneten Kleeblüten ausschenke oder bei Naturspaziergängen auf diese schönen, aber oft übersehenen rosalila blühenden Pflanzen aufmerksam mache, weckt das oft Erinnerungen. Ich höre nostalgische Geschichten, wenn die Menschen erkennen, dass diese Blumen immer neben ihnen wuchsen, wenn sie als Kinder auf Feldern, in Parks oder auf Wiesen spielten oder sogar die honigartig schmeckenden Blüten aßen. Der Geschmack und der Duft von Wiesenklee bringen mich immer wieder zu Erfahrungen tiefer Verbundenheit zurück.

Wenn wir von einem dieser Retreats zurückkehren, sind die Pflanzen für uns zu Heiler-Gefährten geworden, die uns auch nach unserer Rückkehr weiter begleiten. Jahan erzählte mir wie viele andere, dass sie total erstaunt war, als sie, nachdem sie an meinem Seminar teilgenommen hatte, durch die Straßen Brooklyns ging und fasziniert Pflanzen bemerkte, die schon immer da gewesen, ihr aber bisher einfach nicht aufgefallen waren. Viele Teilnehmer haben mir erzählt, dass sie sich mit Bürgersteigen, Rasenflächen, Wiesen und den Kräutern und anderen wild wachsenden Pflanzen in ihrer Nachbarschaft auf eine völlig andere Weise beschäftigen. Ganzheitliches Heilen – Ganzwerdung – schließt die Erkenntnis ein, dass unsere Psyche und unser Körper auch Ausdrucksformen der Natur sind.

Wir mögen uns zwar als eigenständige Individuen wahrnehmen, aber in Wirklichkeit ist unser Körper ein Gemisch aus Elementen von anderen Lebewesen aus Vergangenheit und Gegenwart. In seinem Buch *The Self Delusion* erklärt der Ökologe Tom Oliver, dass »die Moleküle, aus denen unser Körper besteht, bereits Bestandteile der Dinosaurier waren, die vor Jahrmillionen den Planeten bevölkerten. Alle Organismen, die seit den Anfängen des Lebens vor etwa drei bis vier Milliarden Jahren auf der Erde existierten, setzten und setzen sich aus denselben Molekülen zusammen, immer wieder recycelt in einem nie endenden kosmischen Tanz. Und jedes Molekül hat einen unterschiedlichen Weg durch die Zeit genommen, bevor es in der Gegenwart in unserem Körper landete.«[3] Wir *sind* Natur, und wir können uns jetzt dazu entschließen, uns vom Bann der Trennung zu befreien, und uns daran erinnern, dass wir ein wunderbares Mitglied einer pelzigen, gefiederten und blühenden Familie sind. Wenn wir wichtige Arten wie Wölfe oder Hummeln verlieren oder empfindungsfähige alte Wälder abholzen, verlieren wir wesentliche Aspekte von uns selbst.

Wir besitzen die Fähigkeit, in einem Fuchs, einer Hummel oder in unseren menschlichen Nachbarn über die unvermeidlichen Unterschiede hinweg das zu sehen, was uns vereint, was wir gemeinsam haben. Das kann uns, wie das Mycel, das Bindegewebe, das Waldgemeinschaften zusammenhält, dabei helfen, eine stärkere, gesündere Welt mit größerer Artenvielfalt aufzubauen. Aber wir dürfen nicht vergessen, dass unsere eigene Heilung eine Voraussetzung dafür ist, dass wir uns gegenseitig heilen können. Wenn wir uns selbst lieben, ist es weniger wahrscheinlich, dass wir unsere inneren Wasserwege verschmutzen und unseren Körper verletzen oder missbrauchen. Und wenn wir das Land lieben, wenn wir verstehen, dass sich unser Handeln auf unsere artenreichen gemeinsamen Lebensräume auswirkt, dann denken wir nicht nur an uns selbst, sondern an die Gesundheit und Widerstandsfähigkeit des Ganzen.

Vom Zusammenspiel eines gesunden Waldes profitieren alle in ihm lebenden Arten, und so kann es auch für uns sein. Beziehungen bieten ein Netz der Verbundenheit, ein Netz, das uns auffängt und uns auch durch Zeiten der Einsamkeit trägt. Wenn wir mit guten Absichten zusammenkommen, haben wir die Macht, Heilung für Generationen zu initiieren und wie der Wiesenklee Lebensraum für unsere wundervolle wilde Familie zu schaffen und zu pflegen.

KIEFER

Pinus spp.

Familie: Pinaceae

Mit dem spiralförmigen Wachstum ihrer Zweige, Nadeln und Zapfenschuppen bietet die Kiefer das ganze Jahr über eine Medizin, die unsere Lungen reinigen, unser Immunsystem stärken und unsere Umwelt reinigen kann. Die Kiefer ist das Symbol des Waldes und lädt uns, indem wir mit ihr Atem austauschen, in den gegenwärtigen Moment ein. Man nimmt an, dass sich Kiefern vor etwa 95 Millionen Jahren aus heute ausgestorbenen, uralten immergrünen Bäumen entwickelt haben. Sie leben schon viel länger als wir auf diesem Planeten, und wir können viel lernen, wenn wir Zeit mit diesen weisen Ältesten verbringen, die mehrere Tausend Jahre alt werden können. Mit einem geschätzten Alter von 5 067 Jahren ist ein Exemplar der Art *Langlebige Grannen-Kiefer* in den White Mountains in Kalifornien der älteste lebende Baum der Erde.

Als Heimat für Tiere wie die Eule, die sich in der Dunkelheit zurechtfindet, und den Adler, der in den höchsten Ästen nistet, kann die Kiefer uns helfen, durch die Schatten zu gehen und auf all unsere wilden Möglichkeiten zu blicken. Im keltischen »Baumalphabet«, dem Ogham, steht *Alim* für Kiefer oder Nadelbaum und wird mit Kontemplation, dem Finden der eigenen Bestimmung und dem Finden der Heimat in Verbindung gebracht. Für die Haudenosaunee, wie die Irokesen sich selbst nennen, ist die Weymouth-Kiefer der »Große Baum des Friedens«.

ALLGEGENWÄRTIGER FRIEDEN

Nichts steht so frei von Schuld in dieser Welt wie eine Kiefer.

HENRY DAVID THOREAU

Kiefern scheinen mich auf jedem Schritt meines kreativen Prozesses zu begleiten. Als ich begann, das Material für dieses Buch zu ordnen, ertappte ich mich dabei, wie ich mich gedanklich mit meinen Erinnerungen an die Redwoods in Kalifornien beschäftigte. Dann, im kalten Winter in Neuengland, wanderte ich durch Kiefernwälder, deren Äste sich schneebedeckt über die Erde beugten. Umgeben von diesen Bäumen fand ich die Kraft, tief in mich selbst einzutauchen, um von dort die Worte heraufzuholen, die ich brauchte. Unter den hohen majestätischen Kiefern des schottischen Hochlandes erweiterte sich mein Blickwinkel. Und jetzt blicke ich wieder auf die Weymouth-Kiefern in Western Massachusetts und kehre an den Ort zurück, an dem meine Beziehung zur wilden Natur begann.

Kiefern sind fester Bestandteil des Lebens aller Orte, an denen ich zu Hause bin. Als Kind kletterte ich auf die hohe Kiefer, die friedlich über unser Haus in der Summer Street wachte. Die Waldkiefern – sie gehören zu den ältesten lebenden Bäumen in den Highlands – umgaben mich im Alladale Wilderness Reserve und in dem kleinen Cottage, das ich in der Nähe gemietet hatte. In meinem Gemeinschaftsgarten in Brooklyn steht eine hohe Weymouth-Kiefer, die im Winter, wenn der Großteil des Gartens braun und kahl ist, Schutz und einen willkommenen Blick auf etwas Grünes bietet.

Während Laubbäume jeden Herbst ihre Blätter abwerfen und intensive sichtbare Wandlungen durchmachen, bleiben immergrüne Bäume wie die Kiefer unverändert, weil ihre effizienten Formen und dünnen Nadeln die Energie der Sonne das ganze Jahr über umwandeln. Für Kulturen auf der ganzen Welt symbolisiert die Kiefer die Kraft des Lebens – das Überleben und Gedeihen im Wandel der Jahreszeiten. Und obwohl wir altern, uns verändern und das Auf und Ab unserer Emotionen durchlaufen, gibt es in uns allen eine ähnliche unerschütterliche Festigkeit und Beständigkeit, die wir oft viel zu wenig nutzen. Ich selbst finde meist durch Bewegung in diese Zone der Stille. Wenn ich meinen Körper durch Schreiben, Zeichnen, Gehen oder Kampfsportarten bewege, lasse ich zuvor unfokussierte Energie zirkulieren und finde Ruhe. Mein Körper sehnt sich nicht mehr nach der Intensität des Boxens, also bin ich auf die subtilere Bewegungform des Bogenschießens umgestiegen.

Das Bogenschießen erfordert eine konzentrierte Absicht und erinnert mich daran, in diesem Raum der Stille zu atmen. Artemis, die Mondgöttin, Bärenmutter und Beschützerin der wilden Kreaturen, trägt ihren silbernen Bogen und setzt ihre Pfeile mit Unterscheidungsvermögen ein. Als ich vor vier Jahren mit dem Üben begann, war ich froh, aufrecht zu stehen, meine Schultern nach hinten zu strecken, weit zu schauen, mein Herz zu öffnen und mich auf meinen Instinkt einzulassen, während ich die Sehne meines Langbogens zog. Nach den ersten paar Lektionen stand ich aufrecht und ging aufrecht. Und wie Artemis, die Bärenmutter, habe ich gelernt, in mein ruhiges Zentrum zu atmen und die Grenzen meines heiligen Raums zu bewachen.

***

EINE MEINER ERSTEN AUFGABEN ALS KRÄUTERKUNDE-STUDIERENDE war es, einen Wächterbaum zu finden. Unter einem Wächterbaum verstand ich einen älteren Baum, der auf mich aufpassen würde, eine besondere Beziehung, die ich aufbauen würde. Ich wusste, dass ich den Baum regelmäßig besuchen musste, um eine Verbindung zu kultivieren, also schien es eine gute Idee zu sein, einen Baum in der Nähe meiner Wohnung in Brooklyn zu finden. Ich wanderte durch den Prospect Park und suchte nach meinem Baum. Aber dieser Akt des Suchens und Analysierens brachte mich zu sehr in meinen Kopf und aus meinem fühlenden Körper heraus. Anstatt zu suchen, öffnete ich mich, um zu spüren, wo es mich *hinzieht*. Ich hörte auf, zu intellektualisieren und zu kategorisieren, und lud die Bäume ein, mich zu rufen. Ich fühlte mich von vielen angezogen, aber keiner schien »der Richtige« zu sein. Schließlich legte ich mich unter eine Rosskastanie und spürte eine Leichtigkeit. *War das mein Baum?* Vielleicht ja. Ich beschloss, wiederzukommen und erneut Zeit mit dem Baum zu verbringen.

Ein oder zwei Tage später, nachdem ich im Gemeinschaftsgarten gearbeitet hatte, hatte ich den Drang, einen anderen, schmaleren Pfad durch den Park zu nehmen. Und da weckte ein Baum meine Aufmerksamkeit, an dem ich seit Jahren vorbeigegangen war. Als ich mich vorbeidrängte und versuchte, um den Baum herumzukommen, verfingen sich die Äste in meinem Mantel, die Nadeln zerkratzten mein Gesicht und hielten mich auf. Offensichtlich brauchte ich ein deutliches Signal, aber es war mehr als das, mir wurde klar, dass dieser Baum seit Jahren mein Wächter war. *Warum hatte ich das nicht bemerkt?* Der immergrüne Baum hatte zu jeder Jahreszeit über mich gewacht, wenn ich auf dem Weg in den Garten und dem Rückweg nach Hause durch den Park kam.

An diesem Tag empfand ich eine enorme Dankbarkeit. Ich saß und meditierte unter dem Baum und gelangte fast augenblicklich in einen zentrierten, friedlichen Zustand. Ich setzte mich Jahr für Jahr zu dem Baum und tue es immer noch, manchmal bringe ich ihm Wasser, sinnvolle Kräuter und Dankbarkeit für seine ständige Präsenz. Wenn ich ihn besuche, spüre ich, dass auch der Wächterbaum dankbar ist, wahrgenommen zu werden und in mir eine beständige, wachsame und liebevolle Freundin zu haben.

* * *

AGAINST FORGETTING (GEGEN DAS VERGESSEN), EIN KUNSTWERK der Künstlerin Nina Montenegro, ist ein Druck, bei dem die Wachsabreibung der Schnittfläche eines Baumstumpfes halbiert und in gleicher Größe neben einen halbierten menschlichen Fingerabdruck gesetzt wurde, sodass eine Kreisform entsteht. Das Kunstwerk, das unsere nahe Verwandtschaft mit der Natur zeigt, ging letztes Jahr viral und beweist, wie sehr wir uns danach sehnen, uns daran zu erinnern, dass *wir Natur sind.* Die Künstlerin erklärt zu ihrem Werk, dass sie einen riesigen Baumstumpf entdeckte, vermutlich eine Douglasie, und die Schnittfläche mit Wachsmalkreide einrieb. Sie schreibt: »Ich hatte schon immer über die Ähnlichkeit zwischen den Baumringen und den Ringen unserer menschlichen Fingerabdrücke gestaunt, aber dann nahm ich einen eingefärbten Fingerabdruck und vergrößerte ihn maßstäblich auf die Maße der Baumringe. Ich war verblüfft, als ich sah, dass die Ringe tatsächlich übereinstimmen. Das Ergebnis war eine harmonische Darstellung der Verwandtschaft (und Zugehörigkeit) des Menschen zur Natur.«[1] Ich glaube, dass wir uns nach dieser Beziehung sehnen. Uns plagt eine große Leere, die nur gefüllt werden kann, wenn wir uns auf die Suche begeben und zur Tatsache unserer unauflöslichen Verbundenheit mit der Natur zurückfinden. Die Pflanzen und Bäume um uns herum, die uns schon immer unterstützt haben, sind ein perfekter Ort, um damit zu beginnen. Der Kräuterexperte David Hoffman schreibt dazu: »Durch den Akt der Atmung manifestiert sich unser Einssein mit den Bäumen.«[2] Ob wir uns dessen bewusst sind oder nicht – wir leben in ständiger Gemeinschaft mit der Erde.

* * *

DIE KIEFERNWÄLDER SIND EINE OASE FÜR WILDTIERE, DENN SIE behalten ihr Laub über den Winter und bieten in der kalten rauen Jahreszeit Nahrung und Unterschlupf. Streifenhörnchen und Eichhörnchen fressen die Samen der Kiefernzapfen, während Rehe und Bären von der Baumrinde naschen. Eulen kann man in der kalten Winterluft von ihren Schlafplätzen in alten Bäumen aus rufen hören. Kiefernwaldsänger verbringen die meiste Zeit in Kiefern, Rotschwanzbussarde nisten in Kiefern nahe den Rändern und Öffnungen in der Baumkrone, und Weißkopfseeadler benutzen tote Kiefern als Ausguck, um einen klaren, ungehinderten Blick auf die Umgebung zu haben. Für Spechte, Eichhörnchen und Fledermäuse sind Baumhöhlen ein idealer Schutz. Sumpf-Kiefernwälder im Südosten der USA bieten Lebensräume für Hunderte Pflanzen- und Tierarten, von denen über dreißig vom Aussterben bedroht sind, darunter Gopherschildkröten und die auf die Sumpf-Kiefer als Lebensraum angewiesenen Kokardenspechte. Einige Forscher schätzen, dass das Ökosystem der Sumpf-Kiefernwälder eines der vielfältigsten außerhalb der Tropen ist.

Der höchste Baum des Nordostens, die Weymouth-Kiefer, ist in Wäldern, an Waldrändern, in Höfen, Parks und auf alten Wiesen entlang der Ostküste zu finden. Die indigene Nation der Haudenosaunee nennt ihn den »Großen Baum des Friedens«. Zu den Haudenosaunee, den Irokesen, gehören die Stämme der Mohawk, Oneida, Onondaga, Cayuga und Seneca, die im heutigen New York und Pennsylvania leben.[3] In früheren Zeiten waren sie miteinander verfeindet und hatten häufig kriegerische Auseinandersetzungen. Doch dann, so berichten ihre alten Legenden, erschien Dekanawidah, der Große Friedensstifter. Er schuf Frieden zwischen den Stämmen und gründete eine politische und kulturelle Union, die als Irokesen-Konföderation bekannt wurde. Als Symbol des Friedens pflanzten die Indianer eine Weymouth-Kiefer und vergruben ihre Pfeile unter den Wurzeln des Baumes, und zwar so, dass sie in die vier Himmelsrichtungen zeigten. Die schlanken Nadeln der Weymouth-Kiefer, die in Fünferbündeln wachsen, wurden zum Symbol für die nun friedlich vereinten Fünf Nationen der Irokesen.

Diese majestätische Kiefernart bedeckte einst den größten Teil des nordöstlichen Nordamerikas, bis sie im 18. und 19. Jahrhundert großflächig gerodet wurde.[4] Heute ist leider nur noch etwa ein Prozent der alten Kiefernwälder übrig.

Wenn eine Kiefer verletzt wird, tritt ein klebriges goldfarbenes Harz aus, das die Wunde versiegelt. So versucht der Baum, das Eindringen von Organismen zu verhindern. Das Harz ist wichtiger Bestandteil des Immunsystems des Baumes. Obwohl der Saft stark antiseptisch ist und eine Reihe von Behandlungsmöglichkeiten für uns bereithält, ernte ich ihn nicht gerne, da ich weiß, dass die Funktion des Harzes darin besteht, die Bäume selbst zu heilen. Wenn das Harz nach Millionen von Jahren seinen Weg zwischen die Sedimentschichten findet, wird die klebrige heilende Substanz zu Bernstein: gehärtetes, dauerhaftes Harz aus den Wunden uralter Bäume.

Normalerweise sammle ich nach starkem Wind Zweige und Nadeln vom Waldboden. Eine Tinktur oder ein frischer Tee aus jungen grünen Kiefernnadeln ist extrem reich an Vitamin C, ideal bei Erkältungen oder zur Stärkung unseres Immunsystems im Winter. Die Nadeln und Zweige können für belebende reinigende Dampfbäder bei Verstopfung verwendet werden oder als wärmendes, kreislaufanregendes Wannenbad bei Winterkälte oder allgemeinen Schmerzen. Die neuen, mit braunen oder weißlichen Knospenschuppen bedeckten Frühjahrstriebe zeigen nach oben und werden manchmal auch »Kerzen« genannt. Dr. Bach, der Arzt und Homöopath, der für die Entwicklung der Bachblüten bekannt ist, gewann aus den »Kerzen« der Waldkiefer (*Pinus sylvestris*) die Kiefernessenz, eine Schwingungsarznei, die hilft, Schuldgefühle, Selbstvorwürfe und Selbstverurteilung aufzulösen. Mit einem Verbreitungsgebiet, das sich vom Westen Schottlands bis Ostsibirien erstreckt, ist die Waldkiefer der am weitesten verbreitete Nadelbaum der Welt. In den schottischen Highlands wurde der Baum, der heute der Nationalbaum Schottlands ist, verwendet, um die Grabstätten von Kriegern, Helden und Häuptlingen zu kennzeichnen.

Alle *Pinus*-Arten besitzen essbare Samen, die wir als Pinienkerne bezeichnen. Aus den Zapfen geerntet, können sie als Zutat für Pesto verwendet werden, aber die Samen der meisten Arten sind klein, und es erfordert Zeit und Geduld, sie zu schälen. Eichhörnchen lieben sie und sind geschickt im Schälen, und während sie sich an ihnen laben, tragen sie zur Verbreitung der Samen bei.

Kiefern sind meist einhäusig, was bedeutet, dass die männlichen und weiblichen Zapfen von einem einzigen Baum gleichzeitig produziert werden. Die bekannten holzigen, eiförmigen Zapfen sind die weiblichen, die Samen produzieren, und die männlichen Zapfen, die länglich und schuppig in Büscheln wachsen und wesentlich kleiner sind, produzieren gelben Pollen, der neuerdings als adaptogenes »Superfood« angepriesen wurde. Bei den meisten Arten werden sowohl Samen als auch Pollen mit dem Wind verbreitet, und Studien haben gezeigt, dass Pollen Hunderte von Kilometern zurücklegen können, um empfängliche Weibchen zu finden und lebensfähige Samen zu produzieren. Bei Arten wie der Weymouth-Kiefer öffnen sich die Zapfen im zweiten Jahr bei trockenem Wetter, sodass sie von Windböen erfasst und weit übers Land getragen werden. Kiefern mit großen Samen sind mehr auf die Ausbreitung durch Vögel und Pelztiere wie das Eichhörnchen angewiesen. Bei nassem Wetter werden die Samen einfach weggespült, weshalb diese intelligenten Bäume ihre Zapfen schließen, um die Samen zu schützen, wenn es feucht ist oder zu regnen droht. Aus diesem Grund verwenden Menschen in gemäßigten Klimazonen traditionell Kiefernzapfen, die an einer Schnur aufgehängt werden, zur Wettervorhersage.

Dort, wo häufig Waldbrände auftreten, haben manche Kiefernarten dicke, harte, sogenannte »serotinöse« Zapfen entwickelt, die mit einem starken Harz verklebt sind. Sie bleiben jahrelang mit reifen Samen an der Kiefer hängen. Erst wenn ein Feuer ausbricht und das Harz schmilzt, öffnen sich diese ausschließlich auf Hitze reagierenden Zapfen und geben eine große Anzahl von Samen frei, die dann vom Wind und von Wildtieren verbreitet werden, sodass auf dem vom Feuer verwüsteten Land bald wieder Bäume nachwachsen.

Durch die Abholzung der Wälder werden dort lebende Wildtierarten verdrängt. Dadurch müssen sie stärker um die verbliebenen Gebiete konkurrieren, und notgedrungen dringen sie auch stärker in von Menschen besiedelte Gebiete vor. Wissenschaftler warnen seit Jahren, dass dadurch die Anfälligkeit des Menschen für neue Infektionskrankheiten erhöht wird und Pandemien wahrscheinlicher werden.[5] Da erscheint es nachvollziehbar, dass Artemis nicht nur die Beschützerin der Wildnis, sondern auch jene Göttin war, die Menschen, die heiliges Land missbrauchten, zur Strafe Pest und Aussatz schickte. Die großflächige Abholzung der Wälder trägt auch in hohem Maße zum Klimawandel bei, da Wälder zu den wichtigsten Ressourcen für die Bindung von Kohlenstoff und die Abkühlung der Atmosphäre gehören. Wenn wir die intelligenten, empfindungsfähigen alten Wälder abholzen, die so viel Leben beherbergen, verlieren wir unersetzliche heilige Räume, uralte Arten und wichtige Seelenanteile unseres eigenen Wesens.

Viele von uns brauchen nur nach unten zu schauen und die schönen braunen Wellenlinien und anderen Muster auf unseren goldbraunen Holzböden zu sehen, um sich mit Kiefern identifizieren zu können. Weymouth-Kiefer und Waldkiefer gehören zu den Bäumen, die am häufigsten für Parkettböden gefällt werden, und jeder Teil dieser schönen Maserungen steht für einen Moment im Leben dieser majestätischen Baumwesen. Also schenken sie uns selbst dann, wenn sie gefällt wurden, immer noch einen festen Grund, der uns trägt.

BLICK IN DIE ZUKUNFT

Wir haben zwar alle schon dramatische, umwälzende Veränderungen erlebt, doch meistens vollzieht Wandel sich schrittweise. Wir altern jeden Tag und bemerken es kaum, es sei denn, wir messen während der Pubertät Zentimeter für Zentimeter unser Wachstum oder sind besessen von den Linien und Falten, die sich durch unsere Sorgen und unser Lächeln allmählich bilden. Gleichermaßen können sich in unserer Nachbarschaft, mag sie auch weiterhin schön sein, mit der Zeit subtile Veränderungen abspielen. Ein kleines Stück Wald wird für ein neues Einkaufszentrum gerodet, und es gibt ein paar Bienen und Schmetterlinge weniger und ein paar Häuser mehr in unserer Straße, obwohl alles im Großen und Ganzen noch ziemlich so aussieht wie früher. Ohne auffällige, schmerzhaft spürbare Veränderungen ist es leicht, so weiterzumachen wie bisher. Die Folgen scheinen weit weg zu sein. Wer dagegen infolge von Waldrodungen und Erosion mit Überschwemmungen oder durch Klimawandel und mehr Trockenheit mit Bränden zu kämpfen hat, kann die Realität des ökologischen Wandels nicht so einfach ignorieren.

Aber selbst wenn wir keine Veränderungen in unserer unmittelbaren Umgebung wahrnehmen, sehen und hören wir in den Nachrichten von ökologischem Ungleichgewicht und Leid, das sich in einem Tempo verschlimmert, mit dem unser Gefühlskörper nur schwer Schritt halten kann. Die Geschwindigkeit, mit der die Informationen auf uns einprasseln, ist überwältigend, und wir sind überfordert damit, Verantwortung für die Rettung des ganzen Planeten auf uns zu laden, vor allem, wenn auch wir selbst Heilung brauchen. Aber wenn wir die Lautstärke der Außenwelt weit genug herunterdrehen, um frei zu atmen und uns an unsere angeborene Verbindung zur Erde unter unseren Füßen erinnern zu können, werden unsere persönlichen und kollektiven Wunden leichter zu heilen sein. Wenn es so viel gibt, das uns ablenkt und beunruhigt, müssen wir uns unserer Grenzen bewusst werden und uns für spirituelle Übungen öffnen, die uns daran erinnern, dass wir hierhergehören. Und wenn wir dazu bereit sind, können wir uns umorientieren, hin zu Regeneration und Heilung. Immer mehr Menschen nehmen wieder Verbindung zur freien Natur, zur Wildnis auf. Diese Bewegung, uns wieder als Teil der Natur wahrzunehmen und den Missbrauch natürlicher Ressourcen zu beenden, wächst stetig.

* * *

DIE MEISTEN VON UNS MÜSSEN MÜHSAME, UNBEQUEME REISEN AUF sich nehmen und Schichten von Konditionierungen abtragen, um in das Zuhause ihres wahren Seins zurückzufinden. Mein Vorschlag, das Selbst wiederzuerwecken, könnte bedeuten, den Körper in ein voll funktionsfähiges, blühendes Ökosystem zurückzuverwandeln, das wir nähren und unterstützen, anstatt es zu kritisieren und anzugreifen. Gesund zu sein bedeutet nicht unbedingt, dass es keine Symptome mehr gibt (zumindest nicht sofort), sondern dass wir zu größerer Bewusstheit gelangen, wenn wir die Ursachen dieser Symptome aufdecken. Heilung kann eine Wiederentdeckungsreise sein, ein Freilegen vergessener Schichten unseres Seins, eine Spirale, die uns zurück in unsere Mitte führt, zu unserer Zärtlichkeit, während wir mehr und mehr unsere innere Wildheit, unser natürliches Sein offenbaren, sogar uns selbst gegenüber.

Um zu unserem wahren und unerschütterlichen Kern zu gelangen, müssen wir jene Erzählungen und Vorstellungen hinter uns lassen, die schädlich und unwahr sind, die unseren Körper und unsere äußere Welt beschämen. Es ist an der Zeit, die kollektive Konditionierung abzulegen, die uns voneinander und von der Natur trennt und uns einredet, Bequemlichkeit und materielles Wachstum wären wichtiger als das Wohlergehen unserer Gemeinschaft mit Bäumen, Wölfen, Bären, Bienen, Pilzen, Wasser, Wäldern und Luft. Was wir der Umwelt antun, tun wir auch uns selbst an.

Die Natur sorgt immer für uns, indem sie saubere Luft, Nahrung und jeden anderen Aspekt des Lebens schafft, den wir brauchen, um zu gedeihen, und wir verfügen über das Wissen und die Möglichkeiten, ihr diese unaufhörliche Großzügigkeit zu danken, indem wir selbst aktiv unseren Teil zum Ganzen beitragen, statt nur zu nehmen. Während einige Umweltschützer meinen, dass die Erde ohne uns besser dran wäre, glaube ich, dass wir unter all dem verdrängten Schmerz, dem Leid, der Gier und der Illusion der Trennung ein integraler Bestandteil der lebendigen Erde sind. Wir können das Land, die Wasserwege und alle wilden Orte um uns herum schöner, vielfältiger und lebendiger hinterlassen, als wir sie vorgefunden haben. Es gibt unzählige Möglichkeiten, sich an der Regeneration zu beteiligen, und ich glaube, der entscheidende erste

Schritt besteht darin, dass wir bewusst wieder Verbindung zum lebendigen Land aufnehmen.

Mancherorts werden ganze Landschaften durch die Wiederbelebung von Mycelnetzwerken, die Schaffung von Korridoren für Wildtiere und Aufforstung wieder zum Leben erweckt und verbunden. Anderswo, in dicht besiedelten Gebieten, arbeiten Organisationen und Einzelpersonen daran, Permakulturfarmen und Lebensräume für Bestäuber zu schaffen und den Ressourcenverbrauch zu reduzieren. Bei der Eindämmung des Klimawandels geht es um viel mehr als nur um die Verringerung unseres Kohlenstoff-Fußabdrucks, es geht darum, sich daran zu erinnern, dass jede Spezies ihre Rolle bei der Erhaltung der allgemeinen Gesundheit von Mutter Erde spielt. Wie unser Körper, wenn er im Gleichgewicht ist, kann sich auch Mutter Erde, wenn sie gesund ist, regenerieren und selbst heilen. Wir können uns die Erde als einen Körper vorstellen, so wie wir unseren Körper als ein Ökosystem betrachten. Und wie wir unser inneres Ökosystem ernähren, müssen wir auch die Erde mit den Mikroben, Pflanzen, Insekten, Pilzen und Raubtieren versorgen, auf die sie angewiesen ist, um zu gedeihen.

Erfolgreiche Wiederansiedlungsprojekte von Wölfen haben Gebiete wie den Yellowstone-Nationalpark ökologisch sehr positiv verändert.[6] Und da viele unserer öffentlichen Maßnahmen auf Zahlen beruhen, darauf, den »Wert« einer Maßnahme zu beziffern, kann man in diesem Fall vermelden, dass die Rückkehr der Wölfe die Einnahmen des Nationalparks drastisch erhöht hat. Auch in Nordwesteuropa kehren die Wölfe zurück, insbesondere in Deutschland, den Niederlanden und hoffentlich eines Tages auch in Schottland. Das American Prairie Reserve, das sich zum Ziel gesetzt hat, das größte Naturschutzgebiet der Vereinigten Staaten zu schaffen, erstreckt sich derzeit über 170 000 Hektar in den nördlichen Ebenen Montanas und wächst weiter, da es immer mehr privates Land aufkauft und der Allgemeinheit zurückgibt. Im Rahmen eines ganzheitlichen Modells arbeiten die Mitarbeiter des Prairie Reserve dabei mit den Ureinwohnern der Region, Viehzüchtern und Anwohnern zusammen, um gemeinsam Lösungen zu erarbeiten, bei denen die Anliegen der verschiedenen Gruppen berücksichtigt werden und gleichzeitig die Wildnis wiederhergestellt wird. Dabei geht es unter anderem um die Beseitigung von Zäunen, damit Lebensräume wieder zusammenwachsen können und die Wanderbewegungen von Tieren wie dem Pronghorn erleichtert werden. In einigen Regionen der Welt fordern indigene Völker ihr Land zurück, in anderen wird das Land selbst mit Rechten ausgestattet. Im Januar 2019 erkannte der Oberste Gerichtshof von Bangladesch den Fluss Turag als lebendes Wesen mit Rechtsansprüchen an und entschied, dass dies von nun an für alle Flüsse in Bangladesch gilt. In Gebieten, in denen Ackerland den Raum und die Unterstützung erhält, die es braucht, um nach jahrzehntelanger exzessiver Nutzung zu heilen, wird trockenes lebloses Land wieder lebendig.

Die Vision, die all diese Bemühungen verbindet, ist die der Vernetzung und Regeneration. Rewilding-Projekte auf der ganzen Welt nehmen zu. Wenn wir die Energie der Artemis zum Schutz der Wildtiere einsetzen, kehren die Wildtiere zurück.

***

WENN DIE WILDTIERE ZURÜCKKEHREN, BESTÄTIGT DAS MEINE INtuition: Je mehr ich lerne und die Beziehungsnetze und die Evolution unserer Spezies verstehe, desto mehr erkenne ich, dass die Trennung eine Illusion ist und dass die Erde, die Pilze und die Pflanzen, die lange vor uns hier waren, die Grundlage für unser Überleben bilden.

Ich habe meine Sensibilität als meine Superpower akzeptiert, und dieser Akt der Selbstfindung hat es mir ermöglicht, eine Brücke zwischen den Welten zu sein und die Menschen daran zu erinnern, dass wir alle Zugang zur heilenden Kraft der Natur haben und zu unserer Verbundenheit mit der natürlichen Welt erwachen können. Wir können uns hier und jetzt dazu entschließen, unsere Sinne einzuschalten, Geschichten der Trennung wegzuwerfen und den Schleier zwischen uns und der natürlichen Welt zu lüften. Eugen Herrigel schreibt in *Zen in der Kunst des Bogenschießens*: »Wer mystischer Erfahrungen nicht teilhaftig ist, bleibt, wie immer er sich auch drehe und wende, außerhalb stehen.«[7] Wenn wir uns auf alles Wilde in uns und außerhalb von uns einlassen, verlieben wir uns vielleicht sogar, und wenn unsere Liebe wächst, sich ausdehnt und spiralförmig nach außen geht, kann sie ansteckend sein.

* * *

GRÜNE BLÄTTER, DIE AUF GRAUEN STEINMAUERN, AUS RISSEN IM Straßenpflaster und an Betongebäuden hervorsprießen, versichern mich der Widerstandsfähigkeit der Natur und erinnern mich an meine eigene Resilienz. Die Pflanzen sind bereit, jeden Raum zurückzuerobern, den wir nicht länger kontrollieren und zähmen. Ich weiß, dass das Land, das ich liebe und um das ich mich kümmere, mich im Gegenzug lieben und sich um mich kümmern wird, wenn wir in Harmonie miteinander gedeihen. Wenn ich Beifuß, Eibe, Wildrose, Goldrute, Klette, Vielblütige Weißwurz, Wiesenklee oder Kiefer auf den Straßen der Stadt, auf verlassenen Grundstücken, in Wäldern, auf Feldern oder an Stränden sehe, fühle ich ein Gefühl der Dankbarkeit und eine sich ständig weiterentwickelnde Verbundenheit. Wie die resilienten Kräuter habe ich gelernt, in der Stadt, auf dem Land, im Dschungel und vor allem entlang dichter natürlicher Kiefernwälder zu gedeihen. Ich bin ein Kind der Erde, und die Natur ist mein Zuhause.

TEIL VI

HERSTELLUNG VON PFLANZENARZNEIEN UND ANDERE PRAKTISCHE HINWEISE

DAS GANZHEITLICHE MODELL DER HEILUNG

Bei einer ganzheitlichen Betrachtung unserer Gesundheit setzen wir uns selbst in Beziehung zu unserer Umwelt. Wenn wir die Grundlagen einer gesunden Lebensweise außer Acht lassen, zu denen guter Schlaf, gesunde Ernährung, genug Flüssigkeitszufuhr und die Pflege unseres Gefühlslebens gehören, kann Pflanzenmedizin nur wenig ausrichten. Symptome zu behandeln, ohne ungesunde Gewohnheiten zu ändern, ist kein ganzheitlicher Heilungsansatz. Bewusstheit ist der erste Schritt. Wenn wir die Art und Weise wahrnehmen, wie wir mit der Welt um uns herum in Beziehung treten, uns unseres inneren Dialogs und der Geschichten bewusst werden, die wir von unseren Familien und der Kultur im Allgemeinen geerbt haben, stärken wir unsere Selbsterkenntnis. Wir können uns ansehen, wo in jedem Bereich unseres Lebens Überschuss und wo Mangel herrscht, und beginnen, ein Gleichgewicht herzustellen. Auf diesem Weg der Selbsterkenntnis können die Pflanzen dann unsere Verbündeten und Helfer bei unserer Heilung sein. Ich verwende die folgenden vier Kategorien gerne als Grundlage für die Selbsterkundung:

Die innere Landschaft: Das sind Dinge in uns, die außer uns selbst kein Mensch sehen oder jemals wirklich wissen kann. Dazu gehören Ihr Gefühlskörper, Ihr Seelen-Selbst, Ihr System von Glaubenssätzen und Ihre persönliche Lebensgeschichte. Die Erkundung dieses Terrains beginnt damit, dass Sie Ihrem physischen und emotionalen Körper zuhören, ohne zu urteilen. Dafür müssen Sie sich Zeit nehmen, um regelmäßig in sich hineinzuhören. Beginnen Sie mit ein paar Minuten pro Tag (oder mehr, wenn Sie bereits eine Meditationsmethode praktizieren). Setzen Sie sich einfach still hin und werden Sie sich Ihrer körperlichen Empfindungen bewusst. Nehmen Sie wahr, was auch immer auftaucht, was auch immer da ist, akzeptieren Sie es einfach. Schreiben Sie dann in Ihr Tagebuch, und zwar aus der Perspektive jenes Teiles von Ihnen, der sich unwohl fühlt oder sich nach Aufmerksamkeit sehnt. Schreiben Sie als Ihr Körper oder als Ihr achtjähriges Kindheits-Selbst. Schreiben Sie die Worte auf, die Sie nicht auszusprechen wagen, weil Sie sich dafür schämen. Dieses Tagebuch ist ganz allein für Sie. Wenn Sie sich Ihrer selbst bewusster werden, beantworten Sie sich folgende Fragen: Welche unausgesprochenen Gedanken wiederholen sich ständig in meinem Kopf? Was tue ich aufgrund dieser Gedanken, was tue ich nicht? Was spüre ich emotional, im Wasser meines Körpers? Gibt es tiefe stagnierende Teiche voller Traurigkeit? Gibt es schwelende Flammen der Wut, die ich unterdrückt habe? Ihr Körper wird für Ihre Aufmerksamkeit dankbar sein. Diese Selbsterforschung kann sich zeitweise unangenehm anfühlen, aber wenn Sie am Ball bleiben und trotzdem weiter zuhören, wird auch das Unbehagen zu einem Verbündeten. Beginnen Sie in einem Tempo, das sich für Sie richtig anfühlt. Dies ist eine kontinuierliche, lebenslange Praxis des Liebens und Zuhörens.

Lebensweise: Achten Sie darauf, wie Sie Ihre Zeit verbringen. Fördern oder beeinträchtigen Ihre Handlungen Ihr Wohlbefinden? Gehen Sie regelmäßig im Park spazieren, oder starren Sie auf einen Computerbildschirm? Bekommen Sie genug Schlaf? Bewegen Sie täglich Ihren Körper? Meditieren Sie? Essen Sie nahrhafte Lebensmittel? Woher kommen Ihre Produkte? Stehen Ihre Handlungen im Einklang mit Ihren ethischen Grundsätzen? Wenn Sie sich eines Ungleichgewichts bewusst werden, nehmen Sie gleich in dieser Woche zwei Änderungen vor. Streichen Sie eine Handlung oder Gewohnheit, die der ganzheitlichen Gesundheit nicht dienlich ist, und fügen Sie etwas Gesundes hinzu, zum Beispiel Naturspaziergänge. Verpflichten Sie sich selbst dazu, das ab jetzt täglich zu tun. Gewohnheiten brauchen Zeit, um sich zu entwickeln. Wenn Sie diese beiden Veränderungen in Ihren Alltag integriert haben, nehmen Sie sich zwei weitere Veränderungen vor.

Äußere Umgebung: Achten Sie auf Ihr äußeres Umfeld und darauf, wie sich Ihre Umgebung auf Ihr Wohlbefinden auswirkt. Mit wem verbringen Sie Ihre Zeit? Haben Sie eine liebevolle Beziehung zu Mutter Erde? Sind Sie sich der Pflanzen in Ihrer Nähe bewusst, der Kräuter, Gräser, Sträucher und Bäume? Wie fühlen Sie sich, wenn Sie sich drinnen in Ihrem Haus oder Ihrer Wohnung aufhalten? Ist es an der Zeit, aufzuräumen, sich von Überflüssigem zu trennen und Ihre Räume so zu gestalten, dass Sie sich darin wirklich zu Hause fühlen? Welche Ähnlichkeiten erkennen Sie zwischen Ihrer persönlichen Umgebung, der Erde als Ganzem und Ihrem eigenen Körper? Werden Sie sich der Menschen oder Orte bewusst, die Sie als anstrengend und energiesaugend empfinden. Beginnen Sie, gesunde Grenzen zu setzen und energetische Verbesserungen vorzunehmen. Wenn es

Beziehungen gibt, die Sie gerne vertiefen möchten, finden Sie Wege, das in die Tat umzusetzen.

Erbe: Welche körperlichen Veranlagungen, Glaubenssysteme und möglichen Traumata haben Sie geerbt? Was gehört wirklich zu Ihnen und was nicht? Beginnen Sie, dieses Netz zu entwirren. Was ist Ihre persönliche oder kulturelle Herkunftsgeschichte? Wie hat diese Geschichte Sie und Ihre Beziehung zu sich selbst, zu anderen Menschen und zur lebendigen Erde beeinflusst? Gestatten Sie sich, dabei ganz objektiv zu sein. Nehmen Sie die Gefühle wahr, die auftauchen. Schreiben Sie sie auf, oder zeichnen Sie sie, und wenn Sie möchten, schreiben Sie dann eine neue eigene Erzählung.

Weitere Fragen, denen Sie nachgehen können: Was ist Ihre Definition von Heilung? Welche Wege der Heilung haben Sie in Ihrem Leben bisher beschritten? Unterscheidet sich das von Ihrer Vorstellung, welche Heilmethoden Sie künftig anwenden möchten? Wenn ja, welche Unterschiede sind das? Welche Fragen würden Sie sich selbst stellen, um die tieferen Ursachen für ein gesundheitliches Problem oder ein Symptom zu ergründen, das Sie gerade erleben? Schreiben Sie nach einigem Nachdenken oder Meditieren Ihre Antworten auf, oder entwirren Sie Ihre Ideen durch bewusstes Schreiben, bis Sie Klarheit finden.

SICH MIT DER NATUR ANFREUNDEN

Ich empfehle, dasselbe ganzheitliche Modell zu verwenden, um Ihre Beziehung zur Natur zu erforschen. Den meisten von uns wird nicht beigebracht, wie wir uns um unseren Körper oder unsere Umwelt kümmern sollen, aber wir wissen jetzt, wie wichtig es ist, selbstbestimmt und bewusst die Verantwortung für den eigenen Anteil an Heilung und Ganzheitlichkeit zu übernehmen. Jeden Tag tragen wir mit jeder Entscheidung, die wir treffen, dazu bei, entweder das Leben zu fördern oder den Niedergang, und unsere Entscheidungen wirken sich auf alle aus. Erkunden Sie also mit einer ganzheitlichen Perspektive das Land um Sie herum. Betrachten Sie Ihre Umwelt unter dem Aspekt, in welcher Beziehung sie zu *Ihnen* steht. Gedeiht Ihre Umwelt, oder geht es ihr schlecht? Ist Ihre Beziehung zu der Sie umgebenden Welt gesund? Betrachten Sie das Land als bloße Kulisse oder als lebendiges Heiligtum? Schauen Sie sich die oben beschriebenen vier Kategorien nun aus der Perspektive der Sie umgebenden Natur und Ihrer Nachbarn an – der pelzigen, der gefiederten, der geschuppten und der grünen Nachbarn. Nehmen Sie Korrekturen vor, wenn dabei Ihre blinden Flecke und Bereiche zutage treten, in denen es für Sie etwas zu lernen gibt, Sie Ihre ganzheitliche Gesundheit fördern und Intimität vertiefen können.

IHRE SINNE EINBEZIEHEN

Fühlen Sie die sandpapierartige Beschaffenheit eines Goldrutenblatts, die Weichheit eines Königskerzenblatts oder die samtige Haut einer Wildrosenblüte. (Aber halten Sie respektvollen Abstand zum Giftsumach – lassen Sie ihm seinen Raum!)

Kosten Sie eine süße Wiesenkleeblüte, eine Lindenblüte, eine Kiefernnadel, einen Apfel, ein bitteres Beifußblatt oder eine herbe Weißdornbeere.

Lauschen Sie, wie eine Brise flüsternd durch Blätter und Wald rauscht. Lauschen Sie dem Summen der Bienen, dem Vibrieren der Kolibriflügel, dem rhythmischen Rauschen der Meereswellen.

Riechen Sie an aromatischen Pflanzen, zum Beispiel der Zitronenmelisse: Was fühlen Sie bei ihrem Duft? Gehen Sie durch einen Kiefernwald und achten Sie darauf, wie sich dabei Ihr Atem und Ihr Körper verändern.

Sehen Sie die Pflanzen um sich herum, als würden Sie sie zum ersten Mal sehen. Von welchen fühlen Sie sich besonders angesprochen? Im Kapitel über den Augentrost finden Sie eine Anleitung, wie Sie Pflanzen mithilfe der Signaturenlehre beobachten können. Wenn Sie aufmerksam die Linien, Formen und Details der Pflanzen, zu denen Sie sich hingezogen fühlen, betrachten, wird das Ihre Wahrnehmung vertiefen, und Sie werden sich mehr mit Ihrer Umgebung verbunden fühlen.

PFLANZEN ACHTSAM KENNENLERNEN

Diese Liste gebe ich meinen Schülerinnen und Schülern mit auf den Weg, wenn sie Pflanzen in der freien Natur erforschen und Beziehungen zu ihnen aufbauen möchten. Sie greifen darauf immer wieder gerne zurück, wenn sie mit einer neuen Pflanze arbeiten oder eine wiederentdecken, die sie zu kennen glaubten.

- Signaturenlehre: Was teilt dir diese Pflanze durch ihre Formen, Texturen, Farben, ihren Duft und die Wahl ihres Lebensraumes mit?
- Wenn du die Medizin schmecken und erleben kannst oder in der Gegenwart der Pflanze bist, notiere, was du dabei empfindest. Welche Gefühle steigen in dir auf? Welche Einsichten werden in dir geweckt? Alle Eindrücke, die dabei in dir aufsteigen, haben ihren Sinn. Du selbst enthüllst und entdeckst deine persönliche Beziehung zu dieser Pflanze.
- Erforsche die »Persönlichkeit« der Pflanze. Wer ist sie als Spezies? Und wer ist das individuelle Exemplar, mit dem du dich gerade beschäftigst? Nutze dabei deine Fantasie und werde kreativ. Stütze deine Schlussfolgerungen darauf, wie, wo und wann sie wachsen. Der Löwenzahn zum Beispiel will es den Leuten nicht recht machen. Er ist feurig, mutig, selbstbewusst und unnachgiebig.
- Welches Element dominiert bei dieser Pflanze: Erde, Wasser, Feuer, Luft oder Äther?
- Hat die Pflanze eine wärmende oder kühlende, anregende oder beruhigende, trocknende oder befeuchtende Wirkung?
- Wie schmeckt sie? Bitter, süß, scharf, sauer oder salzig? Jede dieser Geschmacksrichtungen hat ihre eigene medizinische Wirkung. Bei vielen Pflanzen liegt eine Kombination aus mehreren Geschmacksrichtungen vor.

- Klinische Anwendung – Bei welchen gesundheitlichen Problemen wird diese Pflanze üblicherweise eingesetzt? Bei welchen anderen Problemen könnte diese Pflanze deiner Meinung nach unterstützend wirken (physischer Körper, emotionaler Körper, Bewusstsein, Seele, Geist)? Welche Systeme des menschlichen Körpers werden durch diese Pflanze unterstützt und harmonisiert?
- Rituelle oder zeremonielle Verwendung – Wenn du dazu bei dieser Pflanze keine Informationen findest, denke dir selbst eine (oder mehrere) solcher Anwendungen aus.
- Volksglaube/Mythologie – Finde Geschichten und Legenden aus verschiedenen Kulturen, die sich um diese Pflanze ranken (oder erfinde selbst solche Geschichten!).
- Ökologische Rolle und Beziehungen zwischen den Arten: Wer sind die Bestäuber dieser Pflanze? Spielt die Pflanze eine heilende Rolle für die Erde? Hat sie symbiotische Beziehungen zu bestimmten Pilzen?
- Wo wächst sie? Wie ist die Situation dieser Pflanzenart? Ist sie selten und gefährdet oder häufig anzutreffen? Gibt es Möglichkeiten, wie du etwas für ihren Schutz tun kannst?
- Wie und an welcher Stelle würdest du diese Pflanze in einem Garten anpflanzen oder sie (wenn sie in deiner Gegend heimisch ist) wieder in der freien Natur ansiedeln? Welche Bedingungen braucht sie, um zu gedeihen?

DAS WUNDER NEU ENTFACHEN

Schreiben und reflektieren Sie darüber, welche Verbindung zur Natur Sie in Ihrer Kindheit hatten. Zeichnen Sie, erstellen Sie eine Collage oder ein Diorama von Ihrem realen oder imaginären mystischen Wald. Stellen Sie Ihr Kunstwerk irgendwo auf, wo Sie es sehen können. Vielleicht möchten Sie es als Hilfsmittel für Ihre

Meditationspraxis verwenden. Fügen Sie zusätzliche Elemente hinzu, während Sie sich wieder mit der Magie Ihrer Vorstellungskraft und der natürlichen Welt verbinden.

TRÄUMEN UND VERTIEFEN

Führen Sie ein Traumtagebuch. Entwickeln Sie eine Traumpraxis in Zusammenarbeit mit Beifuß, Helmkraut, Königskerze, Linde oder einer anderen Pflanze, die Sie anspricht. Stellen Sie beim Einschlafen eine Frage und notieren Sie nach dem Aufwachen etwaige Antworten oder Botschaften in Ihr Tagebuch.

BADERITUAL BEI NEUMOND

Verwenden Sie Beifuß oder ein anderes reichlich vorhandenes getrocknetes Kraut zum Räuchern. Reinigen Sie damit Ihr Badezimmer.

Bereiten Sie sich darauf vor, im Dunkeln zu baden. Das Eintauchen in Stille und Dunkelheit ist ein Ritual, mit dem Sie Klarheit erzeugen, den unaufhörlichen äußeren Lärm ausblenden und es Ihrer angeborenen Weisheit ermöglichen, sich zu offenbaren. Bereiten Sie einen Kräutertee zu, den Sie in Ihr Badewasser geben und zusätzlich trinken. Jedes Kraut, das Sie anspricht, kann verwendet werden, vor allem aber diejenigen, die sich in Ihrer unmittelbaren Umgebung befinden oder zu denen Sie bereits eine Beziehung haben: Helmkraut, Linde und Zitronenmelisse sind einige meiner Favoriten für tiefe Entspannung. Während Sie das Wasser in die Wanne laufen lassen, denken Sie über die Aspekte des Wasserelements nach, fassen Sie gute Vorsätze und horchen Sie in sich hinein.

Fragen Sie sich:

Was möchte ich bei Neumond aufgeben und loslassen?

Was in mir möchte ich anschauen?

Was möchte ich loslassen, damit sich meine innere Kraft besser entfalten kann?

Was will ich von mir zeigen? Auf welche Weise möchte ich Licht in die Welt bringen?

Was will ich konkret tun, um in meinem Leben Fortschritte zu machen?

Im Frühling, Sommer oder Frühherbst können Sie Löwenzahnblüten ins Badewasser geben, die dann darauf schwimmen und feurige Zuversicht verbreiten, und wenn die Tage dunkler werden, kann die Goldrute Ihre leuchtende Verbündete sein.

Wenn Sie keine Badewanne haben, können Sie Ihren Kräutersud in großen Tassen zubereiten, um Ihren Körper zu reinigen und Klarheit zu erzeugen. Nehmen Sie vier Tassen und übergießen Sie sich damit nach dem Duschen: eine für den Körper, eine für den Geist, eine für die Seele und eine für den Verstand. Lassen Sie es geschehen, dass das, was Ihnen nicht mehr dient, weggespült wird.

Nehmen Sie sich danach Zeit, in Ihr Tagebuch zu schreiben. Lassen Sie dabei Ihren Gedanken freien Lauf. Lassen Sie Ihr ganzes Selbst sprechen, tief aus Ihrem Inneren.

Vergraben oder verbrennen Sie symbolisch, was Sie loslassen wollen, um Platz für neues Wachstum zu schaffen.

Zum Schluss pflanzen Sie symbolisch (oder buchstäblich) Samen der Absicht: Wie wollen Sie wachsen? Auf welche Weise werden Sie Ihre Absichten nähren und kultivieren, damit sie gedeihen?

ARTEMIS CHANNELN

Einige der ökologischen Probleme, mit denen wir konfrontiert sind, mögen unüberwindbar erscheinen, aber denken Sie an die Kraft eines winzigen Samens, sich zu vermehren und neues Leben zu schaffen. Zunächst sind die Samenkörner unter der Oberfläche unsichtbar, aber wenn ihre Wurzeln oder Rhizome erst einmal Fuß gefasst haben, kann sie kaum etwas stoppen. Wenn wir alle unseren kleinen Beitrag leisten und wenn wir uns zusammentun, können wir gemeinsam eine Dynamik in Gang setzen. Wir können kreativ werden, zugleich ganzheitlich und lokal denken und herausfinden, was uns in Bezug auf die Ökosysteme in unserer unmittelbaren Umgebung miteinander verbindet.

Wie können Sie eine Gemeinschaft aufbauen und mit Ihren Mitmenschen zusammenarbeiten? Auch wenn wir in Harmonie mit der Natur leben, wenn unser Nachbar Pestizide versprüht oder unser Mitbewohner große Mengen an giftigen »reinigenden« Aerosolen verwendet, wirkt sich das auch auf unsere Umgebung und unsere Lunge aus. Die Luft, die mit dem Wind Pollen, Samen, Stimmen, Ideen, Kommunikation und Umweltverschmutzung transportiert, macht keine Unterschiede und kennt keine Grenzen.

Hier sind einige Vorschläge, und ich möchte Sie ermutigen, unkonventionell zu denken und eigene Ideen zu entwickeln.

> Erfahren Sie mehr über die erstaunlichen Lebewesen, die Ihr Ökosystem mit Ihnen teilen: Wer sind sie? Was sind ihre Kämpfe, ihre Bedürfnisse? Lernen Sie, wie Sie ein liebevolles Mitglied der Gemeinschaft sein können, und teilen Sie diese Liebe mit Ihren Mitmenschen. Hier sind ein paar einfache Möglichkeiten, das in die Tat umzusetzen:

- Lassen Sie wildes Laub einfach liegen oder, wenn es sein muss, harken Sie es vorsichtig zusammen. Denken Sie daran, dass Schmetterlinge und Motten im Herbstlaub überwintern, und Hummelköniginnen nutzen es als zusätzliche Wärmequelle für den Winterschlaf.
- Pflanzen Sie Stauden und einheimische Wildblumen, die lange Zeit blühen, um Bestäuber wie Kolibris, Schmetterlinge und Hummeln anzulocken und ihnen Nahrung zu bieten.
- Setzen Sie sich für eine Sache ein: Starten Sie zum Beispiel eine Initiative zum Verbot von benzinbetriebenen Laubbläsern und krebserregenden Pestiziden. Gründen Sie einen Permakultur-Gemeinschaftsgarten oder unterstützen Sie regionale Biobauern durch Gründung einer Einkaufsgemeinschaft.
- Kompostieren Sie Ihre Lebensmittelabfälle. Wenn Sie keinen eigenen Garten haben, finden Sie einen Gemeinschaftsgarten oder einen Bauernhof, wo man Ihre Essensreste gerne annimmt und kompostiert.
- Informieren Sie sich über Ökologie, um Ihren lokalen Ökosystemen besser helfen zu können.
- Lernen Sie, wie man die Prinzipien des ökologischen Landbaus anwendet, und denken Sie bei allem, was Sie tun, daran, wie es sich auf Ihre Umwelt auswirkt, zu der Sie in ständiger Wechselbeziehung stehen.
- Engagieren Sie sich aktiv bei einem Naturschutzprojekt in Ihrer Umgebung.

DIE SÜSSE GENIESSEN

Schreiben Sie eine Liste mit all den Dingen, die Ihnen Freude machen und durch die Sie sich lebendig fühlen. Holen Sie jeden Tag etwas Konkretes von dieser Liste in Ihr Leben.

Wandern Sie zwischen immergrünen Bäumen, meditieren Sie inmitten Ihrer Pflanzenmedizin und sammeln Sie frische Kiefernnadeln für einen reinigenden Tee, ein rituelles Bad und einen Haushaltsreiniger. Klären und reinigen Sie Ihren Raum für Ihre Heimkehr.

Und gestatten Sie sich schließlich mithilfe all Ihrer Übungen den chaotischen und manchmal euphorischen Prozess der Heilung. Lösen Sie sich von Ihrem inneren Widerstand, um sich wahrhaftig in Ihren schönen natürlichen Körper und den herrlichen Körper der Erde zu verlieben.

MEDIZINHERSTELLUNG UND WILDNISKUNDE

KRÄUTERAUFGÜSSE

Kräuteraufgüsse versorgen den Körper mit leicht aufnehmbaren Nährstoffen. Sie unterscheiden sich von Tee, weil das Pflanzenmaterial länger ausgezogen wird, sodass alle medizinischen Bestandteile, einschließlich Vitamine und Mineralien, freigesetzt werden. Regelmäßiges Trinken von Aufgüssen über einen längeren Zeitraum versorgt den Körper mit Nährstoffen.

TROCKNEN DER KRÄUTER

Die einfachste Art, Kräuter zu trocknen, besteht darin, ein Bündel zu sammeln und es kopfüber an einem dunklen trockenen Ort mit viel Luftzirkulation aufzuhängen. Das funktioniert natürlich nicht bei allen Pflanzen, da viele zu klein und empfindlich sind. In diesem Fall lege ich sie gern zum Trocknen auf ein Sieb.

ZUBEREITUNG

Geben Sie die getrockneten Kräuter in ein Einmachglas (die Menge hängt von den Kräutern und Ihrer Absicht ab), während Sie Wasser zum Kochen bringen. Ich verwende gerne Einmachgläser mit 1,5 Liter Füllmenge (*Hinweis:* Vanessa Chakour gibt 0,5 Gallonen an, also knapp 1,9 Liter), damit der Aufguss für ein paar Tage reicht. Gießen Sie das kochende Wasser mit Ihrem Kraut in das Glas, rühren Sie mit einem Holzlöffel oder -stäbchen um, und schrauben Sie den Deckel fest zu. Nach etwa 20 Minuten bis 8 Stunden, je nach Kraut, seihen Sie die feuchten Kräuter durch ein Sieb oder Seihtuch ab, und trinken Sie die Flüssigkeit: kalt, heiß oder bei Zimmertemperatur.

Hinweis: Schleimige Kräuter wie Linde und Eibischwurzel können bei kalten Aufgüssen mehr von ihrer zähflüssigen Heilkraft abgeben.

EINWEICHZEIT UND QUALITÄTEN

Blüten: Da die Blüten der empfindlichste Teil der Pflanze sind, ist ihre Ziehzeit viel kürzer. In der Regel ziehe ich Blüten und Blätter gleichzeitig auf, aber wenn ich nur Blüten aufgieße, dauert es normalerweise nicht länger als 20 Minuten.

Wurzeln: Wurzeln sind der dichteste Teil von Pflanzen wie Klette, Löwenzahn und Weißwurz. Die medizinische Wirksamkeit der meisten Wurzeln ist oft in ihrem Alkaloidgehalt zu finden, der sich langsam in Wasser auflöst. Ziehmenge und Ziehdauer: Ungefähr 1 Unze (28 g) getrocknetes Kraut auf einen halben Liter Wasser; idealerweise 4–8 Stunden ziehen lassen.

Rinde: Dies bezieht sich auf die innere Rinde (Kambiumschicht), die direkt unter der äußeren sichtbaren Schicht liegt. Die Nahrung und die Lebenskraft des Baumes fließen durch diese Schicht und machen sie zu einer wertvollen Arzneiquelle. Nehmen Sie bitte keine Rinde vom Stamm des Baumes. Ich verwende frisch gefallene Äste oder, wenn keine auf dem Boden liegen, die äußeren Zweige des Baumes. Ziehmenge und -zeit: 1 Unze (28 g) getrocknetes Kraut auf einen halben Liter Wasser; etwa 4–8 Stunden ziehen lassen.

Blätter: Durch langes Ziehen werden alle heilenden Wirkungen des Chlorophylls sowie die Mineralien und Vitamine extrahiert. Einige Blätter sind härter als andere. Diejenigen mit einer zarteren Struktur geben die Medizin schneller frei, daher sollten Sie Ihr Urteilsvermögen einsetzen. Ziehmenge und -zeit: 1 Unze (28 g) getrocknetes Kraut auf einen Liter Wasser; 4 bis 8 Stunden ziehen lassen.

Samen und Beeren: Getrocknete Beeren wie Weißdorn werden am besten gekocht und dann bis zu 4 Stunden lang eingeweicht, um ihre heilende Wirkung zu entfalten. Ziehmenge und Ziehzeit: 1 Unze (28 g) auf einen Liter Wasser; je nach Pflanze 30 Minuten bis etwa 4 Stunden ziehen lassen.

Sud: Um diese konzentrierten Arzneien herzustellen, lässt man Pflanzen oder deren Teile wie Chaga, Wurzeln, Rinde, Samen, Beeren fünfzehn Minuten bis zu einer Stunde oder länger im Wasser köcheln. Die Menge an Kräutern und die Dauer des Kochens hängt von dem jeweiligen Pilz oder der Pflanze ab. Die traditionelle Methode zur Herstellung eines einfachen Kräutersuds besteht darin, die Kräuter so lange zu kochen, bis die Flüssigkeit auf die Hälfte reduziert ist.

Tinktur: Die besten Tinkturen werden aus frischem Pflanzenmaterial hergestellt. Rupfen oder zerhacken Sie das Pflanzenmaterial, um so viel Medizin wie möglich zu extrahieren (außer bei Blüten und empfindlichen Pflanzen). Füllen Sie ein Glasgefäß zu 2/3 bis 3/4 mit dem Pflanzenmaterial. Achten Sie darauf, dass das Pflanzenmaterial vollständig von der Flüssigkeit bedeckt ist. Füllen Sie das Glas dann bis zum Rand mit 40- bis 50-prozentigem Wodka, Essig (idealerweise roher biologischer Apfelessig) oder einer anderen Spirituose Ihrer Wahl. Verschließen Sie das Glas fest. Beschriften Sie das Glas mit dem Namen der Pflanze, dem verwendeten Teil der Pflanze, der Art der verwendeten Spirituose und dem Datum. Füllen Sie die Flüssigkeit am nächsten Tag wieder auf. Lassen Sie die Tinktur sechs Wochen oder länger stehen, damit Sie eine wirksame Medizin erhalten. Dekantieren Sie die Tinktur, dann ist sie gebrauchsfertig.

Verwendung von Apfelweinessig: Apfelessig wird seit Langem als Lösungsmittel bei der Herstellung von Medikamenten verwendet. Die Essigextraktionen spalten die Pflanzenbestandteile zwar nicht so effektiv auf wie Alkohol, aber sie extrahieren Zucker, Gerbstoffe, Glykoside, Bitterstoffe, Alkaloide, Vitamine und Mineralien. Sie eignen sich hervorragend für mineralstoffreiche Kräuter wie Brennnesseln. Stellen Sie sicher, dass Sie Wachspapier verwenden, wenn Sie einen Metalldeckel verwenden, da der Essig sonst das Metall angreift.

Dekantieren der Tinktur: Gießen Sie den Alkohol ab, und füllen Sie ihn in eine getönte Glasflasche, die Sie fest verschließen. Um die gesamte Medizin aus dem feuchten Pflanzenmaterial zu extrahieren, geben Sie eine kleine Handvoll davon in ein Baumwolltuch und wringen es aus. Beschriften

Sie die Flasche mit der umgefüllten Tinktur mit denselben Angaben, die Sie auf der ursprünglichen Tinktur angebracht haben. Wenn Sie die Tinktur verwenden möchten, füllen Sie einen Teil der umgefüllten Tinktur in eine getönte Glasflasche mit Tropfverschluss. Verwenden Sie nur Glastropfer, da Rückstände von Plastiktropfern die medizinische Wirkung der Kräuter beeinträchtigen.

Oxymel: Das altgriechische Wort *Oxymeli* bedeutet übersetzt »Säure und Honig«. Die einfachste Definition ist ein Kräuterextrakt aus Essig und rohem Honig. In Kombination mit Kräutern, die komplementäre Wirkungen haben, bietet Oxymel eine wirksame und schmackhafte Unterstützung für Ihr Wohlbefinden. Wie Kräuteressige sollte auch Oxymel in Glasgefäßen mit einem nicht metallischen Deckel aufbewahrt werden, da der Essig in der Mischung sonst den Metalldeckel angreift. Bei Bedarf können Sie ein Stück Pergament- oder Wachspapier zwischen Glas und Deckel legen.

Kalte Methode: Füllen Sie ein kleines Gefäß etwa zur Hälfte bis zu drei Vierteln mit Kräutern. Übergießen Sie sie mit Honig und dann mit Essig. Füllen Sie etwa 1/3 des Glases mit Honig und 2/3 des Rests mit Essig oder halb und halb Honig und Essig. Die Menge ist variabel. Sowohl Honig als auch Essig haben eine konservierende Wirkung, sodass Sie die Mischung nicht ruinieren, wenn Sie die Verhältnisse ändern. Rühren Sie die Mischung um, decken Sie sie ab und schütteln Sie sie jeden Tag, bis sie sich vermischt hat. Lassen Sie die Mischung vier Wochen oder länger stehen.

Heiße Methode: Kräuter und Essig zehn bis zwanzig Minuten lang köcheln lassen und dann den Honig einrühren, solange der Essig noch warm ist. Dann in ein Glasgefäß füllen und vier Wochen lang ziehen lassen (oder kürzer, wenn Sie ihn früher verwenden möchten).

Packungen: Das sind angefeuchtete Kräuter, die äußerlich angewendet werden, um Schwellungen, Schmerzen und Stauungen zu behandeln. Es gibt verschiedene Methoden. Wenden Sie an, was Ihnen am besten zusagt. Wenn Sie frische Kräuter verwenden, können Sie die Kräuter einfach zu einer klebrigen Masse einweichen. Wenn Sie getrocknete Kräuter verwenden, befeuchten Sie sie so weit, dass die heilenden Eigenschaften freigesetzt werden, und verteilen Sie die frische oder trockene Kräuterpaste auf einem sauberen Tuch, das groß genug ist, um die betroffene Hautpartie zu bedecken. Mull, Musselin oder andere leichte Baumwollstoffe eignen sich gut. Legen Sie diesen Umschlag auf die gereinigte Haut und decken Sie ihn dann mit einem heißen Tuch ab. Eine andere Methode besteht darin, ein frisches Blatt wie Beinwell zu verwenden, es in einer sehr kleinen Menge Wasser zu erhitzen, um die medizinischen Eigenschaften zu aktivieren, und es auf die betroffene Stelle zu legen. Da Beinwellblätter für manche Menschen etwas hautreizend sein können, sollten Sie ein dünnes Tuch dazwischenlegen.

Kräuteröl: Geben Sie die getrockneten Kräuter in ein völlig trockenes Glasgefäß. Es ist wichtig, das Kraut zuerst zu zerkleinern, da so mehr von der Pflanze mit dem Öl in Kontakt kommt und ein besserer Aufguss entsteht. Blüten können ganz hineingegeben werden. Bei der Verwendung von getrockneten Kräutern ist es hilfreich, das Öl vorher etwas zu erwärmen. (Jedes Lebensmittelöl kann verwendet werden, aber es ist wichtig, den jeweiligen Rauchpunkt zu kennen.) Füllen Sie das Gefäß fast bis zum Rand mit Öl, da ein Luftloch die Oxidation und den Verderb fördert. Rühren Sie den Inhalt um (Holzstäbchen sind gut), bis sich alle Luftblasen aufgelöst haben, und verschließen Sie das Glas. Das funktioniert gut bei frischem Pflanzenmaterial, da so die Feuchtigkeit entweichen kann. Lassen Sie das Öl auf einer hellen sonnigen Fensterbank oder an einem schönen warmen Ort neben der Heizung ziehen. Schütteln und schwenken Sie es so oft wie möglich, besonders in den ersten Wochen, und lassen Sie es dann weitere 4–6 Wochen ziehen.

Räucherbündel: Sie können Kräuter trocknen und vorbereiten, um sie für die Reinigung des Raums, persönliche Rituale, zur Vertiefung der Meditation, für Räuchermischungen oder aus anderen Gründen zu verbrennen. Beifuß, Königskerze und Helmkraut gehören zu meinen Lieblingskräutern. Ich hänge Beifußbündel kopfüber zum Trocknen auf und tue dasselbe mit Bündeln von Helmkraut und großen einzelnen Königskerzenblättern.

KRÄUTER-/RITUALBÄDER

DAMPFBÄDER

Atmungsorgane: Übergießen Sie eine Mischung aus aromatischen Kräutern wie Zitronenmelisse oder Pflanzen mit einem hohen Gehalt an ätherischen Ölen wie Kiefer mit kochendem Wasser (achten Sie darauf, dass der Topf abgedeckt ist), bis Dampf aufsteigt. Stellen Sie Topf oder Schüssel auf einen Tisch, der so hoch ist, dass Sie sich im Sitzen bequem darüber beugen können. Legen Sie dann ein Handtuch über Ihren Kopf, um den Dampf aufzufangen, und atmen Sie die beruhigende, belebende und abschwellende Medizin ein.

Das Yoni- oder Vaginaldampfbad ist eine uralte Praxis, bei der man sich über einen Topf mit dampfendem Wasser setzt, um das

Vaginalgewebe zu erweichen und zu öffnen, die Durchblutung zu fördern, den Schleim zu verdünnen und das Fortpflanzungssystem zu reinigen. Zu den traditionell dafür verwendeten Pflanzen gehören Beifuß und Rose.

REINIGUNG UND PFLEGE

Ungiftige, selbst hergestellte Reinigungsmittel und Kosmetik können Geld sparen, unsere Gesundheit verbessern und unsere Umwelt schützen. Weißer Essig oder Wodka eignen sich gut als Basis für Haushaltsreiniger, die entfetten, desodorieren und desinfizieren können. Wodka hat Lösungsmitteleigenschaften, die Spiegel und Glas ohne Schlierenbildung reinigen. Aromatische und antimikrobielle Pflanzen wie Zitronenmelisse, Kiefer, Thymian und Oregano können in billigem Wodka eingeweicht und verwendet werden. Sie können auch in Essig oder Öl eingelegt und verwendet werden. Zitronensaft tötet Schimmel und lässt Oberflächen glänzen, Olivenöl wirkt als Reinigungs- und Poliermittel, und Backpulver hat nachweislich virenabtötende Eigenschaften, die reinigen, desodorieren, aufhellen und den Schmutz beseitigen.

WILDCRAFTING

Wildcrafting nennt man das Sammeln und Ernten von wild wachsenden Pflanzen in der freien Natur. Dabei sollte Folgendes stets beachtet werden:

Vergewissern Sie sich, dass die Pflanze, die Sie ernten, auch wirklich die ist, für die Sie sie halten! Es ist hilfreich, mit einigen wenigen Pflanzen oder sogar mit einer Pflanze nach der anderen zu arbeiten, damit Sie sie zweifelsfrei identifizieren können. Seien Sie achtsam, und ernten Sie nicht so viele Pflanzen, dass Sie das Fortbestehen der jeweiligen Population an diesem Standort gefährden. Sammeln Sie nicht in der Nähe von Straßen, Hochspannungsleitungen und Gebieten, die möglicherweise mit Düngemitteln, Pestiziden oder anderen Verunreinigungen belastet sind.

Sammeln Sie Ihre Kräuter mit Respekt und Dankbarkeit gegenüber den Pflanzen und der Umgebung, in der sie wachsen. Überprüfen Sie die Umgebung, um sicherzustellen, dass sie genug übrig lassen, damit die Pflanzen an diesem Ort weiterhin gedeihen und die Lebewesen ernähren können, die von ihnen abhängen. Bitten Sie auf Ihre eigene Art und Weise die Pflanze und das Land um Erlaubnis, bevor Sie ernten. Ich würdige gerne die Ureinwohner, auf deren Land ich mich befinde, die Tiere, die auf dem Land leben oder gelebt haben, und die vielen Pflanzen- und Pilzarten, die mich umgeben. Wenn ich das Gefühl habe, dass mir die Erlaubnis erteilt wurde und ich weiß, dass ich dem Ökosystem nicht schade, ernte ich immer nur so viel, wie ich wirklich benötige, und hinterlasse ein Zeichen meiner Dankbarkeit – manchmal Kräuter, ein paar Haare, die ich mir vom Kopf zupfe, oder ich sage einfach aufrichtig Dankeschön. Es ist eine wunderbare Praxis, eine Opfergabe mitzubringen und etwas zu geben, das für einen selbst von Bedeutung ist. Achtsame Interaktionen initiieren eine Beziehung der Ehrfurcht und öffnen die Tür zu tieferen Ebenen der Intimität mit Mutter Erde.

INFORMATIONSQUELLEN

Die meisten Informationen zur Kräuterkunde entnehme ich meinen umfangreichen Notizen, die während meiner persönlichen Studien mit Lehrern, bei der Arbeit mit Pflanzen in der freien Natur und bei Heilungsritualen sowie beim Unterrichten meiner Schülerinnen und Schüler entstanden, aus deren Erfahrungen ich auch selbst lerne. Natürlich habe ich außerdem auch meine Nase in Bücher vergraben. Hier ist eine kurze Liste von Büchern, die mich auf meinem Weg beeinflusst haben und von denen ich viele auch weiterhin nutze:

Rosita Arvigo: *Sastun: My Apprenticeship with a Maya Healer.*

Mary Beith: *Healing Threads: Traditional Medicine of the Highlands and Islands.*

Robin Rose Bennett: *The Gift of Healing Herbs: Plant Medicines and Home Remedies for a Vibrantly Healthy Life.*

Stephen Harrod Buhner: *Plant Intelligence and the Imaginal Realm: Beyond the Doors of Perception into the Dreaming of Earth.*

Stephen Foster und James A. Duke: *Eastern/Central Guide to Medicinal Plants and Herbs.*

Clarissa Pinkola Estés: *Women Who Run with the Wolves: Myths and Stories of the Wild Woman Archetype. (Die Wolfsfrau: Die Kraft der weiblichen Urinstinkte).*

Masanobu Fukuoka: *One-Straw Revolution: An Introduction to Natural Farming. (Der Große Weg hat kein Tor).*

Ted J. Kaptchuk: *The Web That Has No Weaver: Understanding Chinese Medicine. (Das große Buch der chinesischen Medizin: Die Medizin von Yin und Yang in Theorie und Praxis).*

Pam Montgomery: *Plant Spirit Healing: A Guide to Working with Plant Consciousness.*

Shunryū Suzuki: *Zen Mind, Beginner's Mind. (Zen-Geist – Anfänger-Geist).*

Paul Stamets: *Mycelium Running: How Mushrooms Can Help Save the World.*

Hyemeyohsts Storm: *Seven Arrows. (Sieben Pfeile).*

Chögyam Trungpa: *Shambhala: The Sacred Path of the Warrior. (Das Buch vom meditativen Leben: Shambhala und der Pfad des inneren Kriegers).*

Matthew Wood: *The Book of Herbal Wisdom: Using Plants as Medicines. (Die Weisheit der Pflanzen: Überliefertes Heilwissen für die Praxis von heute).*

DANKSAGUNG

Zunächst möchte ich den Frauen danken, die dieses Buch möglich gemacht haben: meiner wunderbaren Agentin Terra Challberg und der brillanten Lektorin Laura Tisdel. Ich danke euch beiden für eure Freundschaft und dafür, dass ihr an dieses Buch von Anfang an geglaubt habt. Terra, ich liebe es, dich in meiner Ecke zu haben! Danke für deine Unterstützung und Anleitung bei der Verwirklichung dieses Buches. Laura, deine redaktionellen und kreativen Ratschläge waren von unschätzbarem Wert. Danke, dass du mir geholfen hast, als Autorin zu wachsen, und dass du mir während der vielen, vielen Ablenkungen dieses schwierigen Jahres zur Seite gestanden hast.

An die Länder, in denen dieses Buch entstanden ist: der Dschungel von Puerto Viejo de Limón, die urbane Wildnis Brooklyns, die Redwoods in Kalifornien, die Wälder in Western Massachusetts und die Weite des schottischen Hochlandes. Ich danke Rachel Thomas, Maycol und Hidden Garden, dem Wellstone Center in den Redwoods, Gayle Kabaker, Peter Kitchell, Sonya Kitchell und Charlie sowie meinen Schreibgefährtinnen in Fort William. Vielen Dank, Pieter-Paul, für die Einladung ins Alladale Wilderness Reserve Anfang März 2020. Ich hätte mir keinen besseren Ort aussuchen können, um während des Lockdowns »festzusitzen«. An Natasha und Remi, die mich inmitten des Chaos willkommen geheißen haben, an Paul Lister für deine Großzügigkeit, an Innes Macneill für all die Arbeit, die du im Namen des Landes leistest, an Derek und Kate Matheson und das Amat Estate für die abgelegenen friedlichen Cottages gegen Ende meines Aufenthalts in den Highlands und an Carol Duke und das Heiligtum des Flower Hill Farm Retreats, wo ich dieses Buch fertigstellte.

An liebe Freunde: Àdhamh Ó Broin, Berater für die gälische Sprache, Co-Lehrer und Mitverschwörer, du warst ein so großer Teil dieser Reise. Danke, dass du mein Gälisch Korrektur gelesen hast, mir geholfen hast, meine Wurzeln wiederzufinden, und eine ständige Hilfe und Quelle der Inspiration warst. Nicola Orr für die Stärkung, die du mir schenktest, deine Neugier, dein Lachen und dein frühes Lesen des Manuskripts; Heidi Smith für deine Kameradschaft, dein Mitschreiben und deine Pflanzenschwesternschaft; Encar Villa für die erstaunliche Arbeit, die du im Namen unserer geliebten Tiere leistest; Ancel Mitchell für deine Geschichten und Lehren; und Natalia Schwein Scott für deine ständige Zusammenarbeit und dafür, dass du ein verwandter Geist bist. Dank an Mallory Lance, Jenn Ruff, Matt Hall, Boyuan Gao, Jahan Matin, Queen Herawin und Kimberly Terrence. Tonya Callahan dafür, dass sie da war, als die Zeiten hart waren, Angela Cartsos für all den Spaß, Morisha, der Jungfrau, für die telepathischen Gespräche, Amber King für ihre mystische Führung, Saga Blane dafür, dass sie die Sacred-Warrior-Festung bewacht hat, während ich unplugged war, Maria Katherine und Sia Mensah für all das, was ihr während unserer Zusammenkünfte geteilt habt. An die Sacred-Warrior-Lehrerinnen: Jessica Strom, Nathalie Fischer-Rodriguez und Andrea Stopa, es war wunderbar, mit euch zu wachsen, und ich freue mich auf die kommende Reise. Und danke, Andrea, für all deine administrative Unterstützung! Joan und Joan, danke, dass ihr mir geholfen habt, meine Wahrheiten auszusprechen und meine Erinnerungen zu entwirren. An alle Studenten, die an den Sacred-

Warrior-Retreats und -Workshops teilgenommen und mich inspiriert haben, weiterzumachen und meine Vision zu verwirklichen. An alle, die an dem Kräuterkurs bei Love Is Juniper teilgenommen haben, und an Deborah Claire Bagg und Shenav für die Erschaffung des Heiligtums. An Susan Pincus und die Mitarbeiter und Studenten der Sawmill Herb Farm. An Ernesto, der eine große Liebe war und mir geholfen hat, mein gebrochenes Herz und alles andere zu heilen. An alle meine Partner, die mir geholfen haben zu wachsen. Horatio Clare, danke, dass du ein wunderbarer Mentor und früher Verfechter dieses Buches warst. Und an liebe Freunde, die nicht auf diese Seite passen: Ihr wisst, wer ihr seid.

Ein herzliches Dankeschön an meine Box-Community und die Trainer, die mich ernst genommen haben. An Eli Wolff und alle meine Kolleginnen und Kollegen aus den Bereichen Sport und soziale Gerechtigkeit. An das großartige Team im Wolf Conservation Center, Regan, Summer, Maggie, Spencer, Rebecca, und die Wölfe Zephyr, Alawa, Nikai und jene, die vielleicht eines Tages frei sein werden. An Mavis, Izabella, Atka, Ebony, Daphne, Toby, Kobe und meine vielen anderen Hundefreunde. An Susan Leopold und United Plant Savers und alle meine Freunde auf den Gebieten Rewilding, Naturschutz, Ökologie, Umweltgerechtigkeit, soziale Gerechtigkeit und regenerative Landwirtschaft.

Meinen Kräuterkunde- und Ökologielehrern in Fleisch und Blut und in Buchform: Robin Rose Bennett, Matthew Wood, Rachel Thomas, Mary Mullen, Eva Sengfelder, Rosita Arvigo, Stephen Harrod Buhner, Rosemary Gladstar, David Hoffman, Paul Stamets, Robin Wall Kimmerer, Clarissa Pinkola Estés, Suzanne Simard … und noch so viele mehr.

An das Team bei Viking und Penguin Random House: Victoria Savanh, Jennifer Tait, Nayon Cho, Shelby Meizlik, Britta Galanis, Bridget Gillerna sowie Hal Fessenden und sein Urheberrechte-Team.

Meiner Mutter dafür, dass du an meiner Seite warst, mich liebtest und unterstütztest, auch wenn meine Entscheidungen dich erschreckten. Meinen geliebten Geschwistern: Alecia und Alex und Mitch dafür, dass sie unser Zuhause mit Musik erfüllen. Van bin ich dankbar für unsere Beziehung, auch wenn sie manchmal schwierig war. Und an meine Vorfahren auf allen Seiten. Danke, dass ihr mich hierhergebracht habt.

Schließlich danke ich meinem geliebten Partner für seine Geduld während dieses langen Prozesses. Danke, dass du zu mir gehalten hast, auch wenn wir Tausende von Meilen voneinander entfernt waren. Ich bin immer dankbar für unsere Freundschaft, unsere Abenteuer und unsere süße Liebe.

Pflanzen, Pilze und wunderbare wilde Welt, ich bete euch an. Ich hoffe, dass unsere Zusammenarbeit andere dazu inspirieren wird, sich auch in euch zu verlieben. Und an die Bäume, die zu dem gedruckten Buch geworden sind, das die Leserinnen und Leser in den Händen halten werden. Während ich diese Zeilen schreibe, nehme ich mir einen Moment Zeit, um innezuhalten, die Augen zu schließen und mir vorzustellen, wer ihr seid, wer ihr wart. Mögen diese Worte weiteren Wildnisgebieten Schutz und euren Baumfamilien Gerechtigkeit bringen.

ENDNOTEN

EINFÜHRUNG

1. Clarissa Pinkola Estés, *Die Wolfsfrau: Die Kraft der weiblichen Urinstinkte.* Mascha Rabben, Übers. München: Heyne, 1993, S. 34. by permission of The Ned Leavitt Agency and The Marsh Agency Ltd., on behalf of the Author: Copyright © 1992, 1995 by Clarissa Pinkola Estés, PhD
2. Robin Wall Kimmerer, *Geflochtenes Süßgras: Die Weisheit der Pflanzen.* Elsbeth Ranke, Übers., unter Mitarbeit von Wolfram Ströle und Friedrich Pflüger. Berlin: Aufbau, 2021, S. 50. © Aufbau Verlage GmbH & Co. KG, Berlin 2021

BEIFUSS: DIE INNERE WILDNIS

1. Clarissa Pinkola Estés, *Die Wolfsfrau: Die Kraft der weiblichen Urinstinkte.* Mascha Rabben, Übers. München: Heyne, 1993, S. 40.
2. Peter A. Levine und Ann Frederick, *Waking the Tiger: Healing Trauma* (Berkeley, CA: North Atlantic, 1997). Dt.: *Trauma-Heilung: Das Erwachen des Tigers.* Essen: Synthesis, 1998.
3. Siri Carpenter, »That Gut Feeling«, *Monitor on Psychology* 43, no. 8 (September 2012): 50, www.apa.org/monitor/2012/09/gut-feeling.
4. Jean Shinoda Bolen, *Artemis: The Indomitable Spirit in Everywoman* (San Francisco: Conari, 2014).
5. C. G. Jung, *Erinnerungen, Träume, Gedanken von C. G. Jung.* Aniela Jaffé, Hg., Zürich: Walter, 1993, S. 11.

EIBE: ZUGEHÖRIGKEIT

1. Erna Gunther, *Ethnobotany of Western Washington: The Knowledge and Use of Indigenous Plants by Native Americans* (Seattle: University of Washington Press, 1973), 16.
2. Joyce Irene Whalley, »Pliny the Elder: Historia Naturalis« (London: Victoria and Albert Museum, 1982).
3. James Hunter, *Last of the Free: A Millennial History of the Highlands and Islands of Scotland* (Edinburgh: Mainstream, 1999).
4. John O'Donohue, *Anam Cara: A Book of Celtic Wisdom* (New York: Cliff Street, 1997). Dt.: *Anam Cara: Das Buch der keltischen Weisheit*. München: dtv, 1997.
5. Peter Wohlleben, *Das geheime Leben der Bäume: Was sie fühlen, wie sie kommunizieren – die Entdeckung einer verborgenen Welt.* München: Ludwig, 2015.
6. Nancy J. Turner und Richard J. Hebda, »Contemporary Use of Bark for Medicine by Two Salishan Native Elders of Southeast Vancouver Island, Canada«, *Journal of Ethnopharmacology 29*, no. 1 (April 1990): 59–72, https://doi.org/10.1016/0378-8741(90)90098-E.
7. Richard Louv, *Last Child in the Woods: Saving Our Children from Nature-Deficit Disorder* (Chapel Hill, NC: Algonquin, 2006). Dt.: *Das letzte Kind im Wald? Geben wir unseren Kindern die Natur zurück!* Weinheim: Beltz, 2011.
8. Robin Wall Kimmerer, *Geflochtenes Süßgras. Die Weisheit der Pflanzen.* Elsbeth Ranke, Übers., unter Mitarbeit von Wolfram Ströle und Friedrich Pflüger. Berlin: Aufbau, 2021.

APFEL: STAMMBAUM

1. Sorita d'Este und David Rankine, *Visions of the Cailleach: Exploring the Myths, Folklore and Legends of the Pre-Eminent Celtic Hag Goddess* (London: Avalonia, 2009).
2. Scott Leonard und Michael McClure, *Myth and Knowing: An Introduction to World Mythology* (New York: McGraw-Hill, 2004).
3. Robin Wall Kimmerer, *Geflochtenes Süßgras. Die Weisheit der Pflanzen.* Elsbeth Ranke, Übers., unter Mitarbeit von Wolfram Ströle und Friedrich Pflüger. Berlin: Aufbau, 2021, S. 11.
4. David P. O'Brien et al., »The Delivery of Water during Terrestrial Planet Formation«, *Space Science Reviews 214*, no. 47 (February 2018), https://doi.org/10.1007/s11214-018-0475-8.

5. Simson Najovits, *Egypt, Trunk of the Tree: A Modern Survey of an Ancient Land*, vol. 2 (New York: Algora, 2004).

6. Norbulingka Institute, https://norbulingka.org.

7. Alexander Carmichael, Übers., *Carmina Gadelica: Hymns and Incantations with Illustrative Notes on Words, Rites, and Customs, Dying and Obsolete* (Edinburgh: T. and A. Constable, 1900).

8. Merlin Stone, *When God Was a Woman* (New York: Harvest/Harcourt Brace, 1976). Dt.: *Als Gott eine Frau war*. München: Goldmann, 1989.

9. James Bonwick, *Irish Druids and Old Irish Religions* (London: Griffith, Farran & Co, 1894).

10. Iain W.G. Forbes, *The Last of the Druids: The Mystery of the Pictish Symbol Stones* (Gloucestershire, UK: Amberley, 2012).

11. Judith Shaw, »Corra, Celtic Serpent Goddess«, *Feminism and Religion*, August 23, 2017, https://feminismandreligion.com/2017/08/23/corra-celtic-serpent-goddess-by-judith-shaw/.

12. Thomas S. Bremer, *Formed from This Soil: An Introduction to the Diverse History of Religion in America* (Chichester, UK: Wiley, 2015).

13. Bron Taylor, *Dark Green Religion: Nature Spirituality and the Planetary Future* (Berkeley: University of California Press, 2009). Dt.: *Dunkelgrüne Religion: Naturspiritualität und die Zukunft des Planeten*. Paderborn: Brill, 2020.

14. Chögyam Trungpa, John Baker, Marvin Casper, *Cutting Through Spiritual Materialism* (Boston: Shambhala, 1987). Dt.: *Spirituellen Materialismus durchschneiden*. Küsnacht: Theseus, 1989.

AUGENTROST: WAHRNEHMUNG

1. Tess Darwin, *The Scots Herbal: The Plant Lore of Scotland* (Edinburgh: Birlinn, 2008).

2. David Abram, *Becoming Animal: An Earthly Cosmology* (New York: Vintage, 2011).

3. Joby Warrick, »Pesticides and Cut Flowers«, *National Wildlife*, June 2000, www.nwf.org/Magazines/National-Wildlife/2000/Pesticides-and-Cut-Flowers; John McQuaid, »The Secrets Behind Your Flowers«, Smithsonian, February 2011, www.smithsonianmag.com/travel/the-secrets-behind-your-flowers-531/.

4. Matthew Wood, *Vitalism: The History of Herbalism, Homeopathy, and Flower Essences* (Berkeley, CA: North Atlantic Books, 2000).

5. Jacob Böhme, *The Signature of All Things* (Cambridge, UK: Lutterworth

Press, 2014). Dt. Originaltext: *De Signatura Rerum. Das ist: Von der Gebuhrt und Bezeichnung aller Wesen.* Amsterdam, 1682. S. 1,16 f.

ECHTER ALANT: WEGE DER HEILUNG

1. Barbara Ehrenreich und Deidre English, *Witches, Midwives and Nurses: A History of Women Healers* (New York: Feminist Press at the City University of New York, 2010). Dt.: *Hexen, Hebammen und Krankenschwestern.* München: Frauenoffensive, 1980.
2. Ian Dawson, *Medicine in the Middle Ages* (New York: Enchanted Lion Books, 2005).
3. Leigh Whaley, *Women and the Practice of Medical Care in Early Modern Europe, 1400–1800* (Basingstoke, UK: Palgrave Macmillan, 2011); Ehrenreich und English, *Witches, Midwives and Nurses.*
4. Gearóid Ó. Crualaoich, »Reading the Bean Feasa«, *Folklore 116*, no. 1 (2005): 37–50, https://doi.org/10.1080/0015587052000337707.
5. Silvia Federici, *Caliban and the Witch: Women, the Body and Primitive Accumulation* (Brooklyn: Autonomedia, 2004). Dt.: *Caliban und die Hexe: Frauen, der Körper und die ursprüngliche Akkumulation*. Wien: Mandelbaum, 2012.
6. Leslie P. King, »The Ongoing 30-Year Lyme Disease War: Case Study of a Failure to Communicate«, *Yale Climate Connections*, November 25, 2008, https://yaleclimateconnections.org/2008/11/30-year-lyme-disease-war/.
7. Matthew Wood, *The Book of Herbal Wisdom: Using Plants as Medicines* (Berkeley, CA: North Atlantic Books, 2017). Dt.: *Die Weisheit der Pflanzen: Überliefertes Heilwissen für die Praxis von heute.* Aarau: AT-Verlag, 2012.
8. Matthew Wood, *Vitalism: The History of Herbalism, Homeopathy, and Flower Essences* (Berkeley, CA: North Atlantic Books, 2000).

GARTENKÜRBIS: GESTALTWANDLUNG

1. Gabriela Castellanos-Morales et al., »Tracing Back the Origin of Pumpkins (Cucurbita pepo ssp. pepo L.) in Mexico«, *Proceedings of the Royal Society of Biological Sciences 286*, no. 1908 (August 2019), https://doi.org/10.1098/rspb.2019.1440.
2. Jane Mt. Pleasant, »Food Yields and Nutrient Analyses of the Three Sisters: A Haudenosaunee Cropping System«, *Ethnobiology Letters 7*, no. 1 (August 2016): 87–98, https://doi.org/10.14237/ebl.7.1.2016.721.

3. Bahare Salehi et al., »Cucurbits Plants: A Key Emphasis to Its Pharmacological Potential«, *Molecules 24*, no. 10 (Mai 2019): 1854, https://doi.org/10.3390/molecules24101854.
4. Maciej Grzybek et al., »Evaluation of Anthelmintic Activity and Composition of Pumpkin (Cucurbita pepo L.) Seed Extracts – In Vitro and In Vivo Studies«, *International Journal of Molecular Sciences 17*, no. 9 (September 2016): 1456, https://doi.org/10.3390/ijms17091456.
5. Karen Hursch Grober, »Pumpkins and Mexico«, *Conecciones*, Oktober 2020, https://issuu.com/lakechapalasociety/docs/conecciones_magazine_october_2020.
6. Robert Kirk, *The Secret Commonwealth of Elves, Fauns and Faeries* (London: D. Nutt, 1893), 5.
7. F. Marian McNeill, *The Silver Bough: Scottish Folklore and Folk-Belief, vol. 1* (Edinburgh: Canongate, 1989).
8. *Encyclopaedia Britannica Online*, Academic ed., s. v. »Leshy«, abgerufen am 31. März 2021.
9. Michael Strmiska, »Ásatrú in Iceland: The Rebirth of Nordic Paganism?« *Nova Religio: The Journal of Alternative and Emergent Religions 4*, no. 1 (Oktober 2000): 106–32, https://doi.org/10.1525/nr.2000.4.1.106.
10. »In Iceland, Elves Aren't Just Santa's Little Helpers«, PBS, 22. Dezember 2013, https://www.pbs.org/newshour/nation/in-iceland-elves-arent-just-santas-little-helpers.
11. »Alastair McIntosh: An Ecology of the Imagination, Advaya Talks«, Advaya, 25. März 2018, https://youtu.be/ju0l5jJfB_E.
12. Patrick LaViolette und Alastair Mcintosh, »Fairy Hills: Merging Heritage and Conservation«, *ECOS 18*, no. 3/4, 1997: 2–8, www.researchgate.net/publication/267153358_Fairy_Hills_Merging_Heritage_and_Conservation.

KÖNIGSKERZE: TRÖSTERIN

1. Ted J. Kaptchuk, *The Web That Has No Weaver: Understanding Chinese Medicine* (New York: Contemporary, 2000). Dt.: *Das große Buch der chinesischen Medizin: Die Medizin von Yin und Yang in Theorie und Praxis*. München: Heyne, 2001.
2. Wajeeha Malik, »Inky's Daring Escape Shows How Smart Octopuses Are«, *National Geographic*, April 14, 2016, www.nationalgeographic.com/animals/article /160414-inky-octopus-escapes-intelligence.
3. Krishnamurti Foundation Trust, »Krishnamurti on Mental Health«, https://kfoundation.org/mentalhealth/.

4. Iain Gately, *Tobacco: A Cultural History of How an Exotic Plant Seduced Civilization* (New York: Grove, 2001).

5. Tengwen Long et al., »Cannabis in Eurasia: Origin of Human Use and Bronze Age Transcontinental Connections«, *Vegetation History and Archaeobotany 26*, no. 2 (März 2017): 245–58, https://doi.org/10.1007/s00334-016-0579-6.

6. Peter Singer, *Animal Liberation* (London: Bodley Head, 2015). Dt.: *Befreiung der Tiere*. München: Hirthhammer, 1982; Peter A. Schouls, *Descartes and the Enlightenment* (Ottawa: McGill-Queen's University Press, 1989).

7. Rick Gladstone, »Dogs in Heaven? Pope Francis Leaves Pearly Gates Open«, *The New York Times*, December 11, 2014, www.nytimes.com/2014/12/12/world/europe/dogs-in-heaven-pope-leaves-pearly-gate-open-.html.

8. Carl Safina, *Beyond Words: What Animals Think and Feel* (New York: Henry Holt, 2015). Dt.: *Die Intelligenz der Tiere: Wie Tiere fühlen und denken*. München: Beck, 2017.

9. Yas Necati, »The Tories Have Voted That Animals Can't Feel Pain as Part of the EU Bill, Marking the Beginning of Our Anti-science Brexit«, *The Independent* (London), November 20, 2017, www.independent.co.uk/voices/brexit-government-vote-animal-sentience-can-t-feel-pain-eu-withdrawal-bill-anti-science-tory-mps-a8065161.html.

10. Margery Williams, *The Velveteen Rabbit* (London: Egmont, 2004). Dt.: *Der kleine Kuschelhase oder: Wie ein Spielzeug lebendig wird*. Münster: Coppenrath, 2017.

BÜSCHELROSE: GRENZEN

1. Louis Durand, *The Book of Roses* (United Kingdom: John Lane, 1911).

MARIENDISTEL: METAMORPHOSE

1. Peter A. Levine und Ann Frederick, *Waking the Tiger: Healing Trauma* (Berkeley, CA: North Atlantic, 1997). Dt.: *Trauma-Heilung: Das Erwachen des Tigers*. Essen: Synthesis, 1998.

2. Ben Johnson, »The Thistle – National Emblem of Scotland«, *Historic UK*, www.historic-uk.com/HistoryUK/HistoryofScotland/The-Thistle-National-Emblem-of-Scotland.

3. Naomi Wolf, *The Beauty Myth* (London: Vintage Classics, 2015). Dt.: *Der Mythos Schönheit*. Reinbek: Rowohlt, 1991.

GIFTSUMACH: BETRETEN VERBOTEN!

1. »More Pernicious Poison Ivy«, Duke Magazine, September–Oktober 2006, https://alumni.duke.edu/magazine/articles/more-pernicious-poison-ivy.
2. Merriam-Webster, s. v. »agriculture«, abgerufen am 19. April 2021, www.merriam-webster.com/dictionary/agriculture.
3. Masanobu Fukuoka, *The One-Straw Revolution: An Introduction to Natural Farming* (Emmaus, PA: Rodale Press, 1978).
4. Albert Howard, *The Soil and Health: A Study of Organic Agriculture* (Ukraine: University Press of Kentucky, 2010).
5. Rinku Singh und G. S. Singh, »Traditional Agriculture: A Climate-Smart Approach for Sustainable Food Production«, *Energy, Ecology and Environment 2* (2017): 296–316, https://doi.org/10.1007/s40974-017-0074-7.
6. *Encyclopaedia Britannica Online,* s. v. »ladybug«, abgerufen am 3. Mai 2020, www.britannica.com/animal/ladybug.
7. Daphne Miller, »The Surprising Healing Qualities … of Dirt«, *Yes!,* 7. Dezember 2013, www.yesmagazine.org/issue/food-health/2013/12/07/how-dirt-heals-us.
8. David A. Relman und Marc Lipsitch, »Microbiome as a Tool and a Target in the Effort to Address Antimicrobial Resistance«, *Proceedings of the National Academy of Sciences 115*, no. 51 (Dezember 2018): 12902–10, https://doi.org/10.1073/pnas.1717163115.
9. Andrew Marshall, »From Vietnam's Forced-Labor Camps: ›Blood Cashews‹«, *Time*, 6. September 2011, http://content.time.com/time/world/article/0,8599,2092004,00.html.
10. Stephen Harrod Buhner, *Plant Intelligence and the Imaginal Realm: Beyond the Doors of Perception into the Dreaming of Earth* (Rochester, VT: Bear, 2014).
11. Greg Rucka, *Detective Comics: Batman: A Walk in the Park* #751 (New York: DC Comics, 2000).
12. Carey Gillam, »NYC Leaders Join Calls for Ban on Monsanto Herbicide«, *Environmental Health News*, 19. April 2019, www.ehn.org/monsantos-herbicide-defense-falling-on-deaf-ears-as-nyc-leaders-join-calls-for-ban-2634974362.html.
13. Patricia Cohen, »Roundup Maker to Pay $ 10 Billion to Settle Cancer Suits«, *The New York Times*, 24. Juni 2020, www.nytimes.com/2020/06/24/business/roundup-settlement-lawsuits.html.
14. Mark Hersey, »Hints and Suggestions to Farmers: George Washington

Carver and Rural Conservation in the South«, *Environmental History* 11, no. 2 (2006).

15. Carey Gillam, *Whitewash: The Story of a Weed Killer, Cancer, and the Corruption of Science* (Washington, DC: Island, 2017).

16. *The Environmental Impacts of Glyphosate* (Brussels: Friends of the Earth Europe, Juni 2013).

WEISSDORN: LIEBHABER UND KÄMPFER

1. Brian O'Sullivan, *Irish Imbas Celtic Mythology Collection* (New Zealand: Smashwords, 2016).

2. »Minstrelsy of the Scottish Border«, Walter Scott Digital Archive, Edinburgh University Library, www.walterscott.lib.ed.ac.uk/works/poetry/minstrelsy.html.

3. David Winston, *Adaptogens: Herbs for Strength, Stamina, and Stress Relief* (Rochester, VT: Inner Traditions/Bear, 2019). Dt.: *Adaptogene: Kraft, Ausdauer und Stressabbau mit Heilpflanzen*. Rottenburg: Kopp 2019.

LÖWENZAHN: BAUCHGEFÜHL

1. William Sharp, *The Writings of »Fiona Macleod«* [pseud.] (New York: Duffield, 1910); Patricia Monaghan, *The Encyclopedia of Celtic Mythology and Folklore* (New York: Facts On File, 2014).

2. Sensei/Renshi Nathan Chlumsky, *Inside Kungfu: Chinese Martial Arts Encyclopedia* (N. p.: Lulu.com, 2015).

3. Fleur Macdonald, »The Legend of Benin's Fearless Female Warriors,« BBC, August 27, 2018, www.bbc.com/travel/story/20180826-the-legend-of-benins-fearless-female-warriors.

4. Peter Aleshire, *Warrior Woman: The Story of Lozen, Apache Warrior and Shaman* (New York: St. Martin's, 2015).

5. Juilene Osborne-McKnight, *Bright Sword of Ireland* (New York: Tom Doherty Associates, 2005).

6. Peter A. Levine und Ann Frederick, *Waking the Tiger: Healing Trauma* (Berkeley, CA: North Atlantic, 1997). Dt.: *Trauma-Heilung: Das Erwachen des Tigers*. Essen: Synthesis, 1998.

7. Farjad Afzal and Sidra Manzoor, »Prolong Wearing of High Heeled Shoes Can Cause Low Back Pain«, *Journal of Novel Physiotherapies 7* (July 2017): 356; Edeny Baaklini et al., »High-Heeled Walking Decreases

Lumbar Lordosis«, *Gait and Posture 55* (June 2017): 12–14, https://doi.org/10.1016/j.gaitpost.2017.03.035.

8. Vasant Lad, *Ayurveda: The Science of Self-Healing: A Practical Guide* (Twin Lakes, WI: Lotus Press, 1984).

9. Linda Rector Page, *Healthy Healing: A Guide to Self-Healing for Everyone* (N. p.: Healthy Healing Publications, 1998).

10. Ted J. Kaptchuk, *The Web That Has No Weaver: Understanding Chinese Medicine* (New York: Contemporary, 2000). Dt.: *Das große Buch der chinesischen Medizin: Die Medizin von Yin und Yang in Theorie und Praxis*. München: Heyne, 2001.

11. Joyce Carol Oates, *On Boxing* (New York: HarperCollins, 2009). Dt.: *Über Boxen*. Zürich: Manesse, 1988.

MUSKATNUSS: KONSUM

1. Giles Milton, *Nathaniel's Nutmeg, or, The True and Incredible Adventures of the Spice Trader Who Changed the Course of History* (New York: Farrar, Straus and Giroux, 2014). Dt.: *Muskatnuß und Musketen: Europas Wettlauf nach Ostindien*. Wien: Zsolnay, 2001.

2. Ralph Waldo Emerson, *Emerson. Essays & Lectures*, ed. Joel Porte (New York: Literary Classics of the United States, 1983).

3. Chögyam Trungpa, *Cutting Through Spiritual Materialism* (London: Shambhala, 2002). Dt.: *Spirituellen Materialismus durchschneiden*. Küsnacht: Theseus, 1989.

4. »Legal and Regulatory FAQs«, American Herbalists Guild, www.americanherbalistsguild.com/legal-and-regulatory-faqs.

5. Milton, *Nathaniel's Nutmeg*.

JOHANNISKRAUT: OHNE FLEISS KEIN PREIS

1. John Gerard, *The Herball, or Generall historie of plantes* (London: John Norton, 1597).

2. James Townsend Mackay, *Flora Hibernica, Comprising the Flowering Plants, Ferns, Characeæ, Musci, Hepaticæ, Lichenes and Algæ of Ireland, Arranged According to the Natural System, with a Synopsis of the Genera According to the Linnæan System* (Dublin: William Curry, 1836).

3. A. R. Vickery, »Traditional Uses and Folklore of Hypericum in the British Isles«, *Economic Botany 35*, no. 3 (1981): 289–95; Tess Darwin, »St John's Wort«, in *The Scots Herbal. The Plant Lore of Scotland* (Edinburgh: Mercat Press, 1996), 95–97.

4. Tess Darwin, *The Scots Herbal: The Plant Lore of Scotland* (Edinburgh: Birlinn, 2008).
5. Darwin, »St John's Wort«, 95–97.
6. Ruth Trickey, *Women, Hormones and the Menstrual Cycle: Herbal and Medical Solutions from Adolescence to Menopause* (Sydney: Allen and Unwin,1998), 360.

GOLDRUTE: ERLEUCHTUNG

1. Plato, *Phaedrus*, Übers. R. Hackworth (Cambridge, UK: Cambridge University Press, 1972). Dt.: *Phaidros*. Übers. Ernst Heitsch. Göttingen: Vandenhoeck, 1993.
2. C. L. Marlatt, *The periodical cicada: an account of Cicada Septendecim, its natural enemies and the means of preventing its injury, together with a summary of the distribution of the different broods* (Washington, DC: U. S. Department of Agriculture, Division of Entomology, 1898).
3. Joseph Demakis, *The Ultimate Book of Quotations*. Lulu.com (n.d.).
4. Mary Oliver, *Devotions: The Selected Poems of Mary Oliver* (New York: Penguin, 2020).

JAPANISCHER STAUDENKNÖTERICH: VULKANISCHER BODEN

1. Kenneth R. Lang, »Sun: Tutorial: Energizing Space,« *NASA's Cosmos*, Tufts University, https://ase.tufts.edu/cosmos/view_chapter.asp?id=29&page=1.
2. »Japanese Knotweed: What Is It and Why Are People Panicking?« *The Week*, July 4, 2016, www.theweek.co.uk/74144/japanese-knotweed-what-is-it-and-why-are-people-panicking.
3. John Bailey, »History of Japanese Knotweed in Europe,« Department of Genetics and Genome Biology, University of Leicester, www2.le.ac.uk/departments/genetics/people/bailey/res/hist.
4. House of Commons Science and Technology Committee, *Japanese Knotweed and the Built Environment*, Seventeenth Report of Session 2017–19, May 8, 2019, United Kingdom Parliament, https://publications.parliament.uk/pa/cm201719/cmselect/cmsctech/1702/1702.pdf.
5. Dominique Vervandier-Fasseur und Norbert Latruffe, »The Potential Use of Resveratrol for Cancer Prevention,« *Molecules 24*, no. 24 (Dezember 2019): 4506, https://doi.org/10.3390/molecules24244506; Lindsay

Carter, John A. D'Orazio, und Kevin J. Pearson, »Resveratrol and Cancer: Focus on In Vivo Evidence,« *Endocrine-Related Cancer 21*, no. 3 (June 2014): R209-R225, https://doi.org/10.1530/ERC-13-0171.

6. Allen G. Debus, »Paracelsus and the Medical Revolution of the Renaissance: A 500th Anniversary Celebration,« in »Paracelsus, Five Hundred Years: Three American Exhibits,« *History of Medicine*, U.S. National Library of Medicine, National Institute of Health, https://www.nlm.nih.gov/exhibition/paracelsus/index.html.

7. Katja Triplett, »Potency by Name? ›Medicine Buddha Plant‹ and Other Herbs in the Japanese Scroll of Equine Medicine (Ba'i sōshi emaki, 1267),« *Himalaya 39*, no. 1 (July 2019): 189–207, https://digitalcommons.macalester.edu/himalaya/vol39/iss1/12/.

8. Alice E. Kane und David A. Sinclair, »Sirtuins and NAD+ in the Development and Treatment of Metabolic and Cardiovascular Diseases,« *Circulation Research* 123, no. 7 (September 2018): 868–85, https://doi.org/10.1161/CIRCRESAHA.118.312498; M. Andrea Markus und Brian J Morris, »Resveratrol in Prevention and Treatment of Common Clinical Conditions of Aging,« *Clinical Interventions in Aging 3*, no. 2 (June 2008): 331–39, https://pubmed.ncbi.nlm.nih.gov/18686754/.

9. W. Burgdorfer et al., »Lyme Disease – a Tick-Borne Spirochetosis?,« *Science 216*, no. 4552 (June 1982): 1317–19, https://doi.org/10.1126/science.7043737.

10. »Episode #22: Healing Lyme with Stephen Harrod Buhner,« *Better Health Guy Blogcasts*, April 18, 2017, https://youtu.be/oIRzVI5vdb8.

HELMKRAUT: TIEFER SCHLAF

1. Clarissa Pinkola Estés, *Die Wolfsfrau: Die Kraft der weiblichen Urinstinkte.* Mascha Rabben, Übers. München: Heyne, 1993, S. 396. by permission of The Ned Leavitt Agency and The Marsh Agency Ltd., on behalf of the Author: Copyright © 1992, 1995 by Clarissa Pinkola Estés, PhD

2. Anna Aulinas, »Physiology of the Pineal Gland and Melatonin,« updated December 10, 2019, in *Endotext*, ed. K. R. Feingold, et al. (South Dartmouth, MA: MDText, 2000), www.ncbi.nlm.nih.gov/books/NBK550972/.

3. Sahib S. Khalsa, David Rudrauf, Richard J. Davidson und Daniel Tranel, »The Effect of Meditation on Regulation of Internal Body States,« *Frontiers in Psychology* 6 (July 2015): 924, https://doi.org/10.3389/fpsyg.2015.00924.

4. Zeff Bjerken, »Cracking the Mirror: A Critical Genealogy of Scholarship

on Tibetan Bon Ana the ›Canonical‹ Status of the Crystal Mirror of Doctrinal Systems,« *The Tibet Journal 23*, no. 4 (1998): 92–107, http://www.jstor.org/stable/43301676.

5. Theresa S. Smith, *The Island of the Anishnaabeg: Thunderers and Water Monsters in the Traditional Ojibwe Life-World* (Lincoln: University of Nebraska Press, 2012).

GROSSE KLETTE: TIEFE

1. Peter Wohlleben, *Das geheime Leben der Bäume: Was sie fühlen, wie sie kommunizieren – die Entdeckung einer verborgenen Welt.* München: Ludwig, 2015, S. 80. © 2015, Ludwig Buchverlag, München, in der Penguin Random House Verlagsgruppe GmbH
2. »Celtic Religion: An Overview,« *Encyclopedia of Religion*, Encyclopedia.com, www.encyclopedia.com/environment/encyclopedias-almanacs-transcripts-and-maps/celtic-religion-overview.
3. J. Donald Hughes, »Artemis: Goddess of Conservation,« *Forest and Conservation History 34*, no. 4 (Oktober 1990): 191–97, https://doi.org/10.2307/3983705.
4. Paula Perlman, »Acting the She-Bear for Artemis,« *Arethusa 22*, no. 2 (1989): 111–33, http://www.jstor.org/stable/26308518.
5. Adam Drewnowski und Carmen Gomez-Carneros, »Bitter Taste, Phytonutrients, and the Consumer: A Review,« American Journal of *Clinical Nutrition 72*, no. 6 (Dezember 2000): 1424–35, https://doi.org/10.1093/ajcn/72.6.1424.
6. Ilkka Hanski et al., »Environmental Biodiversity, Human Microbiota, and Allergy Are Interrelated,« *Proceedings of the National Academy of Sciences 109*, no. 29 (März 2012): 8334–39, https://doi.org/10.1073/pnas.1205624109.
7. Anthony Samsel und Stephanie Seneff, »Glyphosate, Pathways to Modern Diseases II: Celiac Sprue and Gluten Intolerance,« *Interdisciplinary Toxicology* 6, no. 4 (2014): 159–84, https://doi.org/10.2478/intox-2013-0026.
8. Thaísa M. A. Moro und Maria T. P. S. Clerici, »Burdock (Arctium lappa L) Roots as a Source of Inulin-Type Fructans and Other Bioactive Compounds: Current Knowledge and Future Perspectives for Food and Non-food Applications,« *Food Research International 141* (März 2021): 109889, https://doi.org/10.1016/j.foodres.2020.109889.
9. Bruce Lee, *Tao of Jeet Kune* Do (Burbank, CA: Ohara, 1975). Dt.: *Bruce Lees Jeet-Kune-Do*. Niedernhausen/Taunus: Falken, 1978.

10. Allie Wisniewski, »Shirin-Yoku: Why Forest Bathing Became a Global Health Phenomenon«, *American Forests* (June 2017).

LINDE: VERGÄNGLICHKEIT

1. Olga Zolotnikova, »Becoming Classical Artemis: A Glimpse at the Evolution of the Goddess as Traced in Ancient Arcadia,« *Journal of Arts and Humanities* 6, no. 5 (May 2017): 8–20, https://doi.org/10.18533/journal.v6i4.1157.

2. Susan Guettel Cole, *Landscapes, Gender, and Ritual Space: The Ancient Greek Experience* (Berkeley: University of California Press, 2004), 178–225.

3. »7 ›Magic‹ Wells of Scotland,« *The Scotsman*, May 23, 2017, www.scotsman.com/whats-on/arts-and-entertainment/7-magic-wells-scotland-855602.

4. Alina-Maria Ţenche-Constantinescu, Claudia Varan, Fl. Borlea, E. Madoşa und G. Szekely, »The Symbolism of the Linden Tree,« *Journal of Horticulture, Forestry and Biotechnology 19*, no. 2 (2015): 237–242, https://journal-hfb.usab-tm.ro/romana/2015/Lucrari%20PDF/Lucrari%20PDF%2019(2)/41Tenche%20Alina%202.pdf.

5. »Misson,« Wolf Conservation Center, https://nywolf.org/about-the-wcc/mission/.

6. »Red Wolf,« Wolf Conservation Center, https://nywolf.org/learn/red-wolf/.

7. Ruth M. Léger, *Artemis and Her Cult* (Oxford, UK: Archaeopress, 2017).

8. Edward Newenham Hoare, *English Roots: And the Derivation of Words from the Ancient Anglo-Saxon: Two Lectures* (Dublin: Hodges and Smith, 1856).

9. Xenophon und Arrian, *Xenophon and Arrian, On Hunting with Hounds*, herausgegeben und übersetzt von. A. A. Phillips und M. M. Willcock (Warminster, UK: Aris and Phillips, 1999).

10. Frank Brommer, *Heracles: The Twelve Labors of the Hero in Ancient Art and Literature* (New Rochelle, NY: A. D. Caratzas, 1986). Dt. Originalausgabe: *Herakles: Die zwölf Taten des Helden in antiker Kunst und Literatur*. Darmstadt: Wissenschaftliche Buchgesellschaft, 1972.

AUFRECHTE WALDLILIE: ZERFALL

1. A. A. Znamenski, *Shamanism in Siberia: Russian Records of Indigenous Spirituality* (Heidelberg: Springer, 2013).

2. John Burroughs, *Wake-Robin* (New York: Houghton, Mifflin, 1885); Geoffrey Grigson, *The Englishman's Flora* (London: Phoenix, 1958).

3. Charles Darwin, *The Formation of Vegetable Mould, through the Action of Worms, with Observations on Their Habits* (New York: D. Appleton, 1896).

4. Joe Lamp'l, *The Green Gardener's Guide: Simple, Significant Actions to Protect and Preserve Our Planet* (Beverly, MA: Cool Springs Press, 2008).

5. Erin Blakemore, »Could the Funeral of the Future Help Heal the Environment?,« *Smithsonian*, 2. Februar 2016, www.smithsonianmag.com/science-nature/could-funeral-future-help-heal-environment-180957953/; Green Burial Council, www.greenburialcouncil.org/.

6. Capsula Mundi, www.capsulamundi.it/ en.

7. Coeio, https://coeio.com/.

8. Jae Rhim Lee, »My Mushroom Burial Suit,« TEDGlobal 2011, July 2011, www.ted.com/talks/jae_rhim_lee_my_mushroom_burial_suit?language=en.

VIELBLÜTIGE WEISSWURZ: AUSDAUER

1. Rebecca Solnit, *Wanderlust: Eine Geschichte des Gehens*, aus dem Englischen Daniel Fastner, Übers. Berlin: Matthes & Seitz, 2019, S. 40. © 2019 MSB Matthes & Seitz Berlin Verlagsgesellschaft mbH

2. Thomas W. Myers, *Anatomy Trains Posters: Myofascial Meridians for Manual and Movement Therapists* (United Kingdom: Elsevier Science Health Science Division, 2009).

3. »Unwinding the Mystery of Fascia,« *Phys-Ed Health and Performance*, www.phys-ednm.com/fascia/.

4. Douglas W. Smith, Daniel R. Stahler und Daniel R. MacNulty, Hrsg. *Yellowstone Wolves: Science and Discovery in the World's First National Park* (Chicago: University of Chicago Press, 2020).

5. Cain Burdeau, »Europe's Wolves Are Back, Igniting Old Fears and New Tensions,« *Courthouse News Service*, February 14, 2019, www.courthousenews.com/europes-wolves-are-back-igniting-old-fears-and-new-tensions/.

CHAGA: NÄHE

1. George McLennan, *A Gaelic Alphabet: A Guide to the Pronunciation of Gaelic Letters and Words* (Glasgow: New Argyll, 2018).

2. Clarissa Pinkola Estés, *Die Wolfsfrau: Die Kraft der weiblichen Urinstinkte.* München: Heyne, 1993.
3. bell hooks, *All About Love: New Visions* (New York: William Morrow, 2018). Dt.: *Alles über Liebe: neue Sichtweisen.* Hamburg: HarperCollins, 2021.
4. Alexander Solschenizyn: *Krebsstation.* 2 Bd. Aus dem Russ. von Christiane Auras. Neuwied: Luchterhand, 1969, 1970.
5. Greg A. Marley, *Chanterelle Dreams, Amanita Nightmares: The Love, Lore, and Mystique of Mushrooms* (White River Junction, VT: Chelsea Green, 2010).

WIESENKLEE: KOEXISTENZ

1. Daniel Quinn, *Ishmael: A Novel* (London: Random House, 2009). Dt.: *Ismael.* München: Bertelsmann, 1992.
2. Martin Shaw, *Courting the Wild Twin* (White River Junction, VT: Chelsea Green, 2020).
3. Tom Oliver, *The Self Delusion: The Surprising Science of Our Connection to Each Other and the Natural World* (London: Weidenfeld and Nicolson, 2020).

KIEFER: ALLGEGENWÄRTIGER FRIEDEN

1. Nina Montenegro on *Against Forgetting*, The Far Woods, www.thefarwoods.com/2018/8/7/bw07ebtdk1sjgy0plw6tz7p3unnnk0.
2. David Hoffmann, *The Complete Illustrated Holistic Herbal: A Safe and Practical Guide to Making and Using Herbal Remedies* (London: Element, 1996). Dt.: *Die große Pflanzen-Apotheke: Heilen und gesund bleiben mit den Kräften der Natur.* München: Mosaik, 1997.
3. Paul A. W. Wallace, *The White Roots of Peace* (Philadelphia: University of Pennsylvania Press, 1946).
4. Philip Marshall, »The Problem of Eastern White Pine (Pinus strobus L.) in Southern New England: Ecophysiology, Site Restriction, and Historical Land-Use Change,« *Journal of Sustainable Forestry 28*, no. 1–2 (2009): 108–31, https://doi.org/10.1080/10549810802626423.
5. Anamaria Silic, »Scientists Say Climate Change Will Continue to Drive Disease Outbreaks,« *Discover*, February 25, 2021, www.discovermagazine.com/health/scientists-say-climate-change-will-continue-to-drive-disease-outbreaks; Institute of Medicine and National Research Council, *Sustaining Global Surveillance and Response to*

Emerging Zoonotic Diseases (Washington, DC: The National Academies Press, 2009), https://doi.org/10.17226/12625.

6. Douglas W. Smith, Daniel R. Stahler und Daniel R. MacNulty, Hrsg., *Yellowstone Wolves: Science and Discovery in the World's First National Park* (Chicago: University of Chicago Press, 2020).

7. Eugen Herrigel, *Zen in the Art of Archery* (New York: Vantage, 1971). Dt. Originalausgabe: *Zen in der Kunst des Bogenschießens.* München: Barth, 1951.

Wenn kein anderer Übersetzer angegeben ist,
stammen die Übersetzungen von Thomas Görden.